2016年度湖南省哲学社会科学基金青年项目"美国的茅盾研究"(编号16YBQ037)

The Translation and Study of
Chinese Literature in the
English-Speaking World

主编 ◎ 曹顺庆

英语世界中国文学的译介与研究丛书

英语世界的茅盾研究

周娇燕 ◎ 著

中国社会科学出版社

图书在版编目(CIP)数据

英语世界的茅盾研究/周娇燕著．—北京：中国社会科学出版社，2020.10
（英语世界中国文学的译介与研究丛书）
ISBN 978-7-5203-7077-6

Ⅰ.①英… Ⅱ.①周… Ⅲ.①茅盾（1896-1981）—人物研究②茅盾（1896-1981）—文学研究 Ⅳ.①K825.6②I206.7

中国版本图书馆 CIP 数据核字（2020）第 164066 号

出 版 人	赵剑英
责任编辑	周慧敏　任　明
责任校对	沈丁晨
责任印制	郝美娜

出　　版	中国社会科学出版社
社　　址	北京鼓楼西大街甲 158 号
邮　　编	100720
网　　址	http：//www.csspw.cn
发 行 部	010-84083685
门 市 部	010-84029450
经　　销	新华书店及其他书店

印刷装订	北京君升印刷有限公司
版　　次	2020 年 10 月第 1 版
印　　次	2020 年 10 月第 1 次印刷

开　　本	710×1000　1/16
印　　张	18.5
插　　页	2
字　　数	303 千字
定　　价	110.00 元

凡购买中国社会科学出版社图书，如有质量问题请与本社营销中心联系调换
电话：010-84083683
版权所有　侵权必究

英语世界中国文学的译介与研究丛书　总序

本丛书是我主持的教育部重大招标项目"英语世界中国文学的译介与研究"（12JZD016）的成果。英语是目前世界上使用范围最广泛的语言，中国文学在英语世界的译介与研究既是中国文学外传的重要代表，也是中国文化在异域被接受的典范。因此，深入系统地研究中国文学在英语世界的译介与研究，既具有重要的学术价值，也具有重大的现实意义。

中国正在走向世界，从学术价值层面来看，研究英语世界的中国文学译介与研究，首先，有利于拓展中国文学的研究领域，创新研究方法。考察中国文学在异域的传播，把中国文学研究的范围扩大至英语世界，要求我们研究中国文学不能局限于汉语及中华文化圈内，而应该将英语世界对中国文学的译介与研究也纳入研究范围。同时还需要我们尊重文化差异，在以丰厚的本土资源为依托的前提下充分吸收异质文明的研究成果并与之展开平等对话，跨文明语境下的中国文学研究显然是对汉语圈内的中国文学研究在视野与方法层面的突破。其次，对推进比较文学与世界文学研究具有重要的学术意义。通过对英语世界中国文学的译介与研究情况的考察，不但有助于我们深入认识中外文学关系的实证性与变异性，了解中国文学在英语世界的接受情况及中国文学对英语世界文学与文化的影响，还为我们思考世界文学存在的可能性及如何建立层次更高、辐射范围更广、包容性更强的世界诗学提供参考。

从现实意义层面来看，首先，开展英语世界中国文学研究可为当下中国文学与文化建设的发展方向提供借鉴。通过研究中国文学对"他者"的影响，把握中国文学与文化的国际影响力及世界意义，在文学创作和文化建设方面既重视本土价值也需要考虑世界性维度，可为我国的文学与文化发展提供重要启示。其次，有助于提升中国文化软实力，推动中国文化"走出去"战略的实施。通过探讨英语世界中国文学的译介及研究，发现中国文学在英语世界的传播特点及接受规律，有利于促进中国文学更好地走向世界，提升我国的文化软实力，扩大中华文化对异质文明的影响，这对我国正在大力实施的中国文化"走出去"战略无疑具有十分重大的意义。

正是在这样的认识引导下，我组织一批熟练掌握中英两种语言与文化的比较文学学者撰写了这套"英语世界中国文学的译介与研究"丛书，试图在充分占有一手文献资料的前提下，从总体上对英语世界中国文学的译介和研究进行爬梳，清晰呈现英语世界中国文学译介与研究的大致脉络、主要特征与基本规律，并在跨文明视野中探讨隐藏于其中的理论立场、思想来源、话语权力与意识形态。在研究策略上，采取史论结合、实证性与变异性结合、个案与通论结合的研究方式，在深入考察个案的同时，力图用翔实的资料与深入的剖析为学界提供一个系统而全面的中国文学英译与研究学术史。

当然，对英语世界中国文学的译介与研究进行再研究并非易事，首先得克服资料搜集与整理这一困难。英语世界中国文学的译介与研究资料繁多而零散，且时间跨度大、涉及面广，加之国内藏有量极为有限，必须通过各种渠道进行搜集，尤其要寻求国际学术资源的补充。同时，在研究过程中必须坚守基本的学术立场，即在跨文明对话中既要尊重差异，又要在一定程度上寻求共识。此外，如何有效地将总结的特点与规律运用到当下中国文学、文化建设与文化"走出去"战略中去，实现理论与实践之间的转换，无疑是更大的挑战。这套丛书是一个尝试，展示出比较文学学者们知难而进的勇气和闯劲，也体现了他们不畏艰辛、敢于创新的精神。

本套丛书是国内学界较为系统深入探究中国文学在英语世界的传播与接受的实践，包括中国古代文化典籍、古代文学、现当代文学在英语世界的传播与接受。这些研究大多突破了中国文学研究和中外文学关系研究的原有模式，从跨文明角度审视中国文学，是对传统中国文学研究模式的突破，同时也将中国文学在西方的影响纳入了中外文学关系研究的范围，具有创新意义。此外，这些研究综合运用了比较文学、译介学等学科理论，尤其是我最近这些年提出的比较文学变异学理论[1]，将英语世界中国文学

---

[1] Shunqing Cao, *The Variation Theory of Comparative Literature*, Springer, Heidelberg, 2013.

的译介与研究中存在的文化误读、文化变异、他国化等问题予以呈现,并揭示了其中所存在的文化话语、意识形态等因素。其中一些优秀研究成果还充分体现了理论分析与现实关怀密切结合的特色,即在对英语世界中国文学的译介与研究进行理论分析的同时,还总结规律和经验为中国文化建设及中国文化"走出去"战略提供借鉴,较好地达成了我们从事本研究的初衷与目标。当然,由于时间仓促与水平所限,本丛书也难免存在不足,敬请各位读者批评指正。

曹顺庆
2015 年孟夏于成都

目　　录

绪论 …………………………………………………………………（1）
 一　研究目的与意义 ……………………………………………（1）
 二　国内外的茅盾研究概况 ……………………………………（4）
 三　研究的对象与方法 …………………………………………（11）
 四　研究难点与创新之处 ………………………………………（13）
第一章　茅盾在英语世界中的传播 ………………………………（16）
 第一节　英语世界中的茅盾作品译介 …………………………（16）
 第二节　英语世界中的茅盾研究论著 …………………………（21）
 第三节　英语世界中的茅盾研究博士论文 ……………………（27）
 第四节　英语世界中的茅盾研究学术期刊论文 ………………（36）
第二章　英语世界中的茅盾作品译介 ……………………………（42）
 第一节　斯诺编译的短篇小说集《活的中国》 ………………（43）
  一　《自杀》的翻译 ……………………………………………（43）
  二　《泥泞》的翻译 ……………………………………………（50）
 第二节　沙博理选译的《春蚕集》 ……………………………（56）
  一　文化上的"异化" ……………………………………………（56）
  二　语言上的"归化"及错译 ……………………………………（59）
 第三节　英译小说集《小巫》 …………………………………（64）
  一　戴乃迭的翻译 ………………………………………………（65）
  二　西蒙·约翰斯通的翻译 ……………………………………（69）
 第四节　许孟雄的英译本《子夜》 ……………………………（72）
 第五节　曾小萍的英译本《虹》 ………………………………（79）

第三章　英语世界中的茅盾生平研究 …………………………… (87)
第一节　茅盾先生笔名考 …………………………………… (87)
第二节　茅盾传略 …………………………………………… (89)
第三节　茅盾和我 …………………………………………… (92)

第四章　英语世界中的茅盾小说主题思想之研究 ……………… (94)
第一节　夏志清的研究：茅盾小说中的革命与爱国 ………… (95)
第二节　夏济安的研究：关于《子夜》 ……………………… (97)
第三节　陈幼石的研究：茅盾小说中的政治隐喻与革命主题 …… (99)
   一　《牯岭之秋》与茅盾小说中政治隐喻的运用 …………… (99)
   二　《野蔷薇》：革命责任的心理研究 ……………………… (102)
第四节　王德威的研究：茅盾小说中的历史观和政治学 …… (106)
   一　茅盾小说的历史建构与虚构 …………………………… (107)
   二　茅盾小说的革命情境与情节 …………………………… (113)
第五节　吉安娜·郭琼茹（音）的研究：《虹》里的女性困境 …………………………………………………………… (121)
第六节　卢敏华的研究：茅盾作品中的民族主义与女性身体 …… (122)
第七节　刘剑梅的研究：茅盾作品中的革命与情爱 ………… (125)

第五章　英语世界中的茅盾小说艺术特色研究 ………………… (130)
第一节　普实克的研究：茅盾小说的史诗性与抒情性 ……… (131)
   一　茅盾对现实的捕捉和传达 ……………………………… (131)
   二　茅盾与传统小说 ………………………………………… (133)
   三　茅盾与外国文学 ………………………………………… (134)
   四　茅盾小说的时代特征 …………………………………… (135)
第二节　约翰·博宁豪森的研究：茅盾早期小说里的现实主义立场和风格 ………………………………………… (137)
   一　茅盾早期小说中的中心矛盾 …………………………… (138)
   二　对《创造》的文本分析 ………………………………… (142)
   三　茅盾早期小说中的现代主义元素 ……………………… (147)
   四　《三人行》：一个政治寓言 ……………………………… (150)
   五　茅盾早期小说里的立场和风格 ………………………… (152)
第三节　王德威的研究：茅盾小说中的现实主义叙述 ……… (155)

第四节　陈苏珊的研究：茅盾翻译经历和个人经历对其
　　　　创作的影响 …………………………………………（160）
　　一　茅盾早期小说中的个人因素 ………………………………（160）
　　二　翻译家茅盾 …………………………………………………（165）
第五节　高利克的研究：茅盾小说中的外国影响与对抗 ………（170）
　　一　茅盾与外国文学 ……………………………………………（172）
　　二　《子夜》中的外国文学因素 ………………………………（172）
　　三　《子夜》与北欧神话 ………………………………………（173）
　　四　《子夜》与左拉、歌德 ……………………………………（174）
　　五　《子夜》里的茅盾 …………………………………………（175）
第六节　吴德安的研究：茅盾的结构理论与实践 ………………（176）
第七节　安敏成的研究：茅盾小说中受阻碍的现实主义 ………（181）
第八节　王如杰（音）的研究：茅盾《子夜》中对中国的
　　　　现实主义拼接 …………………………………………（185）

第六章　英语世界中的茅盾小说人物形象研究 ……………………（190）
第一节　吴茂生的研究：俄国英雄形象在茅盾作品中的表现 …（190）
第二节　冯进的研究：男性知识分子的引诱和拯救
　　　　——茅盾的女性革命者 …………………………………（198）
第三节　杜博妮的研究：茅盾短篇小说中消失的女性 …………（202）

第七章　英语世界中的茅盾文艺思想研究 …………………………（210）
第一节　文森特的研究：批评家茅盾 ……………………………（210）
第二节　高利克的研究 ……………………………………………（213）
　　一　茅盾论文人、文学的本质及其功能 ………………………（213）
　　二　茅盾：为现实主义和马克思主义而斗争 …………………（216）
　　三　茅盾与尼采 …………………………………………………（221）
第三节　沈迈衡的研究：茅盾和现实主义——一个文学
　　　　批评家的成长 …………………………………………（223）

第八章　中外茅盾研究的比较 ………………………………………（230）
第一节　国内的茅盾研究概况 ……………………………………（230）
　　一　1928 年至 20 世纪 30 年代中期 …………………………（231）
　　二　20 世纪 30 年代至 1945 年（抗战前） …………………（233）
　　三　1945 年至 1949 年 10 月（中华人民共和国成立前）……（234）

四　1949年10月至1960年 …………………………………（236）
　　五　1961年至1976年 ……………………………………（240）
　　六　1977年至1983年2月 ………………………………（240）
　　七　1983年3月至1990年 ………………………………（242）
　　八　1991年至2000年 ……………………………………（245）
　　九　2001年至今 …………………………………………（246）
　第二节　国内与英语世界中的茅盾研究之异同 ……………（249）
　　一　研究对象 ……………………………………………（249）
　　二　研究方法 ……………………………………………（251）
　　三　研究内容 ……………………………………………（252）
结语 …………………………………………………………………（257）
附录一　英语世界中茅盾研究者对茅盾作品的题名英译 …………（263）
附录二　所涉海外学者译名一览表 …………………………………（267）
参考文献 ……………………………………………………………（270）
后记 …………………………………………………………………（283）

绪　　论

一　研究目的与意义

（一）选题的原因

本书选取"英语世界中的茅盾研究"作为研究对象，主要基于以下三个原因。

第一，茅盾研究的学术价值。茅盾（1896—1981），原名沈德鸿，字雁冰，中国现当代文学的领军人物，是现代文学巨匠"鲁、郭、茅、巴、老、曹"其中之一。茅盾在小说创作、文学评论、翻译、神话、童话、戏剧、编辑等方面都颇有建树：他是新文化运动的先驱，参与发起组建"文学研究会"并成为其主将之一；他是中国革命文学的奠基人，开创了社会剖析小说流派，他将革命与文学相结合的实践对之后的作家及创作都深有影响；他对生活真实细致的描写传递了极大容量的社会信息，以对生活横断面的详细刻画再现社会现实，表现出与传统文学相异的特质，是一种全新的现代小说创作模式；他所写作的《蚀》三部曲开创了中国白话长篇小说的先河，其长篇小说《子夜》被瞿秋白誉为中国第一部成功的写实主义长篇小说；他对《小说月报》进行改革，继承和发扬五四文学精神，坚持文学的写实主义（即现实主义）传统，将语言文字改革和文学启蒙相融合，并大量翻译和介绍外国文学作品及文学理论作品到中国，由他所撰写的文学批评文章也影响了大批青年作家的创作方向；由他所捐赠设立的"茅盾文学奖"已然成为中国当代长篇小说创作的最高奖项之一。茅盾以其优秀的文学创作、深刻的批评思想、独到的译介眼光，深深地影响了中国新文学的发展，在茅盾等一批五四文人的影响下，中国文学表现出与传统文学相异的气质，进入了全新的发展阶段。基于茅盾对现代文学的巨大影响，对茅盾的研究成为国内外学者研究中国现代文学的重要组成部分。自茅盾1927年发表第一篇小说《幻灭》起，中国学术界就开始了对茅盾及其作品的研究，还曾掀起过几次关于茅盾的论争高潮。英语世界里茅盾作品的传播则始于1932年美国记者乔治·肯尼迪对茅盾短篇小说《喜剧》的英译。1936年埃德加·斯诺为《活的中国：中国现代短篇小说选》一书所撰写的编者序言，开创了英语世界茅盾研究的先河。自此而后，无论是在国内还是在英语世界，茅盾研究日渐兴盛，涌现出一批高质量的优秀研究成果，这些学术著述是值得我们去关注和探讨的。

第二，国内学术界对"英语世界中的茅盾研究"这一领域的研究现状。英语世界的茅盾研究同样是茅盾研究的有机组成部分，且英语世界中对茅盾生平、文学创作、主题思想、艺术特色、人物塑造、文艺思想等方面的研究中多有富有建设性的观点和见解，了解这些研究成果对于国内的茅盾研究乃至现当代文学研究都有借鉴和参考作用。"英语世界中的茅盾研究"主要涉及两个方面：茅盾作品译介和茅盾研究。茅盾作品的英译始于1932年乔治·肯尼迪所英译的短篇小说《喜剧》，此后茅盾作品便陆续被译介到英语世界，这也是早期英语世界的茅盾研究的主要形式。国内对英语世界的茅盾译介并不十分关注：对茅盾作品英译情况的梳理、综述、研究、比较和评论都鲜见研究成果，只有极为少数的专著和研究论文中偶有论述，针对具体英译作品的研究和论述成果更是寥寂，只有零星的数篇论文；在英语世界中的茅盾研究方面，除李岫在1984年主编的《茅盾研究在国外》一书，便再无其他学术专著对英语世界中的茅盾研究这一课题展开梳理和研究，另有李岫的论文《评国外对茅盾小说创作的研究》（《湖州师专学报》1986年第S3期）、木函和爱华的《近年来国外对茅盾研究述评》（《社会科学战线》1996年第6期）、庄钟庆的论文《茅盾作品在国外》（《新文学史料》1982年第3期）中对英语世界的茅盾研究有或多或少的论述，但仍缺乏系统的整理和比较研究，成果距今已有二三十年。从笔者所获取的资料来看，国内外的茅盾研究在20世纪还往来热切，如在海外设立茅盾研究学会，将海外学者如高利［斯洛伐克］、陈苏珊［美］、是永骏［日］等人的茅盾研究成果进行中文译介，但21世纪国内外的茅盾研究交流已明显放缓。目前国内学界对于英语世界中的茅盾研究情况缺乏系统全面的梳理和研究，国外学者的茅盾研究成果也没有即时介绍到国内，加之部分英语水平相对较弱的研究者无法直接地、准确地获取第一手研究资料信息，致使国内的茅盾研究对于英语世界中的茅盾研究状况、成果、特点等缺乏直观的、准确的了解。基于以上原因，对英语世界中已有的茅盾研究成果进行梳理、综述、比较、研究是十分必要的。

第三，笔者的学术背景。要对"英语世界中的茅盾研究"进行梳理和研究，研究者需要在大量阅读第一手资料（英文资料）的基础上准确获取资料信息，并客观地对此进行梳理、分析和研究，这对研究者的英语水平和专业素养都有较高的要求。笔者本科阶段所学专业为英语语言文学，硕士研究生和博士研究生阶段都攻读比较文学与世界文学专业，英语语言能力和专业基础比较扎实，为直接阅读原文资料、运用比较文学的理论及方法对英语世界中的茅盾研究进行系统全面的研究、梳理、分析和阐释打下了坚实的基础，笔者的知识结构和理论储备为顺利完成这一研究工作提供了可能性和切实保障。

（二）选题的目的及意义

本书以英语世界中的茅盾研究为研究对象，在文本细读的基础上对英语世界中茅盾作品的译介、研究成果进行细致系统的梳理和研究，评介从西方文化的视域所解读的茅盾及其作品的译介及研究情况，进而为国内的茅盾研究乃至现当代文学研究提供参考和借鉴。鉴于异质文化话语间所存在之差异，本书在梳理和研究国外的茅盾研究成果之外，还将中国的茅盾研究及英语世界中的茅盾研究加以比较研究，探讨在中西异质文化批评话语背后的生产机制及其规律。综上所述，本书共涉及两个方面：第一，了解英语世界中的茅盾研究者是如何翻译介绍茅盾及其作品、如何对茅盾的作品及其思想进行阐发和论述的；第二，在了解英语世界中茅盾研究情况的基础上，将之与中国的茅盾研究进行比较并进行借鉴，借助异质文化这面镜子，更好地观照我们自身对于中国文学的研究，加深对中国文学的认识。

英语世界中的茅盾研究有着不同于国内茅盾研究的特点。海外的茅盾研究者基于不同的文化背景、理论素养、审美立场、价值理念等，将茅盾及其作品视为一种从异质文化中孕育出的作品，他们以一种不同于中国学者的研究视角展开研究，其研究方法、侧重、结论都使得其对茅盾及其作品的研究呈现出与国内研究不同的研究面貌。对英语世界中的茅盾作品及其研究情况进行全面系统的梳理和研究，能填补茅盾研究在这方面的空白，为今后的茅盾研究提供有价值的资料和见解。同时，随着中西方文化交流的日益加深，正确认识异质文化、展开彼此间的交流已然成为东西方任何一个民族和国家都不容回避的重要议题，关注中国文学在异质文化语境中的传播，把握其在异质文化下的接受和研究状况，有助于我们更加正确地认识自身文化和文学，对于日后文学的发展、与异质文明的交流都大有裨益。

二　国内外的茅盾研究概况

（一）国内茅盾研究概况

对于茅盾其人、其作品、其思想的研究，国内从来都不乏优秀的研究成果。关于茅盾研究的各类专著（包括综论、茅盾生平研究、小说研究、散文研究、文艺思想研究、编辑研究、神话思想研究、童话研究、翻译研究、研究史研究）相继出版，蔚为大观；以关键词"茅盾"进行检索，可搜索获取的关于茅盾研究的学术论文已近万篇，以1977年为分水岭，在此之前国内每年发表的茅盾研究学术论文还只是个位数，而在此之后的茅盾研究成果出现明显递增，基本每年发表的茅盾研究文章都达百数篇甚至数百篇；以"茅盾"为关键词对硕博论文进行检索，显示的相关研究论文共139篇，其中直接以茅盾为研究对象的博士论文10篇，硕士论文95篇，研究方向涉及茅盾的文学创作、文艺思想、翻译思想、编辑思想及作品英译等方面。现将与本论文研究相关的茅盾研究状况与部分代表研究成果作一简要陈述。

1. 研究专著方面

（1）综合类的茅盾研究专著

笔者整理可得的综合类的茅盾研究专著共72部，研究方向涉及茅盾其人及其作品的评说、生平研究、茅盾谈话和书话信息、茅盾研究论集、茅盾与人的交往与渊源等。钟桂松是茅盾研究的佼佼者，他所发表的茅盾研究专著截至2017年共19部：《茅盾少年时代作文赏析》《茅盾与故乡》《茅盾的青少年时代》《人间茅盾——茅盾和他同时期的人》《茅盾传》《茅盾》（名家简传书系）《永远的茅盾》《茅盾传——坎坷与辉煌》《二十世纪茅盾研究史》《茅盾散论》《茅盾：行走在理想和现实之间》《茅盾画传》《茅盾和他的女儿》《悠悠岁月——茅盾与共和国领袖交往实录》《茅盾正传》《性情与担当——茅盾的矛盾人生》《茅盾书话》《茅盾评传》《起步的十年——茅盾在商务印书馆》。另外还有丁尔纲、付志英、李标晶、邵伯周、孙中田、万树玉、叶子铭等人都是茅盾研究的专家，他们的茅盾研究成果多，质量高。

（2）关于茅盾文艺思想的研究论著

笔者整理可得的研究茅盾文艺思想的论著共有21部，分别是由本书编辑组主编的《茅盾与中外文化》、曹万生的《理性、社会、客体——茅盾艺术美学论稿》和《茅盾艺术美学初稿》、丁柏铨的《茅盾早期思想新探》、丁尔纲的《茅盾的艺术世界》、丁亚平的《一个批评家的心路历程》、顾国柱的《新文学作家与外国文化》、黎舟和阚国虬的《茅盾与外国文学》、李标晶的《茅盾文体论初探》和《茅盾文艺思想初稿》、李庶长的《茅盾对外国文学的借鉴与创新》、罗钢的《历史汇流中的决择：中国现代思想家与西方文学理论》、罗宗义的《茅盾文学批评论》、史瑶等人著的《茅盾文艺美学思想初稿》、王嘉良主编的《茅盾和20世纪中国文化》、杨健民的《论茅盾的早期文学思想》、杨扬的《转折时期的文学思想——茅盾早期文艺思想研究》、郑楚的《茅盾丁玲与新文学主潮》、周景雷的《茅盾与中国现代文学》、朱德发等人的《茅盾前期文学思想散论》、庄钟庆的《茅盾的文论历程》。

（3）关于茅盾创作方面的研究论著

笔者整理可得的关于茅盾创作的研究论著共计29部，研究涉及茅盾的长短篇小说（如《蚀》《子夜》）、诗词、散文等方面，其中主要是对茅盾小说的论述。这方面的研究专著中较具代表性的成果有：陈幼石的《茅盾〈蚀〉三部曲的历史分析》、丁尔纲的《茅盾作品浅论》、孙中田的《〈子夜〉的艺术世界》、王嘉良的《茅盾小说论》、王瑶的《中国革命与茅盾的文学道路》、吴奔星的《茅盾小说讲话》、庄钟庆的《茅盾的创作历程》。

（4）关于茅盾研究的研究资料整理和综述

笔者整理可得的关于茅盾研究的研究资料综述的专著共11部，其中李岫主编的《茅盾比较研究论稿》和《茅盾研究在国外》对20世纪90年代之前的国外茅盾研究情况作了介绍。另有几本较具代表性的此类研究专著如孙中田和查国华的《茅盾研究资料》（上、中、下）、唐金海和孔海珠的《中国当代文学研究资料》（茅盾专集）、钟桂松的《二十世纪茅盾研究史》、庄钟庆的《茅盾研究论集》、钱振刚的《茅盾评说八十年》。

除上述四大类的茅盾研究专著外，还有：关于茅盾编辑思想的研究如李频的《编辑家茅盾评传》；关于茅盾与儿童文学的研究如金燕玉的《茅盾的童心》和《茅盾与儿童文学》、孔海珠的《茅盾与儿童文学》；对国外茅盾研究专著的中译本如美国学者王德威的《写实主义小说的虚构：茅盾、老舍、沈从文》、日本学者松井博光的《黎明的文学——中国现实主义作家·茅盾》、斯洛伐克学者马利安·高利克的《茅盾与中国现代文学批评》等。

2. 学术论文方面

（1）博士论文

笔者以关键词"茅盾"进行检索，可检得以茅盾及其作品作为研究对象的博士论文共 10 篇，涉及茅盾的小说研究、文艺思想研究、比较研究等方面。这 10 篇博士论文分别是：2003 年复旦大学陈晓兰的《文学中的巴黎与上海：以左拉、茅盾为例》、2003 年中央民族大学金春仙的《茅盾与李箕永的二十世纪二三十年代小说创作比较研究》、2004 年复旦大学周景雷的《茅盾与中国现代文学》、2005 年华东师范大学周兴华的《茅盾文学批评中的"矛盾"变奏》、2007 年厦门大学陈天助的《〈蚀〉的文学语言研究》、2007 年华东师范大学池大红的《俄苏文学在中国的两副镜像——以蒋光慈和茅盾为个案》、2009 年中国社会科学研究生院梁竞男的《茅盾小说历史叙事研究——〈蚀〉、〈虹〉、〈子夜〉》、2010 年上海大学罗滋池的《未完成的现实主义：1920 年代中国现实主义文学的多种面向——以鲁迅、郁达夫、蒋光慈和茅盾为例》、2011 年北京大学崔瑛祜（韩国）的《左翼文学论争中的茅盾（1928—1937）》、2012 年北京师范大学李刚的《论茅盾"时代性"追求在小说创作中的实现和受阻》。

（2）硕士论文

笔者以关键词"茅盾"进行检索，可检得直接以茅盾及其作品作为研究对象的硕士论文共 95 篇。在这些硕士论文中，关于茅盾作品创作研究的论文共 55 篇，主要是对茅盾小说的思想主题、语言艺术、叙述策略、人物形象、风格特色等方面进行的研究；关于茅盾文艺思想的研究论文共 26 篇，研究涉及茅盾现实主义思想、自然主义思想、女性主义思想、文学批评思想、与西方文艺思想的比较研究、对中国文艺思想的影响研究等方面；研究茅盾编辑思想的硕士论文共 4 篇，是对茅盾的编辑活动、编辑实践（主编《汉口民国日报》《小说月报》《文学》月刊）的研究论述；

研究茅盾翻译思想的硕士论文共 5 篇，从不同角度对茅盾的翻译思想、实践活动进行研究分析和评判；还有 3 篇硕士论文是对茅盾作品英译的研究，研究中涉及的英译文本为沙博理英译的《林家铺子》和"农村三部曲"；张心虎在论文附录中收录的由他本人英译的茅盾短篇小说《大鼻子的故事》；此外，2011 年北京大学王帆研究了《林家铺子》的电影改编，2014 年陕西师范大学的张敏研究了茅盾的笔名。

（3）学术期刊论文

笔者以"茅盾"为关键词进行检索，可检得的与茅盾研究相关的学术论文数量可谓蔚为大观。这些学术论文的研究对象可大致分为茅盾生平、茅盾创作、茅盾文艺思想、茅盾研究之研究四类，其中部分具有代表性的或深有影响的相关研究有：叶子铭的《茅盾研究的历史和现状》、孙中田的《论茅盾小说的艺术风格》，陈平原的《〈清明前后〉——小说化的戏剧》；以王晓明（《一个引人深思的矛盾——论茅盾的小说创作》）、蓝棣之（《一份高级形式的社会文件——重评〈子夜〉》）、徐循华（《诱惑与困境——重读〈子夜〉》和《对中国现当代长篇小说的一个形式考察——关于〈子夜〉模式》）等为代表的一批学者对于茅盾及其长篇小说《子夜》的批评文章；以曾文渊、丁尔纲（《论东西方文化碰撞中对茅盾的历史评价》）、庄钟庆（《也谈"重写文学史"：从所谓〈子夜〉"主题先行"说起》）、曾冬水（《〈子夜〉模式辨》）、邵伯周（《茅盾几部重要作品的评价问题》）、丁帆（《论茅盾早期创作的二元倾向》）等为代表的茅盾研究者针对当时学界对茅盾批判所做的回应和以此展开的论争，汪晖的《关于〈子夜〉的几个问题》，以赵开泉（《试论吴荪甫形象》）、冯镇魁（《一个具有法兰西资产阶级性格的资本家：吴荪甫形象的再评价》）为代表的茅盾研究者对其小说人物吴荪甫的形象分析和评价；以王功亮、丁帆（《论茅盾小说创作的象征色彩》）、李庆信（《小说的象征形态》）等为代表的研究者对茅盾小说作品创作和象征主义之间关系的论争；陈幼石的《〈牯岭之秋〉与茅盾小说中政治隐喻的运用》和《茅盾与〈野玫瑰〉：革命责任的心理研究》，博宁豪森的《茅盾早期小说中的中心矛盾》、索罗金的《纪念茅盾》、高利克的《中国三十年代暮光照耀下的商人和娼妇》和《由入迷至失望：茅盾与尼采（1920—1921）》、乐黛云的《〈蚀〉和〈子夜〉的比较分析》和《茅盾现实主义理论和艺术创新》，等等。

(二) 国外茅盾研究概况

1. 翻译情况

因其优秀，茅盾作品很早就已引来国外学者、文学研究者和评论家关注的目光，茅盾的作品（尤其是其小说创作）很早就开始了其译介之旅，被翻译成20余种文字被介绍给他国的读者和研究者。最早被翻译成外文的茅盾作品当属由乔治·肯尼迪翻译成英文的短篇小说《喜剧》。这篇英译文章刊登于1932年6月18日的《中国论坛》(China Forum)，1934年《今日中国》(China Today)再次刊发了这篇英译文章。最早被翻译成外文的茅盾的长篇小说是《子夜》，1938年德国汉学家弗朗茨·库恩就已完成了《子夜》的英译，由德国斯顿出版社出版。自20世纪50—80年代，茅盾作品被大量地、系统地翻译成各国文字，参与翻译的译者中成果突出的有沙博理、王际真、伊罗生［美］、埃德加·斯诺［美］、戴乃迭、许孟雄、曾小萍、鲁德曼［苏俄］、小野忍［日］、竹内好［日］、小田岳夫［日］、山上正义［日］、弗朗茨·库恩［德］、普实克［捷克］、高利克［斯洛伐克］、古日斯德［蒙古］、李永奎［朝］等，其中《春蚕》《秋收》《残冬》（"农村三部曲"）、《林家铺子》《腐蚀》《蚀》《虹》《子夜》是被翻译的较多的茅盾作品；参与茅盾作品译介和传播的国家有英国、苏联、美国、法国、日本、捷克、斯洛伐克、德国、匈牙利、波兰、越南、朝鲜、阿尔巴尼亚、罗马尼亚、保加利亚、泰国、印度、印度尼西亚等20多个国家；翻译成的语言有英语、日语、法语、俄语、德语、捷克语、阿拉伯语、西班牙语等近20多个语种，基本涵括了各个主要语种，在世界范围内所产生的影响是广泛且深远的。

在亚洲国家中，对茅盾作品的译介成果最突出的应属日本。最早被译介到日本的茅盾小说是《动摇》和《追求》。1936年小田岳夫将这两部小说译成日文，合为一本，题名为"烦恼的中国——大过渡期"，由日本第一书房出版。1937年日本学者山上正义根据茅盾《水藻行》的手稿进行翻译，译文刊发于日本的杂志《改造》上。1951年日译本《子夜》由千代田书房出版，尾坂德司作译后记。1954年小川环树翻译了茅盾的《脱险杂记》，收录于仓石武四郎监修的丛书《中国文学选书》中。1954年茅盾小说《腐蚀》也被译成日文，小野忍作简要解说，由筑摩书房出版。1955年出版的青木文库丛书《新中国文学选集》中收录了日译的《茅盾选集》，尾坂德司作后记。1959年，加藤平八将茅盾的《夜读偶记》译成日文，更名为"东方的现实主义"，由新书社出版。1980年，茅盾的《霜叶红似二月花》日译本由岩波书店出版。除日本以外，其他亚洲国家对茅盾作品的译介也十分关注，其译介活动多始于20世纪50年代末60年代初，主要翻译的茅盾文本集中于长篇小说《子夜》，蒙古翻译了茅盾的长篇小说《子夜》（1957年），越南翻译了茅盾的《子夜》《春蚕》（1958年）和《腐蚀》（1963年），朝鲜翻译了茅盾长篇小说《子夜》（1960年），泰国、印度尼西亚、巴基斯坦、印度等国家也在这一时期对茅盾的作品进行了翻译。

欧洲的茅盾译介开始得较为早的国家是英国和德国。英国的茅盾英译始于1936年（由伦敦出版的《活的中国》一书中收录了英译的茅盾小说《自杀》和《泥泞》），德国的茅盾作品翻译始于1938年（弗朗斯·库恩翻译的《子夜》）。其他欧洲国家的茅盾作品翻译始于20世纪50年代：捷克出版了由学者普实克翻译的《子夜》（1950年）和《茅盾选集》（1953年），[普实克选编、玛·布什科娃等翻译的捷克文《茅盾短篇小说选集》（1963年），雅罗米尔·沃哈拉翻译的捷克文《腐蚀》（1959年）]；斯洛伐克出版了奥尔德日赫·克拉尔翻译的斯洛伐克文版《林家铺子及其他短篇小说集》（1961年）；匈牙利翻译的茅盾作品《子夜》和《春蚕集》分别于1955年和1958年出版；波兰翻译的《子夜》出版于1956年；茅盾作品《春蚕》《子夜》在阿尔巴尼亚的翻译发生在1957年；罗马尼亚1961年对茅盾作品《林家铺子》进行了译介；法国的茅盾翻译发展较其他国家有点滞后，直到1980年才出版了法文版的"农村三部曲"（《春蚕》《秋收》《残冬》），同年还出版了由卡特里娜·维纳尔翻译的法文版《茅盾短篇小说集》，1981年由路易斯和塔尔迪夫合译的法文版茅盾小说《虹》出版；欧洲国家中曾将茅盾作品翻译成本国文字的国家还有荷兰、丹麦、冰岛、瑞典、挪威等。

美洲的茅盾译介不得不提的国家是美国，最早将茅盾作品翻译成外文的就是美国记者乔治·肯尼迪，在1932年对茅盾短篇小说《喜剧》的英译。其后，美洲对茅盾作品的译介便陆续展开：1934年美国哈罗德·伊萨克选译的中国现代短篇小说集《草鞋脚》中收录有茅盾《春蚕》《大泽乡》的英文译文；1934年美国记者埃德加·斯诺开始着手编辑翻译《活的中国：中国现代短篇小说选》，该译本1936年才出版；1947年美国哥伦比亚大学出版社出版的由王际真翻译的《中国战争小说》中收录有茅盾小说《报施》；1957年美国学者巴恩斯也参与翻译了茅盾的长篇小说《子夜》；1976年美国汉学家约翰·博宁豪森和胡志德编写的《中国革命文学》一书中翻译收录了茅盾的文论文章《从牯岭到东京》；1992年茅盾长篇小说《虹》的英译本在加利福尼亚大学出版社出版。

2. 研究情况

随着茅盾作品译介工作的日益推进，越来越多的茅盾作品被介绍到各国翻译家和研究者的面前，并引起了他们的研究兴趣。自20世纪30年代中期起，就有国外研究者或学者对茅盾及其作品和思想进行研究，其中比较早期的国家有美国、法国和俄苏，这一时期的茅盾研究成果多为译本的序言，研究重点集中于茅盾小说的创作，具体表现为对以《春蚕》为代表的短篇小说和以《子夜》为代表的长篇小说的评述研究，研究者多着手于作品研究，同时对茅盾作简要评述，进而对其小说内容与革命道路、创作与作者生平进行探讨，从而得出总体性的评价。

俄苏的茅盾研究中成果卓越的学者有尼·特·费德林（《茅盾》）、弗·费·索罗金（《为人生的文学》《茅盾的创作道路》）、弗·鲁德曼（俄文版《子夜》序）、乌里茨卡亚（俄文版《茅盾短篇小说选》序言）、瓦西里耶夫（中文名王希礼）（《〈动摇〉俄译本序》）、艾德林（《中国文学简论》）、彼得罗夫（《才能与劳动》）等。这些学者的研究都对茅盾及其作品给予了积极的评价，其中著名汉学家尼·特·费德林的茅盾研究十分详细，他在其专著《中国文学（纲要）》和《茅盾文集》中都有关于茅盾研究极其精彩的论述，指称茅盾的小说描绘了中国社会在20世纪二三十年代的生活全景，是近乎百科全书式文学创作，茅盾能敏锐洞察到当时中国社会所存在的各类问题并将其在小说创作中表现出来。费德林对茅盾的长篇小说《子夜》评价极高，将其视作茅盾小说创作中最为优秀杰出的作品。

美国的茅盾研究中成果突出的学者有约翰·博宁豪森（《茅盾早期小说中的中心矛盾》《茅盾的早期小说，1927—1931：他的现实主义立场和风格》《〈中国革命文学〉引言》）、文森特（《批评家茅盾》）、陈苏珊（《翻译家茅盾》《茅盾早期小说中的个人成分》）、夏志清（《中国现代小说史》第六章）、王德威（《写实主义小说的虚构：茅盾、老舍、沈从文》）、陈幼石（《〈牯岭之秋〉与茅盾小说中政治隐喻的运用》《茅盾与〈野蔷薇〉：革命责任的心理研究》《妇女沦落的革命意义：〈水藻行〉和〈烟云〉》《回归的迷惘：茅盾的〈路〉与〈三人行〉》）等，茅盾研究涉及茅盾的小说、茅盾的文艺思想、茅盾的翻译思想等方面。

法国的茅盾研究中成果突出的学者有米歇尔·鲁阿（《法文版〈锻炼〉序言》《法文版〈茅盾短篇小说〉序言》《法文版〈虹〉序》）、苏珊娜·贝尔纳（《走访茅盾》）、阿兰·佩罗伯（《茅盾——希望与幻灭的描绘者》）。其中鲁阿为茅盾的长、短篇小说的法译版都有作序，并对这些作品给予了高度评价，将茅盾的《子夜》视作在风格和真实性方面更胜鲁迅白话文作品的文学作品；苏珊娜也同样高度赞誉茅盾的长篇小说《子夜》，称其为社会主义、现实主义的杰出成果；阿兰·佩罗伯则对茅盾的另一篇长篇小说《虹》给予了充分肯定，将茅盾评价为中国当代作家中只有鲁迅才可媲美的伟大作家。

另外，日本的茅盾研究成果也十分突出，进行茅盾研究的部分优秀研究者及其部分研究有是永骏（《论〈虹〉——试探茅盾作品的"非写实"因素》《茅盾的小说语言与文化语码》《茅盾小说文体与二十世纪现实主义》《中国现代小说的结构和文体——从茅盾小说作品的状况形成谈起》《论〈动摇〉》《论〈水藻行〉〈霜叶红似二月花〉续稿的世界》《〈霜叶红似二月花〉和其〈续稿〉的叙事世界》）、白水纪子（《关于〈论无产阶级艺术〉出处的说明和一些感想》《关于〈论无产阶级艺术〉》）、萌山达弥（《茅盾的对日观——在革新〈小说月报〉的那段日子里》）、铃木将久（《上海：媒介与语境——读〈子夜〉》）。

捷克汉学家普实克及其弟子斯洛伐克汉学家高利克同样是海外茅盾研究学者中的佼佼者。普实克曾将《子夜》翻译成捷克文并为其作序，在其研究论文《茅盾和郁达夫》中对茅盾的《子夜》作了细致深入的分析研究。普实克还对美国学者夏志清的茅盾研究提出批评，两者关于中国现代文学的论争影响深远。斯洛伐克汉学家高利克的硕士和博士论文都是以茅盾为研究对象进行的研究，此后多年都从事茅盾的相关研究，成果丰硕、立论严谨、研究细致、论述深刻，他对茅盾的研究成果常被之后的相关学术著述所引用，是海外茅盾研究成果的优秀代表。

三　研究的对象与方法

（一）研究对象

在阐明研究对象之前，有必要先对"英语世界"的范畴作一个说明。首先，"英语世界"（the English Speaking World）并非一个严格的政治的或地域的国别概念，而是属于语言范畴，是一个跨越国界的学术概念，其界定近似于"英语学术界"，因此同样涵括了在学术意义上属于英语学术界的研究活动。比如出于某一研究交流的需要，英语非母语的学者用英语在国际上发表相关研究论著，其研究成果在英语学术界影响深远，是不可回避的相关著述，这当然应视为"英语世界"的研究范畴。其次，英语世界的研究者包括以英语为母语的研究者和英语非母语的研究者。这些研究者可能有不同的文化背景、学术素养、审美立场、价值评判标准，可能有海外学者（包括在西方学术体制内的其他西方学者），也可能有华裔学者或者土生土长的中国学者，他们用英语在国际刊物上发表相关的茅盾研究成果，这种身份的差异会表现在他们的研究论述中。这涉及在异域文化背景下的身份认同及价值判断问题，对其研究成果的研究对我们更客观地观照自身的茅盾研究、从而更深入全面地进行茅盾研究有助益之处。综上所述，本书的研究对象是"英语世界中的茅盾研究"，是对以英文发表的、以茅盾及其作品作为研究对象的翻译、评介文章、专著、博士论文、学术论文、引文等的研究，即研究对象的条件有三：第一，研究对象是对茅盾、茅盾作品、茅盾思想的研究；第二，研究对象是以英文写作的茅盾研究成果；第三，研究对象既包括以英语为母语的国外学者用英语写作的专著和学术论文，同样包括英语非母语的研究者用英语写作发表在国际刊物上的专著和学术论文。就笔者所掌握的资料来看，使用英语对茅盾及其作品进行研究的海外汉学家主要集中在英美两国，故笔者在研究过程中主要聚焦于他们的研究成果，同时补充以其他国家研究者使用英语所进行的茅盾研究。另外斯洛伐克汉学家高利克用英语发表了大量的茅盾研究成果，对英语世界的茅盾研究有着巨大影响，是不可忽视的海外茅盾研究主力。笔者对高利克的茅盾研究也进行了细致的梳理和研究论述，以期本书的研究更为全面、充分、深入。

在说明"英语世界"的范畴之后，本书的研究对象就变得清晰明了了。以"英语世界的茅盾研究"为题的博士论文，主要涉及两个方面的研究：一是对茅盾作品在英语世界的接受过程做简明清晰的梳理，从跨语言变异角度对英译的茅盾作品进行研究和分析；二是对英语世界的研究者所展开的茅盾、茅盾作品、茅盾思想的研究进行梳理和阐述，研究其研究方法、范式、侧重、结论、研究机制，再进一步探究对英语世界的茅盾研究的特点、存在的问题、与国内茅盾研究的异同及背后的深层原因。

（二）研究方法

本书是在比较文学和文学变异学视域下，以流传学、变异学、媒介学等专业理论和研究方法为指导，在尽可能全面地占有第一手资料的基础上，通过对研究资料的收集、整理、解读、梳理、归纳、比较、分析等研究，对茅盾在英语世界的接受和研究态势所做的全面的阐释和评述。在研究过程中主要采用实证研究、文献梳理、文本细读、变异学理论方法、译介学理论方法、翻译研究、比较研究、整合描述等研究手段对茅盾在英语世界的接受和研究情况进行全方面、多层次、系统且深入的研究。

四 研究难点与创新之处

（一）研究难点

1. 英文资料的收集和整理

本书题目的特点就在于其异域性，因为研究的材料必须来自英语世界，包括英译的茅盾作品和用英语写作的茅盾研究成果，对这些英文原文资料的收集十分困难。首先是茅盾作品的英译情况相对较弱，虽然在20世纪50年代学界曾有组织地将茅盾作品翻译成多国文字介绍到各国，但较之其他作家作品的全面英译或者多次英译情况，茅盾作品的英译成果并不丰厚，多集中于茅盾的小说作品，对茅盾的散文、戏剧、童话、文学理论、批评文章等作品的翻译十分有限；其次是英语世界的茅盾研究成果范围广、时间跨度大，自20世纪30年代对茅盾作品的评述至今，茅盾研究已有80余年历史，对早期英文研究资料的找寻难度极大，且要全面地收集英语世界的茅盾研究著述也有相当大的难度。笔者身处国内，找寻和收集英文文献研究成果是一件极为不便的事情，所需花费的精力可想而知。

2. 对茅盾作品的理解和阐释

"英语世界中的茅盾研究"是对英语世界里茅盾作品的译介和研究情况的梳理和阐释评述。笔者首先必须对茅盾其人其作品有相当程度的了解和研究。茅盾从事文学创作60余年，创作的文学作品数量庞大。《茅盾全集》自1984年开始出版，至2006年才全部出版齐全，目前刊定在册的《茅盾全集》共42卷，即使只是通读一遍所花的精力都是巨大的。基于笔者的文化素养和学术能力，对茅盾作品的解读难免会存在误读和误解的情况，还要在此基础上对英译作品及国外学者的研究成果进行梳理和研究并作出评价,对笔者而言是一个极大的挑战。

3. 资料阅读的难度

要完成本书的研究,笔者不仅需要收集英语世界中所有的茅盾作品译介和研究著述,还要对国内的茅盾研究情况有一定程度的了解,笔者面临的是研究范围宽广、研究资料庞杂的问题,要在有限的时间内阅读大量的文献资料,尽可能客观准确地获取原始英文文献资料中的信息,在此基础上对此进行梳理和研究,并将其与国内的茅盾研究进行对比分析和研究探讨,这对笔者的英语功底、读取材料的功力都有相当高的要求,且需要极大的耐心和毅力。

4. 跨学科素养的挑战

本书主要是在比较文学和文学变异学视域下对英语世界茅盾研究的关注,但英语世界的茅盾研究中所涉及的领域十分宽广,研究涉及传播学、译介学、变异学、语言学、哲学、历史学、政治学、美学等方面,笔者必须对这些领域的相关理论和专业知识有相当程度的了解,才能准确地获取西方学者的茅盾研究成果中所传达的有用信息。

(二) 创新之处

书中笔者广泛搜集和整理了英语世界中茅盾的作品译介和研究成果的相关资料,不但为国内学界的茅盾研究提供了大量的海外研究资料,在研究中也多有创新。其创新之处主要表现在以下几个方面。

1. 研究视角新颖

本书是国内首次系统地对英语世界的茅盾研究进行研究和论述的研究成果,具有极高的学术价值和文献价值。英语世界的茅盾研究是国内外茅盾研究的盲点,对此论题进行系统细致地研究论述是有意义的,是填补学术空白的。对于茅盾作品的接受研究和影响研究,虽曾有学者对此进行论述,但年代久远,其中涉及的相关文献资料有限,而且也未曾系统全面地对英语世界的茅盾作品译介和研究情况进行梳理和研究。自1932年茅盾的短篇小说《喜剧》被翻译成英文以来,茅盾在英语世界的传播和接受迄今已有80余年,对这些资料进行广泛地、全面地搜集和整理,有利于国内学界获取海外茅盾研究的英文资料。同时笔者还对茅盾作品译介和研究情况进行理解阐释和比较分析,也便于学界掌握茅盾研究的英语国家动态,为国内的茅盾研究提供根植于异域文化背景的学术成果作为参照,通过对国内外茅盾研究的异同及背后深层原因的探究,为国内茅盾研究者乃至现当代文学研究者与英语世界的研究者之间搭建平等对话的平台。这是一个很重要也很有意义的工作。

2. 研究材料新

笔者是在大量占有一手文献的基础上进行整理和阐述，本书中所搜集和整理的相关译介和研究资料（其中包括译本、作品评述、学术专著、博士论文、期刊论文）都为英语原文资料，书中所论述的英语世界的茅盾研究成果及观点大部分都是首次译介到国内，这于文献材料方面具有原创性和稀有性的特点，不但为国内学界的茅盾研究提供了一个系统的、全面的资料参考，也填补了国内学界在英语世界的茅盾作品译介和研究情况方面的研究空缺。

3. 研究方法新颖

相较于其他茅盾作品研究来讲，研究方法的独特是本书的一大创新之处。本书从异质文化的研究视角出发，借鉴比较文学研究范式，通过阅读大量英文一手资料，采用不同的研究手法（如文本细读法、实证研究法、文献梳理法、变异研究法、对比研究法等方法），对英语世界中的茅盾研究概况做系统的、全方位的梳理和探讨。此外，还广泛采用比较文学领域关于文学接受、文学误读和文本变异等理论，深入分析茅盾作品在英语世界的接受、过滤、误读、误译、研究选题、研究结论、研究互动等情况，这对于茅盾研究是一次卓有成效的尝试，也是对比较文学理论及其实践的丰富和补充。

第一章

茅盾在英语世界中的传播

茅盾，原名沈德鸿，字雁冰，是一位在世界文学史上很有影响的中国文学家。在中国现代文学史上，其成就与贡献是多方面的。他既是优秀的文学大师，也是杰出的文艺评论家与文化活动家、新文学期刊的编辑，还是五四新文化运动的先驱者之一、我国革命文艺的奠基人之一。自1916年茅盾从事文学活动以来，他在文学创作、文艺评论、文学翻译等诸多方面均有开拓性的贡献。作为中国新文学的文学巨匠，茅盾自作品发表以来，就进入了文学批评者的研究视域。几十年来，国内关于茅盾研究的论文、专著不断涌现，还掀起过几次关于茅盾的论争。总的来说，虽然对于茅盾的研究有些杂音，但总体上是受到好评的。

作为一名优秀的文学家，茅盾很早就引起了各国文艺界的注意，早在1932年，茅盾的作品就开始了其译介之旅。20世纪50年代以后，茅盾的作品被大量地翻译成各国文字，我国外文出版社在茅盾作品的译介上也做出了极大的努力，相继用数国语言翻译并出版了茅盾的好几部作品。随着茅盾的作品被不断地译介到英语世界中，很快便引起了国外翻译家和学者们的研究兴趣，但英语世界的茅盾研究较之茅盾作品的译介稍稍落后一两年。英语世界中进行茅盾研究最早的国家当属英美两国，大都始于20世纪30年代中期，且多为序言。但茅盾及其作品很快就引起了国外的学者们极大的研究兴趣，迅速涌现出一批值得探讨和关注的学术著述。

第一节 英语世界中的茅盾作品译介

茅盾作品被翻译成英文的历史最早可以追溯到1932年，美国记者乔治·肯尼迪（George Kennedy）将茅盾短篇小说《喜剧》（Comedy）译成英文，发表于哈罗德·伊罗生（Harrod Issacs）主编的英文刊物《中国论坛》（China Forum）①的第1卷第5期。1934年，这篇译文又被美国出版的《今日中国》（China Today）重新刊登。不久，茅盾"农村三部曲"中的《春蚕》（Spring Silkworm）被著名翻译家王际真（Wang Chi-chen）译成英文，刊载于哈罗德主编的另一刊物《当代》（Contemporary）上。

1934年，美国记者埃德加·斯诺（Edgar Snow）和其夫人海伦·福斯特（Helen Foster）开始编译《活的中国：中国现代短篇小说选》（Living China: Modern Chinese Short Stories）②，该书于1936年在伦敦出版。这是第一本关于中国现代文学的选集，旨在向西方读者介绍中国现代短篇小说作品及其作者，斯诺对中国的认识也源于此。斯诺在该书中翻译了茅盾的小说《自杀》（Suicide）和《泥泞》（Mud），并在编者序言中称茅盾是"中国最知名的长篇小说家"。

1934—1935年，美国哈罗德·伊萨克（Harold Isaacs）编译的中国现代作家小说集《草鞋脚》（Straw Sandals: Chinese Short Stories）③一书中收录了茅盾的短篇小说《春蚕》（Spring Silkworms）、《秋收》（Autumn Harvest），鲁迅和茅盾曾与伊萨克有多次书信往来，茅盾为此专门写有自传，但此书1974年才在美国麻省理工学院出版社出版。美国哈佛大学燕京图书馆还保留有当年二人之间的往来信件。

1947年，由王际真翻译的《中国战时小说》（Stories of China at War）④由美国哥伦比亚大学出版社出版，其中收录有茅盾的小说《报施》（Heaven Has Eyes），这篇文章在国外首次的亮相是1945年4月发表在纽约杂志《小姐》（Medmoiselle）上。

世界著名的汉学大师学者普实克（Jaroslav Průšek）在1940年就将茅盾的《子夜》翻译成捷克语，但迫于纳粹的审查，这一译著在1950年才

---

① Mao Dun, "Comedy", trans. by George A. Kennedy, China Forum. June 18th, 1932, Also in China Today, 1934.

② Mao Dun, Living China: Modern Chinese Short Stories, trans. by Edgar Snow, London: George G. Harrap and Co., 1936.

③ Harold Issacs, ed., Straw Sandals: Chinese Short Stories, 1918—1933, Cambridge: MIT Press, 1974.

④ Mao Dun, "Heaven Has Eyes", trans. by Wang Chi-chen, Stories of China at War, NY: Columbia UP, 1947, pp. 27-38.

被介绍给捷克读者。

1956年，著名翻译家沙博理（Sidney Shapiro）选取茅盾发表于1927—1944年的短篇小说共13篇进行英译并将其英译集册，以"春蚕"①作为书名，曾亭（音译，Ting Tsung）进行封面设计，由外文出版社出版发行。沙博理选取英译的这13篇茅盾短篇小说分别是《春蚕》（*Spring Silkworms*）《秋收》（*Autumn Harvest*）《残冬》（*Winter Ruin*）《小巫》（*Epitome*；*The Vixen*）《林家铺子》（*The Shop of the Lin Family*）《右第二章》（*Wartime*）《大鼻子的故事》（*Big Nose*）《儿子开会去了》（*Second Generation*）《赵先生想不通》（*The Bewilderment of Mr. Chao*）《一个真正的中国人》（*A True Chinese Patriot*）《委屈》（*Frustration*；*Grievances*）《第一个半天的工作》（*First Morning at the Office*）《大泽乡》（*Great Marsh District*），书后还附有茅盾的简介。1979年该译本第二版出版。他所翻译的《春蚕》《小巫》《林家铺子》《儿子开会去了》《委屈》五篇英译文被收录进1987年中国文学出版社出版的熊猫丛书（*Panda Books*）《小巫》（*The Vixen*）中。2001年，外文出版社选取沙博理翻译的《林家铺子》和《春蚕》两篇文章合为一册进行出版，命名为《林家铺子·春蚕》，为中英对照本。

1957年，我国北京外文出版社出版了由许孟雄（Hsu Meng-hsiung）英译、巴恩斯（A. C. Barnes）润色的茅盾小说《子夜》（*Midnight*）②；1979年再版；1976年香港出版公司也有出版。

1958年8月，外文出版社出版了一本名为《支援阿拉伯弟兄的呼声》（*We Are With You*，*Arab Brothers*）③的英文书籍，其中收录有茅盾的两篇文章《我们全力支持阿拉伯人民的正义斗争！》（*We Whole-Heartedly Supported the Just Struggle of the Arab People！*）和《致伊拉克作家的回信》（*Reply to the Letter From the Writers of the Republic of Iraq*），译者不明。

1972年，詹乃尔（W. J. F. Jenner）和戴乃迭（Gladys Yang）共同翻译、詹乃尔选编的小说集《现代中国小说》④（*Modern Chinese Stories*）由

---

① Mao Dun, *Spring Silkworms and Other Stories*, trans. by Sidney Shapiro, Beijing: Foreign Languages Press, 1956.
② Mao Dun, *Midnight*, trans. by Hsu Meng-hsiung, Beijing: Foreign Languages Press, 1957.
③ Mao Tun and Others, *We Are With You, Arab Brothers*, Beijing: Foreign Languages Press, 1958.
④ W. J. F. Jenner, ed., *Modern Chinese Stories*, London: Oxford University Press, 1972, pp. 75–84.

牛津大学出版社出版，书中对茅盾作了简要介绍并收录其短篇小说《船上》(On the Boat)。

1976年，茅盾的重要论文《从牯岭到东京》(From Kuling to Tokyo)被翻译收录进由约翰·博宁豪森(John David Berninghausen)和汉学家胡志德(Theodore Huters)编写的《中国革命文学》(Revolutionary Literature in China：An Anthology)[①]一书中。

从1981年起，外文出版社计划翻译茅盾的四卷本小说，分别为长篇小说《蚀》和《虹》、长篇小说《子夜》、长篇小说《腐蚀》和剧本《清明前后》、茅盾短篇小说集，但除《子夜》外其余译本至今未付梓。

1981年，聂华苓编译的《百花文集》(Literature of the Hundred Flowers)两卷本由哥伦比亚大学出版社出版，收录有茅盾的文论文章。[②]

同年，由刘绍铭(Joseph S. M. Lau)、夏志清(C. T. Hsia)和李欧梵(Leo Ou-fan Lee)共同编辑的《现代中国中短篇小说，1919—1949》(Modern Chinese stories and Novellas, 1919—1949)[③]一书中收录了由沙博理(Sidney Shapiro)翻译的茅盾作品《春蚕》，并附有对刘绍铭和夏志清所写的对茅盾的介绍文章。

1987年，中国文学出版社出版的"熊猫丛书"(Panda Books)中收有英译的茅盾作品选《小巫》(The Vixen)[④]，其中收录有由戴乃迭(Gladys Yang)翻译的茅盾短篇小说《创造》(Creation)散文《卖豆腐的哨子》(The Beancurd Pedlar's Whistle)《雾》(Mist)、《虹》(The Rainbow)《老乡绅》(An Old Country Gentleman)《香市》(The Incense Fair)《雷雨前》(Before the Strom)《黄昏》(Evening)《沙滩上的脚迹》(Footprints on the Sand)《风景谈》(On Landscapes)《白杨礼赞》(In Praise of the White Poplar)《大地山河》(Mountains and Rivers of Our Great Land)《秦岭之夜》(Night on Mount Qinling)《海南杂忆》(Recollections of Hainan)共14篇，由西蒙·约翰斯通(Simon Johnstone)翻译的两篇小说

[①] John Berninghausen and Theodore Huters, eds., Revolutionary Literature in China：An Anthology, NY：M. E. Sharpe, 1976.

[②] Hualing Nieh, ed., Literature of the Hundred Flowers, Volume I：Criticism and Polemics, NY：Columbia UP, 1981, pp. 170-175.

[③] Joseph S. M. Lau, C. T. Hsia, Leo Ou-fan Lee, eds., Modern Chinese Stories and Novellas, 1919—1949, New York：Columbia University Press, 1981.

[④] Mao Dun, The Vixen, Beijing：Chinese Literature Press, 1987.

《水藻行》（*A Ballad of Algae*）和《列那和吉地》（*Liena and Jidi*），以及由沙博理（Sidney Shapiro）翻译的茅盾短篇小说《小巫》（*The Vixen*）《林家铺子》（*The Shop of the Lin Family*）《春蚕》（*Spring Silkworms*）《儿子开会去了》（*Second Generation*）《委屈》（*Frustration*）共5篇。书后附有樊俊的研究文章《茅盾——现代中国的文学巨匠》（*Mao Dun, Master Craftsman of Modern Chinese Literature*），该文由牛晋（Niu Jin）翻译成英文。

1992年，茅盾长篇小说《虹》（*Rainbow*）由美国学者曾小萍（Madeleine Zelin）翻译成英文、加利福尼亚大学出版社出版。[1] 同年，海尔姆特·马丁（Helmut Martin）编写的《中国现代作家：自画像》（*Modern Chinese Writers：Self-portrayal*）收录有由美国著名汉学家胡志德教授翻译的茅盾作品。[2]

1996年，美国斯坦福大学出版社出版了《现代中国文学思想》（*Modern Chinese Literary Thought：Writing On Literature，1893—1945*）[3]，这本书由柯克·丹顿（Kirk A. Denton）主编，其中收录了三篇茅盾的研究文章，分别是由约翰·博宁豪森翻译的《文学和人生》（*Literature and Life*）[4]、由陈幼石（Yu-Shih Chen）翻译的《读〈倪焕之〉》（*On Reading Ni Huanzhi*）[5]和《大众化与利用旧形式》（*Literature and Art for the Masses and the Use of Tranditional Forms*）[6]。

2013年，中南民族大学硕士研究生张心虎英译了茅盾的短篇小说《大鼻子的故事》，译文收录在其学位论文的附录中。但这一英译并未付梓，影响不大。

---

[1] Mao Dun, *Rainbow*, trans. by Madeleine Zelin, California: University of California Press, 1992.

[2] Mao Dun, "Shanghai's Silk Industry: World Economic Crisis, Workers, and Civil War", trans. by Theodore Huters, In Helmut Martin, ed., *Modern Chinese Writers：Self-portrayals*, Armonk, NY: M. E. Sharpe, 1992, pp. 285-288.

[3] Kirk A. Denton, ed., *Modern Chinese Literary Thought*, Stanford: Stanford UP, 1996.

[4] Mao Dun, "Literature and Life", trans. by John Berninghausen, in Kirk A. Denton, ed., *Modern Chinese Literary Thought*, Stanford: Stanford UP, 1996, pp. 190-195.

[5] Mao Dun, "On Reading *Ni Huanzhi*", trans. by Yu-shih Chen, in Kirk A. Denton, ed., *Modern Chinese Literary Thought*, Stanford: Stanford UP, 1996, pp. 289-306.

[6] Mao Dun, "Literature and Art for the Masses and the Use of Traditional Forms", trans. by Yu-shih Chen, In Kirk A. Denton, ed., *Modern Chinese Literary Thought*, Stanford: Stanford UP, 1996, pp. 433-435.

2014年，外文出版社出版了英文版的茅盾长篇小说《子夜》①，由美国学者巴恩斯翻译，这个版本与之前1957年外文出版社出版的由许孟雄英译、巴恩斯润色的英译本《子夜》大体一致，基本没有改动之处。

2015年1月，外文出版社出版了由沙博理等人英译的茅盾作品集《林家铺子》②，其中收录的文章与1987年由中国文学出版社出版的茅盾作品英译集《小巫》无异。

第二节 英语世界中的茅盾研究论著

1960年，哈佛大学出版社出版的美籍华裔学者周纵策（Chou Tse-Tsung）的《五四运动史：现代中国的思想革命》(The May Fourthn Movement: Intellectual Revolution in Modern China)③一书是以五四运动为研究对象，将其视作一种具有多样性的思想和社会政治现象，研究梳理的由五四运动发展所带来的思想观念和政治意识的变革，尤其是论著的第十一章、第十二章、第十三章对五四运动所带来的文学革命、新思想、对传统价值的重新评估以及中西思想论争做了深入研究。作者本人在英文题旁自题了中文书名"五四运动史"。1996年周子平等五人将该书译成中文《五四运动：现代中国的思想革命》，由南京江苏人民出版社出版，这是国内的首次中文全译。随后1999年8月由湖南岳麓书社出版发行的中译本《五四运动史》由陈永明等人根据该书的1967年第三版翻译，周纵策本人作有题为"诗人疾之不能默，丘疾之不能伏"的自序。

1961年，美籍华裔学者夏志清于耶鲁大学出版社出版英文专著《中国现代小说史》(A History of Modern Chinese Fiction)④。夏志清运用了西方新批评和里维斯理论的角度，强调文本阅读及文学与人生的对应关系，以具体作家为研究对象，主要论述了自五四运动至19世纪60年代期间所创作的中国现代小说作品及其发展，其中对于茅盾的研究论述主要在第二编第六章、第三编第十四章。该书是关于中国现代小说作品研究的权威著

---

① Mao Dun, *Midnight*, trans. by Archie Barnes, Beijing: Foreign Languages Press, 2014.
② Mao Dun, *The Shop of Lin Family*, trans. by Sidney Shapiro, Beijing: Foreign Languages Press, 2015.
③ Chou Tse-tsung, *The May Fourthn Movement: Intellectual Revolution in Modern China*, Cambridge, Massachusetts: Harvard University Press, 1960.
④ C. T. Hsia, *A History of Modern Chinese Fiction*, Yale University Press, 1961.

作，在学术界地位卓然，经久不衰，一经付梓便引起众多关注，多次再版，1999 年该书的第三版由印第安纳大学出版社（Indiana University Press）出版。该书中译本先后曾由中国香港友联出版社、中国台湾台北传记文学出版社、中国香港中文大学出版社出版，在大陆的译本直到 2005 年才由复旦大学出版社发行①，大陆中译本由华东师范大学中国现代文学资料与研究中心策划、由刘绍铭等人翻译。

1964 年，捷克学者普实克（Jaroslav Průšek）编著的《中国现代文学研究》② 在柏林出版，普实克在书中对中国现代文学做了深入全面的研究，他对茅盾的研究主要着眼于茅盾现实主义手法的运用、意象的运用、叙述的客观性、与旧文学的关系等方面。

1968 年，学者夏济安（Tsi-an Hsia）的专著《黑暗的闸门——关于中国左翼文学运动的研究》（Gate of Darkness: studies on the Leftist Literature Movement）③ 由美国西雅图华盛顿大学出版社出版发行，书中关于茅盾的相关研究由张立慧摘译成中文，命名为《关于〈子夜〉》收录于李岫主编的《茅盾研究在国外》④ 一书。

1969 年，捷克著名汉学家普实克的专著《中国文学的三幅素描》（Thre sketches of Chinese Literature）⑤ 由布拉格东方学术研究所出版。普实克在书中分别以茅盾、郁达夫、郭沫若作为中国新文学的三个代表人物展开论述。

同年，普实克的学生、斯洛伐克著名汉学家高利克出版专著《茅盾与中国现代文学批评》（Mao Tun and Modern Chinese Literature Giticism）⑥。该书由高利克根据其博士论文修改而成，其导师普实克为该书作题为"写在马利安·高利克的文艺批评家和理论家茅盾研究的页边"⑦ 的序言。该

---

① ［美］夏志清：《中国现代小说史》，刘绍铭等译，复旦大学出版社 2005 年版。

② Jaroslav Průšek, *Studien zur modernen Chinesischen Literatur* (*Studies in Modern Chinese Literature*), Berlin: Akademie-Verlag, 1964.

③ Tsi-an Hsia, *Gate of Darkness: Studies on the Leftist Literary Movement*, Seattle: University of Washington, 1968.

④ 李岫编：《茅盾研究在国外》，湖南人民出版社 1984 年版。

⑤ Jaroslav Průšek, *Three Sketches of Chinese Literature*, Prague: Oriental Institute in Academia, 1969.

⑥ Marian Galik, *Mao Tun and Modern Chinese Literary Criticism*, Wiesbaden: F. Steiner, 1969.

⑦ Jaroslav Průšek, "In the Margin of M. Galiks Study of Mao Tun as a Literary Critic and Theoretic Writer", *Mao Tun and Modern Chinese Literary Criticism*, Wiesbaden: F. Steiner, 1969, pp. XI-XV.

书共有 11 章，重点研究茅盾在 1919—1936 年的文学创作和批评发展。高利克的研究深入细致，史料翔实，是茅盾研究的重要著作。该书 2014 年由杨玉英译成中文，出版于台湾花木兰文化出版社出版的"茅盾研究八十年书系"①丛书中。

1977 年，哈佛大学出版社出版了默尔·戈德曼（Merle Goldman）主编的关于中国现代文学的研究论文集《五四时期的中国现代文学》（Modern Chinese Literature in the May Fourth Era）②，其中收录有两篇茅盾研究的重要文章，分别是约翰·博宁豪森的《茅盾早期小说里的中心矛盾》（The Central Contradition in Mao Dun's Earliest Fiction）和陈幼石（Yü-shih Chen）的《茅盾及其小说中政治隐喻的运用：以〈牯岭之秋〉为例》（Mao Dun and the Use of Political Allegory in Fiction：A Case Study of His "Autumn in Kuling"）。约翰·博宁豪森在论文《茅盾早期小说中的中心矛盾》中提出了"茅盾早期小说中的中心矛盾"这一命题，指出茅盾小说中的中心矛盾在于唯心主义与唯物主义的矛盾，引导人民从哲学层面来探讨茅盾作品的内涵；美国学者陈幼石的论文《〈牯岭之秋〉与茅盾小说中政治隐喻的运用》从茅盾短篇小说《牯岭之秋》切入，剖析历史事实与文学作品的关系，认为茅盾的短篇小说有一种政治隐喻的性质和象征的手法，随后具体探讨了茅盾作为一个现实主义作家是如何在其作品中运用政治隐喻的。

1980 年，美国印第安纳大学出版社出版了普实克的论文集《抒情与史诗》（The Lyrical and Epic：studies of Modern Chinese Literature），其中研究茅盾的文章《茅盾与郁达夫》（Mao Tun and Yu Dafu）主要论述了茅盾作品中的特点和手法，阐述了其作品中的时事性、客观性和描写的特点，最后指出：茅盾作品的内容和形式取决于他对现实的态度，茅盾在用自己独创性的经验和见解为其作品注入生命力。同年，马利安·高利克写作的《中国现代文学批评发生史》（The Genesis of Modern Chinese Literature Criticism）③在伦敦出版，1997 年，陈圣生等人将

---

① ［斯洛伐克］马利安·高利克：《茅盾与中国现代文学批评》，杨玉英译，花木兰文化出版社 2014 年版。

② Merle Goldman, ed., *Modern Chinese Literature in the May Fourth Era*, Massachusetts：Harvard University Press, 1977.

③ Marian Galik, *The Genesis of Modern Chinese Literary Criticism（1917—1930）*, London：Curzon Press, 1980.

此书翻译成中文①，由北京社会科学文献出版社出版。该书的第八章《茅盾：为现实主义和马克思主义而斗争》是对茅盾文学批评思想的研究，文中论及茅盾的文学评论文章共 15 篇。

1986 年，斯洛伐克汉学家马利安·高利克的又一部研究专著《中西文学关系的里程碑》（*Mitestones in Sino-western Literary Confrontation*）② 出版。该书 1990 年由伍晓明、张文定等译成中文，由北京大学出版社出版。③

1986 年，陈幼石出版专著《茅盾早期小说中的现实主义和寓言》（*Realism and Allegory in the Early Fiction of Mao Dun*）④，该书由印第安纳大学出版社出版。该书共分为七章，分别为"从沈雁冰到茅盾：文学—政治—文学""《牯岭之秋》：从生活到小说""《幻灭》""《动摇》""《追求》""《野玫瑰》：革命责任的心理研究""集体意识：评价反传统"，其中第二章曾以"《牯岭之秋》与茅盾小说中政治隐喻的运用"为题收录在默尔·戈德曼主编的《五四时期的中国文学》一书⑤，第六章曾以"茅盾和《野玫瑰》：革命责任的心理研究"为题刊登于 1979 年《中国季刊》第 78 期。⑥

1987 年，普实克写作、深圳大学比较文学研究所主编、李燕乔等翻译的论文集《普实克中国现代文学论文集》⑦ 由湖南文艺出版社出版。乐黛云为该系列丛书做了题为"比较文学的名与实"的序言，书中收录普实克发表在国际上的关于中国现代文学研究的重要论文共 9 篇，其中涉及

---

① ［斯洛伐克］马利安·高利克：《中国现代文学批评发生史》，陈圣生、华利荣、张林杰、丁信善译，社会科学文献出版社 1997 年版。

② Marián Gálik, *Milestones in Sino-Western Literary Confrontation（1898—1979）*, Wiesbaden: Otto Harrassowitz, 1986.

③ ［斯洛伐克］马利安·高利克：《中西文学关系的里程碑（1898—1979）》，伍晓明、张文定等译，由北京大学出版社 1990 年版。

④ Yü-shih Chen, *Realism and Allegory in the Early Fiction of Mao Dun*, Bloomington: Indiana University Press, 1986.

⑤ Yü-shih Chen, "Mao Tun and the Use of Political Allegory in Fiction: A Case Study of His 'Autumn in Kuling'", in Merle Goldman, ed., *Modern Chinese Literature in the May Fourth Era*, Massachusetts: Harvard University Press, 1977.

⑥ Yü-shih Chen, "Mao Tun and *The Wild Roses*: A Study of the Psychology of Revoltionary Commitment", *China Quarterly*, No. 78, June 1979.

⑦ ［捷克］亚罗斯拉夫·普实克：《普实克中国现代文学论文集》，李燕乔等译，湖南文艺出版社 1987 年版。

茅盾研究的文章有：《中国现代文学中的主观主义和个人主义》①《〈中国现代文学研究〉导言》②《中国文学的现实与艺术》③《茅盾和郁达夫》《中国现代文学的根本问题——评夏志清的〈中国现代小说史〉》④。该书2010 年由李欧梵编辑、郭建玲再次翻译，更名为"抒情与史诗——中国现代文学论文集"⑤，由上海三联书店出版。

1988 年，吴茂生（Mau-sang Ng）出版专著《中国现代小说里的俄国英雄》（*The Russian Hero in Modern Chinese Fiction*）⑥。该书旨在探讨俄国英雄形象对现代中国小说的影响，对茅盾的研究在第五章"茅盾的失败主角"（Mao Dun's Defeated Hero）。该书是作者在其博士论文修改的基础上出版的。

1988 年，乐黛云写作的英文专著《中国小说中的知识分子》（*Intellectual in Chinese Fiction*）⑦ 由加利福尼亚大学出版社出版。专著共分五章，分别是"第一个描写知识分子生活的轶事集：《世说新语》""僵局中的知识分子和封建社会的末路：《浮生六记》""现代中国小说中的现代中国知识分子：茅盾的《蚀》和《虹》""战争年代的年轻知识分子""1950 年代的中国知识分子"。

1990 年，美国学者安敏成（Marston Anderson）出版专著《现实主义的限制：革命时代的中国小说》（*Limits of Realism: Chinese Fiction in the Revolutionary Perio*）⑧，该书是在安敏成 1985 年博士论文基础上修改而成，

---

① Jaroslav Průšek, "Subjectivism and Individualism in Modern Chinese Literature", *Archiv Orientální* 25, No. 2 (1957), pp. 261-286.

② Jaroslav Průšek, "Introduction", *Studien zur modern Chinesischen Literatur (Studies in modern Chinese literature)*, Berlin: Akademie-Verlag, 1964.

③ Jaroslav Průšek, "Reality and Art in Chinese Literature", *Archiv Orientální* 32, No. 4, 1964, pp. 605-618.

④ Jaroslav Průšek, "Basic Problems of the History of Modern Chinese Literature and C. T. Hisa", *A History of Modern Chinese Fiction*, *T'oung Pao* 49, livr. 4-5 (1962), pp. 357-404.

⑤ ［捷克］普实克：《抒情与史诗——现代中国文学论集》，伍晓明、张文定译，上海三联书店 2010 年版。

⑥ Mau-sang Ng, *The Russian Hero in Modern Chinese Fiction*, Hong Kong: The Chinese University Press, New York: State University of New York Press, 1988.

⑦ Yue Daiyun, *Intellectual in Chinese Fiction*, Berkeley, California: University of California Press, 1988.

⑧ Marston Anderson, *Limits of Realism: Chinese Ficiton in the Revolutionary Perio*, California: University of California Press, 1990.

2011 年由姜涛翻译成中文，由江苏人民出版社出版。① 书中第四章 "茅盾、张天翼以及现实主义的社会阻碍" 以茅盾和张天翼为研究对象，通过对茅盾的文本的细致阅读，分析了茅盾在结合现实主义小说和历史方面所做的努力。

1992 年，王德威（David Der-wei Wang）所著的《写实主义小说的虚构：茅盾、老舍、沈从文》② 是对 20 世纪 30 年代（即写实主义小说全盛时期）里三位代表性作家茅盾、老舍和沈从文所做的研究，该书由哥伦比亚大学出版社出版。该书后由胡晓真、宋明炜等人译成中文，于 2011 年 4 月由复旦大学出版社出版。③ 该书对茅盾的研究集中在第二章 "历史的建构与虚构：茅盾的历史小说" 和第三章 "革命的情境与情节：茅盾的小说政治学"，分别从茅盾小说的历史性和政治性展开研究。而在王德威另外一本著作《现代中国小说十讲》（2003 年复旦大学出版社出版）里面，王德威从革命加恋爱的角度，结合茅盾的切身经历，探讨现代中国写实小说中出现的历史与叙事无法调和的症状及其原因。

1996 年，美籍学者张英进于斯坦福大学出版社出版专著《中国现代文学和电影中的城市：空间、时间与性别构形》（*The City in Modern Chinese Literature and Film: Configurations of Space*）④，该书由张英进在其同名博士毕业论文的基础上修改出版。专著共分为八章，从空间构形、时间构形、性别构形三个方面对主题进行解读，书中多次以茅盾作品作为文本对象进行研究，并从城市角度重新解读茅盾的经典作品。2007 年秦立彦将其译成中文，由江苏人民出版社出版。⑤

2003 年，美籍华裔学者刘剑梅的著作《革命与情爱——二十世纪中国小说史中的女性身体和主题重述》（*Revolution Plus Love: Literary History, Womens Bodies, and Thematic Repctition in Twentieth-Century Chinese*

---

① ［美］安敏成：《现实主义的限制：革命时代的中国小说》，姜涛译，江苏人民出版社 2011 年版。

② David Der-Wei Wang, *Fictional Realism in Twentieth-century China: Mao Dun, Lao She, Shen Congwen*, NY: Columbia University, 1992.

③ ［美］王德威：《写实主义小说的虚构：茅盾、老舍、沈从文》，复旦大学出版社 2011 年版。

④ Yingjin Zhang, *The City in Modern Chinese Literature and Film: Configurations of Space, Time, and Gender*, California: Stanford University Press, 1996.

⑤ ［美］张英进：《中国现代文学和电影中的城市：空间、时间与性别构形》，秦立彦译，江苏人民出版社 2007 年版。

Fiction)① 由夏威夷大学出版社出版，作者将20世纪30—70年代的"革命加恋爱"这一写作模式作为文学政治的案例进行研究，旨在对这一主题历史性的梳理过程中，揭示革命话语的变化如何促成文学对性别角色和权利关系的再现，女性身体又是如何凸显政治表现和性别角色之间复杂的相互作用。该书由郭冰茹译成中文，收录于由季进、王尧主编的"海外中国现代文学研究译丛"丛书，2009年出版于上海三联书店出版社。② 书中对茅盾的研究主要在第二章，主要是对茅盾作品中新女性的性感身体和政治的研究。

2004年，夏志清关于中国现代文学研究的又一杰作《夏志清论中国文学》（*C. T. Hsia On chinese Literature*）③ 由美国哥伦比亚大学出版社出版，该书的第四章为对中国现代小说的研究，其中对茅盾的作品多有论述。

2004年，冯进（Jin Feng）出版专著《20世纪早期中国小说里的新女性》④，该书由美国普渡大学出版社出版发行。该书是根据冯进于密歇根大学毕业的博士论文《从"女学生"到"妇女革命者"：五四时期中国小说中的消逝的女性代表》（"*Girl student*" *to* "*Women Revolutionary*"；*The Represent ation of the Deracinated women in Chinese Fiction of the May Fourth Era*）⑤ 修改，以五四时期小说作品中的女性形象为研究对象展开论述，冯进对茅盾的研究在全文的第五章"男性知识分子的引诱和拯救：茅盾的女性革命者"。

第三节　英语世界中的茅盾研究博士论文

早在1958年，斯洛伐克著名汉学家马利安·高利克就以"茅盾短篇

---

① Liu Jianmei, *Revolution Plus Love: Literary History, Women's Bodies, and Thematic Repetition in Twentieth-Century Chinese Fiction*, Hawaii: University of Hawaii Press, 2003.

② [美] 刘剑梅:《革命与情爱：二十世纪中国小说史中的女性身体和主题重述》，郭冰茹译，上海三联书店2009年版。

③ C. T. Hsia, *C. T. Hsia On Chinese Literature*, New York: Columbia University Press, 2004.

④ Jin Feng, *The New Woman in Early Twentieth-Century Chinese Fiction*, West Lafayette, Indiana: Purdue University Press, 2004.

⑤ Jin Feng, *From "Girl Student" to "Women Revolutionary": The Representation of the Deracinated Women in Chinese Fiction of the May Fourth Era*, Ph. D. Thesis, The University of Michigan, 2000.

小说研究，1928—1937"（*Mao Tun Short Stories, 1928—1937*）为题进行研究，这是他在布拉格查理大学读哲学时的硕士毕业论文。目前可查的最早以茅盾及其作品作为博士论文选题的应该是德国的弗里茨·格吕纳，1962 年他以题为"1927 年至 1932、1933 年间茅盾小说中描写的社会风貌和人物塑造"的博士毕业论文从莱比锡大学毕业，之后他还发表了一系列茅盾研究专著和学术论文（如《茅盾对中国现代文学现实主义发展所作出的贡献》《茅盾文学创作中短篇小说概念的确立》《抗日战争时期茅盾几篇作品中社会意图和艺术手法之间的关系》），是茅盾研究的专家。

1968 年，斯洛伐克学者马利安·高利克完成博士论文《茅盾与中国现代文学批评》（*Mao Tun and Modern Chinese Literary Criticism*）。1969 年高利克在修改之后于德国威斯巴登出版社付梓。论文共分 11 章，分别从"茅盾青少年时期""茅盾早期思想发展""早期文学批评活动""中国现代文学：进退两难的征途""文学研究会和此间的茅盾""论文人、文学的本质及其功能""自然主义与现实主义中的选择""革命文学与无产阶级文学""中国当代无产阶级文学与世界先锋主义文学""左联和此间的茅盾""文学创作和技巧"这些方面对茅盾展开研究。论文的第十一章《茅盾的文学创作和技巧问题》由王彦彬译成中文①，收录于唐金海、孔海珠主编《茅盾专家》第二卷下册中；论文第六章"论文人、文学的本质及其功能"② 由杨玉英翻译成中文，载于《茅盾研究》第 12 辑。

1978 年，吴茂生（Mau Sang Ng）完成博士论文《俄国文学对十九世纪二三十年代初期中国知识分子主角的影响》（*The intellectual hero in Chinese fiction of the nineteen-twenties and early thirties in relation to Russian influences*）③，该书旨在探讨俄国英雄形象对现代中国小说中的影响，对茅盾的研究在第五章"茅盾的失败主角"（*Mao Dun's Defeated Hero*）。1988 年作者在进一步完善论文之后将题目修改为"中国现代小说里的俄国英雄"

---

① 唐金海、孔海珠编：《茅盾专集》第 2 卷下册，福建人民出版社 1985 年版，第 1552—1569 页。
② [斯洛伐克] 高利克：《茅盾论文人、文学的本质及其功能》，杨玉英译，载《茅盾研究》第十二辑，第 147—163 页。
③ Mau Sang Ng, *The intellectual hero in Chinese fiction of the nineteen-twenties and early thirties in relation to Russian influences*, Ph. D. Thesis, University of Oxford, 1978.

(The Russian Hero in Modern Chinese Fiction)①，由中国大学出版社和纽约州立大学出版社联合出版。

1980年，《茅盾的早期小说，1927—1931：他的现实主义立场和风格》（Mao Dun's Early Fiction, 1927—1931: The Standpoint and Style of His Realism）②是约翰·博宁豪森完成的斯坦福大学的博士毕业论文，论文主要以茅盾创作于1927—1931年的小说作品为对象展开研究。论文共分为6章，分别为"茅盾早期小说中的中心矛盾""茅盾的第一篇短篇小说《创造》""茅盾早期小说中的现代主义元素""《三人行》：一个政治寓言""茅盾早期小说里的立场""茅盾早期小说的风格"。论文第一章"茅盾早期小说中的中心元素"收录于1977年默尔·戈德曼主编的《五四时期的中国现代文学》（Modern Chinese Literature in the May Fourth Era）中，1984年由王培元译成中文并收录于李岫主编的《茅盾研究在国外》。博宁豪森研究茅盾的角度是独特且深入的，他认为茅盾的长篇小说具有社会现实主义色彩，通过描述特定环境背景展开故事，塑造出来的人物追求人的生存价值，具有浓厚的政治色彩，进而使读者在阅读中获得同样的理念。博宁豪森还分析了茅盾作品中运用的手法和风格，总结了茅盾小说的特点。

1981年，陈苏珊（Susan Wilf Chen）以博士论文《茅盾及其早期小说的背景》（Mao Tun, The Background to His Early Fiction）③从哈佛大学毕业。

1982年，威斯康星大学发表了王德威写作的博士毕业论文《现实主义叙述的逼真性：茅盾和老舍的早期小说研究》（Verisimilitude in Realist Narrative: Mao Tun's and Lao She's Early Novels）④。王德威在论文中探讨了茅盾和老舍的早期小说中的"逼真"（verisimilitude）概念，他对茅盾作品的研究在论文的第四章"茅盾的自然主义理论：对左拉和托尔斯泰的

---

① Mau-sang Ng, *The Russian Hero in Modern Chinese Fiction*, Hong Kong: The Chinese University Press & New York: State University of New York Press, 1988.
② John David Berninghausen, *Mao Dun's Early Fiction, 1927—1931: The Standpoint and Style of His Realism*, Ph. D. Thesis, Standford University, 1980.
③ Susan Wilf Chen, *Mao Tun, the background to his early fiction*, Ph. D. Thesis, Harvard University, 1981.
④ David Der-Wei Wang, *Verisimilitude in Realist Narrative: Mao Tun's and Lao She's Early Novels*, Ph. D. thesis, University of Wisconsin-Madison, 1982.

'误读'"和第五章"茅盾的早期小说：作为史学话语的小说"。

1985年，安敏成（Marston Edwin Anderson）以论文《叙述和评论：现代中国文学中的社会现实结构》（Narrative and Critique: The Construction of Social Reality in Modern Chinese Literature）[①] 获得加利福尼亚大学的博士学位。论文第四章是对茅盾作品的具体研究，作者在研究中涉及茅盾的评论文章两篇（《读〈倪焕之〉》和《从牯岭到东京》）、小说七篇（《创造》《蚀》三部曲、《虹》《子夜》《霜叶红似二月花》），通过对茅盾文本的细致解读，分析了茅盾在结合细节与结构、个体与历史上所做的努力。1990年，安敏成对论文做了修改，更名为"现实主义的限制：革命时代的中国小说"（Limits of Realism: Chinese Ficiton in the Revolutionary Period）[②]，交由加利福尼亚大学出版社出版。2011年，江苏人民出版社出版了由姜涛翻成中文的《现实主义的限制：革命时期的中国小说》[③]。

1986年，陈清侨（Chingkiu Stephen Chan）以博士毕业论文《现代中国现实主义的问题：茅盾和他同时期的人（1919—1937）》[④] 从加利福尼亚大学博士毕业。论文旨在通过中国历史语境和五四后中国文化政治领域的潜台词来还原"现实主义意识形态"的问题。论文除导言"现实主义的问题"外，分为"绝望的信息"和"欲望话语"两部分。

1989年，查尔斯·H. 瓦格蒙（Charles H. Wagamon）以硕士毕业论文《关于茅盾使用女性人物表达社会政治观点的研究》（A study of Mao Dun's use of women characters to illustrate sociopolitical viewpoints）[⑤] 完成在华盛顿大学的硕士学业，论文是对茅盾小说里女性形象、社会政治观点及其相互关系的研究。

1990年，吴德安（De-an Wu Swihart）于普林斯顿大学以论文《中国

[①] Marston Edwin Anderson, *Narrative and Critique: The Construction of Social Reality in Modern Chinese Literature*, Ph. D. Thesis, University of California, 1985.

[②] Marston Anderson, *Limits of Realism: Chinese Ficiton in the Revolutionary Period*, California: University of California Press, 1990.

[③] ［美］安敏成：《现实主义的限制：革命时代的中国小说》，姜涛译，江苏人民出版社2011年版。

[④] Chingkiu Stephen Chan, *The Problematics of Modern Chinese Realism: Mao Dun and His Contemporaries (1919—1937)*, Ph. D Thesis, University of California, 1986.

[⑤] Charles H Wagamon, *A study of Mao Dun's use of women characters to illustrate sociopolitical viewpoints*, M. A. Thesis, University of Washington, 1989.

小说形式的演变》(The Evolution of Chinese Novel Form)① 博士毕业吴德安的博士论文是对16世纪到现代的中国小说形式的演变历程的研究,她在第五章选取茅盾的小说作为这一时期的作品代表,通过对茅盾结构理论和具体实践的研究来探究新产生的小说结构是如何产生和被影响的。

1991年,达勒姆大学发表了希拉里·钟(Hilary Chung)的博士毕业论文《茅盾早期小说对女性的刻画:1927—1932》[The portrayal of women in Mao Dun's early fiction (1927—1932)]②。这是一部从女性形象着手研究茅盾小说作品的研究论著。

1992年,陈茂(音译,Mao Chen)以博士毕业论文《诠释学和五四隐含读者:对胡适、鲁迅、茅盾的研究》(Hermeneutic and the Implied May Fourth Reader: A Study of Hu Shih, Lu Xun, Mao Dun)③ 完成在纽约州立大学的学业。陈茂运用诠释学理论对五四文学展开研究,旨在阐明在现代文学演变历史中中国的作者和读者所发挥的作用,论证中国隐含读者是如何影响现代中国散文、戏剧、小说的发展的。

1992年,美籍华裔学者张英进(Zhang Yingjin)完成他在斯坦福大学的博士毕业论文《中国现代文学和电影中的城市形象》(Configurations of the City in Modern Chinese Literature and Film)。④ 论文以小说文本为主要研究对象,兼及对电影、话剧、诗歌的研究,梳理城市在19世纪末到20世纪40年代的中国文学和电影中的形象,文章在研究中多次以茅盾作品为研究对象进行分析,并从城市的角度对其予以重新解读。1996年张英进对博士论文进行修改,更名为"中国现代文学和电影中的城市:空间、时间与性别构形"在斯坦福大学出版社出版。⑤ 2007年由秦立彦翻译成中

---

① De-an Wu Swihart, *The Evolution of Chinese Novel Form*, Ph. D. Thesis, Princeton University, 1990.

② Hilary Chung, *The portrayal of women in Mao Dun's early fiction 1927—1932*, Ph. D. Thesis, University of Durham, 1991.

③ Mao Chen, *Hermeneutic and the Implied May Fourth Reader: A Study of Hu Shih, Lu Xun, Mao Dun*, Ph. D. Thesis, State University of New York, 1992.

④ Yingjin Zhang, *Configurations of the City in Modern Chinese Literature and Film*, Ph. D. Thesis, Standford University, 1992.

⑤ Yingjin Zhang, *The City in Modern Chinese Literature and Film: Configurations of Space, Time, and Gender*, California: Stanford University Press, 1996.

文，由江苏人民出版社出版。①

同年还有一部硕士毕业论文发表，那就是杰弗里·M. 洛里（Jeffrey M. Loree）所写的《茅盾的〈子夜〉：自然主义和资本寓言》（Mao Dun's "Midnight": naturalism and the allegory of capital）②，作者在论文中以茅盾的长篇小说《子夜》为研究对象，着重分析了小说里的自然主义元素和作品所流露的寓言性。

1993 年，王如杰（音译，Rujie Wang）于罗格斯新泽西州立大学博士毕业的论文《中国现实主义的透明性：关于鲁迅、巴金、茅盾、老舍的文本研究》（The transparency of Chinese realism: A study of text by Lu Xun, Ba Jin, Mao Dun, Lao She）③ 发表，作者基于诠释现象学理论梳理了五四时期以来中国批评现实主义在文化设想的变化，通过研究五四时期创作的文本——这些文本的作者大多受西方主流社会政治话语影响，试图通过创作对中国传统人道主义思想进行改造——以此质疑现实主义所标榜的透明度（transparency）。

同年，哥伦比亚大学发布吉安娜·郭琼茹（音译，Gianna Canh-Ty Quach）的博士毕业论文《19 世纪末和 20 世纪文学中的中国神话》（The Myth of the Chinese in the Literature of the Late Nineteenth and Twentieth Centuries）④。论文共分为两部分，上编是对包括赛珍珠（Pearl Buck）、埃米莉·哈恩（Emily Hahn）、史沫莱特（Agnes Smedley）、奥克塔夫·米尔博（Octave Mirbeau）、维克多·谢阁兰（Victor Segalen）、安德烈·马尔罗（André Malraux）所创作的作品中的中国形象的分析，下编是对中国本土作家老舍、茅盾、丁玲、钱钟书和聂华苓所创作的小说中的中国自我概念的研究。作者意图通过西方文学作品中的中国形象与中国文学的自我概念的对比，重构帝国主义被压制的历史，通过历史视角的交替表现其他被压制的视角是如何被遮蔽的。论文对茅盾的研究在第六章，主要是研究茅盾

---

① ［美］张英进：《中国现代文学和电影中的城市：空间、时间与性别构形》，秦立彦译，江苏人民出版社 2007 年版。
② Jeffrey M Loree, *Mao Dun's "Midnight": naturalism and the allegory of capital*, M. A. Thesis, University of California, 1992.
③ Wang Rujie, *The transparency of Chinese realism: A study of text by Lu Xun, Ba Jin, Mao Dun, Lao She*, Ph. D. thesis, Rutgers The State University of New Jersey, 1993.
④ Gianna Canhy-Ty Quach, *The Myth of the Chinese in the Literature of the Late Nineteenth and Twentieth Centuries*, Ph. D. Thesis, Columbia University, 1993.

长篇小说《虹》里所表现的女性的困境。

1994 年，张学美（Shuei-may Chang）从伊利诺斯大学完成学业，博士毕业论文为《摆脱家庭的束缚：现代中国文学中的娜拉，1918—1942》（Casting off the shackles of family: Ibsen's Nora Character in Modern China Literature, 1918—1942）①。张学美指出，易卜生在《玩偶之家》中塑造的娜拉这一形象启发了五四时期向往自由的知识分子，成为中国女性的完美模板，此后许多中国文学作品中的女性形象身上都有娜拉的影子。论文主要选取鲁迅、茅盾、丁玲的文学作品作为研究文本，作者对茅盾的研究在论文的第四章，指出茅盾短篇小说《创造》中的"娴娴"和长篇小说《虹》中的"梅"都是离开家庭寻找自我完善的女性形象，正是娜拉形象的发展，作者对茅盾作品中女性形象的研究着眼于女主角在追求自我完善与其社会承诺之间的矛盾上。

1995 年，茅盾的长孙女沈迈衡（Maiheng Shen Dietrich）完成《茅盾和现实主义——一个文学批评家的发展》（Mao Dun and Realism: The Development of a Literary Critic）②，这是她在明尼苏达大学的博士毕业论文。论文除"序言"和"结论"外共四章，分别是"茅盾关于文学现实主义的概念""现实主义的重新定义：20 年代晚期到 40 年代初期的文论论争中茅盾的立场""文学史是一部现实主义和反现实主义的斗争史""现实主义还是社会主义现实主义"。

1997 年，玛格丽特·林（Margaret Y. S. Lim）以论文《政治和茅盾的早期作品》[Politics and the early writings of Mao Dun (to 1937)]③ 从昆士兰大学硕士毕业，论文主要从政治角度着手研究茅盾创作于 1937 年以前的小说作品。

1998 年，普林斯顿大学发表了亚历山大·唐德森·德斯·福尔热（Alexander Townsend Des Forges）的博士毕业论文《街谈巷议的故事：从〈海上花列传〉到〈子夜〉里上海的混乱叙述》[Street Talk and Alley Stories: Tangled Narratives of Shanghai from "Lives of Shanghai Flower"

---

① Shuei-may Chang, *Casting off the shackles of family: Ibsen's Nora Character in Modern China Literature, 1918—1942*, Ph. D. Thesis, University of Illinois at Urbana-Champaign, 1994.

② Maiheng Shen Dietrich, *Mao Dun and Realism: The Development of a Literary Critic*, Ph. D. Thesis, The University of Minnesota, 1995.

③ Margaret Y. S. Lim, *Politics and the early writings of Mao Dun (to 1937)*, M. A. Thesis, University of Queensland, 1997.

(1892) to "Midnight"(1933)]①，论文以"鸳鸯蝴蝶派小说"《海上花列传》以及茅盾的长篇小说《子夜》为研究文本，研究了小说的叙述形式和阅读实践之间的复杂联系，对文学文本和作品意义之间的关系提出质疑，诠释了"现代"和"近现代"中国文学之间的差异。

同年，林丽君（音译，Li-chun Lin）的博士毕业论文《中国"新"女性的散漫形成：1860—1930》(The Discursive formation of the "New" Chinese Women, 1860—1930)②在加利福尼亚大学发表。论文通过对改进性别定势策略的研究，批判了围绕中国女性从传统形象到现代的、受过教育的女性形象这一转变过程的话语。作者在论文第三章和第四章的研究中选取具有代表性的男性作家如茅盾、鲁迅、张天翼和郁达夫的作品进行研究，通过研究男性作者笔下的女性形象以分析其背后的男性话语。

2000年，冯进（Jin Feng）于密歇根大学毕业的博士论文《从"女学生"到"妇女革命者"：五四时期中国小说中的消逝的女性代表》(From "Girl Student" to "Women Revolutionary" the Representation)③是以五四时期小说作品中的女性形象为研究对象写作的，论文对茅盾的研究主要在第五章"男性知识分子的诱惑和救赎：茅盾的妇女解放"。该书2004年于普渡大学出版社出版，更名为"20世纪早期中国小说中的新女性"(The New Women in Early Twentieth-Century Chinese Fiction)④。

同年，卢敏华（Lo Man-wa）于香港中文大学博士毕业，毕业论文为《现代中英文小说中的身体政治和女性主体性》(Body Politics and Female Subjectivity in Modern English and Chinese Fiction)⑤。论文以中英文小说中女性身体、主体意识和性欲为研究对象，选取劳伦斯、莱辛、茅盾、谢冰

---

① Alexander Townsend Des Forges, *Street Talk and Alley Stories: Tangled Narratives of Shanghai from "Lives of Shanghai Flower" (1892) to "Midnight" (1933)*, Ph. D. Thesis, Princeton University, 1998.

② Li-chun Lin, *The Discursive formation of the "New" Chinese Women, 1860—1930*, Ph. D. Thesis, University of California at Berkeley, 1998.

③ Jin Feng, *From "Girl Student" to "Women Revolutionary": The Representation of the Deracinated Women in Chinese Fiction of the May Fourth Era*, Ph. D. Thesis, The University of Michigan, 2000.

④ Jin Feng, *The New Women in Early Twentieth-Century Chinese Fiction*, West Lafayette, Indiana: Purdue University Press, 2004.

⑤ Lo Man-wa, *Body Politics and Female Subjectivity in Modern English and Chinese Fiction*, Ph. D. Thesis, The Chinese University of Hong Kong, 2000.

莹、丁玲、聂华苓、李昂、林白、陈染等人的小说,重点分析男女作家笔下新女性截然不同的面貌以及由此揭露的跨文化内涵。卢敏华对茅盾的研究主要在论文第二章"茅盾和谢冰莹作品中的新女性和民族主义"。

2001 年,佐治亚大学发表了卢丽萍(音译,Liping Lu)的硕士毕业论文《上海社会景象的映射:从吴永刚的〈女神〉到茅盾的〈子夜〉》(Mapping Shanghai's society of spectacle: from Wu Yonggang's *Goddess* to Mao Dun's *Midnight*)①,论文选取两个最具代表性的作品,即吴永刚的电影《女神》(1934 年,联华影片公司)和茅盾的长篇小说《子夜》(1933),对两部作品里所表现的壮观的大都市进行研究,以此描绘城市形象在构建上海商品化和现代化的壮观社会形象方面所起的作用,探索"现代性"文化意象是如何影响城市观念和经验的。

2004 年,艾琳·弗朗西斯·维克里(Eileen Frances Vickery)以论文《疾病和身体困境:现代中国小说中的女性形象》(Disease and the Dilemmas of Identitiy: Representations of Women in Modern Chinese Literature)② 从俄勒冈大学东亚语言文学研究院毕业。艾琳的论文以五四小说、20 世纪 20 年代晚期到 30 年代初期创作的上海现代小说以及 20 世纪 40 年代的左翼小说和现代小说为研究重心,选取研究文本有丁玲、茅盾、郁达夫、石评梅、穆时英等人的小说作品以及电影《新女性》。作者在研究中指出中国小说中的新女性经常受到疾病的困扰,而小说中的疾病是有象征意义的,它常被小说家用以表达女性主体变迁、现代性冲突以及女性美德。

2009 年,罗伊·宾·陈(Roy Bing Chan)从加利福尼亚大学伯克利分校博士毕业,毕业论文为《认知的边际:现代中国文学里的梦想和现实》(The Edge of Knowing: Dreams and Realism in Modern Chinese Literature)③。论文旨在研究现代中国文学(从民国时期到毛泽东时代)里现实话语和理想话语之间的关系,作者选取鲁迅、茅盾、杨沫、宗璞这四个作家及其作品作为研究对象展开研究,对茅盾的研究主要在论文的第二章"写实的失控身体:茅盾小说中的叙事和反叙事"。

---

① Liping Lu, *Mapping Shanghai's society of spectacle: from Wu Yonggang's Goddess to Mao Dun's Midnight*, M. A. Thesis, University of Georgia, 2001.

② Eileen Frances Vickery, *Disease and the Dilemmas of Identitiy: Representations of Women in Modern Chinese Literature*, Ph. D. Thesis, The University of Oregon, 2004.

③ Roy Bing Chan, *The Edge of Knowing: Dreams and Realism in Modern Chinese Literature*, Ph. D. Thesis, University of California, 2009.

2012年，戴维·赫尔（David Hull）以博士论文《茅盾〈蚀〉三部曲中的叙述：一个矛盾的茅盾》（Narrative in Mao Dun's Epclipse Trilogy： A Conflicted Mao Dun）① 从加利福尼亚大学毕业。戴维的论文以茅盾的《蚀》三部曲为研究文本，对其叙述模式展开研究，重点研究茅盾在小说里所表现出的现实主义的背景和性质。论文共分为三部分，分别从茅盾的个人简介和生活环境、叙述声音、文本分析三方面展开论述。

另外，据李岫主编《茅盾研究在国外》里面的资料显示，研究茅盾的毕业论文还有1971年美国那米塔·巴达恰尔亚在华盛顿大学的硕士论文《茅盾的七篇短篇小说：对这位中国作家短篇小说的研究》和1974年美国韩寒在波莫那学院的博士论文《现代中国批评家茅盾》②，但笔者在资料收集过程中没有找到这两篇论文的相关记录，故暂不对其展开研究。

第四节　英语世界中的茅盾研究学术期刊论文

通过对 CASHL 系统、EBSCO 数据库、Gale 数据库、JESTOR 数据库、Worldcat 数据库以关键词 Mao Dun、Mao Tun、Modern Chinese Literature、May-Fourth Era Literature 进行检索后，得到与茅盾研究相关的期刊文章共有18篇。

1960年，斯洛伐克学者、著名的茅盾研究专家高利克在北京大学留学期间，撰写了他的第一篇茅盾研究文章《茅盾笔名考》，并将文章送予茅盾先生过目，茅盾在高利克的笔稿上作了多次批注，还在文末附有短文《关于我的笔名》作为回应。该文的英文版1963年以"茅盾使用过的姓名及笔名"为题在捷克期刊《东方档案》第31卷发表③。2010年《现代中文学刊》第2期刊登了这篇论文，附有茅盾的短文和底稿照片。

1963年，高利克还在捷克期刊《东方研究》第33期发表了《评茅盾

---

① David Hull, *Narrative in Mao Dun's Epclipse Trilogy： A Conflicted Mao Dun*, Ph. D Thesis, University of California, 2012.

② 李岫编：《茅盾研究在国外》，湖南人民出版社1984年版，第756页。因笔者未找到书中所示资料，故英文名暂缺。

③ ［斯洛伐克］马利安·高利克："The Name and Pseudonyms Used by Mao Tun"（《茅盾使用过的真名和笔名》），《东方档案》第31卷，1963年，第80—108页。

的两部作品集》》①。

1963 年，美国学者文森特（Vincent Y. C. Shih）在《中国季刊》上发表了论文《狂热者和逃避者：旧一代作家》（"Enthusiast and Escapist：Writers of the Older Generation"）②，论文是对共产主义文学对中国作家的影响的研究，作者选取茅盾、巴金、沈从文三位作家作为其研究对象。编者在注释中指出，作者的原题为"空论家、狂热者和逃避者：旧一代作家"，文中将茅盾作为空论家（Doctrinaire）的代表展开论述，但考虑到下一期还会刊登作者关于茅盾的研究文章，所以将文章对茅盾的大量研究文字删去，只保留了小部分的茅盾研究。

1964 年，文森特在《中国季刊》第 19、第 20 期上发表文章《批评家茅盾》（"Mao Tun：The Critic"）上下篇③，论文从茅盾的批评家身份切入展开研究。论文由侯光复翻译成中文，收录在李岫主编的《茅盾研究在国外》中。

1967 年，马利安·高利克在《亚非研究》上发表论文《从庄子到列宁：茅盾的思想发展》（From Chuang-tzu to Lenin：Mao Tun's Intellectual Development）④，这是他在 1965 年第 17 届中国研究大会上宣读的会议论文，主要是对茅盾思想的发生、发展、转变过程的梳理。

1979 年，美国学者陈幼石在《中国季刊》第 78 期发表论文《茅盾与〈野蔷薇〉：革命责任的心理研究》（Mao Tun and The Wild Roses：A Study of the Psychology of Revoltionary Commitment）⑤，论文对收录在茅盾短篇小说集《野蔷薇》中的五篇小说作为分析研究心理障碍的文本逐个进行分析，旨在研究个人革命意志在环境改变和传统继承的矛盾两难间所产生的变化。后论文被雨寒翻译成中文，收录在李岫主编的《茅盾研究在国外》里。

1983 年 6 月，陈苏珊在《哈佛亚洲研究学报》上发表论文《茅盾早

---

① [斯洛伐克] 马利安·高利克：《评茅盾的两部作品集》，载《东方档案》，第 33 卷，1963 年。

② Vincent Y. C. Shih, "Enthusiast and Escapist：Writers of the Older Generation", *China Quarterly*, No. 13, Jan.-Mar. 1963, pp. 92-112.

③ Vincent Y. C. Shih, "Mao Tun：The Critic", *China Quarterly*, No. 19 & No. 20, 1964.

④ Marián Gálik, "From Chuang-tzu to Lenin：Mao Tun's Intellectual Development", *Asian and African Studies*, Vol. 3, 1967, pp. 98-110.

⑤ Yü-shih Chen, "Mao Tun and *The Wild Roses*：A Study of the Psychology of Revoltionary Commitment", *China Quarterly*, No. 78, June 1979, pp. 296-323.

期小说中的个人因素》(*The Personal Element in Mao Tun's Early Fiction*)①，论文分别从"茅盾的个人经历及其早期小说""《追求》中的仲昭：个人因素""五卅事件：第一次创造性写作和《虹》""武汉时期和《动摇》""茅盾的旧识及其小说"五个方面展开研究。

1983年1月，陈佩华（Sylvia Chan）在《澳大利亚中国问题研究》发表关于茅盾的研究论文《现实主义还是社会主义现实主义？1927—1932年间现代中国文学的"无产阶级"插曲》②。论文是对发生在1927—1932年的革命文学论争及其影响的研究，文中对茅盾作品及茅盾在这次论争中的立场和作品都有研究。

1988年，陈苏珊在《哈佛亚洲研究学报》上发表论文《翻译家茅盾》（Mao Tun The Translator）③。论文是对茅盾的译介工作及其翻译思想对其小说创作之影响的研究。

1992年，《澳大利亚东方学会会刊》第24卷刊登了高利克的茅盾研究文章《三十年代中国黄昏中的商人与荡妇》（Merchants and Mercenaries in the Twilight of China in the 1930s）④。论文是对茅盾短篇小说《赵先生想不通》和《微波》的研究。作者指出这两个故事与《子夜》有相似之处，是《子夜》的变形，而《子夜》主题中有北欧神话影响的因素。同年，这篇论文由万树玉翻译，中译文收录于中国茅盾文学研究会编辑的《茅盾与二十世纪》一书中，由华夏出版社出版。

1995年，斯洛伐克汉学家高利克的茅盾研究论文《茅盾和我》发表于在《亚非杂志》第4卷第2期。⑤但早在1990年，庄嘉宁就曾选译了这篇英文论文并发表于《中国现代文学研究丛刊》第1期上。⑥另外万树

---

① Susan Wilf Chen, "The Personal Element in Mao Tun's Early Fiction", *Harvard Journal of Asiatic Studies*, Vol. 43, No. 1, Jun. 1983, pp. 187-213.

② Sylvia Chan, "Realism or Socialist Realism: The 'Proletarian' Episode in Modern Chinese Literature 1927—1932", *The Australian Journal of Chinese Affairs*, No. 9, Jan. 1983, pp. 55-74.

③ Susan Wilf Chen, "Mao Tun The Translator", *Harvard Journal of Asiatic Studies*, Vol. 48, No. 1, Jun. 1988, pp. 71-94.

④ Marian Galik, "Merchants and Mercenaries in the Twilight of China in the 1930s", *Journal of the Oriental Society of Australia*, Vol. 24, 1992, pp. 1-14.

⑤ Marián Gálik, "Mao Dun and Me", *Asian and African Studies*, Vol. 4, No. 2, 1995, pp. 113-116.

⑥ [斯洛伐克] 马利安·高利克：《茅盾和我》，庄嘉宁节译，载《中国现代文学研究丛刊》1990年第1期。

玉也曾就英文底稿翻译了《茅盾与我》，文章刊登于李玲等人编译的《捷克和斯洛伐克汉学研究》一书。高利克的这篇论文共分五个阶段来追溯其与茅盾作品的渊源和研究过程，还梳理了他在 1960—1996 年的茅盾研究情况。

1998 年 12 月，杜博妮（Bonnie S. McDougall）在《亚洲研究评论》上发表关于茅盾研究的论文《五四叙述中消失的女性和男性：对茅盾、冰心、凌淑华和沈从文短篇小说的后女性主义调查》（Disappearling Women and Disapperaling Men in May Fourth Narrative：A Post-Feminist Survey of Short Stories by Mao Dun, Bing Xin, Ling Shuhua and Shen Congwen）①。作者对茅盾、冰心、凌淑华、沈从文的小说及其研究进行梳理和研究，论文梳理了夏志清、博宁豪森、安敏成等人对茅盾短篇小说集《野蔷薇》的研究论述。

2003 年，萨拉·斯蒂文斯（Sarah E. Stevens）在美国最大的女性研究学术机构刊物《全国女性研究学会刊物》（NWSA Journal）上发表论文《雕琢现代性：民国的新女性和摩登女郎》（Figuring Modernity：The New Woman and the Modern Girl in Republican China）②。论文选取丁玲、茅盾、施蛰存等一批作家的作品作为研究文本，研究了新女性和摩登女郎在中华民国的文化形象。作者指出这些形象不仅表现了在性别意识改变下人们的焦虑心理，还反映了人们在现代性概念和现代国家计划下的焦虑心理。

2004 年，丹尼尔·弗里德（Daniel Fried）在《中国文学》上发表文章《血的缺席：共产主义叙述和五卅文学》（A Bloody Absence：Communist Narratology and the Literature of May Thirtieth）③，论文对茅盾长篇小说《虹》及其女主角梅行素展开研究。

2005 年，王一曼（音译，Yiman Wang）在《文学电影季刊》上发表研究论文《从文字到文字映像：中国短篇小说〈春蚕〉的影视转化》（From Word to Word-Image：Film Translation of a "Sketchy" Chinese Short

---

① Bonnie S. McDougall, "Disappearling Women and Disapperaling Men in May Fourth Narrative：A Post-Feminist Survey of Short Stories by Mao Dun, Bing Xin, Ling Shuhua and Shen Congwen", *Asian Studies Review*, Vol. 22, No. 4, Dec, 1988, pp. 427-458.

② Sarah E. Stevens, "Figuring Modernity：The New Woman and the Modern Girl in Republican China", *NWSA Journal*, Vol. 15, Issue 3, Feb. 2003, pp. 82-103.

③ Daniel Fried, "A Bloody Absence：Communist Narratology and the Literature of May Thirtieth", *Chinese Literature：Essays, Articles, Reviews*, Vol. 26, Dec. 2004, pp. 23-53.

Story Spring Silkworm）①，论文是对 1933 年中国上海电影公司在将茅盾短篇小说《春蚕》拍成电影过程中对文学文本的改编及背后深层文化原因的研究。

2007 年，耶鲁大学的查尔斯·劳克林（Charles A. Laughlin）在托马斯·莫兰（Thomas Moran）主编的《中国小说作者：1900—1949》上刊登文章《茅盾》。文章对茅盾作品、茅盾生平、西方评论家对茅盾的研究都有详细的介绍，附有茅盾部分作品的英译名。

2013 年，《现代中文学刊》刊登了高利克的茅盾研究文章《茅盾传略》②。这篇文章是高利克于 1960 年春在北京大学留学时所作，茅盾曾在这篇论文的手稿上作了修改和批注。

2014 年，劳伦斯·特鲁多（Lawrence J. Trudeau）主编的《二十世纪文学批评》（Twentieth-Century Literary Criticism）第 299 卷上刊登了关于茅盾研究的系列论文，其中有高利克的论文《上帝的信使：茅盾和对外国神话的介绍》③、梅仪慈（Yi-tsi Mei Feuerwerker）的论文《斗争的辩证：茅盾〈水藻行〉里的意识形态和现实主义》（The Dialectics of Struggle: Ideology and Realism in Mao Dun）④、陈幼石的论文《虚假的和谐：茅盾关于女性和家庭（的叙述）》（False Harmony: Mao Dun on Women and Family）⑤。

在茅盾作品的译介过程中，不少译者和评论者都曾撰文对茅盾及其作品发表研究评论。美国哈罗德·伊萨克在 1934—1935 年编译《草鞋脚》的这段时间，与鲁迅、茅盾多有交往。他在 1937 年该书重编的序言中对茅盾给予了高度评价，说他是"公认为继鲁迅之后最重要的（中国）作家"⑥。1936 年，美国的埃德加·斯诺在其译介的《活的中国——现代中国短篇小说选》的编者序言里面欣喜地指出，他通过鲁迅、茅盾等人的作品

---

① Yiman Wang, "From Word to Word-Image: Film Translation of a 'Sketchy' Chinese Short Story *Spring Silkworm*", *Literature Film Quarterly*, Vol. 33, Issue 1, 2005, pp. 41–50.

② ［斯洛伐克］高利克：《茅盾传略》，载《现代中文学报》2013 年第 4 期。

③ Jozef Marián Gálik, "The Messenger of the Gods: Mao Tun and the Introduction of Foreign Myths to China", *Twentieth-Century Literary Criticism*, Vol. 299, 2014.

④ Yi-tsi Mei Feuerwerker, "The Dialectics of Struggle: Ideology and Realism in Mao Dun's 'Algae'", *Twentieth-Century Literary Critism*, Vol. 299, 2014.

⑤ Yu-shih Chen, "False Harmony: Mao Dun on Women and Family", *Twentieth-Century Literary Critism*, Vol. 299, 2014.

⑥ Edgar Snow, ed., *Straw Sandals: Chinese Short Stories, 1918—1933*, Cambridge: MIT Press, 1974, p. 1.

认识了旧中国的现实和新中国的前景,他看到了茅盾和鲁迅之间的在社会、政治、文学倾向上的相似性,指出茅盾的小说是新现实主义或革命自然主义的典范。1936 年,海伦·斯诺以"尼姆·威尔斯"为笔名,尼姆·威尔斯在《活着的中国》一书的附录中,以颇多的篇幅评论了茅盾。这篇题为"现代中国文学运动"的重要论文后来发表在伦敦的《今日生活与文学》(Life and Literature To day) 杂志第 15 卷第 5 期,这是英国对于茅盾研究的起点。1956 年北京外文出版社编选出版的茅盾短篇小说集《春蚕》的序言部分也就该作品创作时代背景、小说及其类型分类、作者茅盾展开论述。

此外还有部分对茅盾作品的英文书评。1954 年,霍华德·S. 莱维(Howard S. Levy) 在《远东季刊》(The Far Eastern Quarterly) 上发表对茅盾作品《苏联见闻录》的评论文章[1],文中介绍了茅盾的个人情况和其中苏联的经历,对《苏联见闻录》做了简略的介绍。1980 年,《中国文学》第 2 卷第 4 册刊登了对茅盾长篇小说《子夜》的书评[2],文章介绍了茅盾《子夜》德文版的详细情况。1984 年,詹妮弗·安德森(Jennifer Anderson) 对茅盾主编的《中国一日》发表评论文章,文章刊登在《澳大利亚中国事务》(The Austrian Journal of Chinese Affairs) 上。[3] 1992 年,白迪安(D. E. Perushek) 在《图书馆杂志》上发表了对茅盾长篇小说《虹》的评论文章。[4] 1993 年,法蒂玛·吴(Fatima Wu) 在《今日世界文学》上发表对茅盾的长篇小说《虹》的评论文章,文中对《虹》的故事情节做了简要介绍并评论了曾小萍(Madaline Zelin) 的翻译。[5] 1996 年,查尔斯·V. 考林(Charles V. Cowling) 在《图书馆杂志》上发表对《活着的中国》的评论文章。[6]

---

[1] Howard S. Levy, "A Record of *What I Saw and Heard in the Soviet Union* by Mao Dun", *The Far Eastern Quarterly*, Vol. 13, No. 2, Feb. 1954, pp. 206–207.

[2] "Schanghai im Zwielicht. Roman. Mit einem Geletiwort von Mao Dun 'An meine deutschen Leser' by Mao Dun; Franz Kuhn; Ingrid Kubin; Wolfgang Kubin", *Chinese Literature: Essays, Articles, Reviews (CLEAR)*, Vol. 2, No. 2, Jul, 1980, p. 239.

[3] Jennifer Anderson, "One Day in China (Review)", *The Austrian Journal of Chinese Affairs*, No. 11, Jan. 1984, pp. 197–200.

[4] D. E. Perushek, "Book reviews: Fiction", *Library Journal.*, Vol. 117, Issue 7, 4/15/1992, pp. 121–128.

[5] Fatima Wu, "Rainbow (Book Review)", *World Literature Today*, No. 67, 1993.

[6] Charles V. Cowling, "Awakening China (Book Review)", *Library Journal*, Vol. 121, 4/1/1996, p. 116.

第二章

英语世界中的茅盾作品译介

茅盾作品的外文翻译最早可以追溯到1932年,美国记者乔治·肯尼迪翻译了茅盾的《喜剧》,兴盛于20世纪50年代,20世纪80年代后又归于静寂。总的来说,在茅盾作品英译之旅开始至今的83年时间里,茅盾作品的英译并不算兴盛,被翻译的作品并不多,主要集中于茅盾早期创作的短篇小说,长篇小说只有《子夜》和《虹》被翻译成了英文。茅盾作品被翻译成英文的只占其作品中极少的比重,多为对茅盾小说名篇的翻译。另外值得注意的是,茅盾的小说都只有一个译本,不存在多次翻译的情况。

在现有的几个茅盾作品译本中,斯诺的翻译注重故事内容的表达,旨在表现中国社会发展变革时期的人的精神和内在,其翻译多采用意译的方式,对于与故事内容不相关的故事叙述和环境描写,译者一般都略去不译;沙博理和戴乃迭因为其双重文化背景,二人的译本都表现出对传达中国文化的看重,在翻译策略上采用异化和归化相结合的翻译策略,在忠实原文的基础上兼顾读者的阅读体验,译文语言生动流畅,可读性很强;西蒙的译文语言地道平实,遣词用句上贴近英语读者的阅读习惯,但对于原文中出现的文化承载词,西蒙的翻译仍有值得商榷之处;许孟雄的译本最大的特点就是传神,许孟雄对原文的忠实不在于复述原文语句,而在于他对原文语境、语言风格、人物性格、语篇神韵的准确把握和再现,他"创造性叛逆"的翻译让译文具有极强的可读性;曾小萍英译的《虹》是以直译为主进行的翻译,译文旨在表现以梅为代表的中国年轻一代对五四新思想的追寻,译文注重语义的还原,语言表述稍显平淡,原文意蕴在译文中多有丢失,但译者在译文中通过注释与读者进行交流以便其了解原文主旨的做法值得肯定。

第一节　斯诺编译的短篇小说集《活的中国》

美国记者埃德加·斯诺（Edgar Snow）1934年和其夫人海伦·福斯特（Helen Foster）一起开始编译中国现代短篇小说，1936年编译成书于伦敦出版，命名为"活的中国：中国现代短篇小说选"（*Living China: Modern Chinese Short Stories*）[1]。这是第一本中国现代文学的英文译介选集，旨在向西方读者介绍中国现代短篇小说作品及其作者。斯诺翻译了鲁迅的7篇小说，作为其编译的《活的中国》的第一部分。此外又收录了柔石、茅盾、丁玲、巴金、沈从文、孙席珍、田军、林语堂、萧军、郁达夫、张天翼、郭沫若、沙汀以及匿名佚名（应为杨刚）的英译短篇小说，全书收录15人共24篇英译小说。其中茅盾有两篇小说被译成英文收录其中，分别是《自杀》（*Suicide*）和《泥泞》（*Mud*）。斯诺所选取的短篇小说并非这些作家的代表作品，但通过他的选编，读者确实可以从中窥探到一个正在发生深刻变革并发展着的中国。正如斯诺在序言里所称，"书中的故事全部都忠实地呈现了他们的精神和内在，完整地表现了他们的材料、他们的基本观点、他们对中国命运所提出的问题，读者完全可以相信他从故事中所取得的信息，（如果不是伟大天才的文学作品），这是完全鲜活的真实的新文化阶段的表达"[2]。书后还附有由威尔斯（NYM Wales）所撰的对现代中国文学的评论。

一　《自杀》的翻译

斯诺对茅盾短篇小说《自杀》的英译，采用的是意译及选译的方式，并没有逐字逐句的对小说进行翻译，尤其是小说中出现的背景介绍、人物铺垫、环境描写、心理活动以及一些修辞手法，译者都选择略去不译或简

---

[1] Edgar Snow, ed., *Living China: Modern Chinese Short Stories*, London: George G. Harrap and Co., 1936.

[2] "For the stories here are in their spirit and inner content faithfully handled. Their materials, their fundamental point of view, the problems they pose in Chinese destiny, are presented with integrity. The reader may safely believe that through them he is getting, if not literary works of imposing genius, at least a wholly fresh and authentic expression of a decisive new cultural stage", In "Introducion", Edgar Snow, ed., *Living China: Modern Chinese Short Stories*, London: George G. Harrap and Co., 1936, p.17.

单意译，尤其是对于小说中对人物心理的大量客观描写，译者都改变了叙述角度对其进行翻译，对于小说中的无主句（即没有主语的句子），译者都将主语补充出来，部分地方为了读者能理解作者的创作主旨还有进行补充解释和增译。大体而言，斯诺的英译旨在将《自杀》的故事内容传达给英语世界的读者，但忽略了茅盾小说的特点（主要是以景、物写情）和所要传达的思想内涵。

（一）意蕴的缺失

从周围环境着手烘托人物的处境及心理变化是茅盾小说创作的特点之一，茅盾在小说开篇部分便对环小姐的生活背景及周围人物做了铺垫，通过描写环小姐言行的异常以及旁观者对此的猜测及不同应对方式，从侧面烘托出环小姐所处环境（乃至整个社会环境）之恶劣，这些闲言碎语无疑对环小姐造成了极大的心理压力，导致了她最终的自杀行为。但斯诺的译文却将其全都略去，英译故事直接始于"环小姐惘然站在窗前"，译者可能是基于行文简洁的原因才将这一段略去，但也失却了茅盾小说的韵味。

又如斯诺将茅盾原文：

> 但是毁容的下弦月狡猾地对她睒着眼，冷冷的笑，幽幽地说道："空想！太好的空想！你这就能得到冷酷社会的容许么？而况你又永远辞别了人生的快乐。但如果有一个人来替你顶名义，那就不同了。社会上需要虚伪的名义。你的最聪明的办法是赶快找一个人来掩护你的过失。"①

译成英文：

> Fancy! It's madness. And do you think you will be accepted by this cruel fellowship? Do you really believe *they* would forgive you? Now, if there were some one to defend your honour that might be different. Society demands that you produce a father, even if in name only. You will get some

---

① 茅盾：《自杀》，见《茅盾全集》第 8 卷，人民文学出版社 1985 年版，第 48 页。

to stand beside you if you are wise.①

在茅盾《自杀》全文的叙述中，造成环小姐自杀的部分原因在于她难以面对周围众人可能会因她失足而出现的异样目光和嘲笑讽刺，因此环小姐常有被探知秘密，旁人所谈所议皆有所指的幻觉，这一段文字正是环小姐此类心理的表现，但译文中的情境铺垫被斯诺省略了，直接将环小姐所见所感处理成环小姐心中所想，译文的表述在内容表述上并没有太大误差，但在环境氛围、情感铺垫方面较之茅盾原文稍逊。

茅盾小说还有一个重要特征即细腻的心理描写，他在小说中有意识地剖析人物内心，通过人物心理状态的大量描写和内心独白的频繁使用，让读者了解人物内心情感变化，并借此表达作者自己的个人经历和感受。斯诺的翻译并没有很好地保留茅盾小说中这一点，其译文中的心理描写与原文相比过于简单，语言平实，人物的心理变化和转折都显得突兀。

如茅盾原文中：

> 环小姐转过身来，忍不住滴下两点眼泪。世间太美丽，而她的命运太残酷；一想到这快乐的人生于她无份，她更觉得人生是值得留恋的了。失足的事诚然早已过去，便是造成这终身遗恨的刹那间的欢娱，也成为过去；但永不能过去的，是别人的恶意的脸和嘴。她将在嘲讽与冷漠中摸索她的生活的旅程！想到这里，环小姐的眼泪更接连的滚出来。她倒退几步，扑在床里，紧紧的抱着枕头，几乎放声哭起来了。她的被悲哀揉碎了的心，努力挣扎似的突突地跳，像是一叠声叫着："自杀！自杀！自杀！"她自己也不知道从什么时候起有了这个不得已的念头，但每逢伤心，这可诅咒的两个字已经是一定要在她心上打一个来回。并且不知道又在什么时候已经替她定下了走这条末路的日期：那便是姑母他们也知道了她的秘密的一天。她下意识的承认这是当然的归宿，惟一的解决；但想起了自己奄化以后，世界还是这么美丽，还是有这么多的愉快的人儿在安然享受，并且还有这么多的人儿，甚至也有她平日所鄙夷的人儿，在那里议论她的短长，嘲

---

① Edgar Snow, ed., *Living China: Modern Chinese Short Stories*, London: George G. Harrap and Co., 1936, p. 138.

笑，唾骂，怜悯——即使是怜悯也觉得不堪忍受；那她又以为自杀还是不够，不够！她但愿世界立刻毁灭，但愿孽火把她自己，一切人，一切物，一切悲的乐的记忆，全都烧了个无踪无迹。①

斯诺将其翻译为：

> She turned her shoulders nervously and tears curtained her eyes. The world *was* really lovely; why should her own fate be so absurd ? Whenever such a thought occurred to her, whenever she understood that human happiness could no longer be hers, she felt more than ever the value of life. The decision which had brought upon her this endless remorse had been made, and was no more to be cancelled than the brief rapture which had followed it. What would never be over, however, was the human cruelty she felt in every face and mouth turned toward her. She fell back upon the bed, sobbing, and held the pillow fast in her arms. Her heart beat furiously and seemed to murmur, "Suicide! Commit Suicide! Suicide!" And yet suicide was not enough. She longed to bring the whole beautiful world tumbling down with her, to fire the torch herself, ending all things, people, grievances, and the memory of the human race. ②

茅盾在文中细腻地刻画了环小姐的心理活动，环小姐对世间美好的不舍、对命运的感叹、对失足的悔恨、对闲言碎语的厌恶、对姑母亲人的眷恋、内心的挣扎以及她性格中的软弱和执拗都在这一段文字里表现得淋漓尽致。斯诺的译文中对这段文字进行了简化处理，虽然也有环小姐的心理描写，但多为平铺直叙的叙述。在斯诺简化了的译文中，环小姐先是自怨自艾了一番，感叹自己命运的"荒唐"（absurd），后悔自己的决定，随即就想到了自杀并想要烧毁周围的一切，其情绪转换十分直接生硬，茅盾对环小姐情绪的细腻处理在译文中没有表现出来。

---

① 茅盾，《自杀》，见《茅盾全集》第 8 卷，人民文学出版社 1985 年版，第 38 页。
② Edgar Snow, ed., *Living China: Modern Chinese Short Stories*, London: George G. Harrap and Co., 1936, p. 129.

（二）叙述角度的变化

茅盾小说的客观性是其创作方法里很重要的一个特点。茅盾曾在《自然主义与中国现代小说》中指出运用自然主义法则创作的重要性，其小说创作也尽量抹去小说中人为叙述的痕迹，尽可能客观地将外在的物质事实和内心的心理事实都最大限度地呈现给读者。正如捷克学者普实克所说："作者的目的是让读者直接去看，去感受，去体验一切，消除读者和小说所描写的内容之间的一切中间媒介。读者就像旁观者一样，进入小说的情节，亲眼目睹正在发生的一切。"[1] 因此茅盾小说里的环境景物与人物心理往往互为映照，茅盾以小说中人物的视角来观察和表现现实生活、对人物内心进行剖析。斯诺的译本同样注重描写的客观性，通过转变叙事角度以达到叙述的客观性，主要是以加引语的方式完成。一种是加间接引语，以译文开篇为例，茅盾的原文是：

> 环小姐惘然站在窗前了。那边风舞台左近，在雾气一般的薄光的笼罩下，透出隐隐的喧声。这一边，是环湖的山峰了，黑森森地站着，像是守夜的巨人。还有，疏疏落落闪耀不定的，是湖滨的许多别墅的灯火。人间是美丽的，生活是愉快的，然而，环小姐痛心地想，这都于她无份。她已经是破碎不全的人，她再不能恬适地享用宝贵的青春，美丽的时间对于她反成了毒辣的嘲讽。她只能自己关闭在房里，一遍一遍的温理心灵上的重疮。[2]

译者译成：

> Huan Hsiao-Chieh stood idly before the window gazing absently towards the lake through the foggy dusk. She heard the sound of voices faintly coming up from the shore, and she saw the black peak leaning out in front of her like a brooding giant. The little lanterns strung along the beach were in reality the lights in lake villas, and people who lived in them were beautiful and thought this scene beautiful too.

---

[1]　[捷克] 普实克：《抒情与史诗——现代中国文学论集》，上海三联书店 2010 年版，第 122 页。

[2]　茅盾：《自杀》，见《茅盾全集》第 8 卷，人民文学出版社 1985 年版，第 37 页。

Huan Hsiao-Chieh did not think so. She had no part in it. She felt broken, no longer intact, no longer young. The beauty of the world outraged her. She wished only to remain shut up in her small room, where over and over again she sought heal a *malaise* of the soul. ①

茅盾在这一部分对环境进行了细致的描写，以此映衬环小姐此刻的沉郁心理，译者对此处的翻译进行了改变，将茅盾对环境的客观描写转变成环小姐所见之景的叙述；对于环小姐的心理描写，采用意译的方式对此进行翻译，将茅盾的原文所采用的全知的叙述视角，通过加入诸如"she heard""she saw"主语的方式将叙述角度从全知视角变为第三人称视角，文中所描写的其所见所想所感都是出自环小姐。译者在全文的翻译中都采取这样的翻译策略，这样改变叙述视角的例子在译文中比比皆是。此外，译者将"她已经是破碎不全的人"译成"she felt broken"，翻译得并不准确，原文的意思旨在说明环小姐自放纵一夜后自觉失却了女子最为宝贵的贞洁，变得残破，但译者的意思却容易被理解为环小姐感到心碎了，其中的严重程度及文化意蕴都大打折扣了。

又如斯诺将茅盾原文中当环小姐得知旁人并不知晓她的"失足"为此深感心安时的文字"过去的两星期，真是神经过敏。这反叫人诧异，反叫人起疑罢？应该向人解释。她就找机会说了好几次：她是怕热天的，到了夏季，常常要'病暑'"②翻译为"She had been too nervous these last two weeks; she had been too obvious; she had invited wondering and doubt. She ought to make some effort to explain herself. She could tell people that she suffered from the heat. She could say that at the beginning of summer she always had a slight attack of sunstroke"③。原文中茅盾用直接引用的方式描写环小姐内心所想，而斯诺的译本则采用第三人称叙述视角，使用"she had been""she ought to""she could"等间接引语以客观叙述环小姐的心理活动。

---

① Edgar Snow, ed., *Living China: Modern Chinese Short Stories*, London: George G. Harrap and Co., 1936, p. 128.
② 茅盾：《自杀》，见《茅盾全集》第 8 卷，人民文学出版社 1985 年版，第 46 页。
③ Edgar Snow, ed., *Living China: Modern Chinese Short Stories*, London: George G. Harrap and Co., 1936, p. 136.

另外，斯诺还采用了加直接引语的方式以达到叙述的客观性，这一翻译策略多用于翻译描写人物心理活动的文字，即将茅盾对人物内心活动的描写转变为直接引用，将心理描写变成人物内心独白。如《自杀》文中环小姐惊觉自己未婚先孕，急遽消瘦后的心理活动"环小姐悲忿到几乎发痛了。她不愿死；只要还可以逃避，她绝不愿死。但现实似乎死是唯一的逃避处所了。挺身出来宣布自己的秘密，把冷笑唾骂都付之一笑，如何"①，被斯诺直接转换为环小姐的内心独白"Suppose," she thought, "that I just boldly make a declaration, and reply to every sneer with a smile of contempt? Why not"②。斯诺的翻译并非完全按照茅盾原文进行的，原文中所表现的环小姐心理活动的矛盾被斯诺淡化了。在原文中，现实生活不断给环小姐造成压力，环小姐一直都在逃避，而死亡是她最终的避难所，环小姐是出自对死亡的恐惧才考虑奋起反抗的可能性③，环小姐整个心理活动的发展都是消极悲观的。斯诺的译文直接从环小姐考虑坦然面对的可能性这一部分开始，环小姐的思想转折显得突兀，使读者很难明白为何环小姐忽然就放弃了她的抗争态度，转而又自杀了。

（三）意译的策略

斯诺在翻译中多采用意译的翻译策略，即不作逐字逐句的翻译，只将原文的大概意思翻译成英语。一般来说，采用意译的方式利于目标语（英语）读者更快速直接地获取原文信息，且意译的策略更有利于保持两套话语体系彼此之间的相对独立性，但斯诺的翻译对原文的翻译过于直接，反而失却了茅盾小说的文学性。如斯诺将"消磨如年的长日"翻译成"amuse herself"（自我娱乐），读者很难通过译文的表述得知环小姐度日如年的艰难；斯诺将"娘家"翻译成"sister's family"（姐姐家），将"第三者"译成"folk"（人们），将"阴间"翻译成"the next life"（接下来的生活\下一世），虽然在语义上并未出错，但原文的文化韵味就大打折扣了。

---

① 茅盾：《自杀》，见《茅盾全集》第 8 卷，人民文学出版社 1985 年版，第 49 页。
② Edgar Snow, ed., *Living China: Modern Chinese Short Stories*, London: George G. Harrap and Co., 1936, p. 140.
③ 对于这一点，美国学者陈幼石曾有在《茅盾与〈野蔷薇〉：革命责任的心理研究》中有过论述，她认为《自杀》是一篇深有含义的寓言小说，环小姐象征着在革命事业中态度消极的参与者，环小姐的自杀心理暗指 1927 年末到 1928 年初的"左倾"盲动倾向，茅盾的意图是批评剖析环小姐和"左倾"盲动主义鼓吹者错误地将自取灭亡作为摆脱危机的态度。不论陈幼石的分析是否契合了茅盾创作的本意，但毋庸置疑这也是茅盾小说中值得关注的地方。

又如斯诺将原文的"她渐渐觉得一切第三者并非绝对的可憎，生活的路上还是充满着光明"① 翻译为 "She began to feel that they were not so much to be despised as she had imagined. She had overrated them. Her way of living still offered some hope, and there was perhaps even some happiness on horizons which she could not yet glimpse"②。这是环小姐在发现自己的秘密并未被旁人发现时的心理活动，原文中只有简单的一句话，斯诺在翻译中对此进行了补充："她开始觉得他们并非她所想象的那样可鄙（同于原文），她高估了他们（译者补充）。她的生活道路还是充满了希望（同于原文），甚至还有一些幸福的视野是她所没有看到的（译者补充）。"

另外，斯诺的译本中有一处明显错误，他将"环小姐"理解为人物的名字，将其音译为"Huan Hsiao-chieh"，但"小姐"只是作者对小说人物的称谓，正确的翻译应该是"Miss Huan"。还有一处翻译值得称道的是译文的第四段，斯诺将"指槐骂桑"译成"mocking the mulberry tree on behalf of the locust"（代表蝗虫嘲笑桑树），成语"指槐骂桑"意为指着槐树骂桑树是借某人\某物来实际上指责另一个人\物，英语中并无此类表述，斯诺采用了另外一种表述，同样很好地表达了这一含义。

二 《泥泞》的翻译

与《自杀》英译所采用的删减和意译的策略不同，斯诺在翻译《泥泞》时更加注重原文意思的表达，采用的是异化的翻译策略。异化与归化相对，这一对术语是由美国翻译理论家劳伦斯·韦努蒂（Lawrence Venuti）在其著作《译者的隐身》(*The Translator's Invisibility A History of Translation*) 中提出的：异化承认文化差异的存在，要求译者向作者靠拢，在翻译方法上主要迁就传播源文化的语言特点，吸纳源文化语言表达方式，旨在传达原文内容，采用对应于作者所使用的语言表达方式进行表述，这种翻译方式有助于传达源文化的审美特质和语言风格特点，使读者进入到源文化的语境之中；归化则要求译者以读者为优先考虑，迁就目标语读者的语言习惯和文化特点，译者将传播源文学转化为目的语的文学，这种翻译方式能帮助读者尽快阅读译文并获取相关信息，增强译文的可读

---

① 茅盾：《自杀》，见《茅盾全集》第 8 卷，人民文学出版社 1985 年版，第 46 页。
② Edgar Snow, ed., *Living China: Modern Chinese Short Stories*, London: George G. Harrap and Co., 1936, p. 137.

性。异化和归化这两种翻译策略是直译和意译的概念延伸，但其内涵又有不同：意译和直译多应用于语言层面上对形式和意义的处理；异化和归化则超出了语言层面因素，将视野从语言文字扩展至文学、文化的因素上。茅盾的短篇小说《泥泞》中多出现极富地域特色的文字，斯诺为此采用了异化为主的翻译策略。

（一）特殊名词的翻译

以下面两种专有名词为例，斯诺是采用直译或音译加注释的"异域化"补偿策略进行翻译的，具体见下表的中英文对照。

表 2-1　　　　　　《泥泞》中人名中英文对照

黄老爹	Huang Lao-tieh
老三	Lao San
老七	Lao Chi
李麻子	Li the Pock-face；Li Ma-tzu
张老头子	Chang

表 2-2　　　　《泥泞》中含特定含义的词语中英文对照

"老虎皮"	tiger skin（加注：A soldier's uniform）
土地庙	the Temple of Earth
"合盛"（杂货铺）	United prosperity
花名册	Huang Ming T'se, a registration list
土豪	landlord
共妻	communal wives
"活无常"	"living ghost"
乡董	village headman of the landlord
亡八	turtle
狗养的亡八	Dog out of a turtle；dog-tortoise
他妈的	Mothers!（加注：T'a ma-ti is the expression here; literally, "His mother's." It is a curse of vast range of implication, but in its simplest form may be held to mean, "Rape your mother." Other variations are explained in Lu Hsun's *Mother's*, included in this volume.）①

---

① Edgar Snow, ed., *Living China: Modern Chinese Short Stories*, London: George G. Harrap and Co., 1936, p. 145.

与《自杀》一样，斯诺在人名的翻译上多采用音译的方式，但这样的翻译方式会让读者误以为文中人物的小名或方言称呼就是其名字，如《泥泞》的主角"黄老爹"和他的两个儿子"老三""老七"。"老爹"是对年老男性的尊称，中国古代用来尊称长老、乡绅或官吏等地位（家庭、社会）较高的男子，部分地区用来称呼祖辈、父辈以及官员之父，文中的"黄老爹"指的是黄姓人家里的父亲。而黄老爹的两个儿子"老三"和"老七"，指的是他们在家里（或族里）的排位，是旁人对他们的称呼而非其本名，斯诺对三人的称谓采用直接音译的方式并不恰当。斯诺将"李麻子"翻译成"Li the Pock-face"，意为"脸上长了麻子的姓李的人"，意思形象且理解准确。

斯诺对文中出现的带地域或文化色彩的专有名词，采用了意译加注脚的方式，让读者在了解词语意思的同时也能进入到异域文学（文化）的语境中，去体会其妙处，但部分翻译仍存在不甚准确的情况。如将"土豪"翻译成 landlord（地主）。"土豪"多指农村里财大气粗且不干好事、横行霸道的一类人，翻译成地主则缩小了其内涵，如译成"Local Tyrant"则更为妥当。但大部分的翻译都忠实于原文，其注脚则更进一步对其中含义进行解释，如斯诺将"老虎皮"翻译成"tiger skin"，并加注解释该词代指"军装"让读者清楚地明白语义的做法，无疑是十分恰当的。又如斯诺对"他妈的"采用音译加注脚的方式，指出这是一种强烈的情感表达，是中国人骂人的方式，含诅咒的含义，并指出鲁迅曾在《论"他妈的！"》一文中对这一骂人方式及其变异进行了分析。

(二)"创造性叛逆"

"创造性叛逆"（creative treason）最早由罗伯特·艾斯卡皮（Robert Escarpit）在《文学社会学》（*The Sociology of Literature*）一书中提出。罗伯特·艾斯卡皮是法国著名的文学社会学家，他从文学交际的角度对翻译本质进行界定，指出翻译是将文学作品放置于一种相异的语言体系中，通过译者对文学作品的再创造，使作品一种全新的面貌呈现在读者面前，赋予作品新的生命力。这一概念后经学者运用到具体的翻译实践中，通常指译者根据目标语的语言习惯和审美倾向，对源语言进行解构、变形和重组。斯诺的翻译中就表现出很明显的"创造性叛逆"的特点，主要表现在对茅盾原文的变形和内容的增加上。

《泥泞》讲述的是1926—1927年，国民党北伐期间，三路部队行军至某个农村所发生的故事。文中茅盾有意抹去了这三路部队各自是什么来历和背景,只是从村民的视角出发,将他们一概称为"穿着灰色衣服的兵"。斯诺的翻译也抹去了部队的背景来历,但并没有对照茅盾的表述方式进行翻译。他将第一路经过村里土地庙的"灰色衣服的兵"翻译成"defeated troops"(溃败的部队),将第二路经过并在村里扎营的"灰色衣服的兵"翻译成"victorious soldier"(胜利的战士),将第三路在村里扎营的"灰色军队"译成"newly arrived soldier"(新到的战士)。① 茅盾的表述是以村民的视角进行的,村里的人并不知道来的是什么人,对着这些军队的来历十分懵懂却也不感兴趣,他们在乎的是这些军队的到来会给自己的生活造成什么样的影响,在他们眼里,来来去去的部队都是一样的;斯诺在翻译中显然是带有倾向性的,他结合了现实生活中的时代背景,将这三支灰色着装的军队对号入座后进行翻译,事实上他在译者简介中确实也对时代背景作了介绍解读。斯诺的翻译对小说的阅读并无过多影响,但从作者想要传达的本意而言,此处翻译有不妥之处。

斯诺的"创造性叛逆"还表现在他在译文中加入了自己的理解和判断,借此对原文进行补充。比如文中,当村里传言新来的部队(第二支)奉行"共妻"之后的一段文字:

老三也变了脸色,心里却庆幸自己的老婆幸而在春间死了。
"爹!说得轻些!防他们听得!"
"哼,共也是好;反正咱家没有女的!"
黄老爹狠狠地瞪了老七一眼,想起孔夫子的话来。②

译文为:

The same discovery astonished Lao San, but it did not displease him as it did his father. He congratulated himself that his wife had died last spring, for he felt that he was now in a position where nothing prevented him from

---

① 前两个"灰色衣服的士兵"见 Edgar Snow, ed., *Living China: Modern Chinese Short Stories*, London: George G. Harrap and Co., 1936, p. 143;后一个见 Edgar Snow, ed., *Living China: Modern Chinese Short Stories*, London: George G. Harrap and Co., 1936, p. 150。

② 茅盾:《泥泞》,见《茅盾全集》第8卷,人民文学出版社1985年版,第168页。

enjoying himself with these modern women.

"Speak softly, Father, or they will hear you. H'mm...... After all, this idea of common wives isn't so bad. What do we lose? There's no woman in our family now, eh?"

The old man stared at him, horrified, and then at Lao Chi. He attempted to silence his son by quoting, somewhat falteringly, the righteous maxims of the great sage Confucius, and for him thatclosed the subject. ①

原文只有简单的几句话，斯诺在此基础上进行发挥，在翻译中加入了自己的理解："这个发现也震撼了老三（同"老三也变了脸色"），但他却不像他父亲一样愤怒（译者补充），他庆幸自己的妻子去年春天就已经去世了（同原文），没有什么可以阻止他享受这些现代女性——这就是他现在的处境（译者添加）。"原文中只将老三释然的原因解释为妻子已故，并未交待他的庆幸是源自不必与人共妻还是可以肆意共妻，斯诺的解释则确定了老三与老七的想法是一样的，即自己没有什么可以失去的了，共妻倒是好事，这从后面译文中译者添加的"What do we lose"（我们有什么可以失去的）一句可以看出。但是从原文中看，老三的性格更偏向于黄老爹，对于共妻并不像老七一样热衷。而斯诺翻译的黄老爹对此的反应也有改变，"horrified"意为"惊悚的、惊骇的"，带害怕的意思，与原文中黄老爹眼神中暗含的警告意味大相径庭；文中黄老爹想到了孔子的话，斯诺对此进行了发挥，"他试图引用大圣人孔子的格言来使他儿子沉默，以结束这个话题，但他有点支吾"，此处斯诺的翻译将黄老爹想引圣人言但又想不起来的形象生动地表现了出来，但与原文中"黄老爹想到"的这一表述略有背离。又如文中"传声筒咕咕咕地发声了。像是说梦话。焦黄脸的人们不懂得。但也有一件事懂得很明白：不用怕"②被斯诺翻译为"From the megaphone, however, came words that seemed very strange—strange, at least, from a soldier. The meaning of his harangue escaped them. All

---

① Edgar Snow, ed., *Living China: Modern Chinese Short Stories*, London: George G. Harrap and Co., 1936, p. 145.
② 茅盾：《泥泞》，见《茅盾全集》第 8 卷，人民文学出版社 1985 年版，第 167 页。

they understood clearly was his last sentence, 'Don't be afraid of us' "①。斯诺的翻译较之茅盾原文大有变动，他将"像说梦话"翻译成"very strange"（非常陌生＼奇怪），并将这种陌生感＼怪异感指向士兵，"harangue"有"长篇大论，高谈阔论"的意思，从侧面加深了读者的这种感觉，即士兵们所宣传的内容对于村民而言是不能理解且无用的。

又如文中黄老爹在被找去村里办事之后对儿子的抱怨："都是李麻子那亡八多事，你们两个也撺怂着要你老子去！这就好哪！娘儿们也要立会，不是共妻是什么！早晚是要共的啦！坏了良心天雷打的！好好地咱也挂了一腿泥！老天爷肯饶我，村里人肯？"② 斯诺将这段文字翻译成："That turtle Li the Pock-face is the cause of it all— and you two also probably instigated him to get me mixed up in it. Organizing the men, that might be all right, but now they're actually unionizing women too! Is it or isn't the first step to socializing wives? Sooner or later the whole thing must lead to communism. By Heaven, the skies will thunder if this comes about. To think that an honest fellow like me should be dragged into the mud in this way! Heaven may forgive me, but the villagers? —never!"③ 原文中黄老爹的抱怨"这就好哪！娘儿们也要立会，不是共妻是什么"被作者译成"组织男性，这可能是好的，但现在他们实际上把女人也组织了进来！这是不是共妻的第一步"，语言上显得生活化，同样将黄老爹的埋怨之情表达了出来。此外，文中"王八＼turtle（乌龟）""坏了良心天雷打的＼the skies will thunder（天空打雷）""挂了一腿泥＼be dragged into the mud（陷入泥里）""老天爷＼heaven（天堂）"的表述都是极富文化色彩的用语，斯诺将这些词都照原意译出又未加解释，读者很难领会其中所要表达的含义。

值得注意的是，斯诺并未刻板地对原文进行英译，在原语与译语存在文化差异的前提下，每逢涉及原文中含民俗、宗教、社会文化等因素的表述时，斯诺仍会采用意译的方式进行翻译。如茅盾原文："拿来的两张花纸已经贴在土墙上。黄老爹瞧着花纸上的字。40 年前他赶过小考，后来

---

① Edgar Snow, ed., *Living China: Modern Chinese Short Stories*, London: George G. Harrap and Co., 1936, p. 144.
② 茅盾：《泥泞》，见《茅盾全集》第 8 卷，人民文学出版社 1985 年版，第 169 页。
③ Edgar Snow, ed., *Living China: Modern Chinese Short Stories*, London: George G. Harrap and Co., 1936, p. 147.

又'训蒙';花纸上的字都识得,可是意义不明白。"① 在英语世界的读者无法直接理解"花纸""赶过小考""训蒙"的含义的情况下,斯诺并未将其直接译出,而是翻译成"coloured paper(彩纸)""had been a scholar(当过学者\读书人)""been a teacher(当过老师)",以便读者通晓其义。

第二节 沙博理选译的《春蚕集》

沙博理(Sidney Shapiro),中国籍犹太人,其中文名取"博学明理"之意,是著名翻译家,从事汉英翻译工作长达50年,对中国文学作品的译介和对外文化的交流和传播都有杰出贡献。沙博理曾大量翻译和介绍中国的优秀文学作品给西方读者,因为他精通英语、熟悉中国文化的特点,其翻译往往能在把握住原文所要传达的文化精髓的同时,又能照顾到西方读者的阅读需要。经他翻译的作品有《水浒传》《家》《春蚕》《新英雄儿女》《林海雪原》《李有才板话》《创业史》《月牙儿》《保卫延安》等,其中他对茅盾作品《春蚕》的优秀翻译引起了西方读者对茅盾的兴趣,许多国外的中国现代文学作品集(译作)都收录了这一篇文章。② 1956年,外文出版社将沙博理所翻译的13篇茅盾小说编成一册出版,定名为"春蚕"。此后外文出版社又多次再版了其译文,沙博理译文之优秀由此可见。总的来说,沙博理在对茅盾小说集《春蚕》翻译过程中秉持"信、达、雅"的原则③,大多采用归化的翻译策略,考虑到读者接受的需要,在保留西方审美期待的同时尽可能地传达了原文的文化精髓,其译文具有很强的可读性。

一 文化上的"异化"

沙博理在翻译中秉持"信、达、雅"的原则,表现在具体的翻译作品中就是文化上的"异化"和语言上的"归化",即在忠实于原著的基础

---

① 茅盾:《泥泞》,见《茅盾全集》第8卷,人民文学出版社1985年版,第167页。
② 如1987年中国文学出版社出版的《小巫》一书、1981年由哥伦比亚大学出版社出版的《现代中国中短篇小说,1919—1949》一书都收录了这篇译文。
③ "信、达、雅"是清末启蒙思想家严复在《天演论》的"译例言"中提出的翻译标准,要求文章的翻译要满足忠实原文、语言畅通、有文采这三条要求,这是近现代中国多数翻译家都奉行的翻译标准,沙博理曾明确表达过自己是赞同这一主张的。

上又不拘泥于原文形式，其译文不是建立在一字一句地对照式翻译上，而是在熟悉和理解原文及其内涵的基础上用地道的英文语言方式对原文进行翻译，使西方读者更容易进行阅读和接受。沙博理翻译中的文化上的"异化"指的是其翻译主旨在于传播介绍中国文化，对于能表现中国文化、承载了中国文化意蕴的文学作品都极为看重。

《春蚕集》中一共收录了茅盾的短篇小说共13篇，见表2-3中英文对照。

表2-3　　　　《春蚕集》收录的小说篇目及中英文对照

	中文篇名	译名
1	春蚕	Spring Silkworms
2	秋收	Autumn Harvest
3	残冬	Winter Ruin
4	小巫	Epitome
5	林家铺子	The Shop of the Lin Family
6	右第二章	Wartime
7	大鼻子的故事	Big Nose
8	儿子开会去了	Second Generation
9	赵先生想不通	The Bewilderment of Mr. Chao
10	"一个真正的中国人"	"A True Chinese Patriot"
11	委屈	Frustration
12	第一个半天的工作	First Morning at the Office
13	大泽乡	Great Marsh District

沙博理对茅盾短篇小说的选择自有其标准，他认为这13个故事是茅盾所描绘的20世纪30年代的中国社会面貌，即在帝国主义侵略和封建主义剥削的双重压迫下中国农村和经济的萧条景象，以及民众在这一阶段的觉醒过程。在编者按中，这13篇短篇小说被归为四类，分别是：以《春蚕》《秋收》《残冬》（"农村三部曲"）为一类的以描写中国农村经济在帝国主义和封建主义的压迫下的衰败和崩溃的文章；以《林家

铺子》《右第二章》《大鼻子的故事》《儿子开会去了》为一类文章主要反映日本帝国主义对中国从事各类职业的人的影响；以《赵先生想不通》《一个真正的中国人》《委屈》为一类的以资产阶级为描写对象的小说；短篇小说《第一个半天的工作》《大泽乡》又另为一类，《第一个半天的工作》描写的是上海的职业女性的境遇，《大泽乡》则是对农民起义的叙述。

　　沙博理在中国生活期间，亲眼看见了中国在这一期间所发生的翻天覆地的变化，萌生了向西方读者介绍、传播中国新形象的想法，他翻译的首要意图就是让英语世界的读者真正认识中国文明和中国形象，以此促进中西文化的交流和融合，为此他选中了茅盾的小说作为媒介。通过沙博理对茅盾这些短篇小说的评述，便知他对茅盾小说中所描绘的中国社会面貌和所内含的文化意蕴极为看重，表现在翻译策略上，就是对承载了文化内涵的内容尽量用地道的中文表述方式，采用直译或加脚注的方式对这些内容进行翻译，如《春蚕》一文中的"便是他那创家立业的祖父，虽说在长毛窝里吃过苦头，却也愈老愈硬朗"①一句，文中茅盾用"长毛"一词指代太平军，沙博理采用直译方式将其译成"Long Hair"，并加以脚注，对文化背景、词语所承载的语义作了解释："19世纪中叶，由中国受压迫的农民所兴起的反封建清王朝的起义，是历史上最长的（1851—1864年）也是最为激烈的革命运动。所谓的太平（天国）革命是在英、法、美的干预下被击败的。清朝统治者痛恨且惧怕的太平天国军队，被蔑称为'长毛'，清朝统治者编造各种谎言以诋毁其形象。虽然经济不断恶化，但老通宝仍是富农的典型，他同他所属的阶级一样，与封建土地统治者的观感是一致的。"②

---

　　① 茅盾：《春蚕》，见《茅盾全集》第8卷，人民文学出版社1985年版，第313页。
　　② "In the middle of the 19th century, China's oppressed peasants rose against the feudal Ching dynasty in one of the longest (1851-1864) and bitterest revolutions in history. Knowing as the Taiping Revolution, it was defeated only with the assistance of the interventionist forces of England, France and the United States of American. The Ching rulers hated and feared the 'Long Hairs', as they slanderously called the Taiping Army men, and fabricated all sorts of lies about them in a vain attempt to discredit them with the people. Old Tung Pao, although steadily deteriorating economically, was typical of the rich peasant. Like others of his class, he felt and thought the same as the feudal landlord rulers." In Mao Dun, *Spring Silkworms and Other Stories*, trans. by Sidney Shapiro, Beijing: Foreign Languages Press, 1956, pp. 2-3.

二 语言上的"归化"① 及错译

虽然看重文化的传达,但沙博理对《春蚕集》的翻译并非一字一句对照着翻译,而是采用意译的方式,考虑到西方读者的阅读习惯,在尽量保留中文文化意蕴的基础上灵活变通地进行翻译,即保留原文含义的同时以契合西方阅读习惯的方式进行翻译。总体来说,沙博理所采用的意译策略便于读者对作品的阅读、理解和把握,且基于译者本人对中国文化的熟悉,其翻译中多有出彩之处,不过也有一些地方值得商榷。

以茅盾描写农村蚕事活动的短篇小说《春蚕》一文为例,这篇文章中出现了大量与养蚕相关的术语和方言,见表 2-4 中英文对照。

表 2-4   《春蚕》中出现的养蚕术语中英对照

中文	译文
春茧	Cocoon(茧)
蚕花(指蚕茧)	silkworm eggs(蚕种)
蚕花二十四分②	Silkworms eggs had hatched "two hundred pre cent"(蚕种"百分之两百"被孵化)
蚕娘娘③	The girls who tend silkworms(照料春蚕的姑娘)
团扁和蚕簟	the large trays of woven bamboo strips(由竹子细条编成的大托盘)
蚕台	wooden tray stand(木托盘台)
"缀头"④	Equipment(设备)
糊"蚕簟"	pasting paper on big trays of woven bamboo strips; tray pasting paper(将纸贴在竹子编织的托盘上)
蚕花太子	Guardian of Silkworm Hatching(春蚕孵化的监护人)
布子(蚕茧的别称)	silkworm eggs(蚕种)

---

① 笔者所称的"归化",并非指沙博理采用一字一句相对照、将源语本土化(直译)的方式进行文本翻译。事实上,沙博理的翻译大体上是采用意译的方式进行的,对于原文中所出现的俚语、俗语、谚语、文化承载词等的翻译沙博理都只取其实际含义进行翻译,笔者所称的"归化"是指相对于对文化习俗的看重和保留,沙博理对于翻译文字的处理更贴近于西方的语言习惯和思维方式。
② 蚕农按照蚕在大眠时的单位重量计算蚕茧产量,称为"斤采斤"。六分蚕收到七斤茧,称为"七分";如十二斤茧则叫"十二分"。"二十四分"计量单位是用双斤秤来计算的,即一斤算两斤,实际上是表示蚕茧产量高的一种说法。
③ 指嫘祖,另有蚕女、马头娘、蚕花娘娘等多种称呼。
④ "缀头"是养蚕的人用稻草和麦秸扎的,用来给蚕作茧,像山头一样的东西。

续表

中文	译文
窝种	incubate eggs（孵化蚕种）
收蚕	Incubate（孵化）
乌娘	Eggs（茧）
头眠	First Sleep（第一次睡觉）
二眠	Second Sleep（第二次睡觉）
大眠	Big Sleep（大的睡觉）
出火①	Third Sleep（第三次睡觉）
捉了毛	Weigh（称重）
捋叶	strip the leaves（剥去叶子）
上山②	spinning their cocoons（纺茧）

对于这些名词的翻译，沙博理采用了意译的方式，只将这些养蚕专业名词的含义翻译成英文，以便英语读者进行阅读和理解，但其中还是出现了不少误译，如将"蚕娘娘"译成"The girls who tend silkworms"（照料春蚕的姑娘），文中的"蚕娘娘"指嫘祖，是她发明了养蚕并将养蚕之法传授给民众，因此被民间奉为司蚕桑之神，不了解这一背景的读者很难理解中国民间养蚕为什么要敬拜照料春蚕的女子；又如沙博理对"头眠""二眠""大眠""出火"的翻译是错误的，显然他并没有理解这几个术语的意思。

沙博理对茅盾文章中出现的文化负载词\句同样采用意译策略，以对应原文语义为原则，形成符合目的语（英语）读者所认知的情景语境的语言载体，实现彼此的最佳关联。沙博理对于文化负载词\句的翻译十分精彩，但也存在少量错译的情况。比如"除非是'蚕花'不熟，但那是老天爷的'权柄'，谁又能未卜先知"③一句中的"老天爷"具有典型的中国文化特性、"未卜先知"是成语，二者都不好翻译，沙博理将这句话翻译成"Of Course if the silkworm eggs shouldn't ripen, that would be differ-

---

① 蚕一生（从孵化到作茧）要经过四次蜕皮，每蜕一次皮，叫"眠"，分别是头眠、二眠、大眠，大眠之后，就要把火盆撒出蚕室，称之为"出火"。
② 上山，指蚕开始作茧的过程，蚕要爬到"缀头"上结茧，因为缀头形状像山头，故将这一过程称为上山。
③ 茅盾：《春蚕》，见《茅盾全集》第8卷，人民文学出版社1985年版，第313页。

ent. Such matters were all in the hands of the Old Lord of the Sky. Who could foretell His Will"①，将"未卜先知"的语义翻译成"谁能预言他的意愿呢"，这种意译的方式是准确的，兼顾原文语义和文学性。但沙博理对"老天爷"的翻译不当，"老天爷"是中国人惯用的词语，其内涵十分广泛，有时候用来指天上的神明，有的时候并不代表具体的神而含有"天道"的意思，此处应该指的是天神，沙博理应是按字面翻译这个词语，但翻译成"天空的旧主"是错误的，译成"god"更为准确。

《春蚕》一文中出现的"白虎星"（白老虎）一词，沙博理对该词的两次翻译都不同。"白虎星"是一种迷信的说法，是中国民间对给人带来灾祸的人的蔑称，这个词在文中第一次出现是老通宝警告儿子不要多和村里的荷花接触，"'那母狗是白虎星，惹上了她就得败家'——老通宝时常这样警戒他的小儿子"②，沙博理将其翻译成"'That bitch is an evil spirit. Fooling with her will bring ruin on our house,' he had often warned his younger son"③；第二次出现是荷花指责阿多和村里人都将自己视作灾星，"'……你们怎么把我当做白老虎，远远地望见我就别转了脸？你们不把我当人看待'"④，沙博理译成"'……You shunned me like a leper. No matter how far away I was, if you saw me, you turned your heads. You acted as if I wasn't even human'"⑤。如果将俚语"白虎星"直接翻译成"white tiger"，则读者不能领会其中的文化内涵，还会失去词中"不受欢迎"的意义，故而沙博理将其译成"邪恶的灵魂"和"麻风病人"，恰如其分。又如《林家铺子》一文中林大娘将女儿和寿生叫到跟前：

> 这是我的私房，呃，光景有两百多块。分一半你们拿去。呃！阿秀，我做主配给寿生！呃，明天阿秀和她爸爸同走。呃，我不走，寿生陪我几天再说。呃，知道我还有几天活，呃，你们就在我面前拜一

---

① Mao Dun, *Spring Silkworms and Other Stories*, trans. by Sidney Shapiro, Beijing: Foreign Languages Press, 1956, pp. 2-3.
② 茅盾：《春蚕》，见《茅盾全集》第8卷，人民文学出版社1985年版，第321页。
③ Mao Dun, *Spring Silkworms and Other Stories*, trans. by Sidney Shapiro, Beijing: Foreign Languages Press, 1956, p. 10.
④ 茅盾：《春蚕》，见《茅盾全集》第8卷，人民文学出版社1985年版，第330页。
⑤ Mao Dun, *Spring Silkworms and Other Stories*, trans. by Sidney Shapiro, Beijing: Foreign Languages Press, 1956, p. 19.

拜,我也放心!呃——

　　林大娘一手拉着林小姐,一手拉着寿生,就要他们"拜一拜"。①

沙博理将这句话译成:

In here is my private property-hic-about two hundred dollars. I'm giving you two half. Hic! Hsiu, I give you in marriage to Shou-sheng! Hic-I'm not going! Shou-sheng will stay with me a few days, and then we'll see. Who knows how many days I have left to live-hic-so if you both kowtow in my presence, I can set my mind at ease! Hic-Mrs. Lin took her daughter by one hand and Shou-sheng by the other, and ordered them to "kowtow".②

原文中的"私房""做主配给""拜一拜"等词都是极具文化意蕴的用语,对于前两个词沙博理的翻译取原文的含义,并无太大问题,唯有"拜一拜"一词他将其音译成"磕头"。但原文的语境中"拜一拜"并非只是字面上"磕头"的意思,中国古代结婚有"拜天地"的习俗,文中林大娘让林小姐和寿生拜一拜即是在她面前简单地举行结婚仪式。沙博理的译文只说"kowtow"(磕头),一则西方读者不能理解这个行动背后所蕴含的文化意义,二则读者很难理解林大娘要他们磕头这一行为背后的动机和目的。

对于茅盾原文中出现的民谣等的翻译,沙博理同样采用了意译的方式,还兼顾了用词的工巧,让译文在达意的基础上又富有诗意。如茅盾的原文:

　　小宝已经跑到他阿爹的身边了,也仰着脸看那绿绒似的桑拳头;忽然他跳起来拍着手唱道:
　　"清明削口,看蚕娘娘拍手!"③

---

① 茅盾:《林家铺子》,见《茅盾全集》第8卷,人民文学出版社1985年版,第283页。
② Mao Dun, *Spring Silkworms and Other Stories*, trans. by Sidney Shapiro, Beijing: Foreign Languages Press, 1956, p. 131.
③ 茅盾:《春蚕》,见《茅盾全集》第8卷,人民文学出版社1985年版,第317页。

沙博理的译文是：

Little Pao stood beside his grandfather. The child too looked at the soft green on the gnarled fist branches. Jumping happily, he clapped his hands and chanted：

Green, tender leaves at Clear and Bright,
The girls who tend silkworms,
Clap hands at the sight! [1]

茅盾所用民谣"清明削口，看蚕娘娘拍手"中，"削口"指的是桑叶抽发如指大（长势好），这句话说的是清明的时候如果桑叶长势好，就代表着养蚕一事会进展得很好，蚕神都在拍手称好。沙博理将这句押了韵的民谣翻译成诗歌的形式，"清明时嫩绿的叶子＼照顾春蚕的姑娘＼一看见就拍的手"，诗意的情景跃然于纸上，既表现了小孩子拍手吟唱的画面，也很好地传达了民谣的含义。

对于茅盾在文章中所使用的各类修辞手法，沙博理大多是在忠实原文语义的基础上再加以发挥，将其转换为更贴合西方读者认知语境的语义载体。如《林家铺子》中"没有办法，只好去斋斋那些闲神野鬼了——"[2]一句，茅盾用了比喻的修辞手法，用"闲神野鬼"比喻不务正业、到处游逛、惹是生非的人，如果按照字面意义翻译成"the strolling immortal and the idling ghost"，只会让读者觉得莫名其妙，同时句中的"斋斋"一词为斋戒、敬献祭礼的意思，如果直接翻译成"worship of official"同样也是不适宜的。而沙博理将这句话翻译成"There's no help for it. We'll have to make an offering to those straying demons-"[3]（给那些迷途的恶魔提供东西），取原文的引申义进行翻译。

沙博理作为一位集中西文化于一身的翻译家，其特殊的文化身份影响了其翻译意图、理念和策略。由他所翻译的茅盾短篇小说集《春蚕集》

---

[1] Mao Dun, *Spring Silkworms and Other Stories*, trans. by Sidney Shapiro, Beijing：Foreign Languages Press, 1956, p. 7.

[2] 茅盾：《林家铺子》，见《茅盾全集》第8卷，人民文学出版社1985年版，第248页。

[3] Mao Dun, *Spring Silkworms and Other Stories*, trans. by Sidney Shapiro, Beijing：Foreign Languages Press, 1956, p. 94.

语词达意、译文生动，对原文中所刻画的人物形象和表达的情感都把握得十分准确，沙博理借助自身对中国文化的熟稔和对文本的深刻理解，通过语言形式上的适度变通，使译文契合西方读者的阅读期待和阅读习惯，具有很强的可读性。《春蚕集》很好地完成了译者在介绍中国文化、传播中国形象、沟通东西文明方面的最初期待，是一部非常优秀的茅盾作品译作集。

第三节 英译小说集《小巫》

1987 年，中国文学出版社出版了茅盾短篇小说英译集《小巫》(*The Vixen*)。《小巫》中收录了茅盾创作的短篇小说 8 篇、散文 13 篇，译者分别是戴乃迭、沙博理、西蒙·约翰斯通（Simon Johnstone），其中收录的沙博理所翻译的作品都选自 1956 年外文出版社出版的《春蚕集》，具体见表 2-5。

表 2-5 《小巫》收录茅盾作品篇目、中英文对照及译者

		标题	译文标题	译者
小说	1	创造	Creation	Gladys Yang
	2	小巫	The Vixen	Sidney Shapiro
	3	林家铺子	The Shop of the Lin Family	Sidney Shapiro
	4	春蚕	Spring Silkworms	Sidney Shapiro
	5	水藻行	A Ballad of Algae	Simon Johnstone
	6	儿子开会去了	Second Generation	Sidney Shapiro
	7	列那和吉地	Lien and Jidi	Simon Johnstone
	8	委屈	Frustration	Sidney Shapiro
散文	9	卖豆腐的哨子	The Beancurd Pedlar's Whistle	Gladys Yang
	10	雾	Mist	
	11	虹	The Rainbow	
	12	老乡绅	An Old Country Gentleman	
	13	香市	The Incense Fair	
	14	雷雨前	Before the Storm	
	15	黄昏	Evening	

续表

		标题	译文标题	译者
散文	16	沙滩上的脚迹	Footprints on the Sand	Gladys Yang
	17	风景谈	On Landscapes	
	18	白杨礼赞	In Praise of the White Poplar	
	19	大地山河	Mountains and River of Our Great Land	
	20	秦岭之夜	Night on Mount Qinling	
	21	海南杂忆	Recollections of Hainan	

《小巫》中收录的 21 篇茅盾作品的时间跨度为 1928—1941 年，这也是茅盾作品的高产期。作品集中收录的不同译者的译作都表现出其鲜明的翻译特点。总体来说，西蒙的翻译注重文本的语义表达，翻译多采用意译的方式，语言平实，贴近西方语言习惯，符合西方读者的阅读习惯和审美期待；戴乃迭和沙博理因其杂合文化身份，翻译都有以传达中国文化为主旨、以西式表述为语言载体的特点，多采用创造性的翻译策略，在忠实源文化的基础上减少西方读者的理解障碍，在译文充分性和可读性间达到平衡。

一　戴乃迭的翻译

戴乃迭（Gladys Yang）是著名的英籍翻译家和中外交流活动家，她与丈夫杨宪益一起将大量的中国文学作品翻译成英文并介绍到世界，为中国文学走向世界推开了一扇交流之窗。戴乃迭的译作风格可以总结为忠实和通顺。一方面她尽可能忠实于原文与源语文化，同时又充分调动了译者主体性，采用各种翻译方法减少文化隔阂和理解障碍，其译作具有非常高的可读性。收录在英译小说集《小巫》里的英译小说和散文作品也表现出同样的特点，戴乃迭对这些篇目的翻译主要采用异化和归化相结合的翻译策略：涉及文化负载词\句的翻译时，若词汇极具中华文化特色，需要着重向西方读者传达，便会采用直译、音译加注解的方式进行翻译，多采用异化法，以便目的语读者了解源语文化；涉及文化内涵不甚强烈的文化负载词\句时，会采用归化法进行翻译，以便目的语读者的阅读能够顺利展开。

对于人物周围景物、环境的细致描写、寓情于景是茅盾小说的特点之

一、茅盾所描写的环境往往是解读故事情节、把握人物心理的重要媒介，对于这一部分的翻译是极为考验译者的功力的。茅盾的短篇小说《创造》中就有大量的环境描写和暗喻，戴乃迭对这篇文章的翻译忠实于原文，语言通顺，有极强的可读性。以小说的开头为例：

> 靠着南窗的小书桌，铺了墨绿色的桌布，两朵半开的红玫瑰从书桌右角的淡青色小瓷瓶口便探出来，宛然是淘气的女郎的笑脸，带了几分"你奈我何"的神气，冷笑着对角的一叠正襟危坐的洋装书，它们那种道学先生的态度，简直使你以为一定不是脱不掉男女关系的小说。①

戴乃迭的译文为：

> The small desk by the south window, spread with a dark green cloth, had on its right corner a light blue porcelain vase from which leaned two half-open red roses, like mischievous girls laughing disdainfully at a pile of hard-bound books sitting bolt-upright in the opposite corner, their moralistic appearance making you believe that they definitely were not romances.②

《创造》讲述的故事是丈夫君实为了将妻子娴娴雕琢成自己的理想伴侣，根据现代文明女性的思想对其进行创造，但却极度不满于新式娴娴的大胆放纵、难以掌控、忽视丈夫，最后反而追不上新式女性的脚步了。小说开篇的环境描写便是如此，带着"你奈我何"式神气的淘气女郎与假道学式的洋装书形成了强烈的对比，像是故事的预演一般。戴乃迭的翻译注意到了这一点，其翻译既形象地还原了原文中的情节，也表现出了两者间的对立，"……就像是淘气的姑娘轻蔑地嘲笑一堆正坐在对面角落里的精装书，他们说教的外表让你相信他们不是风流韵事"。另外原句中的"道学先生"常用于指思想作风迂腐陈旧、拘泥于礼法的人，是非常具有中国特色的表述，戴乃迭并没有用直译法对其进行翻译，而是译成"说教"，便于读者理解。

---

① 茅盾：《创造》，见《茅盾全集》第 8 集，人民文学出版社 1985 年版，第 1 页。
② Mao Dun, *The Vixen*, Beijing: Chinese Literature Press, 1987, p. 1.

作为文学大家的茅盾，作品中常会出现独具中国文化特色的文化负载词，这也是挑战译者翻译功底之处。译者的文化身份会直接对其文化态度造成影响，进而影响到其对翻译策略的选择。戴乃迭的翻译对于中国文化十分看重，作为兼具中西文化背景的翻译家，她对中国文化的深刻了解有助于她对文化负载词\句进行准确的翻译。如文中"动心忍性"①一词。出《孟子·告子下》："所以动心忍性，曾益其所不能。"指使内心受到震动、使意志变得坚强，在逆境中磨炼身心。戴乃迭将其译成"to temper himself to stand hardships and learn self-restraint"②（磨炼自己以忍受苦难，学习自制），将词语的内涵表达了出来。又如戴乃迭将茅盾原文中"自从戊戌政变那年落职后，老人家就无意仕进，做了'海上寓公'，专心整理产业，管教儿子。他把满肚子救国强种的经纶都传授了儿子，也把这大担子托付了儿子"③一句翻译成"After the failure of the Reform Movement of 1898, his old man had stopped hoping for an official career and concentrated instead on running his business and educating his son. He had passed on to Junshi his theories about national salvation and entrusted this duty to him"④。原文中出现了"落职""仕进""寓公""经纶"都是中国化的表述："落职"指的是罢官，中国宋朝时候撤销被差遣的官职被称为落职；"仕进"指做官谋发展，在仕途中进取；"寓公"是一个很古老的名词，原指丢了爵位或失去领地并客居他国、流亡异地的官僚或贵族，后被用来形容"志存高远"隐居"桃园"的人，也用来指没有志向的人；整理丝缕、理出丝绪和编丝成绳，统称"经纶"，后引申为筹划治理国家大事、施展抱负、有所作为的意思。对于这些古色古香的文学用语，戴乃迭并未拘泥于其表述形式，而是采用意译的方式将其含义译出，"自从1898年的改革运动失败之后，老人就停止了对做官的期待，反而集中于经营他的生意、教育他的孩子。他传递给君实他关于民族救亡的理论，并将这个责任托付给了他"。戴乃迭这样的表述充分考虑到了目的语读者的阅读习惯和感受，更利于读者了解和领会原文的含义。

而对于茅盾作品中出现的既具文化浓厚意蕴、又不能简单用意译或直

---

① 茅盾：《创造》，见《茅盾全集》第8集，人民文学出版社1985年版，第12页。
② Mao Dun, *The Vixen*, Beijing: Chinese Literature Press, 1987, p. 16.
③ 茅盾：《创造》，见《茅盾全集》第8集，人民文学出版社1985年版，第12页。
④ Mao Dun, *The Vixen*, Beijing: Chinese Literature Press, 1987, p. 16.

译的方式加以概括并传达其意的文化承载词，戴乃迭就会采用加注释的方式进行具体的说明。比如：

> 君实此时正也忙乱地思索着，他此时方才知道娴娴的思想里竟潜伏着乐天达观出世主义的毒。他回想不久以前，娴娴看了西洋哲学上的一元二元的辩论，曾在书眉上写了这么几句："自其异者视之，肝胆楚越也。自其同者视之，万物皆一也。万物毕同毕异。"这不是庄子的话么。[①]

戴乃迭的译文为：

> Junshi was thinking hard. He had only just discovered this dangerous transcendentalist trend in Xianxian. He recalled that not long ago she had read the debate between the Western schools of monism and dualism, and had written this comment: "If you look on others as different, they are as far apart as Chu and Yue. If you look on others as the same, all creation becomes one. Isn't that what Zhuangzi said?"
>
> A quotation from Zhuangzi. Chu and Yue were two of the Warring States, one in the west the other in the east.[②]

原文中"自其异者视之，肝胆楚越也。自其同者视之，万物皆一也"是《庄子》里《德充符》篇中引录孔子的话，楚和越是春秋时候的两个诸侯国，虽然相邻但关系恶劣，其后楚越便被用以比喻原本关系密切的双方变得互相漠视甚至敌对。"万物毕同毕异"语出《庄子·天下》，原文是"大同而与小同异，此之谓小同异；万物毕同毕异，此之谓大同异"，是战国名家惠施所提出的著名辩题。惠施认为事物中存在"小同异"和"大同异"两种：人们对不同事物的认识有达成一致的和各持己见的，这种认识上的同或异，称之为小同异；同时万物具有完全相同的一面，即都离不开存亡变化，又有完全相异的一面，即各自的变化又不一样，这就是大同异。娴娴将这句话写在书眉上，即是用庄子的思想来看待理解西方哲

---

① 茅盾：《创造》，见《茅盾全集》第8集，人民文学出版社1985年版，第19页。
② Mao Dun, *The Vixen*, Beijing: Chinese Literature Press, 1987, p. 23.

学上的一元二元及二者之间的辩论。戴乃迭将原句翻译成"如果你看到别人是相异的，他们是分开的楚和越；如果你看他们是一样的，所有的创造都是一元的"，并加以注释对文化背景作了简要的说明，指出这句话引自庄子说的话，而楚和越是交战的两个国家，一个在西方一个在东方。戴乃迭此处的翻译策略无疑是准确恰当的，但她所作的注解稍有遗漏，并没有交代其中具体蕴含的文化内涵，仅仅表达了楚越相争之意，读者很难理解话中的深意以及娴娴在书眉上题话的动机。

综上所述，戴乃迭的翻译秉承忠实与通顺的原则，在尊重原作者文学创作的基础上加以创造性发挥，在直译与意译之间倾向直译以保持原作的风姿，在归化与异化之间倾向归化以保留原作的文化氛围，体现文化底蕴，是一份原汁原味的文化大餐。

二 西蒙·约翰斯通的翻译

较之戴乃迭与沙博理对文化传达的看重，西蒙的翻译显然更为看重小说文本的故事性。翻译多采用意译的方式，对于原文中出现的文化意象和文化因素，西蒙并不作过多涉及，只将其义译出。译文语言平实，贴近西方语言习惯，更加符合西方读者的阅读习惯和审美期待。同时由于译者身份背景而导致的文化差异性，他对文中出现的部分语句理解并不准确，译文有少量翻译值得商榷。

以西蒙所翻译的茅盾短篇小说《水藻行》为例。茅盾曾将《水藻行》定位为专门写给外国人看的关于中国农民的故事，也是茅盾唯一一篇现在国外（日本）发表的小说。因为旨在刻画中国的农民形象，茅盾将主要笔触放在了人性的主题，对人性的挖掘，故事情节较为简单，讲的是寄住在堂侄秀生家的财喜与秀生妻子有了私情，秀生妻因此怀了孩子，秀生虽知晓事情，但也只能以打妻子这样的举动进行抗议，故事讲的就是由三人的伦常性爱而引起的复杂关系。小说将社会与文化两重意蕴复合起来进行描述，将人伦、道德、人性都纳入到艺术的视野中，小说中三人的关系既有常态的规范行为，又有变化着的情势道德相糅，故事是以三人所受人伦教化束缚与生命活力间的矛盾冲突展开的，因此文中多次出现富有文化色彩的表述，这些用语受文化背景、历史典故、社会民俗、生活方式、思维习惯、宗教信仰等方面的影响，但从字面上是很难被异质文化背景的读者理解的。如果采用直译的方式，英语世界的读者不一定能领会其中之意，如文中秀生老婆第一次出场时就捧着肚子，一副疼痛难忍之状：

> 但是看见女人双手捧住了那彭亨的大肚子，他就放了手，着急地问道："是不是肚子痛？是不是要生下来了？"
> 女人点了点头；但又摇着头，挣扎着说：
> "恐怕不是，——还早呢！光景是伤了胎气，刚才，打一桶水，提到这里，肚子——就痛的厉害。"①

文中"彭亨"是形容肚子鼓胀的样子的，唐朝诗人韩愈的《石鼎联句》诗序中就有"龙头缩菌蠢，豕腹涨彭亨"的表述；"胎气"也是非常中国式的表述，中国人认为，胎儿在母体内受精气滋养而成，人由胚胎以至成形，皆赖胎气而逐渐滋长，因此在怀孕期间需要安心静养，此间如果受到了外界的刺激，就称为"动了胎气"或"伤了胎气"。这样的表述不但英文中找不到相同的对照，就是翻译成英文，读者也是难解其中之意，因为西蒙将此翻译成：

> "What'up with you?" He caught hold of the sturdy young woman to haul her to her feet but let go when he saw how she was cradling her distended belly in both hands. "Is it the pains?" he asked anxiously. "Is it on its way?"
> She nodded, then shook her head, struggling to speak.
> "I doubt it. It's too early! Just the sickness, I should think. I just went for a bucket of water, go as far as here and then my stomach-the pain was awful."②

将"伤了胎气"翻译成"sickness"，虽然在语义中没有太大出入，但读者不一定能将这份疼痛与怀孕的不适联系起来，在西蒙的译文中，根据他对秀生妻子疼痛部位的标注，这份难受更像是胃痛（stomach）。又如另外一处茅盾原文中"伤了胎"的表述，财喜回答秀生妻子的话："不过，我也不能让他不分轻重乱打乱踢。打伤了胎，怎么办？孩子是他的也罢，

---

① 茅盾：《水藻行》，见《茅盾全集》第 9 集，人民文学出版社 1985 年版，第 289 页。
② Mao Dun, *The Vixen*, Beijing: Chinese Literature Press, 1987, p. 148.

是我的也罢，归根一句话，总是你的肚子里爬出来的，总是我们家的种啊！——咳，这会儿不痛了罢？"①西蒙将这段话翻译成："'Still,' he sighed, 'I'm not going to let him lash out over anything just as he wants. Supposing he harms the baby? Whether it's his or mine, it all comes down to the same thing. You're the one that's bringing it into the world, and it's a chip off the family block. Hey, are you feeling any better now?'"②这里西蒙将"打伤了胎"翻译成"harms the baby"（伤害了孩子）是非常准确的。这句话中还有一处表述值得注意，"总是我们家的种啊"，西蒙把握住了句中的含义，将其译成"chip off the family block"，这一表述来自英语谚语"A chip off the old block"，指某人与他/她的父母很相像，西蒙在此处用将英语谚语来传达中国人对"种"的认知，显然是合适的。文中还有一处讲到了这个字，西蒙的翻译又不相同。财喜生气秀生打自己妻，讽刺道："哼！亏他有脸说出这句话！他一个男子汉，自己留个种也做不动呢！"③西蒙将这句话翻译成："Hm! He's got a damn nerve to say that, when he's not man enough to plant his own seed!"④西蒙此处的翻译运用了比喻的修辞方式，即契合了原文，译文又显得生动鲜活。

对于原文中所出现文化承载词，西蒙同样是采用意译的方式。如中国文化中，常将妻子外遇出轨了的丈夫叫作"乌龟王八"，称其带了"绿帽子"，其中讽刺和嘲笑的意味很重。文中秀生因为妻子出轨一事十分气恼，在听到财喜哼的小曲后曾怒道："不唱不成么！——我，是没有用的人，病块，做不动，可是，还有一口气，情愿饿死，不情愿做开眼乌龟！"⑤"良心，女的拿绿头巾给丈夫戴，也是良心！"⑥西蒙对于这两次的翻译采用了不同的策略，他将第一句翻译成"Do you have to? I may be useless, I may be sickly, and I may get nothing done, but while there's a breath in my body I'll starve to death before I stand by while my wife cheats on me"⑦。"cheat on"是"对……不忠"的意思，西蒙将"乌龟"背后的语义译出，

---

① 茅盾：《水藻行》，见《茅盾全集》第9集，人民文学出版社1985年版，第290页。
② Mao Dun, *The Vixen*, Beijing: Chinese Literature Press, 1987, p. 149.
③ 茅盾：《水藻行》，见《茅盾全集》第9集，人民文学出版社1985年版，第290页。
④ Mao Dun, *The Vixen*, Beijing: Chinese Literature Press, 1987, p. 148.
⑤ 茅盾：《水藻行》，见《茅盾全集》第9集，人民文学出版社1985年版，第297页。
⑥ 同上书，第298页。
⑦ Mao Dun, *The Vixen*, Beijing: Chinese Literature Press, 1987, pp. 155–156.

便于读者理解。而对于第二句话，西蒙翻译成"Conscientious? I suppose it's conscientious of her to put a cap on me"，直接将其翻译为"戴帽子"，但未做出解释，读者很难理解在"戴帽子"和真诚\良心之间存在的关系。

文中还有一处翻译不当，也是关于文化承载词的翻译。文中出现的"白刀子进，红刀子出"①是秀生用来威胁妻子的话，这是一句形象化的表述，含"持刀行凶，杀人见血"的意思，西蒙将其直译成"the knife'll go in clean and come out red"②（干净的刀子进去，红色的出来），如果单从文字表述的意思来看，读者不一定了解这句话的意思，翻译成"the knife'll go in clean and come out bloody"更为合适。

第四节 许孟雄的英译本《子夜》

许孟雄（1903—1994）是我国著名的翻译家，英语教育家。他对英语十分精通，曾先后担任北京外国语学校院（现北京外国语大学）、中国人民大学英语教授。许孟雄的英语到了炉火纯青的地步，不假思索就能进行流畅的英文表述，其英文翻译和写作往往一挥而就，文不加点，译文在具有可读性的同时还具有很高的文学性。许孟雄在北京外国语学院任教期间，仅仅花了七个月时间就把茅盾的《子夜》翻译成了英文，且译文语言地道，流畅自然，平实易懂，文字极其具有表现力，不仅忠实于原文，而且又特别注重语篇神韵的再创造，力求保持原文的信息和体现原文的功能，其翻译可谓"信、达、雅"之典范。且许孟雄的翻译不落俗套，他并不拘泥于原文的句式句法结构，其翻译摆脱原文语法的窠臼，独辟蹊径，自成风格，他的翻译旨在传达原文语义及旨趣，对于原文中常常出现的极具有文化特色的表述，会根据实际情况采用意译的方式并作以浅显易懂的解释。

英译本《子夜》最大的特点就是传神。许孟雄在翻译中对原文的忠实，并不在于对茅盾原文一字一句地英文复述，而是对原文语义、情境、氛围、内涵等方面的准确把握和再现。茅盾文中常出现的大段大段的环境描写，是其小说的特色之一，读者能从这些细腻的文字表达中窥探到人物内心、事件背景、时代氛围甚至作者的意图。许孟雄的翻译并不是采用直

---

① 茅盾：《水藻行》，见《茅盾全集》第9集，人民文学出版社1985年版，第290页。
② Mao Dun, *The Vixen*, Beijing: Chinese Literature Press, 1987, p.148.

译的方法，在原文语义上多有创造性发挥，但基本还原了原文的情景，同时许孟雄还把握住了文字所要表达的情境并将其传达了出来。以《子夜》中吴老太爷初次眼见的上海繁华景象为例：

> 汽车发疯似的向前飞跑。吴老太爷向前看。天哪！几百个亮着灯光的窗洞像几百只怪眼睛，高耸碧霄的摩天建筑，排山倒海般地扑到吴老太爷眼前，忽地又没有了；光秃秃的平地拔立的路灯杆，无穷无尽地，一杆接一杆地，向吴老太爷脸前打来，忽地又没有了；长蛇阵似的一串黑怪物，头上都有一对大眼睛放射出叫人目眩的强光，啵——啵——地吼着，闪电似的冲将过来，对准吴老太爷做的小箱子冲将过来！近了！近了！①

许孟雄的翻译虽然没有完全遵照原文，但基本上将原文情景表现了出来：

> The car was racing along like mad. He peered through the windscreen. Good Heavens! The towering skyscrapers, their countless lighted windows gleaming like the eyes of devils, seemed to be rushing down on him like an avalanche at one moment and vanishing at the next. The smooth road stretched before him, and street-lamps flashed past on either side, springing up and vanishing in endless succession. A snake-like stream of black monsters, each with a pair of blinding lights for eyes, their horns blaring, bore down upon him, nearer and nearer!②

这是古板封建的吴老太爷第一次到上海时的情景，繁华的、现代化的、灯红酒绿、光怪陆离的上海给吴老太爷带来了极大的震撼，吴老太爷所见之景都是变形的，是异化的城市景象，满目尽是妖魔鬼怪且都具有攻击性（对吴老太爷）。茅盾的这段文字传神地表现出吴老太爷的不适感与被压迫感。许孟雄的翻译在语序上进行了调整，语言表述十分流畅，在语

---

① 茅盾：《子夜》，见《茅盾全集》（第3集），人民文学出版社1984年版，第10—11页。
② Mao Dun, *Midnight*, trans. by Hsu Meng-hsiung, Beijing: Foreign Language Press, 1957, p. 8.

义表达上许孟雄注意到了茅盾所使用的恶魔、怪物、蛇等异形的象征以及文中扑到、打来、冲将等这些描写吴老太爷感受的具有攻击性质的词语，在译文的情境中，很好地将这些变形了的城市形象和人物感受传达给了读者，语言具有画面感。

又如吴老太爷在上海所见的另一景象：

> 吴老太爷只是瞪出了眼睛看。憎恨，忿怒，以及过度刺激，烧得他的脸色变为青中带紫。他看见满客厅是五颜六色的电灯在那里旋转，旋转，而且愈转愈快。近他身边有一个怪东西，是浑圆的一片金光，荷荷地响着，徐徐向左右移动，吹出了叫人气喧的猛风，像是什么金脸的妖怪在那里摇头作法。而这金光也愈摇愈大，塞满了全客厅，弥漫了全空间了！一切红的绿的电灯，一切长方形，椭圆形，多角形的家具，一切男的女的人们，都在这金光中跳着转着。①

许孟雄将这一段文字翻译成：

> The old man looked around him, his wide eyes burning with disgust, anger and excitement, and his face purpling. He saw the room whirling with lights and colours, whirling more and more swiftly. Nearby him a queer-looking round and shiny thing stood on a small table whirring and turning from side to side, making a wind which took his breath away, like a golden-faced witch swaying her head and casting a spell over him. And the more this golden, flashing disc swayed, the bigger it became, until it filled the whole room, until it filled all space. All the red and green lights, all the geometrical shapes of the furniture and all the men and women were dancing and spinning together, bathed in the golden light. ②

虽然描述的是同样的景象，但许孟雄的译文并没有完全遵照原文的表

---

① 茅盾：《子夜》，见《茅盾全集》（第3集），人民文学出版社1984年版，第17页。
② Mao Dun, *Midnight*, trans. by Hsu Meng-hsiung, Beijing: Foreign Language Press, 1957, p. 13.

述方式。许孟雄大体还原了原文所描写的景象,但在表述上略有变动,为了自然真实地表现出吴老太爷所看到的景象,茅盾所描写的景物都是以吴老太爷的视角展开,语言零碎且极具感情色彩,表现出吴老太爷在看到这幅灯红酒绿、"有碍风化"的荒诞景象时的惶然感和恐惧感。许孟雄的译文在语句结构上是对称的,语言平实流畅,句法结构上讲究对称,有一种结构上的美感,这是与原文表述大为不同的。但对于原文中所描写的异样之景,许孟雄的翻译同样表现了景物的光怪陆离和人物的强烈不适和恍惚。

许孟雄译文的传神处还在于他对人物性格的把握上。《子夜》中出现了大量的人物,形象鲜明,性格各异,语言举止相殊,许孟雄的译文把握住了人物的特质,在翻译中往往多有创造性发挥,形象传神地刻画出人物的性格特点。比如他对文中吴老太爷性格的把握,吴老太爷作为封建制度象征的旧式人物,他对《太上感应篇》的信奉简直到了一种迷信的地步:

> 吴老太爷自从骑马跌伤了腿,终至成为半肢疯以来,就虔奉《太上感应篇》,二十余年如一日;除了每年印赠而外,又曾恭楷手抄一部,是他坐卧不离的。①

许孟雄的翻译是:

> Twenty-five years before Old Mr. Wu had had a fall from a horse, and an injury to his leg had led to partial paralysis, he had since developed a strong faith in the religious book on virtue rewarded and vice punished. Every year he had given free copies of the book to fellow-believers as a practice of virtue. He had also copied the whole book in his own neat and pious hand, and this transcript had become for him a talisman against vice, with which he could never part for a moment. ②

二十五年前吴老太爷从马上掉了下来,腿受了伤并导致部分瘫痪,他非常相信这本宗教书籍里的有善就有回报、有恶习就会被惩罚

---

① 茅盾:《子夜》,见《茅盾全集》(第3集),人民文学出版社1984年版,第8页。
② Mao Dun, *Midnight*, trans. by Hsu Meng-hsiung, Beijing: Foreign Language Press, 1957, pp. 5-6.

（善有善报恶有恶报）观点。他每一年都要免费复印这些书籍给有相同信仰的伙伴，以此践行美德。他也会用他整洁和虔诚的双手来抄写整本书籍，并且这个抄本对他而言意味着对抗恶习的法宝，他一刻也不能离开它。（笔者翻译）

　　许孟雄此处的翻译十分灵活，他并未一字一句地对原文进行翻译，而是加入了自己的理解，向读者仔细解释了文中所要表达的含义。原文本是非常简洁且非常具有文化特色的表述，句中的"半肢疯"非常口语化，是半身不遂的意思，"虔奉""恭楷""坐卧不离"等词都将吴老太爷虔诚礼待信奉这本《太上感应篇》的愚忠盲信的形象表现了出来，这些表述都含有讽刺意味。许孟雄在此处采用意译的方式，他仔细地将文中所要表达的意思、所要刻画的形象传达给了读者，但做了些微调整，茅盾原文中只说吴老太爷骑马受伤后便信奉起了《太上感应篇》，许孟雄则清楚地告知读者吴老太爷是对书中的"因果报应"思想信服，因此在坠马之后的每一年便复印此书赠送给信众，将恭敬手抄的抄本当做践行这一信条的护身法宝。如果只看原文，中国读者很容易理解其中之意，原文语义直接明了，无须再多的思考；但英语世界的读者很难理解吴老太爷这样做的目的，许孟雄的翻译考虑到了目的语读者的阅读接受，其翻译是准确且形象的，而且通过他的解释，吴老太爷的举动有了动机，其形象顿时鲜明了起来。

　　还是以吴老太爷为例。吴老太爷显然是《子夜》中最为显著的封建制度的象征了，吴老太爷因为"共党"的祸乱而被儿子吴荪甫接到城里居住，但他始终与资本主义式的现代生活格格不入，当他第一次坐在汽车里飞驰于五光十色的上海夜市时，他和他所信奉的《太上感应篇》就变成了鲜明的讽刺：

　　　　坐在这样近代交通的利器上，驱驰于三百万人口的东方大都市上海的大街，而却捧了《太上感应篇》，心里专念着文昌帝君的"万恶淫为首，百善孝为先"的告诫，这矛盾是很显然的了。而尤其使这矛盾尖锐化的，是吴老太爷的真正虔奉《太上感应篇》，完全不同于上海的借善骗钱的"善棍"。①

---

① 茅盾：《子夜》，见《茅盾全集》（第3集），人民文学出版社1984年版，第9页。

许孟雄的翻译是:

> It is one of life's little ironies that someone should be driving through the wide streets of Shanghai-that great city of the East with a population of three million-in such a modern conveyance as a motorcar, yet holding *The Supreme Scriptures* in his hands, his mind intent upon the text: "Of all the vices sexual indulgence is the cardinal; of all the virtues filial piety is the supreme." In the case of Old Mr. Wu, the irony was all the more remarkable because he genuinely believed in *The Supreme Scriptures*, unlike those racketeers of Shanghai who swindle money out of the public under the cloak of philanthropy.①

> 这是生活中的一个小讽刺,当某人搭车穿过上海宽敞的街道时——这个东方的大城市有着近三百万的人口——在汽车这样一个现代交通工具里,还在手里拿着《太上感应篇》,他的思想集中在(书的)文本中的"所有邪恶都是以性嗜好为主,所有的美德都是将孝顺虔诚视作至高无上的"。吴老先生的情况是最讽刺的,因为他真诚地相信《太上感应篇》,不像那些上海的骗子,他们从披着慈善外衣的公众手里骗取钱财。(笔者翻译)

许孟雄的译文倒置了原文的语句结构,他把"讽刺"一词放在句首,后面的表述都是为了佐证文中的"讽刺"究竟来自何方,这样的表述方式极大地凸显了原文中的讽刺意味。而且译者对于句法结构也进行了调整,原文中的交通利器和繁华的大街是并列的,都是与吴老太爷的"虔奉"(封建制度)形成鲜明对比的现代文明景象,但许孟雄将上海的繁华景象作为汽车驰骋场所的一个定语,缩小了其中的语义范围。同时,为了便于读者的理解和接受,许孟雄将原文中的"文昌帝君的诰诫"略去不译,仅将"万恶淫为首,百善孝为先"译出,这句话是一句前后对仗的古语,"万"对"百""恶"对"善""淫"对"孝""首"对"先",彼此之间都是相互照应的,许孟雄的翻译考虑了句子结构上的对称,在传达语义的基础上同样将句子以"Of all… is, of all… is"的形式译出,同样

---

① Mao Dun, *Midnight*, trans. by Hsu Meng-hsiung, Beijing: Foreign Language Press, 1957, p. 6.

应和了原句的对仗特点。

英译《子夜》"传神"的特点还表现在许孟雄对原文中文化承载词的处理。考虑到异质文化的差异性，许孟雄对于原文中出现的文化承载词，多采用意译的方式，或改换喻体，在英文中寻找相对应的表述。如原文中何慎庵对冯云卿说一番话：

> 而且这件事一办好，后面的文章多得很呢；无论是文做，武做，老式做法，新式做法，都由你挑选。放心，我这参谋，是靠得住的；——云卿，说老实话：用水磨功夫盘剥农民，我不如你；钻狗洞，摆仙人跳，放白鸽，那你就不如我了！①

这句话里有大量极具中国文化特色的表述："文章"并未指文本作品，而是比喻抓住一件事发议论或在上面打主意；"文做""武做"是针对"做文章"而言的，分别指的是口头上说和付诸行动；"水磨功夫"是掺水细磨，常用来形容某件事物的周密细致；"钻狗洞""放白鸽""仙人跳"都是指用女色为诱饵设骗局的勾当。这样的文字，在英文中自然是很难找到相对应的表述方式的，如果直接按字面意思翻译，读者很难理解其中的含义。因此许孟雄选择将原文的语义及内涵以英文的表述方式呈现出来：

> Once you've hooked him, you can do what you like with him afterwards. You can go ahead with your business in the smooth way or the rough way; the old-fashioned way or the modern way-take your pick. Don't worry. You can trust me. I'm a most reliable adviser. To be frank, Yun-ching, you beat me hollow when it comes to fleecing peasants, but I'm better than you at snooping around, and setting a pretty sprat to catch a fat mackerel!②

许孟雄并未有按照原文的文字表述进行翻译，他的翻译更贴近于英文的表述习惯，而对于句中所出现的大量文化承载词，他采用意译的方式将

---

① 茅盾：《子夜》，见《茅盾全集》（第3集），人民文学出版社1984年版，第219页。
② Mao Dun, *Midnight*, trans. by Hsu Meng-hsiung, Beijing: Foreign Language Press, 1957, p. 198.

其译出,"一旦你迷住了他,你就可以随便做你喜欢的了。你可以继续做生意,用柔和的方式,用粗暴的方式,老式的方式或者现代的方式——随你选择。别担心。你可以相信我,我是一个最可靠的顾问。云卿,坦率地说,在掏空农民上你打败了我,但我在四处窥探和用小饵钓大鱼(吃小亏占大便宜)上却比你强"(笔者翻译)。对于"文做\武做文章"这一类的表述,许孟雄只根据语境完成了语义的传达,但对于"仙人跳""放白鸽"等这样的俗语,他在英语中选择了相通语义的习惯用语"setting a pretty sprat to catch a fat mackerel",这句英文习语的意思是"吃小亏占大便宜",许孟雄将它用在此处无疑是恰当且形象的。

总的来说,许孟雄英文造诣深厚,由他所翻译的英译本《子夜》表述流畅地道,并不拘泥于原文的文字表述,语义上忠实于原文,对于原文情境、人物形象、心理活动、作者态度和文字意蕴都能准确传达;译文在贴合原文旨趣的同时又有许孟雄自己的风格,译文遣词简明,用字洗练,非常具有表现力。

第五节 曾小萍的英译本《虹》

美国汉学家曾小萍(Madeleine Zelin)曾于1992年将茅盾的长篇小说《虹》翻译成英文,该书由加利福尼亚大学出版社出版。在译本的导语部分,曾小萍对茅盾生平作了简要概述,指出"茅盾对细节描写的掌握和他对历史事件的客观表现为他赢得了首批中国的'自然主义'和'现实主义'作家的称号"[①],而小说《虹》正体现了茅盾各方面创作天分,是茅盾自《蚀》和《子夜》后又一部记录中国革命进程的历史记录。曾小萍将小说定位为青年一代对新的"现代的"个人价值、男女平等和政治责任的追求和寻找,小说女主人公梅正是代表了这一类新青年,故事以梅的旅程开始,结束于政治激进主义活动(五卅运动),而译者对于茅盾作品的翻译就在于表现中国年轻一代青年人对于五四新思想(诸如"现代"的个人价值、男女平等、政治责任等)的追寻,希望英译的《虹》能激发读者去挖掘这部作品中的历史和文学方面的特点。曾小萍的翻译的特点

---

① "Mao Dun's mastery of descriptive detail and his objective representation of historical events have earned him praise as one of China's first 'naturalist' or 'realist' writers." In Mao Dun, *Rainbow*, trans. by Madeleine Zelin, Berkeley and Los Angeles: University of California Press, 1992, p. vii.

是以直译为主，采用归化的翻译策略，译文尽可能忠实于原文，在文字语义、表述方式、文化规范、思想情感等方面都非常贴近原文，对于原文中因文化异质性而导致的不可译、难译之处，多采用音译或直译加注释的方式进行翻译，尽可能还原原文的行文风格和文学特点，译文语言达意，平实流畅。

曾小萍的翻译非常注重对语义的还原，其译文用语和句式表述都非常贴近原文，但在语境的把握和掌控上稍显不足。比如对茅盾小说里的描写景物的文字的翻译：

> 船上的汽笛又轰叫了。前面远远地一座峭壁拦江拔立，高耸空中；左右是张开两翼死的连峰夹江对峙着，成为两道很高的堤岸。似乎前面是没有路的！太阳光像一抹黄金，很吝啬地只涂染了那些高峰的尖端，此下就是一例的暗绿色。船还是坚定地向前进，汽笛声却更频繁。拦江的峭壁冉冉地迎面而来，更加高，更加大，并且隐隐可以看见丛生在半腰的树木了。①

曾小萍翻译为：

> The boat's whistle shrieked once again. Far off in the distance a cliff intruded on the landscape, blocking the river and piercing the sky. The river cut through the tall peaks that lined both banks. They seemed to form two towering natural dikes, barring any possibility of continued forward passage. The sun shone like a ray of gold, sparingly clothing only the tops of the high peaks in its brilliance, leaving the mountain below a carpet of dark green. The boat continued to push unswervingly forward, its whistle blasting with ever more urgency. The cliffs that all but obstructed the river moved gradually toward the two women, higher and higher, more and more imposing, the luxurious growth of trees halfway up their sides becoming faintly visible.②

---

① 茅盾：《虹》，见《茅盾文集》（小说二集），人民文学出版社1984年版，第4页。
② Mao Dun, *Rainbow*, trans. by Madeleine Zelin, Berkeley and Los Angeles: University of California Press, 1992, p. 2.

第二章　英语世界中的茅盾作品译介

译者在此处的翻译以直译为主，意图忠实地将原文中所描绘的情境表现出来，但在用词方面时候稍显平淡，没有很好地传达出原文的意蕴。茅盾的景物描写有一个特点就是赋予普通的场景画面以情感和生命，通过人格化的叙述手法让读者在了解客观环境的同时了解人物的所见所感所想。这一段的描写中茅盾也是运用此种描写方式，通过"又轰叫了"表现梅女士心中的烦闷，"拦江拔立""夹江对峙""没有路"等用词都表现出了一种紧张的气氛，也是在暗示梅女士此刻心境的惶然无助和绝望，而译文除了将所描写之物如实地翻译成英文外，对于这一层意思并没有很好的传达，如"没有路"翻译成"barring any possibility of continued forward passage"（阻拦任何前进的可能）就失去了原文中"走投无路"的那种双关意义，又如原文中"拦江的""冉冉地""迎面而来"皆是茅盾所使用的拟人手法，旨在表现峭壁的凸耸及其渐进式逼近眼前的样子，并不是真的指这峭壁就把江水挡住了，而译者所使用的"obstructed the river"（阻塞河流）则失去了这一韵味，只会让读者觉得悬崖在妨碍交通。另外"moved gradually toward the two women"（向着两位女性渐渐移动）也失去了"冉冉地迎面而来"那样的韵致。不过考虑到译者的文化背景和中英两种语言间的文化差异性，译者的翻译已经十分贴近原文了，不应再过苛求。又如：

明媚的春日，凄凉的雨夜，她时或感觉得数千年来女性的遗传在她心灵深处蠢动；那时她拥鬓含睇，沉入了幽怨缠绵的巨浸，那时她起了薄命之感，也便是那时她遗恨万千地称自己的生活为颠沛；然而颠沛的经历既已把她的生活凝成了新的型，而狂飙的"五四"也早已吹转了她的思想的指针，再不能容许她回顾，她只能坚毅地压住了消灭了传统的根性，力求适应新的世界，新的人生。她是不停止的，她不徘徊，她没有矛盾。①

曾小萍的译文为：

On bright spring days and sorrowful rainy nights, she would

---

① 茅盾：《虹》，见《茅盾文集》（小说二集），人民文学出版社1984年版，第6页。

occasionally feel the ancient legacy of being female stirring in her heart. At such times she would stare into space, immersed in a flood of loneliness and remorse. It was also at times like these that she fell to lamenting her unfortunate fate and conjuring up a million regrets about the vicissitudes of her existence. Nevertheless, whirlwind May Fourth Movement had already blown her thinking in a new direction. She could not look back. She could only strive to suppress and eradicate the traditional in her nature and adapt to a new world, a new life. She did not pause. She did not hesitate. She felt no contradictions.①

茅盾原文的表述用词凝练，富有美感，文学色彩极浓，通过凄风冷雨与明媚春日的强烈对比，烘托梅内心的曾经凄怨与不甘，文中"拥鬓含睇""薄命""幽怨缠绵""遗恨万千"等表述简练、生动且诗意盎然，画面感极强。曾小萍的直译无疑是贴近原文的，但相对于茅盾原文中的诗意表述，译文无疑平淡了许多。"在明亮的春天和悲伤的下雨夜，她偶尔也会感受到自己内心里作为女性的古老传统，这时她就会凝望空间，沉浸在大量的孤独和悔恨之中。也是在这样的情况下，她感叹于她不幸的命运和百万次地后悔于她生活的沧桑。然而，旋风般的五四运动已经将她的思想吹到了一个新的方向。她不能向后看，她只有努力抑制和消灭她天性中的传统以适应新世界、新生活。她没有停止。她没有犹豫。她觉得没有矛盾。"（笔者翻译）译文在语义上没有缺失，但语言表述相对平淡。

曾小萍的译文还有一个特点就是注释的运用。与茅盾作品的其他译者不同，曾小萍在翻译中经常会通过注释对原文进行解释，这些注释的使用主要用于对文章内容的解释。茅盾原文中常会出现各种形式的文化承载词，曾小萍通常直接将其音译或直译出来，但考虑到英语世界中的读者并不能清楚地明白其中之意，故而她又采用加注解的方式进行解释。如文中梅小姐和文太太在谈论省长的花边生活时说："他那所有名的大园子里是几乎用了太监的。简直是他的阿房宫呢。"②"阿房宫"是秦帝国修建的新

---

① Mao Dun, *Rainbow*, trans. by Madeleine Zelin, Berkeley and Los Angeles: University of California Press, 1992, p. 4.
② 茅盾：《虹》，见《茅盾文集》（小说二集），人民文学出版社1984年版，第10页。

朝宫，是皇帝的后宫，曾小萍将其音译成"the Afang Palace"① 并加以注释："The Afang Palace housed the harem of the first emperor of the Qin dynasty (221-207 B.C.)"[阿房宫里住着秦朝（公元前221—前207年）的第一个皇帝]。又如文中的另外一处，"阿房宫将军的特别处就在他的伴侣几乎全是些丑人"②，此处并无太大问题，曾小萍也是直接将原文直译出，但她加了注脚"Mei refers to the governor as a general because most provincial governors during this so-called warlord period of Chinese history were powerful commanders of personal armies whose political role grew out of their military power"③，她向读者解释道"梅指的是省长和皇帝一样，因为军阀时期的将军非常有权势，他们拥有私人军队，其政治角色源于其军事力量"。再如文中梅女士嘲笑文太太对于"愿为英雄妾，不作俗人妻"的执念，作者将梅小姐发出的半声冷笑与《庄子》中"鸱得腐鼠"的寓言联系了起来，"鸱得腐鼠"出自《秋水》篇，是庄周借寓言讽刺惠施的鼠目寸光和嫉贤妒能。曾小萍将其翻译成"The Owl Gets a Rotten Rat"，在译文中对此也进行了解释："This is a reference to the section in *Zhuangzi* entitle 'The Floods of Autumn' in which the philosopher chides the prime minister of the kingdom of Liang for fearing his job is coveted by the philosopher. He likens the prime minister to an owl who has just caught a rat and fears it will be stolen by the phoenix flying overhead. Just as the phoenix eats and drinks only the purest and most delicate foods and would not want the rat, Zhuangzi would have no interest in such a job."④ 指出寓言出自《庄子》的《秋水》篇，并对故事的语义和寓意进行了详细介绍，以便读者理解和领会其中之意。

译文中出现的注释还用于文中文化习俗的解释。如文中梅小姐不愿接受父亲的婚姻包办，想要和表哥韦玉在一起，但表哥韦玉却对此表现出了迟疑：

妹妹，一起的情形，都叫我们分，不让我们合。即使我还没定

---

① 此处曾小萍的音译也是错误的，正确的音译应该是"E Pang Palace"。
② 茅盾：《虹》，见《茅盾文集》（小说二集），人民文学出版社1984年版，第10页。
③ Mao Dun, *Rainbow*, trans. by Madeleine Zelin, Berkeley and Los Angeles: University of California Press, 1992, p. 8.
④ Ibid..

亲，姨夫肯要我这个父母双亡的穷小子么？即使姨夫答应，我，只在团部里当一名书记，能够使妹妹享福么？我知道妹妹愿意受苦，但是我怎么能够安心看着爱我的人为了我而牺牲。医生说我有肺病，我大概不久了，我更不该牺牲了妹妹的前程！①

曾小萍的译文是：

Meimei, *circumstances demand that we part. Even if I was not engaged, would Uncle want a poor orphan like me? And even if Uncle agreed, I'm only a clerk in the army divisional headquarters. Could I make you happy? I know you're willing to suffer, but how can I bear to see the one I love sacrifice on my account? The doctor says I have tuberculosis. I probably don't have long to live. That's even more reason not to sacrifice your future.**

* "Meimei" is a term used to address a younger sister. Here it demonstrates affection and the fact that the two are cousins.

* * Tradition Chinese morality contained strong proscriptions against the remarriage of widows. ②

中国古代习俗中讲求"亲上加亲"，表兄妹间是常被说合到一处谈婚论嫁的，文中梅小姐和韦玉两人有了男女感情，同时也是表兄妹关系，因此韦玉称呼梅小姐"妹妹"，一是身份上的定位，二来也是一种亲密的称呼。曾小萍所作脚注对此作了说明。而对于文中的"牺牲前程"，如果单单只说两人成亲会影响个人前程，读者很难理解其中之意，因此曾小萍也对其中的文化背景作了说明——"中国传统习俗反对寡妇再嫁"，读者便能明白为何韦玉说自己有病就会牺牲了梅小姐。又如文中"老革命家的崔校长骤然成为趣味的人物，她的长辫发晃荡的地方，总有几个学生偷偷地注意地看着她"③，为了让读者理解为何总有学生在偷偷地关注崔校长的

---

① 茅盾：《虹》，见《茅盾文集》（小说二集），人民文学出版社1984年版，第19—20页。
② Mao Dun, *Rainbow*, trans. by Madeleine Zelin, Berkeley and Los Angeles: University of California Press, 1992, p. 16.
③ 茅盾：《虹》，见《茅盾文集》（小说二集），人民文学出版社1984年版，第21页。

长辫发,曾小萍在注释中解释道:"Traditionally only young unmarried girls in China wore their hair in braids. Used by a middle-aged woman like Miss Cui, this hairstyle could become a symbol of feminism and the rejection of marriage."①"中国传统里只有年轻的未婚女子才会将头发编成辫子。如崔女士这样的中年女士是将发型当作女性主义的象征和对婚姻生活的放弃"(笔者翻译),对于中国传统和崔女士行为做出解释。又如文中梅小姐问徐绮君重庆剪发的人多不多,为了让读者明白梅小姐的提问背后所代表的含义,曾小萍也以注释提醒读者:"Tradiationlly, Chinese women did not cut their hair. The movement to do so was part of the women's liberation movement that emerged during the larger May Fourth era."②"一般来说,中国女性不会剪头发的。这样的举动是五四运动以来妇女解放运动的一部分",通过这样的注释,读者便能探查到梅小姐心中所蕴藏的思想变化。

译文里所出现的注释还出现在补充相关背景知识的情况下。如文中"几位细心的姑娘们更把五六本尘封的《新青年》也找出来了。全学校的空气呈现着一种紧张的动摇"③,对于文中的《新青年》,译者也加了注释:"Founded in 1915 by Chen Duxiu, *New Youth* was one of the first of the new May Fourth era journals dedicated to, among other things, the promotion of vernacular literature, liberalism, women's rights, and the overthrow of Confucianism and tradition values."④"《新青年》是陈独秀成立于1915年的五四时期的第一本杂志,致力于促进白话文学、自由主义思想、妇女权利、推翻儒家思想和传统价值观。"(笔者翻译)通过曾小萍的解释,了解了相关文化背景之后,读者就能知道原文中所讲的"紧张的动摇"与《新青年》之间的因果联系了。又如文中"胡博士的'多研究些问题,少谈些主义'的口号,应时而起地称为流行语"⑤,胡适是新文化运动的领袖之一,他提出的许多观点对当时的青年影响很大,曾小萍将"多研究些问题,少谈些主义"翻译成"more study of problems and less talk of isms",并

---

① Mao Dun, *Rainbow*, trans. by Madeleine Zelin, Berkeley and Los Angeles: University of California Press, 1992, p. 18.
② Ibid., p. 32.
③ 茅盾:《虹》,见《茅盾文集》(小说二集),人民文学出版社1984年版,第21页。
④ Madeleine Zelin, trans., *Rainbow*, Berkeley and Los Angeles: University of California Press, 1992, p. 18.
⑤ 茅盾:《虹》,见《茅盾文集》(小说二集),人民文学出版社1984年版,第52页。

在注释中对胡适的身份、生平、背景、观点以及这篇文章的相关信息、意义和作用都做了详细介绍，指出文章发表于 1919 年 7 月，文章的发表标志着五四知识分子分裂成两类——批评社会问题的现实主义的一派和发展马克思主义的一派。①

对于茅盾原文中的双关语，曾小萍也作了注释进行解释。如文中梅小姐向徐绮君抱怨的话："是的。这是最后的决定了。牢笼有好几等，柳条的牢笼，我就不怕！这些讨厌的事，不要再谈了。绮姐，你讲讲你毕业后的计划罢！"② 茅盾此处用了一个双关语，父亲给梅小姐包办婚姻对象姓柳，梅小姐此处的抱怨就将与柳遇春的婚姻给自己带来的困境比作是柳条编织的牢笼。对于"柳条的牢笼"，曾小萍将其直译成"a prison of willow branches"，但为了让读者了解原文在表述和语义上的精妙之处，又对此进行了解释，"This is a pun on the surname of Mei's fiancé, Liu, which means 'willow'"③，指出这个比喻是与梅的丈夫的姓氏相关的，作者在此处用了双关的修辞方式。

总的来说，曾小萍的翻译忠实于原文，其语义和句法结构都与原文十分相近，译文语言平实客观，在原文故事、语言、人物、情境、思想的表达上与原文都无太大出入，但因为其直译的翻译策略，使得译文在原文情境、意蕴的把握和传达上略显不足。译者对译文加入注释与读者进行交流的翻译方式，便于读者理解和把握文中之意。

---

① "His article entitled 'More Study of Problems, Less Talk of Isms' published in July 1919, marked the beginning of a split between those May Fouth intellectuals who favored a pragmatic approach to China's social problems and those who were developing a commitment to Marxism." in Mao Dun, *Rainbow*, trans. by Madeleine Zelin, Berkeley and Los Angeles: University of California Press, 1992, p. 45.

② 茅盾：《虹》，见《茅盾文集》（小说二集），人民文学出版社 1984 年版，第 54 页。

③ Madeleine Zelin, trans., *Rainbow*, Berkeley and Los Angeles: University of California Press, 1992, p. 47.

第三章

英语世界中的茅盾生平研究

英语世界的学者并不十分热衷于研究茅盾的生平。在茅盾作品的译本中，译者通常会对茅盾的情况作一简要介绍，介绍多从茅盾的工作经历、文学活动、优秀作品这几个角度展开，如斯诺在《活的中国》简要介绍了茅盾在《小说月报》和汉口《民国日报》的工作经历、茅盾与同时期作家的交往以及茅盾的其他作品，《春蚕集》中介绍了茅盾在创作这些作品时期的社会背景和茅盾本人的生活经历。而在英语世界学者的相关研究文章中，对于茅盾的生平也会作简要描述，如美国学者陈幼石的茅盾研究《茅盾与〈野蔷薇〉：革命责任的心理研究》一文中就简要介绍了茅盾在1928年春到1930年春的生活经历；夏志清在《中国现代小说史》的茅盾专章也简要介绍了茅盾的工作经历，但这些都并非其研究的重点，而是以茅盾的相关生活背景对自己的论点论争进行支撑。

英语世界真正对茅盾生平展开研究的，只有斯洛伐克汉学家高利克先生。高利克曾在北京大学进修两年，在此期间还曾去茅盾的故乡找寻相关资料进行研究，他对茅盾所用笔名、发表文章、生活和工作经历、文学活动等方面都进行了大量的资料收集和整理，在系统且细致的梳理后将其撰写成文，并寄予茅盾先生查看，茅盾先生在上面都有亲笔批阅和修改。高利克的茅盾生平研究具有极高的资料价值，对于国内的茅盾相关研究都很有裨益。

第一节 茅盾先生笔名考

《茅盾先生笔名考》是斯洛伐克学者、著名的汉学家高利克于1960年在北京大学留学期间用英文写作的汉学研究论文，论文对茅盾所用过的笔名进行细致全面的考证，1963 年以"茅盾使用过的姓名和笔名"为题在捷克期刊《东方档案》[①] 上发表。高利克曾将文章送予茅盾先生过目，茅盾在高利克的笔稿上作了多次批注，还在文末附有短文《关于我的笔名》作为回应。2010 年《现代中文学刊》第 2 期刊登了这篇论文，附有茅盾的短文和底稿照片。与英文版相比，中译文对论文的开头和结尾少有删减，增加了编者对《茅盾先生笔名考》的补充，茅盾对部分笔名的批注以黑体字在一旁作为标记。中英文版论文都附有中文的研究茅盾先生笔名的报纸杂志的范围共 27 项、文中所提到的书籍共 10 本，英文论文另有"第 1—3 部分中的真名和笔名"的附录。

论文一共分三个部分对茅盾的笔名进行考证，分别是"现知的茅盾先生的笔名""新发现的茅盾先生的笔名"和"尚存在疑虑的茅盾先生的笔名"，详细地对哪本刊物哪一期哪篇文章使用哪个笔名进行整理，一共整理出茅盾先生的笔名共 73 个，其中经茅盾先生确认的笔名共 64 个，否定的笔名共 6 个，尚存在疑问的笔名共 3 个。高利克所整理的已经确定的茅盾先生的笔名有方莹、方壁、止敬、毛腾、玄、玄珠、未名、丙生、吉卜西、朱璟、沈德鸿、沈仲方、沈明甫、沈馀、沈雁冰、形天、何典、东方未明、郎损、逃墨馆主、惕若、终葵、雁冰、蒲、蒲牢、德洪、M. D.，共 27 个，其中茅盾在批注中对"方莹""毛腾""德洪"这三个笔名表示疑义。高利克所整理的新发现的茅盾先生的笔名有小凡、（兰）、冬芬、牟尼、沈玄英、赤城、希真、味茗、（明）、佩韦、洪丹、芬君、（芬）、丙申、秋生、（风）、韦兴、珠、高子孙、连琐、（惠）、（曼）、损、（铭）、横波、（蕙）、余声、冰、朱仲璟、（波），共 30 个，其中茅盾在批注中表示"朱仲璟"不是自己的笔名，因为自己在 1931 年没有给这一笔名出现的《文艺新闻》写过文章。高利克所整理的尚存在疑虑的茅盾先生的笔名有（丙）、文范邨、典、明心、韦、真、佩苇、YP、T. H.、CP、未明、微明、仲方、文范、何澄、狄福，共 16 个，其中"文范邨""狄福"被茅盾先生否定，"真""文范""何澄""CP"的笔名茅盾先生表示记不清了。

高利克表示，整理这些笔名主要是为了更好地了解茅盾先生及其作

[①] ［斯洛伐克］马利安·高利克："The Name and Pseudonyms Used by Mao Tun"（《茅盾使用过的真名和笔名》），《东方档案》第 31 卷，1963 年，第 80—108 页。

品，作用主要表现在三个方面：一是了解茅盾早年所写的关于妇女解放、文艺批评的文章，以便对其作品中的女性形象和早期文艺思想展开研究；二是通过对茅盾早期关于左联的文章的研究，了解茅盾在1933—1937年的活动及思想；三是便于找到茅盾创作于1941年的作品，从而更好地认识到茅盾在香港进步文学活动中所起的作用。

茅盾先生为此所作的《关于我的笔名》对自己为何大量使用笔名以及笔名的典故做了解释，为了迷惑国民党的检查和监控，不得已从《易经》等文学典故中选取笔名，但部分笔名是随时取的，并无意义。

第二节 茅盾传略

除《茅盾先生笔名考》以外，斯洛伐克汉学家高利克于1960年在北京大学求学时还写作了关于茅盾的生平的研究文章《茅盾传略》。这篇文章同样被作者寄给了茅盾审阅，茅盾认真阅读了文章并在手稿上做了修改和批注。这篇文章直到2013年4月才在《现代中文学刊》上刊登，刊登版根据高利克手稿付印，但其中经茅盾删去的文字，便没有刊登；对于高利克所提茅盾未有回复的问题，同样刊载了出来；茅盾对笔稿所做的批注，以粗括号标出。另外文章还附有茅盾所书关于将要创作小说的相关文字，"1. 知识分子的思想改造。2. 私营工商业的社会主义改造，企业的改造；私营工业家（资本家）的思想改造，人的改造"①。

文章将茅盾生平分成童年和少年时期、1917—1920年、1921—1922年、1923—1925年、1926—1927年7月、在日本、回国、1933年—1935年、1936—1941年春、1941年香港时期、桂林时期、1943—1946年、1947—1949年12月、1949年10月—1959年10月共14个阶段进行论述。第一，高利克在对茅盾的童年和少年时期的梳理中，提到了茅盾的出生时间、家乡、本名、字，还有父亲沈伯蕃、母亲陈爱珠、弟弟沈泽民以及他们对茅盾的影响，他指出茅盾小时候就已经受到了科学和民主的熏陶，这是领先于不少同时代的人的。第二，在对茅盾在1917—1920年的活动的梳理中，高利克指出茅盾进行文学活动之初所编纂的多为科学技术性的文章，直到1919年才发表第一篇文学批评文章《萧伯纳》。此后茅盾开始

---

① ［斯洛伐克］马利安·高利克：《茅盾传略》，《现代中文学刊》2013年第4期（总第25期）。

译介通俗科学、女性问题、文学批评、文学理论、外国文学等方面的作品。《新旧文学评议之评议》是茅盾的第一篇有关文学理论的文章,而从茅盾的《近代文学的反流——爱尔兰的新文学》一文可以探知茅盾对弱小民族文学的关注。随后茅盾参与了1920年年底的文学研究会筹划,商务印书馆改组《小说月报》,茅盾任主编。第三,在对茅盾在1921—1922年的文学活动的梳理中,高利克记述了茅盾在任《小说月报》主编时期的主要活动,并将茅盾在这一时期的工作划分为文学理论、文学批评、俄国和弱小民族文学的翻译、杂谈、女性主义五个方面。需要注意的是,高利克看到了茅盾在这一时期对"为人生而艺术"主张的看重,以及对现实主义的接受。高利克指出茅盾所提倡的自然主义,是与其"为人生而艺术"的文学主张相联系的,提出的实质上是现实主义的主张,并且茅盾还发生了将巴尔扎克、托尔斯泰等批判现实主义作家当作自然主义作家的错误。第四,在对茅盾在1923—1925年的活动的梳理中,高利克指出这一时期茅盾的翻译工作减少,已经将注意力转到古典作品的编译工作上;这一时期茅盾虽没有写作文学理论文章,但他在文艺理论方面的见解正在不断成熟,同时还接受了同时期理论家所提出的"文艺要反帝反封建"的任务;茅盾仍在继续关注俄国和弱小民族国家的文学作品;这一时期的茅盾对复古主义表示反对,还在《进一步退两步》一文中提出反对反动的"整理国故"的观点;茅盾还在继续译介妇女解放的相关文章;茅盾亲身参与了1925年爆发的五卅运动。第五,在对1926—1927年7月的茅盾文学活动梳理中,高利克指出茅盾在这一时期忙于革命工作,虽然疏远了和文学的联系,但注意到革命中的女性形象,并构思小说的创作。高利克还整理了茅盾创作于这一时期的作品以及所用笔名。第六,在对茅盾在日本生活的整理中,高利克指出茅盾在这一时期的文学活动主要是写文学研究论文及介绍普及工作,同时还有一部分的文学创作,他详细整理了这一时期茅盾创作的作品以及所用笔名。第七,在"回国"部分的整理中,高利克分析了茅盾回国的大致时间以及回国后的文学活动,他指出茅盾在这一时期很少进行文学创作和作品译介,但在观察生活和寻找素材方面仍十分敏锐,而茅盾关注的题材主要集中在历史题材和《子夜》的素材两方面。之后高利克同时梳理了茅盾在这一时期所创作的作品、发表的时间、刊登的刊物以及所使用的笔名。第八,在"1933—1935年"部分高利克梳理了茅盾在这一时期创作的作品及笔名,他指出茅盾在出版《子夜》

和《多角关系》后出于政治局势的恶化,不再从事中长篇小说的创作,开始转向短小精悍有攻击性的文章、散文、短篇小说的创作;茅盾在1933年下半年的创作上发生了变化,文章大多发表于《论坛》和《文学论坛》,创作内容转为文艺方面的、带讨论性质的文章,且大多采用笔名,茅盾从这一时期开始转入对青年作品创作的批评和培养工作,并向中国读者介绍文学作品或撰文批评;这一时期茅盾对弱小民族国家的文学创作持续注意,仍在继续翻译他们的作品;同时茅盾还进行外国古典文学的介绍工作。第九,在"1936—1941年春"部分的研究中,高利克除对茅盾这一时期的创作作品及笔名进行整理以外,还指出茅盾在这一时期翻译了第一本苏联文学作品《战争》;这一时期茅盾开始从事文艺理论写作,在《创作的准备》一书中可以得到茅盾创作方法的相关信息;茅盾在鲁迅逝世后撰文进行鲁迅研究,成为鲁迅研究正确方面的奠基人;1937年茅盾出版的《烟云集》是利用艺术手法表现同时期社会最尖锐问题的作品集。第十,高利克在"1941年香港时期"部分整理了茅盾的创作,以及茅盾对香港进步文学活动的影响,他指出茅盾在这一时期将大部分精力都投放在反对国民党统治(特别是特务组织)上,同时还写出了不少反法西斯的短文,他认为茅盾在这一时期的创作由于香港审查制度的宽松,所以对于了解茅盾思想是十分重要的。第十一,高利克对茅盾在桂林生活时期创作作品的整理也十分细致,他指出茅盾在这一时期创作了《仍是纪念而已》《劫后拾遗》《霜叶红于二月花》《白杨礼赞》等作品,这些作品包括散文、杂文、长篇小说。第十二,高利克在对茅盾在1943—1946年的生活的梳理中指出,这一时期茅盾又开始外国文学的译介工作,且翻译的都为苏联文学作品,多为爱国战争题材的小说;茅盾继续进行当代现实生活题材的创作,小说《委屈》就是创作于这一时期;茅盾在这一时期还有不少散文和文艺理论批评的文章面世;茅盾在这一时期第一次尝试创作剧本《清明前后》,这也是茅盾创作的唯一一部剧本。第十三,高利克整理的茅盾在1947—1949年12月的文学创作有《苏联见闻录》《杂谈苏联》、回忆录《脱险杂记》、小说《惊蛰》和《春天》、长篇小说《锻炼》、报告《在反动派压迫下斗争和发展的革命文艺》等。第十四,在"1949年12月—1959年10月"的茅盾文学活动的研究中,高利克指出茅盾的工作大致划分为文化部长和作协主席两个方面,在1949—1954年的创作中,茅盾致力于文学创作理论和实践方面的工作,1955年后开始领导文艺工作者对《红楼梦》中资产阶级观点的批评工作、对胡适的反动文艺观的批判工作。

总的来说，高利克所写的《茅盾传略》研究得十分细致，对于茅盾生平及创作作品做了极为详尽的研究，同时他的研究得到了茅盾的修改批注，对于正确解读茅盾的生平与其创作之间的联系是有着积极作用的。

第三节　茅盾和我

《茅盾和我》[①] 是高利克 1995 年在《亚非研究》第 4 卷第 2 期上发表的英文文章。1990 年庄嘉宁曾选译部分以"我和茅盾"为题发表在《中国现代文学研究丛刊》[②] 第一期上。另外 2009 年万树玉将英文的《茅盾和我》翻译成中文，收录在由李玲等人编译的《捷克和斯洛伐克汉学研究》一书中第三章"高利克与中国的文学友人"里。

高利克的这篇文章主要是追溯自己与茅盾之间的渊源，他从 1958 年初次接触茅盾作品开始谈起，提及导师普实克对茅盾长篇小说《子夜》、三部曲《蚀》的研究观点和态度。普实克的观点对高利克研究茅盾无疑影响巨大。1958 年高利克开始在北京大学留学，吴组缃是他的学术辅导老师，为高利克的茅盾研究提供了不少有益的建议和帮助。同期高利克与时任文化部长一职的茅盾见面，茅盾建议高利克从《自杀》与《诗与散文》中选题完成毕业论文，并要求将小说《水藻行》涵盖进去。高利克指出，茅盾在与他谈话中表示对其早期创作的小说并不满意，认为小说的篇幅过长，其中文言式的表达方式及作品风格（Style）都不尽如人意。在高利克对《茅盾全集》的阅读过程中，他发现收录在《茅盾全集》中的作品与作品之前的单行本有些微差异，为了解在意识形态和美学观点上的变化，高利克决定找到之前的版本以研究其细小的文体风格的改动，在尽可能占有材料的过程中他发现了大量的茅盾的笔名。1959 年 5 月 25 日高利克开始为期数周的南下旅行，其间拜见了叶子铭、叶以群、孔燕英、张颂南、陈则光、刘绶松等人，并游览了可能是茅盾作品中描写场景的玉

[①] Marian Galik, "Mao Dun and Me", *Asia and Africa Studies*, Vol. 4, No. 2, 1995, pp. 113-136.

[②] ［斯洛伐克］高利克:《我和茅盾》，庄嘉宁译，《中国现代文学研究丛刊》1990 年第 1 期。

石山、当铺等地以及茅盾所走过的路线。返京途中高利克经过武汉,参观了武汉大学,力图在武汉找到茅盾于1927年当主编的《民国日报》以及他在《中央副刊》《星期特别号》《上游》等刊物上茅盾所刊发的文学评论和随笔文章。1969年下半年,高利克开始对茅盾的笔名进行整理和考证。高利克在文章中指出,茅盾对他的研究似乎不以为然,但他对茅盾笔名的研究确实是有价值的,茅盾对于这一研究的不重视在于茅盾本人个人的、自视平凡的态度,茅盾是将作品文本作为可供研究的对象。茅盾之后对高利克的《茅盾先生笔名考》所提出的赞赏大大鼓舞了他对茅盾研究的兴趣,1960年高利克在充分掌握材料的基础上完成了《茅盾和现代中国文学批评》的部分创作(这本书1969年由弗朗茨·施泰因出版社出版),并将论文手稿寄给茅盾,茅盾对论文提出了意见,在论文手稿上有亲笔注释和对相关问题的解答。之后高利克还梳理了自己在1960年回国至1996年间的茅盾研究情况,包括有1961年以捷克文发表于《新东方》杂志第4期的《茅盾和捷克文学》,1961年以英文发表于《新东方月刊》第4期的《1911—1949年中国的小型人间喜剧》(后改名为"1919—1959捷克和斯洛伐克文学在中国"),1965年发表于《亚非研究》第1期的《对茅盾作品的两篇论文的评论》,1965年发表于《东方研究》第4期的《论茅盾的两个选集》,收录在松井博光主编的《茅盾评论集》中的《黎明的文学——中国现实主义作家茅盾》,1965年7月在第十七届中国研究大会上提交的《从庄子到列宁:茅盾的智性发展》论文,1966年完成的《茅盾和现代中国文学批评》一书,1980年出版的《1917—1930,现代中国文学批评的起源》一书,1975年11月在第32届诺贝尔专题讨论会上递交的通讯《20和30年代现代中国文学社会与文学背景》,80年代初创作的《中西方文学比较的里程碑:1898—1979》一书。

第四章

英语世界中的茅盾小说主题思想之研究

较之对茅盾生平研究的冷清景象,英语世界对茅盾小说的研究则热闹了许多。这些学者从各种角度、运用各种文学理论和研究方法对茅盾的小说进行研究和论述。对于茅盾小说主题思想的研究中成果卓越,影响较大的学者有夏志清、夏济安、陈幼石、王德威、郭琼茹(音)、卢敏华、刘剑梅。从内容上看,他们的研究对象多为茅盾作品中影响较大的篇目,夏志清探讨了《蚀》《子夜》《虹》等具有代表性的小说作品,夏济安的研究对象是《子夜》,陈幼石以小说《牯岭之秋》和小说集《野蔷薇》为研究文本进行论述,王德威的研究聚焦于茅盾的《蚀》《虹》《子夜》,郭琼茹和卢敏华都是以《虹》为研究对象进行研究的。从研究结论来看,夏志清的研究是以西方文学中的宗教观点对茅盾作品进行论述的,他指出茅盾作品中的主体可以归为革命和爱国两类,茅盾的创作主观倾向(宣传共产主义)明显,因此茅盾后期的文学作品创作流于拙劣的意识形态表达;夏济安将《子夜》的主题定位为斯大林主义式的,中国实业资本家所面对的双重压迫正是斯大林主义者所提命题;陈幼石的研究同样对茅盾小说中的革命主题进行了深入探讨,指出小说集《野蔷薇》就是茅盾对个人前途和革命未来之间的关系探讨,小说的五个故事就是革命者在面对困境时的不同应对方式所产生的不同结局,而茅盾本人的态度是号召革命者进行积极应对的,陈幼石的研究还从政治隐喻方面对茅盾小说进行了探讨;王德威的研究认为茅盾的小说旨在揭露社会病症,借由小说反抗官方(国民党)的"大叙事";郭琼茹和卢敏华都对茅盾的长篇小说《虹》的主题进行了探讨,郭琼茹认为《虹》里表现了女性的生活困境,描写的是梅行素性觉醒和意识形态的变化,而卢敏华认为茅盾《虹》里的梅小姐的革命之路表现出男性作家以自身标准和价值观对女性要符合的规范进行评定的偏执和缺陷。

第一节　夏志清的研究：茅盾小说中的革命与爱国

　　夏志清所著的《中国现代小说史》是一部享誉海内外的学术名著，他在书中对中国现代小说家及其作品所做的研究反响热烈，其论点更是引起一批学者的探讨。在这本书里，夏志清主要是以西方文学中的宗教观点来评判中国文学，他认为中国传统文学中并无一个正视人生的宗教观，所书所写都是或迷信或逃避或自得其乐式的个人享受，而中国现代文学虽然旨在揭露时弊、讽刺社会、维护尊严，虽然"同情"与"讽刺"兼重，却受制于意识形态的影响，对道德问题的探讨流于表面（its failure to engage in disinterested moral exploration）。他在书中第六章、第十四章对茅盾的小说进行了分析和研究。

　　夏志清在第六章主要研究的是1928—1937年茅盾所创作的小说，主要包括1928年的《蚀》（《幻灭》《动摇》《追求》）、1929年的《虹》、1928—1929年的《野蔷薇》（《创造》《自杀》《一个女性》《诗与散文》《昙》）、1932—1933年的《农村三部曲》（《春蚕》《秋收》《残冬》）、1939年的《子夜》。夏志清认为茅盾在创作《蚀》时的共产主义观点较为知性，因此书中对革命失败的叙述也比较客观，超越了说教式的陈腔滥调，富有自然主义的色彩，而小说中所表现出的悲观主义色彩和与共产主义基本信仰相左的潜在倾向正是该书被革命文学家攻击的原因。在对《幻灭》的评述中，夏志清指出该书是《蚀》三部曲中分量最轻的一本，茅盾在故事里本欲通过其静和慧的恋爱经历和生活体验来分析"经验"，最终却只是勾画出革命经历的轮廓。静在故事中的角色定位凸显的是个人在社会大动乱局势下的微不足道，而她失败的原因可部分归咎于她自身的情感问题；当茅盾将青年革命者定位为追求个人解放和国家改革双重理想的有志青年时，静的失意就是她在理想得不到满足后的无可奈何的选择了。夏志清认为茅盾在《动摇》里所探讨的是革命的热忱与现实之间的冲突，最能体现"动摇"这一主题的是主角方罗生，这个饱受挫折的理想主义者在私生活和政治生涯中左右摇摆：即无法摆脱传统礼教和生活，也无法适应偏激的新式思想；既不能处理胡国光一伙所制造的反动暴露，又无法引领党部人士积极昂扬——他生命的空虚不仅源自其婚姻的不幸，也同样来自他政治上的软弱。而茅盾在《追求》所描述的是一伙青年革命人士在革命失败后的重聚，不过是老套的庸俗的桥段设计，不过因为茅盾细致入微的心理剖析所展现的"造化弄人"的主题才扭转了这本小说给人的矫饰的印象。夏志清认为《虹》讲述的是一个近代知识分子的寓言故事，是茅盾作品中最精彩的一本，虽然自1928年与革命文学批评家的论战后，茅盾已渐渐将马克思主义奉为圭臬，但《虹》的创作中所描写的细腻的心理剖析使得这部小说无愧其盛名，主人公梅女士更是茅盾所有小说中最显用心、最引人入胜的女性人物角色。《虹》的第一部分对由盲婚制度所造就的怨怼、纠葛和仇恨的刻画鞭辟入里，茅盾对该主题的探索开拓了一个传统小说家未曾探索过的境界，他对梅女士的婚姻生活的大篇幅的不厌其烦的细腻描述绝妙纷呈，此后再未见了。《虹》第二部分所描述的是梅离开婚姻生活后在学校安身的生活，在这里生活的人私生活上恣意荒唐，政治上钩心斗角，夏志清认为茅盾所描写的这颓废时期的生活叙述正是茅盾记录的过渡时期中国的缩影，是"迷失的一代"的生活的另一版本。《虹》的第三部分恰是夏志清认为书中最为逊色的描写，梅对封建传统和个人主义的抛弃和对马克思主义的选择本该是书中最为动人的部分，却因为茅盾对宣传语调的加强，使得叙述的真实性被削减，因此他无法再用细致和写实的心理描写手法去为共产主义思想辩护。茅盾的《子夜》继承了他之前一贯的创作理念和写作技巧，但夏志清认为该书对史实和社会环境的巨细无遗的描述只能引起读者的厌烦，茅盾为小说创作而收集的资料在运用中并没有得到有效组合，他在材料组织中用共产主义的正统批评方法替代了他本应有的创造性的想象力。茅盾在书中采用自然主义的漫画手法和夸张描写使得该书流于恶俗：小说主角吴荪甫一方面是一个深受无法抵抗的命运打击的传统悲剧角色，另一方面兼具俄狄甫斯的悲剧色彩，只是因为未能识清马克思主义的启示——中国政治和经济制度迫切需要一次大革新，只有这样新的民族发展事业才有希望——最终一败涂地；同时茅盾将那些与吴荪甫一样但缺乏崇高目标的人物变为其讽刺的对象，他对中产阶级的讽刺仅是出于其共产主义者的立场，因而便显得其观察力不够敏锐、感情铺垫不够真诚。不过小说中讽刺手法的使用在对封建角色的刻画上较为成功，如书中对吴老太爷描写就线条分明，毫不含糊，因此显出的滑稽效果十分如意。夏志清最后指出，茅盾创作的短篇小说集《野蔷薇》

表现出其早期作品中的"绚烂中带有哀伤"这一特点,在20世纪30年代早期创作的小说作品中(如《林家铺子》),便带有明显的无产阶级文学特点:描写社会、阶级对穷人的罪恶压迫,但对压迫的着力渲染使人力抗争显得无力,故事不具有道德意义,显得浅薄。只有《春蚕》是同类作品中唯一接近摆脱这一困局的优秀作品,茅盾对《春蚕》里劳动分子的用传统养殖桑蚕的描述近似于一个宗教仪式式的呈现,所表现出的虔诚精神使得故事成了人性尊严的赞美诗,而他在之后创作的《秋收》《子夜》等其他作品,便不复于此了。

第十四章夏志清研究了茅盾作品是其创作于抗日战争之后的作品,主要包括《第一阶段的故事》《腐蚀》《霜叶红似二月花》,他指出这一时期的茅盾忙于宣传,创作的作品大不如前,仅有《霜叶红似二月花》一部作品能与其之前创作的最佳作品相当。在夏志清看来,《第一阶段的故事》完全脱胎自《子夜》,里面的人物设置和故事发展都十分雷同,同样是表现不同程度的琐碎和宣传爱国主义,书中对小资产阶级弱点的批判延续了茅盾一贯的水准,证明茅盾最擅长的恰是挖掘小资产阶级的心理,不过这一点并没有弥补该书的失败之处,该书弥漫着单调和沉闷的气质。而《腐蚀》一书无疑是一本糟糕的、失败的书,书中凌乱的风格、处理失当的日记形式都引不起读者的兴趣,茅盾在书中为营造"腐蚀"气氛所叙述的各种意象始终十分肤浅,是一个把共产主义目标和人类理想混而为一的失败尝试。《霜叶红似二月花》中茅盾用早春的红花象征革命者,而霜叶是伪革命者的象征,书名对晚唐诗人杜牧的诗句"霜叶红于二月花"的错引旨在表明伪革命者虽然具有一定的欺骗性,但只有真正的革命者才能开花结果。该书是茅盾为宣传共产主义思想而创作的三部曲中的第一部,小说主题还未铺展开,但正因为这样茅盾在创作中并未受共产主义思想宣传任务的禁锢,对书中人物和情节的描述又回到他一贯的细腻水准,这种写实的特质让这部小说充满了真实感,之后因为文艺氛围的改变使得第二、第三部没能出现,但《霜叶红似二月花》仍不失为一本成功的小说。抗战胜利后茅盾便没有什么重要的创作问世了,此后的作品大多为宣传毛泽东的文艺路线,自己则明智的不再从事文艺创作了。

第二节　夏济安的研究:关于《子夜》

美籍华裔学者夏济安是著名学者夏志清的兄长,兄弟二人对中国现代文学的研究深有见解,对现当代文学研究和发展的贡献十分深远。夏济安先生的英文论著《黑暗的闸门——关于中国左翼文学运动的研究》①是对中国左翼文人及其文学作品的研究,其中就有关于茅盾的长篇小说《子夜》的研究。

夏济安首先指出《子夜》的主题是斯大林主义式的,但作品中的自然主义、现实主义风格却更为出彩。小说《子夜》描绘了中国实业资本家在外国经济势力侵入时的艰难局面,既要应对来自封建势力的阻碍,同时还受到由买办资本家所控制的金融市场的威胁,这种两面受攻的形势正是斯大林主义者们所提出的命题,但茅盾作品中的写实风格使得《子夜》比同时期的革命文学更加忠实于现实主义。《子夜》对于中国革命以及革命者的描写较为中肯,"作为中国现代一部较好的长篇小说,《子夜》把革命者放到了一个恰如其分的角度上"②,茅盾所描写的故事背景,是资本家在上海这个大舞台的明争暗斗,谈情说爱,茅盾几乎毫不掩饰自己对主人公吴荪甫的赞赏,即使这个人物最后面临破产的厄运,但他的落败倒台,也充满着豪迈的悲壮气氛。夏济安随后探讨了茅盾是如何运用现实主义创作手法和他的悲剧意识创作作品中的革命者的形象。夏济安所分析的茅盾作品中的革命者形象大致可分为三类,即共产主义者、托派成员和国民党左派成员。他指出,原本共产主义者的形象并不是十分理想,照实创作这类形象一定会显得十分窘迫,因此茅盾在小说中创作了一个理性主义者的人物形象,一个显得十分热情自负、使用高压手段的公会运动领导者的形象,他在干部中带来低落的情绪使得其意见难以统一,让怯懦或冷淡的群众难以对他们产生信任。这样的理想主义者形象和工业资本家一样受到两面的夹攻,即白色恐怖的威胁和领导人糊涂无能的危机,茅盾对革命形势的分析是深刻且充满思想含量的,这使得他不同于其他的左翼作家。夏济安认为这是一个值得深入探讨且充满戏剧张力的主题,但茅盾没有深入挖掘,仅仅对革命形势做了些微的暗示。同时,茅盾还有意识地在作品中描写了在当时仍被视作是革命成员的托洛茨基分子和汪精卫集团(或所谓的国民党左派成

---

① Tsi-an Hsia, *Gate of Darkness*: *Studies on the Leftist Literary Movement*, Seattle: University of Washington, 1968.

② [美]夏济安:《关于子夜》,张立慧译,载李岫主编《茅盾研究在国外》,湖南人民出版社1984年版,第560页。

员），但因为茅盾对资产积极奢靡生活的过多关注以及对叙事旨趣的保持，茅盾并没有过多的落墨于这两类形象上。

第三节　陈幼石的研究：茅盾小说中的政治隐喻与革命主题

一　《牯岭之秋》与茅盾小说中政治隐喻的运用

美国学者陈幼石（Yu-Shih Chen）在论文《〈牯岭之秋〉与茅盾小说中政治隐喻的运用》中基于茅盾作品的政治隐喻性对其短篇小说《牯岭之秋》展开研究，论文收录在麦尔克·戈尔德曼（Merle Goldman）主编的《五四时期的中国现代文学》一书中，也是其1986年于印第安纳大学出版社出版的专著《茅盾早期小说中的现实主义和寓言》中第二章。这篇论文除导言外共分为三部分，分别是"茅盾在宣传部""茅盾作品中的'女性'形象""《牯岭之秋》——关于史实与文学作品关系的研究"。陈幼石的论述中有一点需要注意的是，他指出茅盾文艺观的不断变化源于茅盾对真实性的执着追求，茅盾为了真实地表现客观世界不断重构和改写自己的作品，这与其他茅盾研究者对于茅盾作品中所表现出"矛盾"现象的解读不同，比如美国学者文森特（Vincent Y. C. Shih）就将这一矛盾现象归结为茅盾文艺思想中的功利主义。

陈幼石在导言部分指出，茅盾对于文学的真实性十分看重，而茅盾现实主义小说家的声誉，正源自其作品中对19世纪30年代的民族经济危机中的城市和乡村的客观描写。茅盾对真实性的追求表现在文学创作中则是其以实际观察为基础的创作方法，茅盾自己本人的经历使得他深刻感受到了生活的复杂性，也一直尝试选用新的视角来反映现实世界，这也是茅盾作品中表现出不断变换的文艺观点的原因。陈幼石指出，茅盾创作于20世纪30年代的小说（包括《蚀》《路》《三人行》《野蔷薇》《色盲》《泥泞》《陀螺》《石碣》《豹子头林冲》《大泽乡》《牯岭之秋》）都是描写共产主义运动对现代中国的影响的主题，且这些作品里都使用了类似的象征手法，隐晦地表达了茅盾对当时政府政策及行为的批评和不满。这些作品中只有《牯岭之秋》逃脱了被忽视的结局，不过大家对这篇作品的评价多来自作品中的心理现实主义和对动荡时期革命青年情感思想的成功刻画，却忽略了《牯岭之秋》的象征性的写作总图，这正是他在这篇文中要研究的重点。

茅盾的《牯岭之秋》反映的是1927年的南昌起义事件，基于茅盾以实际观察为基础的创作方式，小说的结构和思想意义与茅盾在这一时期的经历有着密切的联系，因此陈幼石首先要研究的就是茅盾在20世纪20年代的活动以及茅盾与中国共产主义运动的关系。陈幼石在"茅盾在宣传部"这部分的研究中有两点值得注意。第一，钱杏邨对茅盾的批评并未涉及茅盾作品的文学性，他所针对的是使作品中人物形象有了象征意义的更为广阔的历史背景。茅盾这段时间创作的《蚀》三部曲，因其在对环境、人物关系的细致刻画中所表现出来的与客观现实生活的一致性，才引起了共产主义作家和批评家的注意和批评。第二，茅盾的共产主义立场。茅盾在1925—1927年的革命岁月中一直是一名共产党员，这种受到束缚的身份正是茅盾观察世界的特殊视角，同时茅盾还身兼高级宣传干部的职责，因此茅盾的创作中就有其关于革命运动的理解和深刻分析，他小说中所表现的主题都为经过他观察和剖析过的革命。这也解释了为何左翼批评家对茅盾作品中的微末细节这么感兴趣。

陈幼石指出，茅盾《几句旧话》中的"女子"形象与共产国际有关。第三国际的直接插手导致了中国共产党在20世纪20年代遭受重大的挫折，茅盾当时在国民党宣传部身兼要职，兼之茅盾共产党员的身份，定然十分了解革命失败的原因，这在茅盾的文学创作中定然会加以凸显的表现。在茅盾的《几句旧话》一文中，有几名女性占有十分特殊的位置，与1926—1928年的革命有关，与某种思想意识形态相关的某种人的集合体，"《几句旧话》中的女性形象是20年代事实革命进程中的象征性的参与者。她们象征着在中国共产党领导集团里政治立场彼此冲突的不同派别，还包括追随共产国际政策的一类人"①。陈幼石同时指出，《几句旧话》中的女性形象与《牯岭之秋》中老明遇到的那两个女性人物有着相通之处，都是茅盾联系客观世界和文学世界的桥梁。这些女子形象正是了

---

① The females in "Remarks" are symbolic participants in the actual revolutionary history of the 1920s. They present images of the dominant CCP leadership groups, including the group following Comintern policy, committed to conflicting political positions. Yu-shih Chen, "Mao Dun and the Use of Political Allegory", in Merle Goldman, ed., *Modern Chinese Literature in the May Fourth Era*, Harvard University Press, 1977.

解茅盾作品主题、人物形象、人物彼此间的关系以及人物所象征的意义的关键所在。

茅盾曾在《牯岭之秋》的脚注中说明，小说原有九章，但其中第五章到第八章在他完成创作后一天就不见了，他不愿寻找或是重写，就将故事第九章提前当作结尾。陈幼石指出，结合《几句旧话》中茅盾所透露的个人经历来看，这恰是茅盾对敏感事件意见公开发表所做出的折中之法，茅盾选择通过小说将叙述和现实结合起来用以承载自己强烈的情感冲动，茅盾《牯岭之秋》中间章节的缺失，正是探究茅盾作品与真实历史事件的联系的突破口。陈幼石因而在"《牯岭之秋》——对史实与文学作品关系的研究"这部分将茅盾创作于同时期的《几句旧话》作为小说《牯岭之秋》中缺失章节的对比补充，试图恢复小说与历史事件之间的联系。在这部分的论述中，作者的观点有四。第一，茅盾早期作品惯用的创作手法有通过外在材料来升华作品的主题以及通过对细节的详细描写以铺展广阔的历史背景。解读茅盾的小说必须与当时的历史背景相联系，研究作品中叙述的史实与文学呈现之间的特殊联系。茅盾所创作的《牯岭之秋》，真正意图是将其与自传性质的《几句旧话》的细节相连来表达其真正主题，将更为广阔的历史背景平铺开来。《牯岭之秋》与《几句旧话》有许多细节的契合之处，这些细微的相似并非巧合，而是两篇文章相关联的佐证，茅盾在《牯岭之秋》中真正要讲述的故事隐藏在作品深处，《几句旧话》可以帮助找出线索，读懂文本。《牯岭之秋》和《几句旧话》都描述了一场乘船出发到九江的旅行，从茅盾1929年7月29日发表于《中央日报副刊》上的文章《云少爷与草帽》一文同样佐证，茅盾本人也有这样一次出行，这与《牯岭之秋》里"襄阳丸"的启程是同一日。除此之外，《牯岭之秋》和《几句旧话》中淡青色裙子、女性人物、旅行路程、短暂停留之后返回上海等诸多细节都完全契合。第二，茅盾《牯岭之秋》的当时历史事件的文学呈现。他在故事中所使用的创造技巧远超出纯现实主义的范畴，小说中有明显的政治隐喻。在对茅盾《牯岭之秋》详细梳理之后，可以发现小说文本叙述的情节里与1927年大革命失败后中国共产党党员从武汉的历史性撤退和1927年8月1日的南昌起义这两个历史事件明显相关，故事的时间、地点、事件的顺序与史实十分吻合。汉口、九江、牯岭是小说里三个现实生活的场景，作为一种象征性符号指向现实生活中的马回岭事件，茅盾通过将小说人物的活动放置于具有现实历史意义的时间和地点上,以此表明这类人物的属性和背景。第三,《牯岭之秋》里人与人之间的关系是研究茅盾小说主题的关键。老明、老宋、云少爷都具有象征意义,是理解茅盾《牯岭之秋》的关键。陈幼石指出,茅盾曾在《谈我的研究》一文中论及在小说创作中描写人和人物关系的重要性,认为人与人的关系才构成了小说的主题,可见茅盾对人物关系的看重。茅盾小说的主题不在某一个主角人物之上,而是通过人物间的互动和相互关系展开的。《牯岭之秋》里的三个主要角色(老明、老宋、云少爷)单独来看并无特别意义,但联系到他们彼此之间的互动与相互关系可以发现,老宋象征着中国共产党党员在当时革命困难局势下的失望、忧郁和怨怼的情绪,老徐在小说中兴奋且没有条理的发言暗示着他是革命力量中狂热的左派青年的代表,此外老徐的形象除象征意义以外还向读者说明了当时的政治形势以及航程的目的,老明与船上两名女子的巧遇暗示了他们共同的政治背景,他们象征着革命中象征性的参加者,共产国际的力量。《牯岭之秋》中的各个人物共同构成了小说中的政治团体,他们因为共同的命运连成了一体,又因为不同的政治倾向和所属团体在事件中扮演了不同的角色。第四,《牯岭之秋》是茅盾尝试运用现实主义手法来表现政治隐喻的文学实践,对于理解茅盾的早期小说有借鉴作用。

二 《野蔷薇》:革命责任的心理研究

美国学者陈幼石(Yu-Shih Chen)的论文《茅盾与〈野蔷薇〉:革命责任的心理研究》从个人心理障碍(psychological impediments)[①]与革命意识的关系这一角度入手对茅盾短篇小说集《野蔷薇》进行研究。论文初次刊登于《中国季刊》1979年第78期,后收录进作者1986年于印第安纳大学出版社出版的专著《茅盾早期小说中的现实主义和寓言》一书,是该专著的第六章。

茅盾的《野蔷薇》创作于1928—1929年,当时的茅盾一方面对革命现状感到不乐观,同时还面对着左翼批评家的群起批评,他在《写在〈野蔷薇〉的前面》这一篇序言中便有对这一现状的表述,他既要竭力将自己从幻灭的悲观情绪中脱离开来,又要撰文与"左倾"知识分子论战,批评他们乐观心理的盲目性。陈幼石指出,茅盾在这一时期的创作,很多

---

① 陈幼石所谓的"心理障碍",是指在周围环境改变时人们沉湎于过往不肯做出改变这一现象,她认为这种心理会对革命意志造成影响,而茅盾的《野蔷薇》所描述的正是此类矛盾。

篇都是描写这种精神斗争的现象，茅盾的《野蔷薇》就是描写人们在心理障碍和革命责任双重压力下的行为活动，"故事《创造》表明，这些障碍中最可怕的是人们因为未来的价值观（文中通过女主角娴娴的行为表现）与自己的理想截然不同而丧失对未来的信心；《自杀》描述了对理想化往昔的过度沉湎；《一个女性》审视了不真诚的男女调情的无果以及虚伪社交的徒劳，还有由此而产生的怨怼、报复和怀旧的心理创伤；《昙》展现了最后关口从心理桎梏中逃脱的故事，较之其他四篇，《昙》似乎还向人们提出了无论结局如何都要继续前行的建议，沉溺于往昔时光是毫无意义的，将生命浪费在痛苦和仇恨中也只是自我泯灭。当过去不断向现在靠拢的时候，唯一有前提的选择就是跳往广阔的未来。这正是《昙》里的张小姐所做的"[1]。

  茅盾在这一时期创作了大量的文学作品，而《野蔷薇》是他从这些作品中有意挑选编辑而成的短篇小说集，还为《野蔷薇》作了序言以便读者能够了解他的用意。陈幼石指出，茅盾所作的序言旨在引导读者阅读，是一种提纲挈领式的纵览，茅盾在对个人前途和革命未来之间的关系有了深切的思考之后，便在《写在〈野蔷薇〉之前》一文中袒露了他对中国革命历史和非历史的思考以及自己在这一现实中所处的位置。作者旨在通过理解并阐明茅盾表露在作品中的观点，揭露茅盾在大革命失败后在强烈的情感和心理斗争驱使下的心理进程，并梳理出茅盾所以为之探索到的真谛。陈幼石在对茅盾《野蔷薇》的序言的研究中，提出了四个观点。第一，对《野蔷薇》的解读要从人物的道德意蕴（moral implications）入手，才能理解《野蔷薇》主角的心理变化。茅盾在小说中"关注的并非

---

[1] "Not the least formidable of these impediments, as the story 'Creation' reveals, is loss of confidence in a future whose value system (currently manifested in Hsien-hsien's behavior) is so much at odds with one's preconceived notions of what it ought to be. 'Suicide' depicts the iron grip of an idealized past, and 'A Woman' examines the sterility of insincere flirtation and social and political scheming, with the resultant psychological traumas of spite, vengefulness and hollow nostalgia. 'Haze' presents a last-minute escape from the prison of the mind and heart. In light of the other four stories, 'Haze' seems to suggest that, whatever the future has in store, one must carry on. For to dwell on the past in futile, and to waste one's life in bitterness and revenge is tantamount to self-annihilation. When the past is closing on the present, the only choice that carries any promise is to leap into the open future. Miss Chang in 'Haze' does just that." In Yü-shih Chen, "Mao Tun and The Wild Roses: A Study of the Psychology of Revoltionary Commitment", *China Quarterly*, No. 78, June 1979, p. 299.

现实的'客观表现',他所看重的是主观'意识形式'是如何形成现实的"①。钱杏邨曾在《茅盾与现实》中批评茅盾的人物创作,将茅盾小说中的人物视作中国革命运动式微的象征。陈幼石指出,钱杏邨的批评是从人物的行为和意识描写中找寻颓废政治的含义,但基于茅盾创作的特点,从小说主角的道德观来解释其心理变化更有利于理解茅盾的创作。第二,《野蔷薇》是茅盾沿袭其在《蚀》的主题和性格刻画方式的基础上进行创作的,是对新环境下命运问题和革命任务问题的探索。《野蔷薇》中每一个故事都是探讨某一时期里个人命运是如何被决定的,叙述模式介于喜剧和悲剧之间,小说基调是不安和痛苦。第三,《野蔷薇》序言分五个部分,第一部分论述灾难生活并非最终的结局;第二部分批评不现实的乌托邦式的乐观主义,指出这种不切实际的思想将所发生的事情都当作了历史必然的事件,否定了人们在改造历史上的创造性作用;第三、第四部分是对小说人物性格特征的阐述,某种意义上也是茅盾对大革命失败后该何去何从这一问题的回答;第五部分是茅盾表明自己要拔去野蔷薇身上的刺的态度。第四,茅盾在《野蔷薇》的序言中尝试通过北欧神话对革命未来进行解答。茅盾开始看到革命事业不仅需要个人继续奋斗,还需要集体继续献身革命事业,而唯一维持集体献身的办法,就是紧紧抓住现实。

陈幼石随后便在论文里对《野蔷薇》的五个故事分别进行分析。在她的分析中,《自杀》讲述的是沉湎于回忆不能正确面对环境变化最终面临绝境的悲剧故事;《一个女性》讲述故事大体类似,但主角有了抗争行为,所以结局较之《自杀》有了改善;《昙》描写的是面对环境的压迫,主角奋起反抗最终迎来新的未来的故事;《创造》讲述的是脱离往昔的主角焕然一新的故事;《诗与散文》讲述的是新女性象征的未来最终替代了压抑的社会的故事。首先,在对小说《自杀》的研究中,陈幼石先详细介绍了故事的梗概,并对小说中描写人物心理变化的文字做了详细的标注和解释,然后还梳理其他评论家对这篇文章的分析。她指出,夏志清认为故事描写的是年轻一代在与丑恶现实斗争中的踌躇和恼怒,但作为旧式女子的环小姐,不可能有如此长远的思想以公然反抗社会;博宁豪森对《自

---

① "Mao Tun in these stories was concerned not so much with 'objective representation' of reality as with the exploration of the subjective 'form of consciousness' which shaped that reality." In Yü-shih Chen, "Mao Tun and The Wild Roses: A Study of the Psychology of Revoltionary Commitment", *China Quarterly*, No. 78, June 1979, p. 300.

杀》的分析中将小说视作茅盾对婚姻恋爱自由的矛盾心理的描写；钱杏邨则从人物软弱的性格这一点进行攻击，以此嘲弄茅盾通过小说所提出的社会政治目标。这几个人的评论都有合情合理之处，而陈幼石的解读则是基于作品的社会现实和政治隐喻这一点。她指出，环小姐是现代革命斗争的真实产物，环小姐象征了革命所要面临的困境，茅盾在作品中是要通过环小姐的悲剧命运及其根源的找寻，找到在现实世界里其他选择的可能性，使革命避免重蹈覆辙，能够坚定信念继续前行。其次，陈幼石对《一个女性》进行了分析，指出故事与《自杀》有相似之处，同样安插了时代与命运的主题，同样都是通过恋爱情节面临危机找寻对策，同样沉湎回忆以摆脱现实的痛苦，同样都以失败告终。从这一角度来看，两篇小说都表达了作者对沉溺于回忆不能直面环境变化的现象的批判。但同时两个故事略有相异之处，她们的爱情观不同、世界观不同、实践体会也不同，除了处于时代与个人命运的主题相似之外，两人的悲剧在本质和程度上也存在区别：环小姐悲剧很大一部分原因是主观性的，是因为她违心地放弃了对情人和腹中孩子的责任，又背叛了自己最初的理想，她的悲剧是可以避免的，在对环小姐临死前的心理活动的描写时，茅盾的批评达到了顶点；但琼华谙于世故，对社会现实理解透彻，她的悲剧是产生于道德层面的，她在火灾对其造成不可磨灭的伤害后曾极力挣扎试图维护自己的社会地位，在失败后才像环小姐一样逃逸到回忆中以找寻出路，但茅盾对琼华性格中的软弱性是包容的，虽然琼华并未摆脱悲剧的命运，但张彦英的出现和母亲的临终陪伴证明了茅盾对在道德和人性层面的琼华的过错做出了较轻的责备。茅盾正是通过对两人不同经历同一下场的描写，对个人过失提出谴责，这既是出于避免重蹈覆辙的目的，也是试图为革命的前途描画出希望的轮廓。在对《昙》的研究中，陈幼石将小说概括为主角在环境的强势逼迫下铤而走险的故事，女主角张小姐在环境的压迫中（父亲逼婚，恋人背叛）奋然逃出的这一决裂式行为，是一个戏剧性的象征举动，预示着新生力量的产生、坚定的信仰和全新的未来，因而张小姐从琼华和环小姐的悲剧命运中逃脱了出去，成为一个全新的女性形象。《创造》中的娴娴，是丈夫君实以心中理想女性为模本所改造出的全新的女性形象，但却超出了他所能控制的范围。陈幼石指出，这正是自《昙》开始改变的女性形象，这就是未来，如果知识分子君实还继续让行动落后于思想，那么他也会被历史的洪流所抛弃，他也必须被改造。《诗与散文》中讲述的是青年丙游移于桂太太和表妹之间的故事,但陈幼石并不认同钱杏邨将青年丙视作主角的说法,她认为故事讲述的是新女性替代了压抑的社会,成为男性为实现自我和理想而奋斗的那种象征。

总的来说,陈幼石的分析是将《野蔷薇》里的五个故事看作是某一时期人物的不同选择所导致的不同结局,总体将小说集视作茅盾对沉湎于回忆不能正确应对环境变化的批评和对革命未来的展望,陈幼石的观点是对钱杏邨关于茅盾的批评的反驳,虽然她同时也承认钱杏邨对茅盾早期小说批评的权威性。

第四节　王德威的研究:茅盾小说中的历史观和政治学

王德威(David Der-wei Wang)所著的《写实主义小说的虚构:茅盾、老舍、沈从文》①是对20世纪30年代(即写实主义小说全盛时期)里三位代表性作家茅盾、老舍和沈从文所做的研究。写实主义以描摹人生、反映现实为目的,而小说原是虚构性的文字书写,小说作为写实的载体,这即是写实主义小说的张力所在。王德威认为这正是探勘中国现代性的最佳切入点,他以茅盾、老舍、沈从文作为研究对象,认为他们三人都承袭了19世纪欧洲写实主义文学的基本特点,如观照时空环境、描写生活细节、探索内在心理、反思时代事件等,但基于各自不同的生活背景和创作动机,他们笔下的作品呈现出截然不同的面貌。茅盾通过小说揭露社会病症,借由小说反抗官方(国民党)的"大叙事",对时下革命者献身革命却深陷其中难脱泥泞的境遇深有感悟,这与其他二人的写书叙述大有不同。王德威认为这三位作家代表了当时中国现代写实主义叙述的三个方向,其中"茅盾的作品凸显历史、政治、叙事虚构三者间错综复杂的关系,而茅盾本人充满矛盾的经历尤其为他的创作添加出虚入实的意义。正因为作家理解写实小说内蕴的高度不稳定性,乃能将历史的先验与后设、

---

① David Der-Wei Wang, *Fictional Realism in Twentieth-century China*: *Mao Dun*, *Lao She*, *Shen Congwen*, New York: Columbia University Press, 1992. 该书后由胡晓真、宋明炜译成中文,中译本《写实主义小说的虚构:茅盾、老舍、沈从文》于2011年4月由复旦大学出版社出版。

政治的权宜和变化，展露无遗"①。这三位作家对之后的作家创作大有影响。

作者在第一章（概论）里探讨了茅盾、老舍、沈从文这三位作家与鲁迅的联系和对鲁迅写实观的修正增益。其中茅盾与鲁迅的联系最为明显，他与鲁迅是左翼作家联盟的同事，他还将写实主义创作的论述理论化。茅盾的作品里持续探讨的现代写实主义论述的两个层面是政治与历史。茅盾历史论述的两个特点在于：第一，认为历史叙述需得在记录历史上可预期主题（如战争、自然灾难、政治动荡）的同时，记录人们在该阶段的心理变化和行为变迁；第二，将眼光投注在正在发生或刚刚发生的事件上，他的小说叙述都具有即时性，充满着时间的急迫感。茅盾对历史现实的定位透露出他小说中的政治倾向，他对刚发生的事件及人物心理历程的快速捕捉这一行为有着极其明确的目的，即反抗官方（国民党）的诠释权。他选择小说作为达到这一目的的媒介，茅盾作品里的意识形态使命使得他需要在创作里解决虚构与写实、历史叙述与政治宣传这两对矛盾关系，让虚构的叙述产生"小说的政治"（politics of the novel）。这正是研究者感兴趣的地方。王德威指出，茅盾对写实主义的实践有两点需要注意：一是茅盾的书写只有在描写中产阶级知识分子、进步女性、资本主义商业大亨等人物的困境时才游刃有余；二是茅盾在坚持创作的意识形态使命的同时，对艺术原则十分坚持，他将作品的美学考量视作作家的义务。笔者在随后的第二章和第三章便分别从历史与政治这两个层面对茅盾的作品展开研究。

一 茅盾小说的历史建构与虚构

王德威在第二章"历史的建构与虚构：茅盾的历史小说"中坦言自己在这章里研究的是"在历史和政治的两难之间，茅盾如何找到他自己的写实道路，以及他如何为中国现代文学重新定义历史小说与政治小说这两个文类"②，也就是探讨茅盾的历史观和在小说中的实践。在这一章中作者有几个观点需要注意。首先，作者曾多次指出，茅盾创作历史小说的行为，本身就是一个政治事件。茅盾捕捉刚发生或者正在发生的事件并将其

---

① 王德威：《写实主义小说的虚构：茅盾、老舍、沈从文》，复旦大学出版社2011年版，"中文版序"，第3页。
② 同上书，第31页。

创作成自己的作品，是基于他正确传抄历史的理念，同时也是出于反抗国民党官方所诠释之正史的明确目的。茅盾在将碎裂的过去拼凑成小说的过程中，融入了不可忽视的意识形态，他对忠实传抄历史的动机与小说本身的虚构性构成矛盾，游走在政治宣传与艺术创作之间的文学活动也是矛盾的。其次，王德威指出茅盾的历史反映小说的优秀之处在于重新定义了历史小说这个文类，使之与晚清时期甚至更前的历史小说区别开来。他指出，传统处理历史小说的方法是将历史与小说完全对立，历史是确凿地、言必有证地反映真实事件的文本；小说则完全相反，是对事实的虚构或者扭曲。中国古典小说家将历史小说视为逼真的文本，是对现实的拟仿（mimesis），是言之成理的"真实"。但这种对立的认知是肤浅的：历史的记叙必然牵涉将个人想法/个别事件连贯成叙述的过程，历史与小说是息息相关的两种叙述话语。曾朴及其同辈文人受西方文化影响，其历史观有了变化，意图通过不同的叙述和不同主题来重写历史。茅盾的历史小说则有了更进一步的发展，他将目光投注到历史中的人身上，将个人经验与政治变迁、社会动荡相交织，通过对历史事件中人物经历、心理活动的描写，使读者更深切地感受到历史是经由人对外界变化的自发应对而展开，也是呈现于一连串的重大、公开事件的发展中。茅盾对中国现代历史小说的贡献主要表现在三个层面。第一，茅盾拉近了历史与现实的距离。传统历史题材的叙述都有意拉开被叙述题材和叙事二者在时间上的距离，以此完成对历史感的营造，而茅盾的小说却反其道而行之，书写的都是不久前发生或正在发生的事件，是通过对事件碎片的拼凑，将其还原成前后一贯的真相，他将其观察到的"事实"经过思考还原后书写下来。第二，消解官方历史的正统性。茅盾小说创作的目的在于反抗国民党官方历史的写作，他的小说都是在某个事件当中创作完成的，是对现实生活中的某个事件的对照，是与官方（国民党）说法针锋相对的叙述。笔者认为，茅盾致力于为当下作史，是为了让读者更加明了现实与历史的差异，他的小说是一种过渡性的叙事，在真正的大叙事出现后便可功成身退了。第三，凸显历史叙述中叙事性（narrativity）与想象的问题。史家在叙事中需要一个叙事架构或情节将琐碎的事件碎片连贯起来，而茅盾的历史小说叙事与官方历史大相径庭，当他将历史当作故事重新叙述之际，其中修辞和比喻的议题便得到凸显。一些评论家（如陈幼石）因此认为茅盾的小说叙事具有寓言性，就此议题展开过研究。王德威认为，茅盾对19世纪二三十年代的中国历史的叙述受到了以左拉和托尔斯泰为代表的欧洲写实主义作家的影响，另一方面又受到晚清谴责小说的影响，而茅盾在左拉科学式的自然主义和托尔斯泰启示录式的人道主义之间的摇摆，使得茅盾的历史小说叙述呈现出他独有的特点：既认同人在面临转折时的自发觉醒，又相信社会事件的巨大作用力对人命运的改变，并以一种预设的道德意义去定义人的行为。

王德威随即以茅盾的《蚀》和《虹》这两部小说为例来探讨茅盾的历史观的具体表现。茅盾的《蚀》和《虹》都是以年轻知识分子为描写对象，讲述他们在五四运动到第一次共产革命这段时间追寻个人理想和政治目标时所经历的考验和挫折，但两本小说的呈现策略迥然相异，这表现了茅盾于创作时在写实主义和历史写作之间的摇摆。《蚀》是茅盾在1927—1928年先后完成的三部曲，是讲述大革命前后青年革命者在这一时期的心路历程，分为《幻灭》《动摇》和《追求》三篇。王德威指出，即便茅盾自己认为《蚀》三部曲描述的是革命的三个阶段，且在文本中清晰地陈述了年代的次序，但茅盾在叙事中对推动历史前进的动力的遮蔽最终导致三部曲中的时间脉络不明显，三个故事彼此间并无太大差异，人物和情节方面有重叠，但故事间并无推进关系。茅盾在《蚀》三部曲中将时间凝滞成一个静态的、直线构造的格局，这一点显然是受到了巴尔扎克和左拉的影响：变化的缓慢庞杂表现在表面便是产生社会没有变化的错觉。茅盾在创作中对这种结构的使用源自他对革命前后中国社会的观察和深切感悟，同时通过叙述的层层累积来扩大这种观感。《蚀》的第一部《幻灭》通过对静和慧两女追求爱情和革命之失败经验的讲述，阐释了时间的循环运动：那些急于突破现实的人却被历史这个诱人的陷阱引诱，陷身其中不得动弹；第二部《动摇》讲述的是国民党政府官员方罗兰面临革命形势急剧变化时候的动摇妥协，在这一部里，茅盾对于历史是在动荡中前进还是窒碍不前有着更激烈的看法；意识形态的空缺导致任何行动的逻辑都被抹消；第三部《追求》讲述劫后余生的革命青年们力图重新振作探索新的出路最后却仍归于失败的故事，整个三部曲在此完成了它自闭的回旋形式。对于茅盾而言，历史是革命得以实践的一种时间力量，而《蚀》记录的则是时间的脱轨，一群革命分子陷入时间循环里进退两难，历史虽然总是朝着一个道德计划迈进，但在这一时期却并未像人们所想的那样向前推进，在偶然性中凸显了人生的反复无常。这也导致了钱杏邨等人对茅盾的抨击。《虹》里的历史叙事则不同于《蚀》里的循环往复，历史被描写成一连串的试炼，时间催赶着人们迎向未知的命运。《虹》的开头具有高度的象征性，女主角梅女士搭船从四川到上海，途经巫峡，眺望江面，这一场面暗示着梅女士已经陷身于时间长流了，梅女士在这里告别过去，航向未来。《虹》的结尾出现的巨钟也是一个巨大的象征，它与开场中推进时间和叙事前进的长河意象相呼应，形成了一个令人不安的反讽。在梅女士到达上海后的六年时间里，她对领导梁刚夫产生绮念，在爱情和同志之情之间挣扎摇摆，在最终做出放弃小我、拥抱大我的选择之后，随即就面临了五卅运动的考验——故事在此戛然而止。五卅惨案是通向革命的必经门槛，还是五四运动的循环重演，这都未可知，但将《虹》放置于茅盾创作的年谱来看的话，便能发现《虹》与《蚀》在时间上的"本末倒置"，《蚀》的开头正是《虹》的结尾，茅盾的这一叙述表现了他试图停顿因时间而不断产生变异的历史的努力。王德威指出，茅盾的《蚀》和《虹》展示了历史叙事的主观性和虚构性，以及经由不同的叙事顺序所能产生的不同情绪和暗示。

  王德威指出，茅盾在小说外还尝试了如报道、速写、重写经典等其他形式的历史叙事，力求从中找出一个有效的形式对转瞬即过的事件进行诠释，确认历史在人们短暂经验中的作用和力量。其中茅盾主编的《中国一日》（1936年）是其对报道文学最大的贡献。茅盾选择1936年5月21日这一日作为时间截点，广泛征集中国各阶层各地的人们投稿讲述自己在那一日的经历，将写实主义的目标推向极致。茅盾所主编的这本书，有受到高尔基《世界的一日》（*One Day in the World*）（1934年）的影响，但其中折现出他自己的历史观：历史不应只是由职业历史家来记载的重大事件组成，历史是一项集体活动，应该由群众集体书写，反映大众的心理及情感。茅盾通过对各地各阶层投稿的选取最终编辑成书，呈现的是全国各地人们的生活百态，展现了该时期中国社会的大体面貌，其中最抢眼的意象是在固定时间内空间的无限延展，书中文章来自全国各地，以书的形式集体现身，共同表现出强烈的时间感和国家命运感，并最终指向茅盾的审美观与预设的意识形态立场之间的冲突。茅盾重写经典故事也是他实验历史叙事的一个尝试。他的三篇短篇小说《大泽乡》《豹子头林冲》《石碣》都是对古代题材提出新见解的创作，他将读者与熟悉的历史事件之间的距离拉开，以此让读者去重新审视过去，茅盾的故事新编，是秉持着历史即寓言这一主旨的。茅盾将历史故事中的寓言性力量通过重新叙述释放出来，但这种巨大的力量会颠覆他所设想的完美的阅读方式，读者质疑他在作品中所秉持的意识形态视野是否与他在作品中所推翻的意识形态有着相通之处。

王德威继而研究了茅盾作品的乡间、市镇、都会这三个空间。他认为，茅盾自认其作品创作受自然主义的客观描写和科学观察这两大主旨影响，力图以小说审视中国革命期间乡间、市镇、都会里的重大变化，而茅盾想要在宏观审视社会各个层面的同时，兼顾查看不同时期内的历史进程，茅盾的这一意图使他成为现代历史小说史上最具有野心的作家。"历史表现在各种社会与经济的活动上，其间的变化更能生动地指出时间委婉的进程与革命的无可避免"①，茅盾选取20世纪30年代中国乡间、市镇、都会这三个空间的画面进行描述，这三个空间在同一时间并存，在这一时期都濒临崩溃，都挤压着彼此的生存空间，但转向时间后，又只能任凭时间摆布，茅盾将这三种不同形貌的心理历程聚集在同一舞台上，叙述历史。茅盾的《农村三部曲》描写的20世纪30年代中国农民在历经经济风暴与政治风暴双重打击后艰难生活的图景，《春蚕》描写的是以老通宝为代表的传统养蚕人（也象征着过时价值体系）在面对现代科技和城市投资兴起时的无奈落败，《秋收》和《残冬》也同样讲述的是农民在现代机械文明兴起、资本主义独霸之后得不到应有的劳动报酬生活每况愈下的故事，茅盾借用"自然主义二宝"通过科学的观察客观地描述了当时农村的景象。同时王德威指出，在茅盾的叙事与意识形态叙述之间泄露了他视历史为循环的史观。茅盾在小说中表现出对传统农民的同情和理解，使得故事不再是对农民保守封建的批评，更像是他们的坚韧和耐性的赞歌。茅盾这种反向的叙事意识是源自他的政治观点——将历史视为一个不断前进的进化过程，但在最后的革命到来之前，历史会表现出一种似是而非的倒退，新的社会结构在一开始会表现得比前一个阶级结构更等而下之——这种观点无异于中国视历史为循环的固有观念。这一点从三部曲暧昧的结局就可以窥见，在人类的欲望意愿和天赐恩惠的迷信这两股力量的交织中，以一方失去神秘力量最终落败而告终，如《残冬》中黄道士借由天赋异象的谣言所吸引的追逐者和多头组织的反抗分子之间的对抗。王德威指

---

① 王德威：《写实主义小说的虚构：茅盾、老舍、沈从文》，复旦大学出版社2011年版，第56页。

出,通过茅盾的循环史观可以分解出他作品中的隐藏讯息,革命不过是历史在混沌与秩序之间转换时的工具,因为不论是前进抑或倒退的发展,都包容在历史里,是时间轮转中的一环。

在对茅盾作品中乡镇和小城的叙述的研究中,王德威表示"这些城镇形成第二种时空型,一个时间/空间交集的脉络,以商业行为而非劳力来规范人际关系。时空型模式的转变必然影响到使现实成为现实的再现系统"[①]。乡镇和小城是不同于农村的另外一个空间存在,小商家和地方企业是存在于这个空间的主要阶层,金钱是给予社会意义的新暗喻。不论是对于《多角关系》中由地主转型为现代企业家的唐子嘉,还是对于《林家铺子》里向底层阶级提供私人借贷业务的林先生,或者是对于《子夜》中里的商界大亨、证券业者、投机分子,金钱的抽象本质都是一样的,他们对其孜孜以求,但金钱的增长和消减都不受其意志影响,时机是他们成败的关键,地主企业家在小说中描写的变化难测的经济、政治动荡时期时时都面临着脱轨的危机,金钱可以直接威胁到整个商业的象征体系。在茅盾的相关小说中,时机取代时间成为叙述的关键,小说中的人物必须善于把握并合理利用每一个转瞬即逝的时机来达到自己追求的目标。在茅盾的这些小说中展现出来的历史,已经不同于《农村三部曲》中的混沌前进与往复循环,而是表现为一股自觉前行的力量,只不过历史的莫可名状的狡诈力量使得前进并不总是顺利而已。时间并不值得信赖,它只会暴露人们对于未来及命运的所谓的信心的虚幻和不可靠,在这一观点下,茅盾的《子夜》真正代表了他在时间和历史的情节设计方面的高潮。在《子夜》中茅盾投射了一个新的时间观,"它可以是命运之轮的循环运行,向着特定标的直线前进或后退,它也可以以旋涡状态全速向最终的分裂解体行进。时间感失去了方向,并不是因为意义的匮乏,而是因为承载了过多的意义"[②],在《子夜》中,为了让金钱随着时间的前进而不断叠加积累,主人公吴荪甫和赵伯韬不能再只是静待时机把握时机,他们必须在与时间的赛跑中获胜,他们的每一个行动都可能带来未来金钱的即刻改变。时间是他们行为的最终的赌注,未来的不确定正是他们所有行动的核心。王德威指出,茅盾用时间失向的形式来表现历史在这一时期所遭遇的巨大危

[①] 王德威:《写实主义小说的虚构:茅盾、老舍、沈从文》,复旦大学出版社2011年版,第62页。

[②] 同上书,第70页。

机，但时间在其作品中仍未失去其意义，如《子夜》里描写的股票市场的涨跌起伏与时间的神秘律动是相对应的，小说结尾里吴荪甫虽然在争霸中落败，但仍有卷土重来的可能，这又恰和茅盾的循环史观。值得注意的是，王德威在此指出，《子夜》小说中投机这一主题贯穿始终，且不仅存在于经济层面，更表现在人类活动的其他方面，小说中人物的情绪，如喜、怒、爱、恨都可视作一种价值上下波动的货币，是可用作投机的手段，甚至一些年轻的共产主义分子也被打上投机的标识，以革命的理想、党员的信心与能力作为投机的成本。这种无休止的使用着误入歧途的力量，陷入癫狂和抑郁的症候的行为，王德威指出这就是茅盾所认为的时代精神。

二 茅盾小说的革命情境与情节

作为一名共产党员，茅盾的政治身份是不得不被提及的。王德威指出，茅盾的政治身份先于他的文人身份，基于茅盾将意识形态灌注于文学、大胆处理政治/社会议题、切身参与党内外斗争这几点，奠定了茅盾成为 20 世纪 30 年代最重要的政治小说家的基础。而茅盾作品时至今日仍然具有的吸引力就在于他的话语中混杂的不同声音，如他对写实主义美学与共产主义意识形态的坚持反映在作品里竟然使得他原本想要理清的议题更加混乱，左翼批评家对他自然主义小说理论的实践其实也揭露了在叙述真实的话语背后所暗存的监控和审查。王德威进而指出，他要研究的政治小说指的"不仅是以描写政治理念与环境的小说，也包括小说的写作与阅读，以及文本间（inter-textual）与文本内（intra-textual）的叙事辩证现象。换言之，我要处理的，不只是有关政治的小说，还涵盖小说的政治"[①]。王德威看到政治小说家选择通过小说来表达政治主题，但他们创作作品的过程以及作品的接受过程同样是诡谲多变的，在研究政治小说的过程中需要投入相等的关注。关于茅盾小说中的政治论述，笔者主要从四个层面展开论述。

（一）茅盾的自然主义小说理论的发展

王德威指出，茅盾的自然主义小说理论有四个来源，即"左拉对人类

[①] 王德威：《写实主义小说的虚构：茅盾、老舍、沈从文》，复旦大学出版社 2011 年版，第 77 页。

情境的决定论观点，托尔斯泰对宗教启示与转化能力的渴望，中国共产主义意志至上的理想，政治小说激进面貌下的儒家载道思想"①，茅盾能将这四个彼此并不相容的观念凑合起来，其中有对西方前辈作品的误读，同时也暴露了它们彼此间的相通性（都受制于整体现实观，对于现实都采用贯穿始终的因果决定论）。茅盾对左拉的接受主要集中在其科学式文学实验者的一面，茅盾将左拉的自然主义观点划归为"科学的观察和客观的描述""无私无我的要求""决定论的观点"三个层面，又基于他本人忠实地再现人生的理念更为强调前两者，在第三点即左拉式的命定论观点的接受中转向了共产主义意识形态的观点。茅盾对托尔斯泰的接受在于托尔斯泰作品中所透露出来的人道关怀和社会进步、改造的希望。托尔斯泰认为艺术像语言一样，是社会的整体表现，是一个不断进化的过程，表现为更新、更好的艺术取代旧的艺术，茅盾忽略（或者说刻意摒弃）了托尔斯泰观点中将至高境界的艺术定位为基督教的博爱精神服务的这一点，将托尔斯泰的人道主义观点放大，尊重人的意志力、感知力以及改进所处环境的能力。茅盾对左拉和托尔斯泰两位大师的理论投之以中国式的眼光，对左拉的机械决定论和托尔斯泰的宗教狂热都不予置否，却用马克思主义/共产主义将二者进行置换，坚持"一个结合决定论与能动论的革命想象，特别强调一种意识，号召对资本主义模式的社会生产带来的异化做出自发响应"②。同时，茅盾的小说中虽然以社会各阶层为描写对象，但他对都市知识分子投注的目光远甚于他者。茅盾的政治小说③创作和评论中有一个明显的观念即"年轻的知识分子终将成为引领无产阶级革命的关键人物"④，而这种观点可以上溯到早期的儒家思想，知识分子的卓越地位决定其背负了引领或加速社会变革的责任。茅盾的精英意识使得他对自己也是这样看待和要求的，他和他笔下的都市知识分子一样，怀着儒家文人的

---

① 王德威：《写实主义小说的虚构：茅盾、老舍、沈从文》，复旦大学出版社2011年版，第79页。

② 同上书，第86页。

③ "政治小说"最初是由梁启超借自日译的新名词，被赋予极高地位，认为政治小说具有两大功能"载道说教""移情化性"，其作用足以使人心改变、使国家强大。夏志清和米烈娜（Milena Doleželová-Velingerová）都曾撰文指出这两大功能与中国传统佛教思想和儒家秉持的文学观相契合，之后以鲁迅为代表的一批五四文学家也曾就小说的政治功能进行论述，强调小说的社会功用。

④ 王德威：《写实主义小说的虚构：茅盾、老舍、沈从文》，复旦大学出版社2011年版，第87页。

入世理想，在意识形态转化中选择了马克思主义作为重建中国的理想模本，信奉预定的理想主导历史变革。

（二）茅盾的性别政治与欲望（性别的政治）

王德威在这一部分对以往批评家对茅盾小说中女性视角的研究结论提出反驳，他指出茅盾小说中对女性论述（feminine discourse）的偏好通常被视作是通过细致描述妇女的艰难处境和面临的挑战来声援女性运动（茅盾本人也曾创作不少文章支持妇女解放），而夏志清[①]对茅盾女性论述的研究则从茅盾作品中展现的"女性"特质入手，指出茅盾不止在写作中偏好于描写女性，他的文风笔触更像女人——浪漫、感官、幽怨，是与老舍的创作风格截然不同的一种类型，而通过茅盾对女性在面临国家动荡时"被动"反应的描写，最终得出茅盾在面临政治革命这一情境时自动认可男性中心视角这一结论。王德威认为夏志清的研究有创新之处，但研究的出发点建立在传统认知中对性别的成见之上，在王德威对于茅盾小说中性别政治展开研究之后，得出的结论是茅盾在创作中使用的性别反串的手法，并非以女性主义的角度为女性发声，可能只是在国民党的高压审查之下的机敏权变之计，事实上茅盾对女性运动抱有模糊、暧昧的态度，甚至于他是"嫌恶女人"的。

首先，茅盾的女性化/女性主义主体表现在人物错综复杂的关系上。中国文化传统中历来有男性文人借助女性身份发声以表达政治意见的事例，其中最著名的例子就是屈原的《楚辞》，但茅盾超越前人之处在于他不只是完成文学想象中的性别转化，他正视了女性运动的历史现实，也试图提出改变之法，他的女性论述也衍生了政治力量，使性别意识成为革命目标中的一部分。但往更深层次探究，茅盾对女性心理和困境的深切感触和细腻描写同时也泄露了他自己内心的焦虑，而他在女性解放倡导中暗设的限制也证明了这一点。茅盾的第一部短篇小说集《野蔷薇》中描写的五个故事都是女性在面临"解放"时的犹疑和阻碍，这些女主角在对客观环境的怨怼与对自我内心的压抑和欺骗中患得患失，这些女性并没有迎来身与心的真正解放，而在她们试图放手一搏向解放走去时，才发现现实的虚妄和不可信，她们在茅盾的女性图解中不断地语义重复。小说《创

[①] 夏志清（C. T. Hsia），具体观点参见 *A History of Modern Chinese Fiction*，论文另设专章具体论述他对茅盾的研究。

造》中的女主角娴娴的成长是由她的丈夫引领启发的。这一主题来自"皮格梅隆神话"（Pygmalion myth）。《创造》是茅盾对这一主题的重写，虽然茅盾在最后坚定了支持女权的态度，做出了娴娴在成长后不能忍受丈夫的缺点最终选择离开的安排，但娴娴终究仍是由男性打造的被动的理想样板，是茅盾希望他的女性读者要成为的模样。而与之相反的主动觉醒成长的女性形象如茅盾作品《追求》中的章秋柳，她想要救助史循，肉身布施，反而和他一起走向沉沦。茅盾对独立解放的新女性心怀忧惧，这一点从主动解放的章秋柳与被动成长的娴娴截然不同的结局就可以看出。茅盾关于性与政治的辩论在《虹》一书中表现得更为明显，《虹》的女主人公梅女士曾历经三次意识形态的蜕变（从个人主义倾向的易卜生主义，到女性自觉意识的唤醒，到最终的马克思主义与达尔文主义），而在梅女士的第三次蜕变中，梁刚夫扮演了一个重要角色——既是她意识形态上的导师，也是她情感上的寄托——梅的成长受他影响，她蜕变的关键是由男性来书写并诠释的，茅盾这样的叙述中和他所反对的男性中心的文类居然具有一致性。而茅盾女性化/女性主义论述中最为吊诡的部分在于，梅女士从事革命与她刚唤起的性别自觉是不能共存的，她必须放弃性别自觉才能献身革命，这种想要消解性别差异的意愿，指向的是茅盾内心深处不可言说的对于同性社会的希冀与焦虑。

其次，茅盾表现在小说时间/空间意象上的女性化/女性主义主体也指向他对女性的暧昧看法。在《子夜》中，茅盾借由吴老太爷的眼睛传达上海形象中的女性特质，吴老太爷甫到上海便被街上的女人眩晕了眼目，抖颤的胸脯、白花花的大腿、潋滟的红唇构成了吴老太爷对上海的第一印象，同时茅盾借由吴老太爷对上海的不良印象来完成他对上海的社会批评。在这样的叙述下，上海的女性形象便呼之欲出了，丰韵、有诱惑力、神秘、流露出未知的危险信息、各色人等混杂、什么都能买卖，是一个"荡妇"的形象。恰如《子夜》的核心主题"杂交"：政治、经济、战争、文学、爱情在叙述中混杂；银行家、商人、政客、地主、投机分子、知识分子、革命人士、文人、名流、妓女夹杂不清，界限模糊。而书中的交际花徐曼丽便也是这样一个荡妇形象，她与各界人士往来亲密，左右逢源，虽然是个寡廉鲜耻的投机分子，但又是《子夜》中最为自由、解放的女性形象，甚至远比茅盾其他作品中追求解放的女性更为自由。通过对茅盾不同作品中女性形象的解读，得出的结论是茅盾对于革命时期女性角色的描述与定义其实是模糊朦胧、暧昧不清的，他的女性书写，只是一场唱作俱佳的表演，在他内心深处并不认可女性主义。

（三）茅盾关于背叛和自我否定的辩证（背叛的政治）

王德威在这部分将"背叛"（betrayal）和"自我背叛"（self-betrayal）视作茅盾早期写实主义小说的理论和实践的中心，他指出在他研究中"betrayal"指向这一英文单词包含了双重意义——"背叛"（原应效忠的）和"泄露"（本应隐瞒的）。茅盾作为一名党员，他的创作是基于为党服务的目的而展开的，理所应当要受到来自党的审查；但他的写实主义作家的身份又使得他在创作中追求美学指导原则，以真实再现现实生活、揭露此前不可感知的事物为追求。

茅盾的第一部小说《蚀》讲述的是年轻革命者被革命背叛的故事，因此在发表之后就受到来自左翼同志作家和批评的抨击，茅盾对革命黑暗面的描写被视作对自己意识形态理念的背叛，之后茅盾便写了长文《牯岭之秋》来为自己辩护，茅盾在文章中坦言自己的创作动机与过程，并指出现代文学需要在启迪大众的同时兼顾到对中产阶级读者的影响，此外还表达了他对于极左同行用宣传功能取代文学的美学功能的行为表示不满。王德威通过对《从牯岭到东京》和其他相应批评文章的分析，指出这些观点的持有者实际的作为在实质上是相互矛盾的：首先，茅盾和他的批评者虽然都认可文学为特定读者群服务这一点，都认为文学的目的在于充分全面地呈现人生，但从他们实际的作为来看他们秉持的是精英主义的观点，他们的争论是围绕着写实主义的排他、唯我独尊展开的；其次，茅盾在文中表现出明确且强烈的人道主义立场，提出在创作中要兼顾中产阶级的读者，叙述他们的故事或为他们写作，但这种人道主义立场扩大至极致便饱含风险——对于那些不能同化且必将消失、排除的事物，是不能同一视之的，这也是茅盾的论敌之所以攻击他的部分原因。

在小说《幻灭》中，静女士的恋爱便展现了这部作品中的背叛主题。小说中静女士初次遭遇背叛是在与花花公子抱素风流过后被遗弃，而静振作之后找寻的新生活最终也随着新婚丈夫强猛的奉召参战而再次遭到背弃。抱素是个虚有其表的空壳子，鲜廉寡耻，也没有信念，他的身份和过往都十分可疑，他游戏人间的态度搅乱了人物的意识形态和心理倾向，茅盾对静与抱素的恋爱的描写中凸显的是现实的不实所带来的危机。静的工作的不断变换、在幻想与幻灭中的不断沉沦与茅盾投注在抱素身上的游戏人间的特征有相通之处，虽然强猛的出现一度将她拉出这样的循环，但静最后仍被弃之于混乱、离弃、遗憾之中，茅盾通过这样对真实"非理性"的描写来开始他写实主义叙述的起点。

《动摇》中通过对主角方罗兰犹豫摇摆的形象描述表现了在政治和爱情领域里的背叛和欺骗，方罗兰的意识形态认同暧昧夹杂、在保守的妻子和奔放的同事之间左右游移，最终他的政治改革和感情冒险都以混乱收场。虽然茅盾在故事中将革命失败的原因归咎于投机者胡国光身上，但往深层里探究的话，胡国光和方罗兰一体两面，他更像是方罗兰的翻版，是方罗兰的革命计划里虚妄部分的象征存在，方罗兰的失败是在背叛和自我背叛双重作用下的结果。

《蚀》三部曲中的最后一部《追求》中更是弥漫着背叛的苦涩。年轻的革命分子们在最初开始追寻个人目标的地方重聚，这时革命已然失败，这些年轻革命者们的个人生活也在遭受着现实的考验。章秋柳是这群革命分子中与众不同的一个，她以激进的否定性性格来面对背叛与自我背叛的局面；另一个极端的形象是靠卖淫养活自己和丈夫的赵赤珠，她以这样的方式等待着革命的再次到来。《蚀》的批评者对于这些角色身上所流露出的颓废色彩表示不满，认为这是造成革命失败的原因，而茅盾认为正是这些年轻革命者的意气风发和颓废低迷才能表现出革命的复杂性，如果不能极尽张扬地演绎革命的理想，不如夸张地背叛它。王德威指出，在这一点上，茅盾的创作的理念已不同于党的文艺政策了。

茅盾的《腐蚀》是《蚀》的进一步延伸，两者书名有重复，且同样都有对女性在政治动荡下意识形态和心理变迁的细致描写，而《腐蚀》在文本上呈现出的框架式的日记结构，是研究茅盾小说中的写作与政治间冲突的切入点。《腐蚀》采用小说中内含小说的形式，小说作者茅盾在前言部分便宣称拾到一本日记，为了道出命运同类似的青年人的共同心声并将之公之于世，在日记的叙述中展现了一个国民党女特务赵惠明逐步腐化的痛苦过程。茅盾采用这样的叙事框架，提醒读者注意文本内外语境在意识形态和"真实"诉求上的差异。王德威指出，基于"背叛"这一主题《腐蚀》有三种解读。第一，茅盾通过女特务赵惠明忏悔自白，将尔虞我诈的背叛意象从赵惠明身上扩展至整个重庆政府甚至国民党政权之上，不只是个人与个人之间有着背叛，官僚间为了利益彼此欺骗，连政府都与南京伪政权之间秘密往来，国民党政府执政的正统性被消解。这一结论的得出依赖于赵惠明自述的可信度，而赵惠明的特务身份要求她的保密性，这就是赵惠明的日记中透露出来的"betray"的双重意义（背叛原应效忠的、泄露本应隐瞒的）。第二，赵惠明因为身份的桎梏只能通过日记与自己展开对话，但她不是在日记中书写真实的自己，而是借由日记创造了一个自我，与其共享内心秘密，这个自我在文本中诞生之后便有了自主意识，在与赵惠明的互动中展现了现实中赵惠明的所向往的形象，赵惠明的初衷是自白，但在具体的行为里却展露出越来越多的自我矛盾与自我背叛的痕迹，她本想借由日记逃避政治斗争，却让日记成了政治斗争的倒影。第三，茅盾以赵惠明的身份进行日记的写作这一行为，与小说中赵惠明与"自我"展开互动一样，也是在不同的身份间往来，这是一个自我隐匿、同时自我揭露的过程，这与茅盾在这一时期的个人经历可以对接起来。茅盾在20世纪20年代曾与党失去联系，此后曾有两次主动要求恢复党籍，无论原因是否真是如同胡耀邦所透露的出于为了更好地服务于党的目的，茅盾的申请都遭到拒绝，此后他继续扮演了倡导共产党路线的中立人士这一双重身份，如同《腐蚀》中的日记传抄者一样，茅盾在表与里、真与伪的语码中恣意游戏。另外，《腐蚀》的写作角度产生变化后①，就与《蚀》形成了异形同志的互补关系，在《蚀》中所不可信的、不写实的内容是《腐蚀》中理所当然的事情，但主人公面临的是同样的困扰和渴望，《蚀》里面被遮蔽的东西在《腐蚀》里得以重现。

（四）茅盾的矛盾立场（混乱的畛域）

王德威指出，对于茅盾甚至同时期的大部分作家而言，写作是为自己谋立身之所的行为，对他们而言，理想的写作是营造一个准确反映社会与意识形态问题的场域，展现社会全貌和历史真实。茅盾出于这样的目的将自然主义与写实主义引入中国，希望借由新的文学模式揭露社会的混沌，引领人们追求理想的美好生活。但茅盾作品中的事实呈现却与他的初衷相违，他想要营造一个有新秩序的美丽新世界，但从他对社会的方方面面的描写和形形色色人物故事的讲述中，呈现的是一个时代的分崩离析，所有的人、事、物都失去原有定位，在变位中相互纠缠。这个现象的出现一方

---

① 《蚀》是以青年革命者为主角描写他们在革命失败后的理想破灭，《腐蚀》描写的是追随国民党的青年人的颓废，王德威指出茅盾叙述角度的变化可能源自创作《蚀》之后批判者对于他叙述共产党第一次革命失败真相的严厉指责，茅盾改变策略继续在小说里探讨威胁革命的社会、政治环境。

面在于党的路线不断变化，但另一方面也因为茅盾的美学理念和意识形态的缺陷导致。

首先，王德威以《牯岭之秋》为例进行分析，他指出这个故事并不完整，茅盾在按语中声称小说因故缺了四章，但出于各种原因，他决定不再作变更。王德威引用陈幼石的研究，认可解读《牯岭之秋》中的政治隐喻是解读茅盾的关键，但他认为缺失的四章并不影响故事，而且通过茅盾有意"抹消"（erasure）书写的行为，更能指向这一行为背后作者不可言说的现实境遇和潜在意图。王德威将茅盾自传中和《牯岭之秋》的缺失联系起来，试图厘清茅盾在写作与政治、政治实践与政治真理之间的复杂关系。茅盾在20世纪20年代失去党籍后便以"自由"作家的身份写作，《牯岭之秋》也是创作于这一时期。王德威认为，茅盾对自己"共产党员身份"①的隐匿，与其关于政治的书写有影响关系，他看似透明的写作身份背后隐藏着并不透明的写作动机，他所书写的能发表付梓的作品实际上是受某种政治寓言驱动的。

其次，王德威分析了茅盾小说里感情（私人的）和政治领域界（公众的）相互干涉的问题。茅盾的部分政治小说（如《蚀》《虹》《腐蚀》）里的人物都曾面临爱情和政治的冲突，为了理想的自由的美好世界的到来，个人的情感和欲望都必须暂且压制。在《水藻行》这篇小说里，茅盾又将革命过程中爱情和政治之间的冲突更加复杂化了，他在《水藻行》的前半段讲述了财喜、秀生和秀生的老婆三人之间在伦理和欲望上的强烈冲突，在后半段的叙事中则以革命作为这一困窘局面的解决办法。王德威认为茅盾将一个本能和语言的故事与意识形态和意志的故事混合起来，欲望所带来的激情被视作反抗精神的勃发，革命的希望产生自这激情，同时革命欲望成为解决这些欲望的理想办法。但问题在于，在欲望激发下的革命是否会受欲望自身的混乱不堪的影响呢。茅盾想要通过打破封建禁忌的方式来建立新的欲望系统，但他的叙述却被政治无意识地影响了。

最后，王德威通过对《子夜》中吴荪甫的分析来解读茅盾作品中技术相对于意识形态的两难问题。王德威指出，以往评论界就《子夜》里

---

① 1981年，胡耀邦在茅盾的追悼会上作悼词表示，茅盾之前未恢复党籍是因为党考虑到他自由作家的身份更有利于倡导革命，出于政治的考虑曾两次拒绝其恢复党籍的请求。决定恢复其党籍，党龄从1921年（茅盾1921年加入上海共产主义小组）算起。

中国产业现代化这个议题的批评往往不够深入，茅盾并不是或者说并不限于揭露中国社会经济系统的陈痾，也不是对国民党的经济政策与技术发展持有偏见，茅盾试图在小说中将技术与工业议题政治化，他在探讨有利于中国科技和工业发展的因素的时候，将意识形态和历史冲突的问题一起划入他的叙事中。茅盾在对中国科技和工业的叙述中，一方面指称中国工业的出路在于健全的实体，另一方面又指出政治势力站稳脚跟的前提在于现代科技和工业所带来的改变。茅盾的矛盾观念在吴荪甫这个人物形象上表现的尤为突出。吴荪甫是小说中所有问题和冲突的关键，他对外国资本与技术的依赖和他对本土企业的振兴共存，他剥削工人的同时又规划农村经济，吞并国有小企业的时候也反抗外国势力，他是一个具有民族情怀的资本家。王德威指出，"在特定意识形态的影响之下分析现代中国工业的病征，他不免把所有的问题都看成一个伟大历史计划的一部分"[1]，茅盾将他的意识形态观点套用在不同的情境上，这也使得他被困在他叙述里初衷是要解决的情境中。茅盾的小说里写实主义各领域不停重叠、交汇、渗透、冲突，这些反讽背后也是茅盾小说的"写实的政治学"（the politics of the real）。

第五节 吉安娜·郭琼茹（音）的研究：《虹》里的女性困境

1993 年，郭琼茹（音译，Gianna Canh-Ty Quach）于哥伦比亚大学毕业的博士论文《19 世纪末和 20 世纪文学中的中国神话》[2] 是对中国神话在中西方文学中的表现的研究论著。论文共分为两部分，上编是对包括赛珍珠（Pearl Buck）、埃米莉·哈恩（Emily Hahn）、史沫莱特（Agnes Smedley）、奥克塔夫·米尔博（Octave Mirbeau）、维克多·谢阁兰（Victor Segalen）、安德烈·马尔罗（André Malraux）作品中的中国形象的分析，下编是对中国本土作家老舍、茅盾、丁玲、钱钟书和聂华苓小说中的中国自我概念的研究，作者意图通过西方文学作品中的中国形象与中国

---

[1] 王德威：《写实主义小说的虚构：茅盾、老舍、沈从文》，复旦大学出版社 2011 年版，第 120 页。

[2] Gianna Canhy-Ty Quach, *The Myth of the Chinese in the Literature of the Late Nineteenth and Twentieth Centuries*, Ph. D. Thesis, Columbia University, 1993.

文学的自我概念的对比，重构帝国主义被压制的历史，通过历史视角的交替表现其他被压制的视角是如何被遮蔽的。论文对茅盾的研究在第六章，主要是研究茅盾长篇小说《虹》里所表现女性的困境。

郭琼茹指出，茅盾的《虹》是从政治承诺和马克思主义信念的视角展开的，故事聚焦于一个女性（梅行素）的性觉醒和意识形态轨迹，终于她对共产主义信念的放弃，虽然茅盾基于创作意图极力描写，但他所预期的共产主义与性之间的和谐关系并没有到来。茅盾越是试图将他的女主角跻身于新的"平等"的共产主义社会之中，他的女性形象与共产主义意识就越是相左，而这意味着共产主义乌托邦的机构取决于这些被切除的女性形象。换言之，茅盾的女性形象表明共产主义的矛盾在于同时期的解放和压抑之间，而这一现象显示共产主义作为一个系统其实并不能区分封建主义（父权制）和帝国主义之间的差别，从而可以质疑其合法性。作为一股未被驯服的理论，茅盾作品中的女性形象反而形成了一股攻击"他者"不同方向的批判势力，引起了人们对另一种形式的镇压和排斥的注意，这其中流露出茅盾的忧虑和怀疑的情绪，他对共产主义最后胜利、共产主义的象征以及在苏维埃当局保护下重新取回自主权的可能性问题都心存疑虑。《虹》里面对重要历史事件五卅运动的描述，表现出茅盾对于记录转瞬即逝的历史瞬间的狂热态度，茅盾担心历史的记录可能会缺乏目的性的意图，或者只是一连串事件的组合而成。

茅盾的思想中有马克思主义影响的痕迹，而郭琼茹要在研究中探索的是中国马克思主义的基础"脱离自我中心"（off-centeredness）的不同表现方式叙述中所表现出的外国思想或政治合法性的问题。

第六节 卢敏华的研究：茅盾作品中的民族主义与女性身体

卢敏华（Lo Man-wa）的博士毕业论文《现代中英文小说中的身体政治和女性主体性》[①] 是以中英文小说中女性身体、主体意识和性欲为研究对象展开的研究，作者参照兰西·楚多罗（Nancy Chodorow）的女性关联自我理论、艾莉森·爱斯特（Alison Assiter）的修订女性本质理论，以及

---

① LO Man-wa, *Body Politics and Female Subjectivity in Modern English and Chinese Fiction*, Ph. D. Thesis, The Chinese University of Hong Kong, 2000.

福柯（Micheal Foucault）的文化建构性别身份理论，从文学/心理/文化角度，选取劳伦斯、莱辛、茅盾、谢冰莹、丁玲、聂华苓、李昂、林白、陈染等人的小说，重点分析男女作家笔下新女性截然不同的面貌以及由此揭露的跨文化内涵。卢敏华对茅盾的研究主要在论文第二章"茅盾和谢冰莹作品中的新女性和民族主义"。

卢敏华指出，由男性所倡导五四女性主义话语多为男性在谈论女性的压迫问题，而当时的中国正面临着军阀混战和民族危机，因此女性主义中被掺杂进了民族主义的概念，并且这一点被认为是最基本最重要的。因此她要以茅盾的小说《虹》为研究文本，研究在国家建构的男性话语下的新女性是如何得以表现的。茅盾在其小说作品和评论作品中都表示全力支持妇女解放运动，作为该时期有影响力的进步男性作家，妇女解放是其民族解放运动的前哨，女性应该打破传统偏见的、反常的、残忍的模式，表现出真的自我。卢敏华认为，茅盾对新女性的"真"我的定义是打破传统的性别意识的，这种所谓的与男性性别一致的平等是有缺陷的，是以男性的标准和价值观作为女性所要符合的规范的。

卢敏华在其论述中指出，"在《虹》里面，主人公梅女士和民族解放运动的结合反映了民族主义和女性主义之间的冲突，即民族主义者对包括女性特别需求在内的其他问题的遮盖"[①]。茅盾的长篇小说《虹》表现的是梅从五四个人主义者到共产主义集体主义的迅速转化，五四的理想"个人主义、自我权利、自我发展"并不能用来创造一个可以接纳觉醒女性的充满生机的欢乐的世界。小说中诸如教师一类的新文化者被描绘成靠推翻旧儒家道德为生的伪君子形象，他们是在新思潮的浪潮下得以兴盛的"暴发户"形象，并不足以承担重建社会和教育的重任，如小说中的惠师长在宣称支持妇女解放的同时还拥有五个妻子，又如以新思想标榜的陆校长其实是一个玩弄女性的人。小说清楚地表现了在该时期停滞不前的社会条件和资本主义、帝国主义剥削下的民族危机，承诺参与反帝国主义、反军阀主义的革命是新女性的唯一出路。

[①] "In *Rainbow*, the incorporation of the new women Miss Mei into the project of national salvation reflects the conflicting demands of nationalism and feminism, with nationalist concerns overshadowing all the other issues including the specific needs of women." In LO Man-wa, *Body Politics and Female Subjectivity in Modern English and Chinese Fiction*, Ph. D. Thesis, The Chinese University of Hong Kong, 2000, p. 63.

随即卢敏华通过故事中梅女士这一女性人物和梁刚夫这一男性人物的分析来论证其观点。故事中梅女士的发展正是中国新女性形象的典型，她从一个观望者变成一个反帝国主义的政治活动者的过程正是其女性特征消失的过程。讽刺的是，梅所表现出的女性的弱点正是她作为现代女性对男性诱惑力之所在。小说中茅盾对梅的外貌和身材的描写十分细致，梅女士的女性吸引力比她的新女性形象更引人注意，她几乎吸引了所有她所遇到的男性，而只有当梅剪了头发之后才让人意识到她是一个解放女性。小说中对梅的赞叹也都是源自其外表，而非来自其作为新女性的独立思考和行动自由，梅被认为是危险的，因为她外表的优秀以及个性的开放对男性而言有着致命的诱惑力。卢敏华指出，梅从一个有着性诱惑和情感渴求的女性转变为一个中性的革命者是从抛却性征（desexualization）和男性化（masculinzation）这两方面展开的。在梅所践行男性理想和无性革命的过程中，她身上的女性特质（如情绪化、踌躇、羞怯等）都已渐渐消退，同时其性别渴求和身体诱惑也都消除了，小说中不断凸显的梅的性吸引力只有被忽略和中和掉了。同时梅本人似乎也遗忘了自己曾有的性吸引力了，不同于之前满足于自身对男性的诱惑力，她已经将全身心都奉献到民族解放的事业中了。父权社会对女性身体的物化被在男权改造话语下的女性意识的消逝所取代，事实上民族主义与父权制并无二样，同样是要求对自我的否定。

卢敏华随即又分析了小说中对梅的生活造成影响的其他人物形象。首先她分析了另外两个女性人物——徐绮君和黄因明。徐绮君和黄因明都具有男性特质，茅盾在对二人的外貌描写时都曾有"男性样""很像一个男子"这样的描述。随即罗敏华将重心转移至小说中的梁刚夫身上。作为作品中最阳刚的男性角色，连名字都在彰显着他的男性特质。不同于小说中其他男性被梅所吸引诱惑，梁刚夫对梅的身体诱惑似乎是免疫的，随即他便显出其对五四个人主义所追求的"小的"异性情感的放弃，转向了民族建设的伟大目标，他已经不再受过去的男性本能驱使，而是投身于有意义的生活方式。原本与民族主义的公共动机所并列的个人情感被贴上了渺小的标签，成为阻碍男女投身有意义事业的障碍。对于梅而言，梁刚夫是完全不同于其初恋韦玉的男性类型，茅盾对梁刚夫的外貌描写无一不在凸显其男性阳刚的特质，梅在最后一幕看到梁刚夫在街上示威象征着他重新配置性别秩序方面的领导位置，正是新女性要跟随的理想的爱国者榜样。

而事实上正是梁刚夫将梅行素引领到民族解放的事业中的，他们之间的相处模式揭示了新女性政治化过程中的矛盾。正是因为对梁刚夫的钦慕才促使了梅行素向民族主义动机的转化，即使并不十分理解他所说的革命斗争观点，但梅行素还是跟随着梁刚夫的指引转向了革命斗争。但革命却表现出与爱情的不相容，梅行素的榜样梁刚夫正是个人欲望和情感升华为有意义的事业的象征，换言之，梅所模仿的是一个男性心灵与身体的分离，她要将自己的女性特质消除。作品中的其他女性如黄因明，就已经表现出与梁刚夫差不多冷静的男性特质了。

卢敏华在研究后得出结论，"与为新女性解决特定问题不同，茅盾的《虹》为中国式娜拉指出了唯一的一条出路，那就是献身革命事业"[①]。在男性话语的关照下，女性解放后的出路在于消除其女性特质革命。这一方法是涵括在民族主义下的女性主义的激烈转变，通过20世纪20年代早期的对妇女运动的政治化进程，以增进女性解放的动力。

第七节　刘剑梅的研究：茅盾作品中的革命与情爱

美籍华裔学者刘剑梅的英文著作《革命与情爱——二十世纪中国小说史中的女性身体和主题重述》[②] 是对中国20世纪30—70年代的小说的研究，她以"革命加恋爱"这一写作模式作为文学政治的案例，通过梳理这一主题在中国现当代文学中的表现，揭示革命话语的变化如何促成文学对性别角色和权利关系的再现，女性身体又是如何凸显政治表现和性别角色之间复杂的相互作用。刘剑梅对茅盾的研究主要在第二章，主要是对茅盾作品中新女性的性感身体和政治的研究。

刘剑梅在论述中指出，茅盾虽然对"革命加恋爱"这一写作模式大为指责，但他自己在作品中塑造的颓废但革命的"新女性"系列形象，同时是通过女性身体来承载男性意识形态，在茅盾作品中女性的阴柔气质正是其对革命的定义。但她同时指出，在文学创作的区域里性别常常不是

[①] "Instead of addressing specific concerns of the new woman, *rainbow* prescribes selfless devotion to the revolutionary cause as the only way out for the Chinese Noras." In LO Man-wa, *Body Politics and Female Subjectivity in Modern English and Chinese Fiction*, Ph. D. Thesis, The Chinese University of Hong Kong, 2000, p. 73.

[②] Liu Jianmei, *Revolution Plus Love: Literary History, Women's Bodies, and Thematic Repetition in Twentieth-Century Chinese Fiction*, Hawaii: University of Hawaii Press, 2003.

固定的，是流动变化的，因此她将茅盾与蒋光慈作为对比进行研究，分析在二者所创作的文学作品中同一性别所呈现出的相异的复杂的面貌，以此揭示在特定文化历史语境下政治话语与性别话语之间的相互关系。

刘剑梅指出，茅盾对妇女运动的态度是复杂矛盾的，且仍是用男性话语来建构其女性观的。茅盾早在1919年就开始宣传妇女解放运动，并开始从事女性研究工作，他在20年代初期就曾译介夏洛特·吉尔曼（Charlotte Perkins Gilman）、玛丽·沃斯通克拉夫特（Mary Wollstonecraft）、爱伦·凯（Ellen Key）等的西方女性主义理论著作，而且茅盾的第一篇小说《幻灭》就是女性为主角进行创作的。但茅盾在对西方女性主义理论的译介以及对妇女解放运动的宣传的同时仍抱有忧虑，他将妇女解放运动视作社会解放的前哨，但对于妇女运动对男性社会所可能带来的冲击心存疑虑。表现在茅盾的早期小说中，就是将新女性的公众的、社会的、进步的、政治的生活方式与她们私下的、浪漫的、肉欲的生活方式相结合的写作策略，出现在茅盾《蚀》《野蔷薇》《虹》等作品中的新女性形象无一不是如此，茅盾正是用这样的方式排解自己在面对中国混乱的社会政治现状时所感受到的无力感。刘剑梅指出，茅盾作品中的新女性形象，改变了五四时期作家作品中女性只关乎爱情、无关于国家和革命命运的形象。茅盾所描写的一系列的新女性形象不像同时期作家的作品中的受旧社会压迫的苦难形象或是与家庭决裂但仍处于彷徨中的"娜拉"形象，茅盾作品中新女性已经在社会上获得了一定的社会地位和自主权，虽然仍身处男性主体构建的女性主义话语的矛盾中，但还是表现出了革命对新女性的积极影响和正面意义。《幻灭》里的慧小姐、《动摇》里的孙舞阳、《追求》里的章秋柳、《创造》里的娴娴、《虹》里面的梅等一批茅盾作品中的女性形象，都有着诱惑的身体和姿态，这是出现在中国文学史上男性作家第一次以赞扬的姿态描写女性的性本质和性特征，这象征着进步和革命的权利。茅盾投注在女性身体上的大量笔墨，一方面出自其女性解放的革命意识，同时也与作者本人强调自然主义、现实主义叙事手法相关。

刘剑梅进一步指出，茅盾在对女性身体的描写时往往会不由自主地流露出矛盾的心理，这正是茅盾潜意识里对女性解放和颠覆男权社会愿望的恐惧和忧虑。在小说《动摇》里，茅盾对新女性的矛盾态度一方面表现在从男主人公方罗兰的犹豫踌躇，还表现在新女性章秋柳的自我中心、享乐至上。故事中的方罗兰是一个在新/旧、进步/保守中一直游移不决的人物角色，他听到许多关于孙舞阳的不堪传言，但仍被孙舞阳所吸引，在内心为孙舞阳辩解，仍将其视为有着高洁纯净灵魂的人。刘剑梅指出，通过男性对新女性美好心灵的幻想，表现出的正是其对新女性身体不可自拔的深度迷恋，吸引男性的是新女性婀娜的身体而非反叛的精神，这一点在方罗生听到孙舞阳的坦白后落荒而逃这一举动即可看出。茅盾在写作中极度美化女性的身体，他对乳房、腰、手臂、大腿等部分的细致描写，正是男性作家对"他者"形象的塑造，同时因为茅盾本人对新女性的迷惑态度，才使得小说人物方罗生在孙舞阳面前表现出近乎性无能的软弱。《动摇》中的新女性章秋柳也是茅盾对女性解放和对男权社会造成压迫的矛盾心理的表现，在一干因革命失利而陷入低沉的革命同志之间，章秋柳显得极为突出，她的性能量是对传统女性形象被动性的颠覆，也因为她的特立独行，让她的前爱人曼青对她产生恐惧，放弃她且选择了一个平凡的女性为妻。刘剑梅认为这一故事情节是茅盾本人生活的映射，茅盾放弃了开放的革命新女性秦德君，选择了传统女性孔德芷为妻。

  刘剑梅的论述中还有一点值得注意的是，她认为茅盾看到了新女性的生存困境和人性困境并在作品中表现了出来，这在其作品《动摇》中表现得十分明显。茅盾在《追求》中塑造的三个女性形象——章秋柳、王诗陶、赵赤珠——都曾用自己的身体来换取生活的继续，章秋柳用身体抚慰史循，王诗陶和赵赤珠因为现实沦为妓女，章秋柳和王诗陶还有关于卖淫对于新女性意义这一话题的长谈，都可以看出茅盾在《动摇》中通过现实问题重新界定女性主义的意图。"当一个新女性因为高尚的原因而沦为娼妓时，革命与颓废的界限在哪里？当新女性的身体充满了破坏性和颠覆性的力量，这对男性社会意味着什么？"[1]茅盾在叙述中指出，即使身处同一革命阵营，女性自身对性的认同仍是相异的，且新女性必须要面对身体不能产生作用的艰难困境，她们的身体并非万能的，不能成为生活的或者革命的工具，她们必须对自己身体的使用负责。因此在故事的结尾，章秋柳用身体对史循的挽救并没有奏效，反而让自己染上了梅毒。不同于蒋光慈在小说中将女性形象与政治目标紧密相连，茅盾小说中的女性形象的性本质并没有被阶级意识所遮蔽，他的小说弥漫着一股情欲的享乐主义的氛围，置身其中的女性并没有因其毁灭性和颠覆性的巨大力量而被升华

---

[1] [美] 刘剑梅：《革命与情爱：二十世纪中国小说史中的女性身体与主题重述》，郭冰茹译，上海三联书店2009年版，第76页。

到革命的境界，反而在欲望、爱情、生活中浮沉。比如《动摇》的孙舞阳，其放浪形骸的行为已经远超一个革命者的角色；《追求》里的章秋柳陷入了欲望和性病的深渊；《虹》里的梅行素，虽然最后找到了政治归属（投身共产主义革命），但她对精神超验的向往与其对身体飨宴的渴求存在着难以调和的冲突，梅同样没有得到最后的满足。刘剑梅因此得出结论："在茅盾关于新女性性别意识的描述中，没有最后的定论，没有完全升华到崇高的美学层面：新女性的性本质和女性意识最终还是不能轻易地被革命同志兄弟般的情谊所置换。"[1]

最后刘剑梅分析了茅盾没有简单地将新女性本质提升到革命意识的高度的原因，她认为茅盾对新女性性别认同的叙事的喜爱是基于茅盾本人的现实主义需求，基于他一直要求客观描写现实生活的创作主张。而当茅盾以新女性的精神和思想的成长来承载社会和政治事件的记录时，就会因其对女性欲望解放的忧虑而在政治观念和文学理念方面表现出不协调。

刘剑梅对茅盾的分析是从茅盾本人的女性主义思想展开，指出茅盾对于妇女解放运动在潜意识里存在忧虑和恐惧，但出于妇女解放是革命运动的一部分的考虑，茅盾仍继续推进妇女解放运动及女性主义思想的发展，并在其作品中创造了大量具有反叛意识的女性形象，但同时又因为仍受男权话语的主控，茅盾在作品中所塑造的女性形象并未能升华到革命意识的高度，反而因为欲望的难以控制和爱情的虚无缥缈而在破碎的生活中沉浮。刘剑梅对茅盾作品中女性人物的分析与夏志清、王德威在思路上是一致的。夏志清曾在《现代中国小说史》中评论茅盾的女性人物只是披着女性外皮的人物形象，指出茅盾在叙述女性形象在面对政治革命时是自动认可男性中心视角的，王德威在《写实主义小说的虚构：茅盾、老舍、沈从文》一书中，也曾对茅盾的女性人物展开研究，指出茅盾的性别写作不过是权宜之计，是为保住在国民党的（父权）势力下保有发言权利的策略而已，"茅盾通过传统上受压迫的女性发出一己的呼声，揭发她们遭受的不公和迫切改变其现状的必要。这样他就获得一种动态的、非主流力

---

[1] ［美］刘剑梅：《革命与情爱：二十世纪中国小说史中的女性身体与主题重述》，郭冰茹译，上海三联书店2009年版，第78页。

量，得以在男性中心社会的周边对其实施打击"[1]，而实际上的茅盾是深受男权话语影响的，甚至是嫌恶女人的。刘剑梅对茅盾的女性人物的分析基本上沿袭了二人的思路，从新的角度来分析男权话语影响下男性作者对女性形象的塑造。

---

[1] ［美］王德威：《写实主义小说的虚构：茅盾、老舍、沈从文》，胡真、宋明炜等译，复旦大学出版社2011年版，第90页。

第五章

英语世界中的茅盾小说艺术特色研究

  英语世界中的茅盾小说艺术特色研究中成果较突出的学者有捷克汉学家普实克、美国学者博宁豪森、美国学者王德威、斯洛伐克汉学家高利克、美国学者陈苏珊、吴德安、安敏成和王如杰，这些学者的成果大部分都聚焦于茅盾小说中的现实主义风格，但具体论述略有差异。普实克从茅盾小说中的史诗性与抒情性入手，将二者视作中国文学反映现实的两种艺术手段，茅盾作品中所表现出的现实主义风格，既受到了中国古典小说的影响，也有外国文学的影响；博宁豪森的研究以茅盾早期小说中的现实主义立场和风格为研究重点，提出了"茅盾早期小说中的中心矛盾"这一命题，对之后的茅盾研究影响极为深远；王德威的茅盾小说中的现实主义风格研究，从"逼真"这一概念入手，但其对茅盾小说艺术特色的论述更集中于茅盾作品中自然主义风格的研究，他指出茅盾自然主义理论中杂糅了来自中国和西方的文艺理论观点，还受政治或社会事件因素影响；高利克的研究则重在探讨左拉、托尔斯泰、维特主义和北欧神话的创造性对抗等因素对茅盾创作的长篇小说《子夜》的影响；安敏成的研究是对现实主义在中国的接受和发展情况的探讨，对茅盾在将现实主义小说和历史结合方面所做的努力和所受阻力进行了细致地分析；王如杰的论述则是用诠释现象学理论对茅盾的《子夜》里的三种政治话语进行文本分析，在他的论述下，小说《子夜》中对中国社会的现实主义拼接是以马克思主义经济学理论和政治思想为指导的。另外，陈苏珊和吴德安的研究是从不同的角度着手的，表现出了不同的研究特质；陈苏珊对茅盾小说艺术特色的研究是从茅盾本人的生活经历与翻译工作经验这一角度展开的，讨论的是茅盾所经历的生活和工作对其小说风格所产生的影响；吴德安的研究是对茅盾小说中的结构形式的研究，其研究指出，茅盾的结构理论受到章回小说、西方小说、实践经历三个方面的影响，而茅盾的《子夜》中谋篇布局是其理论的成功实践。

第一节　普实克的研究：茅盾小说的史诗性与抒情性

捷克著名的汉学家亚罗斯拉夫·普实克（Jaroslav Průsek，1906—1980）曾于1940年将茅盾《子夜》翻译成捷克文，迫于纳粹的审查，该译本直到1950年才出版，普实克在译本序言中评价《子夜》是中国现当代文学作品里除鲁迅经典作品外的最伟大的一部文学作品。1980年普实克关于中国现代文学研究的成果集册出版，名为《抒情与史诗》，1987年译成中文由湖南文艺出版社出版，更名为"普实克中国现代文学论文集"，编者为李欧梵，译者是李燕乔等人。2010年，上海三联书店将这本论文集修改后出版，由郭建玲翻译，更名为"抒情与史诗：现代中国文学论集"，收录于"海外中国现代文学研究译丛"。该书中的9篇论文是普实克在1952—1969年对中国现代文学的研究成果，作者在书中梳理了中国新文学与中国古典传统之间的传承与变革，研究了中国新文学与西方文学的关系，具有极高的学术价值。编者李欧梵在该书的序言指出，普实克认为抒情与史诗是中国文学反映现实的两种艺术手段，并阐明了普实克书中"抒情"和"史诗"的实际意义，"'抒情'传统关注的是作家的主观感受和情绪、色彩与想象力的再现。……'史诗'一词在普实克笔下往往是形容词而不是名词，涵盖了比诗歌更广泛的文体。它与'抒情'一词相对，是反映现实的另一重要的艺术手段"[①]。普实克在研究中多次征引茅盾的小说，因为茅盾对社会生活全景式的细致描写被认为最符合他所说的"史诗性"的气质。

一　茅盾对现实的捕捉和传达

普实克对茅盾作品的研究集中在该书的第七章《茅盾和郁达夫》，他首先对茅盾的小说做了细致的分析，认为茅盾的创作在捕捉和传达现实方面具有三大特征。

---

① ［捷克］亚罗斯拉夫·普实克：《抒情与史诗：现代中国文学论集》，李欧梵编，郭建玲译，上海三联书店2010年版，"序言"，第2—3页。

(一) 时事性

普实克在第七章一开始就指出茅盾对捕捉和表现当下现实的决心和实践:"茅盾对具有时事性的现实生活的高度关注,表现了他试图捕捉和表达现实的努力。在世界上,很少有哪位伟大的作家像茅盾那样,矢志不渝地紧密关注当下的现实,关注当下具有重要意义的政治事件和经济事件。"[①] 如描写大革命经历的《蚀》、展现1930年春夏之交时中国政治力量与经历势力间各种冲突的《子夜》、侧面表现1940年"皖南事变"的《腐蚀》都是茅盾作品与最具时代性事件紧密联系的直接佐证。他指出,茅盾的小说通常多取材自近期发生的事件,通过对时下具有重大意义的事件的细致描写,尽可能准确地记录下该事件里人们最直接鲜活的感受和体验,以求达到对现实最客观的反映。即使是以历史题材进行创作,茅盾的目的也都是以古讽今、借古喻今。普实克认为,茅盾以艺术手法再现历史事件的追求源自他的情感诉求,是同时期其他作家同样具有的时代特征——以直接表现体验来发泄情感,是情绪的"爆发和袒露"。

(二) 客观性

普实克指出,茅盾追求在作品里尽可能完全客观地叙述个人经历,这点直接表现在茅盾作品里叙述者的隐匿。"他的小说没有人为叙述的痕迹。作者的目的是让读者直接去看、去感受、去体验一切,消除读者和小说所描写的内容之间的一切中间媒介。读者就像旁观者一样,进入小说的情节,亲眼目睹正在发生的一切。"[②] 他指出,茅盾对如实反映客观现实的创作标准使得他在叙述时完全排除作者的情感和观点,以作品中人物的角度去看去思去想去做,不同于中国传统小说的叙述方法,茅盾作品中的叙述视角是不断转换的,茅盾以作品中人物的视角来呈现故事。虽然茅盾创作的动力在于袒露和抒发情感,但在题材的选择和安排上,是以最大限度的客观性为追求的。

(三) 形象化

普实克称赞了茅盾在描写方面的优秀能力,"他具有非常的描写能力,

[①] [捷克] 亚罗斯拉夫·普实克:《抒情与史诗:现代中国文学论集》,李欧梵编,郭建玲译,上海三联书店2010年版,第120页。

[②] 同上书,第122页。

在创造充满情节的场面和唤起读者的现实感方面，特别有天赋"[1]。茅盾的创作目的是反映客观现实，尽可能最大限度地保留描写的客观性，所以他用客观画面的叙述和现实的直接呈现来取代作者的主观叙述。茅盾对小说现实性和客观性的追求导致他必然要用细致的描写、细腻的笔触来进行创作，而这也是茅盾的天赋所在。茅盾将现实与小说人物的情感对照起来描写，通过人物的眼睛来观察现实生活，现实的客观描写与人物的心理活动不断混合。小说人物的情感是主观的、情绪化的，但作者对此的描写又是尽量客观的，普实克以《子夜》的开头为例来分析茅盾描写中内心独白与叙述不断混合的特点。普实克还指出，茅盾作品中对故事人物心理的大段描写和内心独白的频繁出现，表明茅盾的描写从外部现实转向关注人物的内心世界。

二 茅盾与传统小说

普实克在论文里细致地探讨了茅盾对中国传统文学的继承和革新。

第一，在创作方法上，茅盾与传统古典小说的叙述手法完全不同，"旧小说中曾明确表现和强调的叙事者功能（但随着18世纪中国经典小说的出现有所削弱）被现代叙事的第一人称取而代之，它不局限于一人或一地，而是无所不在、无所不见、全知全能的，可以不断变化观察的位置和角度"[2]，茅盾对中国传统文学的了解使他看到了传统文学不能充分地、客观地描写现实，所以他摒弃了古典小说的创作手法，以叙述视角的不断变换来追求完全客观地叙述个人的经历。刘鹗的小说通过精致和复杂的片段描写展示了现实生活的各个方面，而茅盾的作品将批判小说的描写推向了新的高度，是中国文学在走向现实主义、走向对人生诸相的剖析式反映道路上的最高成就。中国旧文学中的轶事传奇已经被茅盾以精雕细琢的场面取代，不再是偶然细节的简单拼凑，代之以精心设计、含义深刻的细节描写，是对中国社会生活深思熟虑后的艺术描写。

第二，茅盾小说中所描绘的人生百态、众生诸相，与吴敬梓的社会谴责小说有相通之处。普实克指出，晚清小说跳出以往小说仅描写个人生活经历的桎梏，追求尽可能广阔地表现现实，曾朴在《孽海花》的序言中

---

[1] ［捷克］亚罗斯拉夫·普实克：《抒情与史诗：现代中国文学论集》，李欧梵编，郭建玲译，上海三联书店2010年版，第123页。

[2] 同上。

表现出以琐事烘托大格局的创作理念,茅盾显然也继承了这一理念,在他的作品里也有尽可能广阔地表现社会生活现实的尝试。茅盾挑选事件精心雕琢,将其建构成一个宏大的完整的世界,在这样描写里,世界仿佛是静止的,只有单个的场面充满动感,"好像一大群人扮演的一系列重要情节凝固成了一幅巨大的静物画"①,他采用的是共时性手法,旨在描写某个典型的情境而非个人的境遇或单个的事件。

第三,茅盾的小说描写的一个特点是将现实和人物的情感相对照,通过小说人物的视角来观察、表现现实生活,这一手法在中国旧文学的作品里并不少见。普实克以《儒林外史》第十四回里对马二先生沿西湖散步这一事件的描写为例,小说先夸赞了天下第一的西湖景致,随后笔锋一转写马二先生眼中之景是各种琐碎的不中看的人事物而非西湖的山水之美,一个老学究形象跃然纸上。这样的事例在中国旧文学中不胜枚举,茅盾的小说描写显然是继承了旧文学的成果。

第四,茅盾作品中人物的"形象化"这一特点显然是有别于中国旧文学的艺术手法的。普实克指出,中国旧文学的叙述并不深入人物的内心世界,只限于记录人物所见所闻,而茅盾的小说里大量描写人物的内心状态,频繁剖析人物内心,这是茅盾有意识地选择与中国旧文学背道而驰。茅盾的小说有意模糊情节的限制,以人物意识的闪动反映事件的模糊轮廓。

三 茅盾与外国文学

如同许多西方学者一般,普实克对中国现代文学和外来文学之间的关系也有研究,在谈具体的作家作品时也常提及外国文学,他对茅盾如此,在对茅盾作品的具体分析研究中经常将其与西方文学比较研究。

普实克在分析茅盾小说的创作手法时指出,茅盾对客观性的追求使得他在叙述时尽可能完全抹去人为叙述的痕迹,这一特征是借鉴了欧洲古典现实主义长篇小说的创作手法的,因为"我们对茅盾作品的描述与文学研究者概括的欧洲现实主义经典作品的特征是完全吻合的"②。他指出,古典现实主义追求叙述的客观性,创作力求客观地、不失真地将外在的物质

---

① [捷克]亚罗斯拉夫·普实克:《抒情与史诗:现代中国文学论集》,李欧梵编,郭建玲译,上海三联书店 2010 年版,第 137 页。

② 同上书,第 122 页。

事实和内在的心理事实叙述给读者，就像画家、照相机、录音机的功能一样，精准地将现实生活的真实面貌展现给观者。而茅盾作品中对客观性的呈现正应和了古典现实主义的这些特性，这是茅盾的创作受其影响的有利佐证。茅盾作品里的现实主义倾向不只表现为他在创作中对客观精准画面的叙述，还表现在他对人物内心的精彩描写。茅盾在一些作品（如《腐蚀》）里摒弃了对客观事实的描写，转而用人物的直接叙述形式表述，让读者以这种方式去感受他所描写的社会环境的氛围，这种方式给读者的客观感受更为真实。

普实克指出，茅盾作品里的人物形象不甚明晰，因为茅盾只是用他笔下人物的眼睛所见来描述周围世界，但对人物复杂的内心和情感起伏其实并不关注，这就导致读者得到的人物印象是模糊的、不确定的、变化的。而正是茅盾这种关注时事性事件、忽视个体性格的特点，表明了茅盾的现实主义异于同时期其他作家的现实主义，也异于自然主义作家。茅盾采用的是共时性手法，他创作的是某个典型的情境而非单个的事件或个人的命运；而自然主义作家采用历时性手法，通过对某个具体人物从生至死的描写来表达对其命运的看法。茅盾的现实观也不同于自然主义作家。自然主义作家对物质现实抱有极大的热情和欣喜，赞美大自然色彩纷呈的美及其丰富的创造力，这点在茅盾的作品是无迹可寻的。普实克指出，茅盾的现实主义与左拉的自然主义中最大的分歧在于对个体的认知，左拉的文学中存在着一个浪漫式的英雄，他是革命者的化身，是时代的象征，是人们受之鼓舞与之前行的存在，但在20世纪20年代以后的中国，个人行动不具有任何意义，浪漫主义英雄在中国新文学中毫无立足之地。

四 茅盾小说的时代特征

普实克指出，茅盾作品中有一些倾向表现得十分明显，基于茅盾的创作与时代联系紧密这一特征，可以推测出这种倾向里所透露出来的时代特征，"如果我们发现这种倾向在他的作品中表现得极为突出，那么，我们应该推测到，这种倾向一定是具有显著的时代征兆，表达了对整整一代人产生了深刻影响的某种必然性"[①]。普实克在研究中也力图通过对具体作品的分析来触碰那一代人的时代特点。

[①] ［捷克］亚罗斯拉夫·普实克：《抒情与史诗：现代中国文学论集》，李欧梵编，郭建玲译，上海三联书店2010年版，第121页。

(一) 悲剧性

普实克首先注意到的是流露在作品中的生命的悲剧感以及叛逆心理,茅盾的第一个三部曲《蚀》就令人信服地记录下了大革命时期青年人对生命的悲剧性感受,小说中流露出深深的悲观情绪:《幻灭》从题目就暗示了作者的情绪,青年人抱着崇高的理想开始,收获的却是彻底的绝望;《动摇》里的年轻知识分子同样满怀希望,却因为自己的软弱性,所有努力付诸东流,甚至在小说结尾,农民将短发的姑娘视为可恨的城市的象征将其杀害;《追求》里的悲剧性最强,三对年轻男女的生活彻底被打碎,在短暂的逃避后,故事以人物的或死亡或自杀收尾。"作为茅盾的第一部重要作品,《蚀》给我们的印象是,茅盾在他的周遭看到的只有幻灭和死亡。"① 普实克如是说道。茅盾的作品里的悲剧感来自人物抗争的无济于事,因为命运的力量是强大和无所不能的。即使茅盾描写的只是某个人的命运,但他反映的却是某类人的命运,因为他叙述的这个人是其所属阶级的代表,这种悲剧感被扩大,受命运煎熬的从单个人物扩展到某个家庭、某类人民、某个阶级乃至整个国家。个人在席卷一切的、不可抗的、深不可测的洪流面前,所有的努力都是徒劳的。普实克指出,茅盾作品里的这种悲剧观与自然主义世界观有某种相似性。

(二) 主观主义

普实克对中国现代文学的研究里有一个论点是经常被提及的,即中国文学的"主观主义"和"个人主义",观点在《中国现代文学中的主观主义和个人主义》一文中有详细论述。普实克对主观主义的解释是,"……关注作家个人命运和个人生活的倾向,我们称之为主观主义,大量的自传和回忆录都佐证了这种倾向的存在"②,中国现代文学里不断发展的主观主义表现为主观性、内向性,偏向描写个人经验、向内探究人的内心。普实克指出,茅盾在创作时为了角色的形象化和内心活动的外化,采用了"表达个人的经历和感受(也就是说,叙述者的形象化)"③ 这种表达倾向,他认为这是作者倾向于主观主义的表现,是作者基于表达强烈情感的

---

① [捷克] 亚罗斯拉夫·普实克:《抒情与史诗:现代中国文学论集》,李欧梵编,郭建玲译,上海三联书店 2010 年版,第 6 页。
② 同上书,第 8 页。
③ 同上书,第 128 页。

动因而选择的形式。茅盾对自我生活的关注，是从旧的封建制度的压抑下获得自由的人们的必然转向，是那个时代的症候，这种流行情绪导致了人们在某种文学形式时各有偏爱。

（三）典型性

普实克说："从总体上说，集中描写高度紧张的瞬间，是这一时期中国文学的主要特征之一，最优秀的作品最大限度地集中描写了某个最重要的时刻，通常都是悲剧性的时刻。作家们显然觉得，只有描写人类命运最善良的瞬间，他们才能公正地对待自己的时代。"[①] 茅盾的作品是通过一个个悉心构建的细节来记录社会的运转或是反映某种社会状况。他所选择的素材都是社会发展中的高潮，如他在《子夜》里描写的造反农民占领小镇、罢工工人与工贼斗争、街头游行、金融投机和股票交易破产等这些场景。他以这种凝练的有典型性的画面，共同拼接成该时期的主要轮廓，这样的轮廓几乎全方位地展示了时下中国所有最重要的历史进程。

第二节 约翰·博宁豪森的研究：茅盾早期小说里的现实主义立场和风格

约翰·博宁豪森（John David Berninghausen）1980年于斯坦福大学毕业的博士论文《茅盾的早期小说，1927—1931：他的现实主义立场和风格》[②] 是英语世界研究茅盾的重要论著。论文通过对茅盾在1927年秋到1931年末期间所创作的小说作品的文本细读和分析，研究茅盾早期作品主题（thematic concern）和茅盾为此采用的文学技巧（literary

---

① [捷克]亚罗斯拉夫·普实克：《抒情与史诗：现代中国文学论集》，李欧梵编，郭建玲译，上海三联书店2010年版，第135页。

② John David Berninghausen, *Mao Dun's Early Fiction, 1927—1931: The Standpoint and Style of His Realism*, Ph. D. Thesis, Standford University, 1980. 该书是博宁豪森的博士学位论文，国内专著《茅盾研究在国外》介绍该书时将标题译作"三十年代茅盾的小说创作：他的社会主义现实主义立场和风格"，称论文发表于1974年，但笔者所获取的这篇毕业论文上标注的时间为1980年，故在研究中以1980年为准。另该书的第一章"茅盾早期小说中的中心矛盾"（"The Central Contradiction in Mao Dun's Earliest Fiction"）收录于Merle Goldman主编的《五四时期的中国现代文学》（*Modern Chinese Literature in the May Fourth Era*）中，1977年哈佛大学出版社出版，中译文收录于李岫主编的《茅盾研究在国外》，王培元译，该书1984年由湖南人民出版社出版。

technique）之间的相互关系。博宁豪森认为任何小说作品的观点\立场（Standpoint）或多或少都会受作者所采用风格（style）的影响①，正如意识形态会左右风格或体裁一样，因此他选取茅盾创作于1927—1931年的小说作品为对象展开研究。论文共分为六部分：第一部分是博宁豪森对茅盾的作品文本中意识形态和文学特征的研究，提出了"茅盾早期小说中的中心矛盾"（The Central Contradiction in Mao Dun's Earliest Fiction）这一命题，将着眼点放在茅盾小说中的中心矛盾上，从哲学的层面探讨其文学内涵；第二部分是作者对茅盾的短篇小说《创造》展开的详细的文本分析；第三部分里作者指出西方小说对茅盾的巨大影响，这影响不只是从茅盾作品中表现出的现实主义或自然主义特征中可探知，茅盾所创作的"他者"（Other）明显是西方文学现代主义影响下的体裁因素；第四部分里作者详细分析了茅盾的《三人行》的风格和立场；第五、第六部分里作者分别从"立场"（Standpoint）和"风格"（Style）两方面对前文所阐述的观点进行论述总结。

一 茅盾早期小说中的中心矛盾

文中博宁豪森以辩证的文学批评方法研究茅盾早期的小说作品，即茅盾创作于1927—1931年的小说作品，博宁豪森将研究重心集中在小说中献身革命和追寻个人完善二者间的冲突，指出这一矛盾贯穿作品始终，是研究茅盾早期小说和小说人物的关键，提出"茅盾早期小说中的中心矛盾"这一命题。博宁豪森指出，正确认识小说里的中心矛盾对于研究茅盾早期小说十分重要，"为了从由个人经济、异化、下降的经济地位所带来的不安感中解放，挣脱中国传统文化（特别是加在妇女身上的来自家庭和社会的桎梏）的束缚，从而拯救自我，解放个体，而积极献身革命斗争的目的是为了建立一个更为公正的社会及拯救国家，这两者之间的矛盾就构

---

① 博宁豪森的"立场"指"任何小说作品所固有的或隐或显的意识形态价值观"（"The explicit and implicit ideological value which are inherent within any work of fiction." In John David Berninghause, *Mao Dun's Early Fiction*, *1927—1931*: *The Standpoint and Style of His Realism*, Ph. D. Thesis of Standford University, 1980, p. 1.），"观点"指"'讲故事'时采用的文学策略的集合"（"the total combination of literary devices usd in 'telling the story'", in John David Berninghause, *Mao Dun's Early Fiction*, *1927—1931*: *The Standpoint and Style of His Realism*, Ph. D. Thesis, Stanford University, 1980, p. 1.）。

成了茅盾早期小说中的核心主题"①。因此博宁豪森从茅盾早期小说的内在结构和思想含义方面入手，通过引导读者和评论者深入认识茅盾早期作品里中心矛盾的两方面以及彼此的结合，使其能深入且正确地理解茅盾的早期小说作品。博宁豪森从"一九二七年大革命失败后的幻灭""动荡的时代和个人的不安全感""恋爱、妇女解放和个人的完善""现实主义和客观现实"四个方面来进行论述。

"一九二七年大革命失败后的幻灭"里作者主要是从革命理想与现实生活的差距间的冲突这一角度对茅盾早期小说中的中心矛盾进行论述的，作者指出这一冲突关系不仅出现在小说人物身上，也存在茅盾本人的作者身份和革命家身份之间。首先，博宁豪森指出，茅盾早期作品中的青年主人公，如《幻灭》里的静，《动摇》里的方罗兰，《追求》中的张曼青、章秋柳等，都面临着"如何生活"这一亟待解决的迫切问题，这些角色多出生自书香门第，年纪轻轻但受过高层次教育、有理想追求但社会定位未明。《幻灭》描写了静在五卅运动至大革命失败这一阶段的故事；《动摇》的故事集中于1927年湖北省未名县城里方罗兰在爱情和革命方面的徘徊和动摇；《追求》记录的是青年革命分子在革命失败后的混乱状态。茅盾正是通过历史背景描写、情节发展和人物塑造来展示这些带有浓厚政治色彩的青年知识分子对生存价值、社会定位的追求历程的。其次，博宁豪森指出，在作家茅盾和革命家茅盾之间同样存在有革命理想和现实生活的冲突问题。茅盾的小说创作始于其对革命的幻灭，他亲历了1927年大革命的失败，对中国传统社会或国民党右派政权的不认同和对大革命失败的愧疚使得茅盾产生了一种紧张悲观的心理状态，而小说正是茅盾选择用以表现其在大革命失败后的极度紧张的心理状态的文学载体。作为革命家的茅盾试图通过小说描绘革命理想的生活图景，作为作家的茅盾则致力于描绘社会生活的真实景象，革命现实的惨淡和革命理想的光明都表现于茅盾早期小说里。茅盾在创作中十分执着于人物的独

---

① "The pursuit of personal liberation from economic insecurity, alienation, reduced social status, and the constrictions of traditional Chinese culture (especially those enforced upon women by family or social limitations) in order to save one's individual self versus devoting oneself to active participation in revolutionary struggle in order to build a more just society and save the nation are themes central to most of Mao Dun's early works." In Merle Goldman, ed., *Modern Chinese Literature in the May Fourth Era*, London: Harvard University Press, 1977, p. 234.

立精神和正直品格，他早期作品中的主人公虽大都沉浸在失望悲伤沮丧的氛围中，但即便如此却仍执着地追寻革命理想。茅盾作品中的关于革命和自我完善之间的矛盾心理里透露出的是其对支持革命力量的微妙暗示，而非一些批评家所言的反对革命的悲观心理。[1]

"动荡时代和个人的不安全感"里作者指出，茅盾早期小说里的主人公虽条件优越，但他们在择业方面却并不如意。这一现象源自其理想的复杂设定：既想推进社会变革、献身革命，又向往高品质的社会生活的定位；造成这一现象的最终原因则是社会的动荡：这些青年主人公能敏锐地意识到时代的急剧变动及动荡的不可预料性，这一认知带来了严重的异化和不安全感。茅盾之前的中国知识分子曾致力于改变中国制度和价值以适应社会的日益变化，但这一努力最终归于无效，茅盾放弃了在小说中批判中国的旧传统、旧制度和儒家学说，代之以对时代变幻和个人不安全感的描写，引领人们认识到"一种成功的革命变革的征兆"。博宁豪森继而探讨了茅盾对此的表现手法：首先，茅盾善于通过小说人物的内心独白引领读者触探其内心世界，如《幻灭》中慧对静袒露心扉的信、《路》中火薪传在长江渡轮上的一段心理活动、《创造》中娴娴对君实的回应、《动摇》里方太太对丈夫批评的回答，而茅盾通过内心独白或人物心理剖析所表达的焦虑、悲观等情绪，最终都烘托了社会和政治的紧张局势；其次，茅盾叙述中常以机械或技术的修辞手法（包括隐喻、明喻、象征），以此表现人物在面临未知的未来或卷入现代化社会时所产生的异化感和无力感，而这种情感产生自西方科技的入侵和工业革命初期所带来的深刻变革；最后，小说中常出现的象征主义的意象也是茅盾常使用的手法之一。茅盾常在创作中通过强有力的象征主义手法来表现一些平凡事物，博宁豪森以茅盾在《三人行》后面部分的叙述为例，如云面对小火轮、飞机、洋水车等的出现发出"世界是变了样"的感叹，作者认为茅盾正是通过象征性意象来暗喻技术革新和变革加速了对传统小农经济和传统理念的摧毁，这是茅盾的一贯手法，即通过"偶尔的抒情式描写以及对自然景物、天气、光线的典型性叙述，又或是作者运用自然景物或不具有生命的事物来拟人

---

[1] Merle Goldman, ed., *Modern Chinese Literature in the May Fourth Era*, London: Harvard University Press, 1977, pp. 235-243.

化描述,以此反应人物的心理"①。②

"恋爱、妇女解放和个人的完善"里博宁豪森从茅盾作品中的女性形象着手展开研究,他指出茅盾早期作品中的女性形象创作于妇女解放的意识思想和社会实践非常兴盛的时期,当茅盾作品中大部分主人公都在致力于挣脱传统、腐朽或个性压制的束缚时,茅盾所创作的女性形象就更具有代表性和典型性了,这也是得到许多评论家和文学史家共同认定的。博宁豪森主要分析了《创作》里的娴娴、《虹》里的梅行素这两个女性形象,指出这两个形象十分相似,都"连接了在个性解放(女性个体)和政治责任(特别是参加拯救中国的斗争和献身革命)二者间矛盾的两方面"③。博宁豪森同时指出,虽然茅盾在塑造这类女性形象时赋予其反传统、反封建、追求自我完善等特质,但同样也注入了其对现代解放女性的矛盾态度,《自杀》里环小姐在追求独立后的最终结局就表现了茅盾对革命的矛盾心理,同时茅盾早期作品中常出现的某一男性主人公同时徘徊于两个互为映衬的女性的这一情节也是证据。④

"现实主义和客观现实"里博宁豪森从现实主义和客观现实的角度来探讨茅盾早期作品中的矛盾。博宁豪森指出,茅盾是一个现实主义作家,致力于描写他所观察到的客观现实,茅盾对客观现实的追求导致了部分批评家对其作品"缺少正面英雄或典型人物"的批评。作者认为茅盾所塑造的人物不同于说教的批判现实主义或革命浪漫主义作品中典型形象的抽象化和极端化,茅盾或描写集中了矛盾两方特质的人物,或塑造两个不同人物彼此衬托,通过这一手法所呈现的人物形象更真实立体。因为亲历了革命失败的悲观压抑时期,茅盾早期作品中的男性主角多表现为或象征了

---

① "Not infrequently does one stumble across an unexpected patch or lyrical description, typically a word painting of a natural scene, the weather, the lighting; alternatively, the writer uses a setting in which nature or some inanimate thing described is personified to reflect the protagonist's mood." In Merle Goldman, ed., *Modern Chinese Literature in the May Fourth Era*, London: Harvard University Press, 1977, p. 247.

② Merle Goldman, ed., *Modern Chinese Literature in the May Fourth Era*, London: Harvard University Press, 1977, pp. 244-248.

③ "Link both sides of the contradiction between the liberation of the indivdual (the individual woman) and political responsibility (participating in the struggle to save China and make revolution)." In Merle Goldman, ed., *Modern Chinese Literature in the May Fourth Era*, London: Harvard University Press, 1977, p. 251.

④ Merle Goldman, ed., *Modern Chinese Literature in the May Fourth Era*, London: Harvard University Press, 1977, pp. 249-254.

青年对革命的消极、悲观反应，这一现象直到其1930年加入左联之后才得以改变，《喜剧》和《三人行》便是茅盾描写低层社会阶级次要人物的首次尝试，而在这类人物的塑造中透露出的是茅盾对无产阶级革命矛盾态度的积极性认知。博宁豪森指出，茅盾的客观性追求及其读者的阶级地位，都使他不能简单化地将经济压力描述为资产阶级青年改变信仰拥护革命的原因，而他在《喜剧》和《三人行》中的尝试标志着他的作品已渐趋成熟。①

二　对《创造》的文本分析

论文第二章"《创造》：茅盾第一篇短篇小说"是作者以短篇小说《创造》为研究对象进行的研究，博宁豪森首先指出小说的标题"创造"建立在故事的中心主题——丈夫（君实）按自己的价值观和喜好来改造自己的新娘将其"创造"成一个理想的妻子（娴娴），这一主题显然与萧伯纳的《卖花女》（*Pygmalion*）十分相似。故事一共分为三个部分，第一部分和第三部分的情节设定在卧室的一个早上，通过君实和娴娴的对话交流来展开情节；第二部分则采用插叙的手法将相关背景信息（如君实为何要娶娴娴）交代给读者。博宁豪森指出这正是茅盾的一贯风格，即通过客观的叙述声音引导读者的反应，使读者既能直接明白故事人物的思想感情，又能认可故事的真实性。②

《创造》的女主人公娴娴正是其丈夫君实的"创造"：君实在数年找寻理想伴侣未果之后，决定自己亲手打磨一块璞玉，那就是他的表妹娴娴。而君实对娴娴的"创造"主要表现在两方面。一是政治思想方面。君实觉得娴娴对政治缺乏兴趣，于是便引导她阅读柏拉图、托马斯·霍布斯、卢梭、克鲁泡特金、马克思、列宁和尼采等人的著作，以取代她从其父处继承的老庄思想和乐天达观出世主义思想，他本以为能引导娴娴与其温和的政治立场一致，然而结果却不尽如其意；二是生活情趣方面。君实对娴娴的"创造"还包括治疗她的害羞症状以及在夫妻亲热和激情时刻的沉默不语，为此他曾数次与娴娴去莫干山上避暑去追寻刺激，最后君实

---

① Merle Goldman, ed., *Modern Chinese Literature in the May Fourth Era*, London：Harvard University Press, 1977, pp. 254-259.

② John David Berninghause, *Mao Dun's Early Fiction, 1927—1931: The Standpoint and Style of His Realism*, Ph. D. Thesis, Standford University, 1980, pp. 59-60.

虽然改变了娴娴娴静娇羞的习惯，但却又养成了娴娴肉感的、要求强烈刺激的习惯。[1]

博宁豪森同时提醒读者，《创造》的最后一节里娴娴已经超越了她的丈夫，这一转变不只是因为娴娴较之其伴侣更为思想进步、个性解放，还因为她更独立、更能成功影响她丈夫的行为：娴娴从通过身体诱惑慰藉君实使其能接受她的改变，到最后劝说君实改变观点以追上她的步伐。君实在妻子热情相待的欢愉时刻突然意识到娴娴正试图用自己的肉体魅力躲避他的抱怨，还将娴娴拥抱他时滴落一对泪珠误解为女子灵魂的脆弱，于是他得到了片刻的释怀，认为自己终能将娴娴塑造成自己的理想伴侣，为了获得最后的胜利，"他必须继续奋斗，在娴娴心灵中奋斗，和那些危险思想，那些徒然给社会以骚动给个人以苦闷的思想争最后之胜利"[2]。但此时的娴娴已完全从君实对她身份的掌控中挣脱开来，她以一个灵活姿势从君实的怀中滑了出来，溜进了梳妆台侧的小门，洗浴之后翩然离去，并让王妈转告君实，如果他不能赶上她，那她便不再等他了。[3]

博宁豪森对茅盾的短篇小说《创造》的研究主要从主题元素、风格元素这两方面展开，同时他还梳理评价了其他批评家对《创造》的研究，并提出自己的观点。博宁豪森对《创造》里主题元素的分析主要集中在以下几方面。

(一) 心理维度

茅盾对于《创造》里面的两个主人公的心理维度十分注重，这也是他在日后一段时间内写作长短篇小说的着重之处。而读者更感兴趣的是茅盾所描述的婚姻关系以外的东西，在君实的心志静止的同时娴娴的心理却是不断变化的，他们之间所存在的问题正是长久以来夫妻关系中需要解决的问题，也是当时中国的现代青年夫妻所面临的问题。博宁豪森指出，茅盾在小说中用一定的篇幅展示了君实与大众的异同，深度挖掘君实在言语、行动背后的内心想法、焦虑和目的，以君实在床上的停滞（stasis）对比娴娴下床离开的动态（dynamism），通过描写这对已婚夫妻

---

[1] John David Berninghause, *Mao Dun's Early Fiction, 1927—1931: The Standpoint and Style of His Realism*, Ph. D. Thesis, Stanford University, 1980, pp. 61-63.

[2] 茅盾：《创作》，见《茅盾全集》（第八卷），人民文学出版社 1985 年版，第 24 页。

[3] John David Berninghause, *Mao Dun's Early Fiction, 1927—1931: The Standpoint and Style of His Realism*, Ph. D. Thesis, Stanford University, 1980, pp. 61-63.

的心路历程和语言/行动互动（verbal/physical interaction）来营造一个近乎真实的环境。作为小说家的茅盾喜好从心理领域（psychological realm）展开细致研究，试图描述其小说主角心理特质的决定性因素和可能原因。小说的第二节的叙述就围绕着君实展开，使读者获得一些相关背景信息，如君实父亲有意识的庭训和人生教诲对其人生的影响等，这也是君实为何抱怨娴娴的不喜政治和乐天达观思想，但同时娴娴的思想同样是继承自她的父亲。

（二）父子关系（传统文化与现代理念）

博宁豪森指出茅盾早期小说中父母和其抚养的孩子之间的互动是缺失的，在《创造》中，两个主人公的父亲虽有提及但描述篇幅有限，他们的责任的相对缺失正与期待中国强盛的五四青年一代对老一辈诸如儒家虚伪、官僚主义、文化沙文主义、贪腐、无能等的责难相对应。但博宁豪森提醒读者注意，《创造》中的两位父亲在故事发展的重要方面却无意义，这与茅盾在其他早期小说中使用的策略不同，因为茅盾叙述的故事里如果主角的父亲一旦被提及，所展现的形象多为负面的（这可能与茅盾本人的父亲在他十岁的时候就早逝有关）。《创造》中的两位父亲是君实和娴娴不同的观点、理念的源头，而两人观念的失败象征着五四知识分子对传统长者的彻底反叛，这也是茅盾其他小说中的常见模式。

（三）西方价值和习俗

五四文学中有一常见主题，即西方的价值观和习俗对中上阶层城市青年的影响，博宁豪森认为这一主题在《创造》里表现为从文化角度上而言的异国的（相较于中国人而言）"理想婚姻观"。中国老式婚姻观讲究"父母之命、媒妁之言"，而受教育的进步青年反抗的正是这样盲婚哑嫁的婚姻关系，选择婚姻的自由正是他们要争取的权利，而如何进入到理想婚姻则是他们要探讨的问题，最终他们接受了西方将爱情视作完美婚姻的概念，将理想婚礼界定为建立在爱情上的和谐关系。博宁豪森继而对文本进行分析，他指出茅盾对君实和娴娴婚后在品味和愿景方面的分歧展开高度还原的分析式描写，同时这段关系是动态的，是在不断改变的，他们的婚姻始于君实的"创造"，故事却终于娴娴的反超。

（四）色情（eroticism）

博宁豪森指出茅盾早期小说中的情色描写在当时是十分超前的，这一点即使与 20 世纪初期的中国小说相比也是足够前卫的,而茅盾作品中的这些情色描写可能是受 19 世纪晚期的西方现实主义和自然主义影响,这招致了 1933—1934 年左翼政治批评家对茅盾作品中的色情部分和元素的批评。博宁豪森认为,茅盾早期小说中偶尔出现的色情部分不仅是茅盾用于吸引读者注意力的一个风格元素,还与这些作品的思想或意义紧密相连。在博宁豪森看来,茅盾和其同时期的五四作家一样,他们在作品中进行的叛逆式的性描写正是其批判儒家的礼节和伪善的手段。①

(五) 男性沙文主义和妇女解放

博宁豪森在这部分的研究中指出,短篇小说《创造》中的一个关键因素就是丈夫(君实)通过塑造理想妻子、控制其思想意识以满足自己、保有自我,但讽刺的是,君实的"创造"娴娴却超出了他的控制,当娴娴参加女性运动之后她在思想和行动上甚至已经领先于他。君实和娴娴之间的矛盾正是男性沙文主义和女性解放之间的矛盾,这一矛盾在这篇短篇小说中处处可见。②

(六) 主题象征

茅盾小说中的象征元素一直是研究者们极为关注的部分,博宁豪森同样对此进行了论述,他指出《创造》中的两个主角君实和娴娴都是具有象征意义的,这一点通过茅盾的写作手法可以看出。小说开篇茅盾就通过详细地描写两人的卧房以透露二人的阶级背景和社会地位,读者只知道君实的财产继承自亡父,对于其谋生手段并不知晓,君实和娴娴的矛盾并非来自经济方面。博宁豪森认为,君实和娴娴各自象征了五四年轻一代的消极和积极方面。君实,是自欺的、对潜在问题和现实无反应的、自我脆弱的、沙文主义的、对现在不满却又对未来恐惧的一类人;而娴娴,正如其名字所暗喻的一样,象征着这一时期积极的、充满希望的、未堕落的、精力充沛的、现实主义的、有自我意识和非传统的年青一代。此外,博宁豪森指出的《创造》中的象征因素还有两点需要注意:博宁豪森将君实视作追随国民党而非革命或进步政党的象征,他还指出娴娴反驳君实时候所用的大人哄骗小孩的比喻,一方面对娴娴,君实希望她像个小孩一样臣服

---

① John David Berninghause, *Mao Dun's Early Fiction, 1927—1931: The Standpoint and Style of His Realism*, Ph. D. Thesis, Standford University, 1980, pp. 63-70.

② Ibid., pp. 70-71.

于他的指责，但同时也暗含茅盾批评国民党一党专政阻碍民主进步的政治象征。①

在"风格元素"部分博宁豪森对《创造》的风格元素进行了分析和研究，经他指出的《创造》中的风格元素有三。一是细致描写。《创造》一开始就是茅盾对卧房的详细的环绕式描写，正如摄像机镜头慢慢拉近一般，茅盾这样的叙述风格在这篇小说中很常见，博宁豪森指出很可能是受到欧洲现实主义的影响。二是人格化（personification）。博宁豪森以《创造》开篇对客厅的描写为例，"宛然是淘气的女郎的笑脸，带了几分'你奈我何'的神气，冷笑着对角的一叠正襟危坐的洋装书，它们那种道学先生的态度，简直使你以为一定不是脱不掉男女关系的小说"②，客厅里的事物都被赋予了生命，他认为这正是茅盾从中国诗歌中所继承的"移情"（pathetic fallacy）元素，这一文学技巧出现于茅盾的早期创作中，但在其后期的小说中也时有出现。三是心理叙述。尽管茅盾善于通过细致描写和富有形象的语言来开始故事或过渡情节，但他并不热衷于此，这样的风格只出现于很少的段落，一旦茅盾将相关背景信息介绍完毕，他便深入到心理现实主义领域，其语言风格便会相应地变得平实且"客观"。茅盾小说里人物内心的主要表现方式描写人物的物理/触觉/感官体验和记忆闪回（memory flashback），并且为了使心理描述更加真实可信，茅盾选择只描写某一个聚焦人物（focal character），如在《创造》中他就将描写的重心集中在君实身上。

在"批评研究"部分，博宁豪森主要阐述了钱杏邨、邵伯周、夏志清、普实克对茅盾《创作》的批评和研究，并对此提出自己的见解。钱杏邨肯定了娴娴的现实主义性，但批评娴娴所信奉的现实主义是肉感的、享乐的、不正常的现实主义，钱杏邨将君实视作一个向往过去但对未来无所求的人；邵伯周指出娴娴是一个受时代影响的现代女性，虽然娴娴既能把握现在，又能直视未来，但她内心深处仍有焦虑和彷徨；夏志清指出在娴娴的社会主义立场与其丈夫有了分歧之后，离开是唯一的选择；普实克就《创造》的结局提出与夏志清不同的观点，他认为娴娴离开时的留言模棱两可，并不能只因为她思想和行动独立、对政治产生兴趣就简单认定

---

① John David Berninghause, *Mao Dun's Early Fiction, 1927—1931: The Standpoint and Style of His Realism*, Ph. D. Thesis, Standford University, 1980, pp. 71-75.

② 茅盾：《创作》，见《茅盾全集》（第八卷），人民文学出版社1985年版，第1页。

其社会主义立场，而小说的叙述平稳、心理描写细致、丈夫的理论观点和实践差异之间的讽刺性对照正是茅盾的艺术表现力所在。博宁豪森认为夏志清和普实克的观点并无差异，因为他们的关注点并不正确，博宁豪森批评夏志清和普实克仅凭对茅盾其他小说中几个人物的研究就简单对《创造》下了结论，事实上《创造》的重点并非娴娴是否是社会主义者，亦非娴娴是否加入了革命势力，这部小说的心理和女性主义因素才应该是研究的重点。从故事的结构和风格可知，《创造》里的君实和娴娴彼此是辩证存在的，他们反映的是在社会快速变化的转型时期，个人所可能面对进步或者退步。当娴娴通过解放和自我完善不断进步和完善的时候，她的丈夫君实正在新时代的面前故步自封、消极以待。①

三　茅盾早期小说中的现代主义元素

不少学者都曾指出茅盾的小说明显受到 19 世纪欧洲现实主义和自然主义的影响，但都不曾看到茅盾早期小说中风格和主题流露出的现代主义元素。博宁豪森提出现代主义元素是茅盾的早期小说里的一个重要存在，虽然这一元素因社会评论、抗议以及进步主义或革命内容等影响而不断缩减，以致茅盾最后选择了现实主义的风格，但研究这一元素对理解茅盾的早期小说显然是十分重要的。为了更好地理解"现代主义"（modernism）这一术语，博宁豪森先后梳理了雅克·巴尔赞（Jacques Barzun）、欧文·豪威（Irving Howe）、费舍尔（Ernst Fischer）、雷蒙·威廉斯（Raymond Williams）、卢卡奇（Georg Lukás）、莱昂内尔·特里林（Lionel Trilling）的论述，使读者对现代主义有一个简单的认知：现代主义作家普遍擅长描写变形甚至是主观内在对话的混沌，比如写作中使用内心独白（interior monologue）或者意识流（stream of consciousness）。现代主义作家热衷于创造受非理性或潜意识束缚的主角，他们（主角）往往在狂热的激情和病态的自我怀疑中徘徊，分裂为疏远厌倦和颓废刺激两个状态。②

博宁豪森指出茅盾早期小说中是存在现代主义元素的，如倦怠（boredom）、异化（Alienation）和意识碎片（Fragmented Consciousness）等元

---

① John David Berninghause, *Mao Dun's Early Fiction, 1927—1931: The Standpoint and Style of His Realism*, Ph. D. Thesis, Standford University, 1980, pp. 75-82.
② Ibid., pp. 86-91.

素。茅盾早期小说中的青年主角常常面临倦怠和不适感，他们必须克服这种感觉以免其生活被此支配。这与许多现代主义西方小说（创作于1910—1928年）一样，这些小说中的主角都试图建立自我意识，但同时深受倦怠、异化、自我意识与外部现实脱节的困扰。博宁豪森以茅盾小说《虹》中的女主角梅行素为例进行论证，梅女士试图从无用的存在所导致的倦怠和中国传统社会对女性的狭隘束缚中释放自我，她敏锐地意识到自己被环境和情感所束缚，不由自主地做了许多之前不愿做甚至不屑做的事情，因而将人划分为或兽性或人性的两类。博宁豪森指出，为了描写文学作品里人物内心的焦虑和矛盾，现代主义叙述技巧也在不断发展之中，19世纪晚期的现代主义作品还是通过对人物的心理历程进行叙述描写，到20世纪的时候就已经发展成为"意识流"的叙述方式，即用一串非理性的词语来描述人物零碎的心理意象的流动，这在茅盾的早期小说中多处都有出现。在博宁豪森看来，茅盾的风格本身所偶尔表现出的不可预见的扭曲和其转向内心真实的方式都是现代主义作品的直接证明。在《幻灭》第六章的叙述中，静一直都表现得情绪不佳，但造成其心情不畅的原因却未曾提及，似乎这正是她应该有的状态，虽然静试图将自己这种近乎偏执的行为解释为"神经过敏"，但这种情绪确实已经占据了她所有的思想和行为。随后茅盾采用第三人称叙述静身边的场景：前楼的二房东老太太的絮叨、窗下墙角的争吵、苍蝇的盘旋莽撞、桌上撕破口的信封。博宁豪森指出，这正是茅盾的惯用手法，如用人格化的手法将信封描述成张着撕裂口表示抗议静，用苍蝇的莽撞象征静此刻的状态，茅盾正是用这种方式让读者了解静的所感所想以及她是如何应对外部刺激的。博宁豪森另外列举叙述的一个例子是茅盾的另一部小说《路》。[1]

博宁豪森指出茅盾早期小说中另外一条现代主义写作技巧就是幻觉的运用。《创造》的结尾处君实恍惚所见的小小的象牙兔子一点一点变大成人形，《诗与散文》中青年丙在醉意中所见的从桂眉梢口鼻、颈际发尾所飘浮而出的小金星，正是茅盾对人物的感知和错觉的描写。博宁豪森指出，现代主义作家为了凸显诸如烦闷、异化、堕落或焦虑等现代人的基本内在现实（internal reality），会借用准确描述思想碎片（fragmented thoughts）和"焦点意识"（focal consciousness）感觉的叙述技巧，而茅盾

---

[1] John David Berninghause, *Mao Dun's Early Fiction, 1927—1931: The Standpoint and Style of His Realism*, Ph. D. Thesis, Standford University, 1980, pp. 91-95.

使用的正是这样的技巧。茅盾在小说《路》中曾将主角薪比喻成一台机器,能接受外界信号也能起反应,但却一闪即灭,博宁豪森认为茅盾在此处所使用的修辞手法既有描写思想碎片的暗喻,还用了人格化手法来表现人类在日益机械化的社会里的异化感。五四时期提倡"白话""现代"文学的新作家对文化传统、古典语言和儒家传统并不接受,对于高度工业化和个人主义的西方世界抱有极大的热情,他们愿意尝试一切来自欧洲、美洲等西方国家的新鲜的、迥异的、能对传统造成冲击的文学形式,茅盾对现代主义的接受便源于此。博宁豪森随后将批判现实主义和现代主义进行了对比研究,他指出卢卡奇和费舍尔及许多马克思主义批评家都提倡用批判现实主义替代现代主义,他们所谓的批判现实主义正是19世纪现实主义小说和戏剧的立场和风格的延续,即履行文学和艺术的社会批判功能。批判现实主义作家旨在通过对某一时期某一人物的个性和社会类型的准确描述,揭露整个社会环境里社会力量间的相互作用。事实上,从意识形态视角和风格来说,茅盾身上的批判现实主义色彩更明晰,茅盾的许多小说作品如短篇小说《当铺前》,"农村三部曲"里的《春蚕》《子夜》《三人行》等,其中都大量使用了社会学和政治学方法,他后期创作的小说里经济因素变得至关重要,博宁豪森便以此推断茅盾所采用的自然主义风格与他的政治视角和目标是一致的。[①]

博宁豪森在"不道德的感官主义"部分主要论证的是西方现代主义小说的常见主题在茅盾的小说《追求》中的体现,常见主题包括异常甚至奇异举止和性格类型的吸引力、自我毁灭的享乐主义、虚无主义、在自我中心的和不接受承诺的承诺中找寻存在意义。《追求》是茅盾《蚀》三部曲中的最后一篇,是茅盾对激进学生在革命失败后的失落、迷茫、绝望等心理的继续探究,茅盾对《追求》的分析主要从这两方面入手。首先,对故事人物做简要的分析,研究其现代主义特征。章秋柳在故事中所扮演的是一个目光短浅的享乐主义者,对未来不抱有任何期待,她的人生哲学便是享乐刺激,这正是她在武汉革命失败之后的应对方式;小说中史循是一个颓废的奇异个体,其所表现的意识形态或(人生)哲学正是茅盾在现代主义视野下所挖掘出的20世纪生活的消极存在。其次,梳理茅盾对现代社会的观点。虽然茅盾小说中的人物普遍流露出的悲观主义和虚无主

[①] John David Berninghause, *Mao Dun's Early Fiction, 1927—1931: The Standpoint and Style of His Realism*, Ph. D. Thesis, Standford University, 1980, pp. 93-101.

义的特点与许多现代主义作品中借由人物或叙述声音所表露的态度十分类似，但茅盾作品中的这一特质是受马克思主义和人道主义影响，对现代社会许多方面都采取批评和控诉的态度，如茅盾小说中反复出现的意象、小说里所反映的社会环境、资产阶级发展现状都表明现代主义所带来的影响大多是负面的，现代主义文学艺术的不道德观点最终会被一种积极的、道德的新的写作方式所取代。[1]

四 《三人行》：一个政治寓言

博宁豪森本章对茅盾中篇小说《三人行》的研究共分为六个部分，分别为"在学校（第一到第五章）""青年许之死（第六到第九章）""云的家乡和生活方式""惠在上海的发狂""（茅盾在《三人行》里的）立场""（《三人行》）的文学特点"[2]。

和茅盾的其他早期作品一样，《三人行》也糅合了政治性象征、对革命行为和意识形态倾向的反应、对中国社会的观察、浪漫\性张力、不可靠或古怪的心理、现实主义元素和茅盾本人的特殊文学情感等系列因素。作为对某些左翼作家和共产主义批评家对于其作品中马克思主义阶级分析法的缺席和革命主角的悲观主义批评的回应，茅盾在小说《三人行》中所描述的政治寓言变得更为复杂。博宁豪森指出，茅盾的《三人行》代表了茅盾小说的意识形态立场和文学风格发展的一个重要阶段。《三人行》是茅盾在创作"革命"类型文学尝试中的一个有趣的但并不成功的文学实践，此前的茅盾作品里对于中国革命的未来并不乐观，甚至对还在形成期的革命力量表现出一种愤恨的情绪，认为这种革命力量的弱点最终导致了革命的失败，而《三人行》是茅盾写作的更"革命"的文学作品的一个成功案例。在这部中篇小说中，茅盾一共创作了近四万个人物角色，尝试用一种新的文学策略和结构来表现某个阶级的多种可能性分析。《三人行》是由三个独立的故事组成，每个故事中的主角各自代表了中国新一代的不同类型。第一代资产阶级青年所接受的教育来自五四后所建立的现代教育制度，这类"新一代"在加入革命上面临着严峻的困境。这一主题在茅盾的小说中并不少见，但其作品中的图解式（schematic）和寓

---

[1] John David Berninghause, *Mao Dun's Early Fiction, 1927—1931: The Standpoint and Style of His Realism*, Ph. D. Thesis, Standford University, 1980, pp. 101-110.

[2] Ibid., pp. 116-196.

言式（allegorical）结构较之以往小说不同，这正是因为茅盾所理解的革命所须承担的和理想主义青年所要面对的内涵发生了改变。

博宁豪森将茅盾的《三人行》视作一个政治寓言进行分析，指出明显区分《三人行》与茅盾前期小说的一点在于地理位置的模糊，《三人行》的前 2/3 都未曾指明地理位置①，他认为作品中缺乏一个特定的熟悉的环境设置来更广泛、更抽象地表现该时期受教育的中国青年的意识形态和心理倾向，而茅盾显然是希望通过这种创作技巧在其小说中更大程度地表现"普遍真理"或"历史适用性"。茅盾作品中故事人物、事件与同时期的政治和经济事件之间联系十分紧密，这是茅盾小说中常见的风格之一。事实上，在《三人行》的第十四章到第十八章，茅盾通过使小说中的模仿"世界"非常具体和合理的方式回归形式，在故事的最后，故事人物及其内心矛盾与真实的中国某地（上海）的湍流变化交织在一起，这与茅盾在《蚀》三部曲中所设置的从上海到武汉再转回上海的路线相符，除了《虹》的前 2/3 二将故事设定在四川省，几乎茅盾早期的小说都将背景设定在上海。博宁豪森分析这一情况出自两个原因：第一，作为现实主义作家的茅盾，通过故事情节和人物的特殊设置以加强小说的逼真性；第二，将人物放置于某一特定时间特定地点能使其更具有代表性，他们都或目睹或参与了对中国未来影响重大的政治事件②。读者很难认定茅盾《三人行》中三个主角的身份是不是学生，此外许、云、慧求学的省城以及第六章到第十二章里的场所很难辨别，只有第十三章里表明花了两天时间行船到了上海。这一情况的出现可能与国民党的清扫行动有关，茅盾并不敢过多地在作品中涉及具体时事或有太多细节描写，只是在作品中暗中支持革命运动；另外，茅盾已经显示出其对政治斗争（已有第一手信息的）描写的偏爱。正是因为如此他才会选择寓言式的情节以及"每处\无处"（anywhere\nowhere）的设定，以弥补他缺乏个人斗争经验的缺憾，因为他并未亲身参与 1930—1931 年的共产党与国民党的争斗。

博宁豪森随后在本章的第二、第三、第四部分"青年许之死（第六

---

① 博宁豪森将茅盾在《三人行》中未挑明地理位置视为其小说写法的创新，但事实上这一时期的茅盾及其作品正面临国民党及其安全机构（特务组织）的审查，将茅盾视作在作品中宣传红军煽动农民起义的亲共分子，对其作品研究删选。茅盾在小说中对位置的忽视实属逃避审查的无奈之举。

② John David Berninghause, *Mao Dun's Early Fiction, 1927—1931: The Standpoint and Style of His Realism*, Ph. D. Thesis, Standford University, 1980, pp. 120-121.

到第九章)""云的家乡和生活方式""惠在上海的发狂"具体分析了《三人行》里的情节和人物。博宁豪森认为茅盾所塑造的这三个人物是缺乏生机且单调的,茅盾以两个消极人物与一个乐观人物互为对照,小说的结构为寓言式框架(allegorical framework),而小说的标题"三人行"源自《论语》中"三人行,必有我师",以此可以推断出茅盾是暗示三个主角身上都有值得读者学习之处。《三人行》由三个独立的故事组成,许、云、惠三个青年男性在同一所学校求学,住校期间结为朋友,其中两人来自不知名的河港小镇,另一个来自农村,故事里时间设定并不明晰,只通过一些迹象推断事情大概发生在1931年5—9月。《三人行》在主人公离开学校后便依次叙述三个年轻人的背景、个性和意识形态方向,故事中每一个主角都代表着"新一代"的不同方面和对时局的不同反应:青年许代表的是持宿命论、忧郁和不切实际的"新一代",他是一个情绪化的、梦幻的、浪漫的年轻人,他与一个叫馨的同学谈恋爱,这个年轻女子虽然也爱他,但因为他不甚光明的未来而与之分手,因为馨的母亲和弟弟都靠她嫁给一个有钱的人来养活;青年云代表的是充满活力、务实且冷静的"新一代",他是一个健壮且实际的青年,在故事里一再敦促许采取行动去解决问题而不只是闷闷不乐,他不能接受许的被动和宿命论观点,也不认可许的处事方式;青年惠代表的是愤世嫉俗的虚无主义者,他是商人的儿子,他家因为欠款卖掉了婢女秋菊,惠一开始对此事漠不关心,后知晓情况遂将母亲死后房子出售的钱换回秋菊的自由——在惠认为毫无用处的事情上,哪怕是社会秩序崩溃,他也不会花任何力气去改变现状。①

五 茅盾早期小说里的立场和风格

博宁豪森在论文的第五、第六章分析了茅盾早期小说里的观点\立场②(standpoint)和风格(style),他对茅盾早期作品中的"立场"的论述从三个部分展开,即人生的意义(包括存在主义和享乐主义)、阶级意识形态和政治(包括国民党与中国共产党、意识形态和人物自身情况)③;

---

① John David Berninghause, *Mao Dun's Early Fiction*, *1927—1931*: *The Standpoint and Style of His Realism*, Ph. D. Thesis, Stanford University, 1980, pp. 141-179.
② 博宁豪森的"立场"主要指小说里的中心思想、伦理观、预设观点(偏好)、文化规范、现实概念模式、政治倾向、教育目的等,这些因素在理智和情感上都对读者的阅读产生影响。
③ John David Berninghause, *Mao Dun's Early Fiction*, *1927—1931*: *The Standpoint and Style of His Realism*, Ph. D. Thesis, Stanford University, 1980, pp. 201-275.

对茅盾早期作品中"风格"的研究主要从三个部分展开,分别是叙事结构和修辞手法(包括描述性的章节、时间处理、叙述者的旁白修辞和距离、反讽)、意象和象征(包括延伸的隐喻、机械比喻和机械象征)、茅盾风格的惯例(包括典型人物、一般模式和动机、人格化)[1]。

博宁豪森指出,对"有意义的存在"的追求正是茅盾早期小说中重复出现的主题,同时也是茅盾作品立场里的重要元素,对于研究其中所包含的其他意识形态大有助益。茅盾早期小说中的主人公通常是年轻人,多受过高中或者大学教育,中产阶级家庭背景,曾牵涉或参与某一激进活动或经历过中国1925—1930年政治局势的激烈变动。这些受过教育的年轻人十分清楚自己作为"新一代"的成员以及五四时期的文化反叛者显然是无忧无虑的,前两代中国知识分子都被各类棘手问题困扰,比如怎样在"现代世界"里发扬儒家真理、教育和中国文化的传承。茅盾所塑造的年轻主角们将所有的时间和精神力量都投注在"现代化"的问题上,将文化传承弃之一旁,换言之,他们立志重建中国的民族梦想是建立在其力量和技术发展\财富的基础上,他们早已放弃在儒家传统下寻找强国答案了。茅盾早期作品中的大部分年轻主角都受安全问题和"中心矛盾"[2]困扰,"这些主人公都在'追求'合适且充实的职业(最好是能建设国家)、幸福的婚姻(合乎预期的伴侣)、涉及政治激进主义的意识形态承诺"[3],这些主角所追求的无非是一种有意义的生活方式。[4]

以往研究茅盾小说的学者多将茅盾小说中的"意识形态"和"立场"界定为中国共产党解读和实践的马克思主义概念和观点,但博宁豪森指出作家的信仰、价值观、偏见都会直接对其小说作品产生影响,而作家和其

---

[1] John David Berninghause, *Mao Dun's Early Fiction, 1927—1931: The Standpoint and Style of His Realism*, Ph. D. Thesis, Standford University, 1980, pp. 284-330.

[2] 博宁豪森在第一章"茅盾早期作品中的中心矛盾"中对此问题已有论述。简单来说,就是茅盾早期小说中的人物在解放自我、实现自我价值和献身革命、服务民族和大众两个方面存在矛盾,这一矛盾贯穿茅盾早期小说,是了解茅盾早期小说的切入口。

[3] "These protagonists are 'searching' (zhui-qiu) for an appropriate and fulfilling career (preferably one that can be justified in terms of building up the nation), a happy marriage (a love match arranged by the prospective couple itself or at least arranged with the consent of the persons being betrothed), an ideological commitment involving some political activism." In John David Berninghause, *Mao Dun's Early Fiction, 1927—1931: The Standpoint and Style of His Realism*, Ph. D. Thesis, Standford University, 1980, p. 205.

[4] John David Berninghause, *Mao Dun's Early Fiction, 1927—1931: The Standpoint and Style of His Realism*, Ph. D. Thesis, Standford University, 1980, pp. 207-224.

"假定读者"所共享的政治现实\社会关系\历史经历也会因此产生变化。小说存在多个层面（multifaceted fiction），如果单用一维方法（one-dimensional approach）对此进行研究和分析，得出的结论往往会模糊和扭曲意识和无意识之间的复杂关系，因为这种研究方法通常都假设作品中呈现的"立场"和作为社会政治存在的作者之间是一致的，这种假设不仅不能适用于所有情况，而且还容易导致作品分析中的错误。中国大部分意识形态倾向明显的作家，其创作中都有非政治因素部分的存在，在任何文学作品中都存在有大量的非意识形态元素和普遍特征，尽管这些元素表现得很模糊不易发觉，但结合这些元素或内涵有助于我们更加准确地了解作者的立场。

博宁豪森用文本细读的方法对茅盾早期小说中立场进行分析，指出茅盾在作品中是明显倾向于中国共产党的，不能因为他作品中某一人物或事件有矛盾或消极的立场就认定茅盾本人对革命和中国共产党持消极态度，过去曾有人别有用心地解读了茅盾所涉及革命政治活动及其对革命与共产党的复杂回应，现在这一指责已不攻自破了。事实上，造成文本政治化的因素通常与作品立场的其他方面相关，这些小说中的政治和革命问题并非作品中的主导因素，在这些作品中的非政治或轻政治的问题才是作品的实际立场。[①]

在对茅盾早期作品风格的研究中，博宁豪森从文学技巧、设计、惯例、修辞资源、意象、叙事策略、口头动机、范式等方面着手对贯穿作家创作生涯的风格进行研究，他列举了数条风格因素，其中包括茅盾的描写特点、时间处理方式、旁白、修辞手法、意象象征、典型人物、人格化等方面，他指出这些风格中有些对于茅盾而言十分特殊，有些则是五四时期的现实主义作家中常见的风格。[②]

博宁豪森的茅盾风格研究的特点有二：第一，通过对茅盾早期小说中风格的分析，研究在各种各样的情节和主题意识中固定的中心主题（central themes）；第二，通过详细的文本解读（主要集中在茅盾对主人公的思想历程和情感现实的富有想象力的描述），研究茅盾早期小说中的主观真理的重要性。在博宁豪森看来，茅盾在作品中对小说人物的心理活

---

① John David Berninghause, *Mao Dun's Early Fiction, 1927—1931: The Standpoint and Style of His Realism*, Ph. D. Thesis, Standford University, 1980, pp. 245-264.

② Ibid., pp. 284-330.

动、梦想、心理意象、情感和联想意识的详细刻画与作品的"历史"维度成反比。博宁豪森的研究指出,茅盾早期小说的主角多为武汉政权时期活跃的左翼人士或者年轻的共产党知识分子,彼此之间有共通性;茅盾早期小说中的文学现实(或文体现实)与具体历史事件之间的关联,加强了其作品的报道风格,表现出强烈的历史感(historicity),这种创作风格被称为"心理现实主义"(Psychological realism),其优势十分明显,完全颠覆了以往历史的或者意识形态的解释。

第三节　王德威的研究:茅盾小说中的现实主义叙述

《现实主义叙述的逼真性:茅盾和老舍的早期小说研究》[1]是王德威1982年于威斯康星大学写作的博士学位论文,书中他探讨了茅盾和老舍的早期小说中的"逼真"(verisimilitude)概念。在结构主义和后结构主义的理论框架中,"逼真"被视为"真实"(real)在文本中的影响,它不仅是从19世纪现实主义提倡的"对客观世界的模仿"这一理念的发展,同时也表现为文本中所表现出的根深蒂固的文化和意识形态动机[2],是与"模仿"(mimesis)不同的两个概念[3]。王德威分析了中国传统小说中组成"逼真话语"(verisimilitude)的两种常规叙述,即故事叙述或史学编撰的模拟环境(simulated contexts),这两种叙述模式都在表现客观真实的时候重申了道德和文化价值观,确保文本里的叙事空间和语义的一致性,这也是中国作者一直都爱在写作中使用它们的原因。而王德威选取茅盾和老舍的小说作为研究对象是因为二人都强调当代中国现实主义在语言、审美、文化和意识形态动机上彼此交流、影响的方式,而且二人虽然身处反传统文化(五四运动)的时代,在主动向西方现实主义靠拢的时候仍深受传统文化的影响,一方面他们将西方现实主义作为小说的新形式,另一方面并未将中国古典小说传统弃之一旁。

第一章里王德威指出,在五四文化运动后所取得的一系列成就中,现

---

[1] David Der-Wei Wang, *Verisimilitude in Realist Narrative: Mao Tun's and Lao She's Early Novels*, Ph. D. thesis, University of Wisconsin-Madison, 1982.
[2] Ibid., p. 318.
[3] 王德威认为,模仿(mimesis)是对世界表层的忠实反映,而逼真(verisimilitude)所指向的惯例网络是以"真实"(real)感知为基础的,逼真对"真相"(truth)的表层叙述实际上根深蒂固地受文化和历史背景影响。

实主义小说是一个值得注意的现象，批评家们对"现实主义"的不断定义恰恰证明了它的复杂性。在中国，现实主义小说的兴起与白话文运动是同时进行的，西方现实主义小说不但改变了传统小说的叙事形式，还在实际上致使当代文学家重估"小说"的文类属性。中国的现实主义并不只是发生在文学形式方面的变革成果，它是激烈的社会政治、文化变革中的一部分。虽然美学改革的成果并不就等于社会政治的逼真性，但是中国现实主义小说在20世纪20年代的突然爆发确实受政治动机的影响。当代中国作家纷纷从事现实主义的创作，表明现实主义的意义远比一些批评家所定义的"对现实世界的模仿（mimetic）"要复杂得多，现实主义小说在当时被视为解决中国病症的灵药。王德威试图运用中国传统文论中的"逼真"（verisimilitude）概念去描述中国现实主义在面临西方影响时的改变和延续，重视中国现实主义小说家在文化和历史上的动机，有效地还原出表现在文学作品中的现实主义观和审美形式，借助"逼真"这一概念重新审视中国当代现实主义小说在审美语言改革、跨文化知识学科、意识形态叙述这三个领域的发展。王德威指出，中国现实主义小说发展的高潮和语言革新运动（五四运动）在同一时期并非巧合：首先，白话文学之前并不流行，是在五四运动之后被作为一种语言工具得到推广的，以胡适为代表的文人对白话文的推崇为现实主义小说的发展提供了合适的土壤；其次，19世纪欧洲现实主义的吸引力来自它理论中所强调的科学观察和客观呈现，五四运动中这些打破旧习的知识分子将现实主义视为一种表现他们对社会现实感知的写作方法，事实上并没有真正理解现实主义，他们对现实主义的预设接受有赖于他们的文化素养和意识形态，而从他们对现实主义的选择中可以看出他们对国家危机的担忧；再者，中国被视作有着精神病症的，它不能自己强大或改变其不人道的外部条件，传统文学是反动的、虚伪的、浅薄的，在形式和意识形态上都是"非现实主义的"（unrealistic），现实主义才是可以治疗中国精神病症的方法。之后王德威梳理了"逼真"在美学、文化、读者和作者关系、意识形态方面的不同界定。

第二章里王德威主要探讨小说叙述（storytelling）和史学编撰（historiography）这两种传统的叙述模式，进而研究中国古典小说里的逼真讯息。对五四时期的中国作家而言，"现实主义"不仅是一个从西方传过来的文学流派，更是意识形态方面的转变。他们从"现实主义"中汲取养分，但并非简单的复制过来，而是通过自己的理解和视角对现实主义加以重新阐释，与此同时他们对古典文学里的修辞传统采用归化（naturalized）的策略，并未弃之不理。通过对小说叙述和史学编纂在古典小说的逼真效果上所起之作用的研究，可以得出这两种叙述模式并非随意构成的文学规则的结论，它们是引导读者进入到其所指向的历史和文化语境的文化符号；五四时期文人对"现实主义"的理解并不完全正确，一般来说，现实主义被等同于社会神话，通过对小说叙述和史学编撰这两种在中国传统白话小说史上长期共存的叙述模式的研究，可以了解它们在人们这一观点形成过程中所扮演的角色；对现实主义的定义，是随着一定时期内社会意识形态的变化而变化的，中国现代作家如茅盾、老舍在改进这两种传统小说叙述模式的时候，他们也在重新赋予它们新的意义。[1] 中国传统小说将寓言与现实相结合，赋予其在伦理、政治方面的教化意义，这即是传统小说在文本上的逼真，而小说叙述和史学编纂这两种模式不仅提供了在文本主题和结构整合方面的散漫规则，还深化了历史动机，将读者自然地带入现实主义视角，换言之，它们可以被视作古典小说里文化和文本逼真上的索引。

第三章里王德威旨在研究1897—1911年写作的小说，通过对晚清谴责小说（揭弊小说）的研究，关注它们在西方影响下的形式变化。在这一章，王德威提出的观点有三个。第一，晚清小说的创作受意识形态影响，虽然小说中的"逼真"概念确是受晚清小说的观念影响，但晚清文人却将其归因于西方小说传统。虽然文学改革不一定平行于政治革命，但晚清小说的创作确是出于政治目的的，因此在研究中必须重视其意识形态背景。这一时期叙事小说的地位得以提高，小说创作空前繁荣，小说理论也得以系统发展，其中最为关注的小说的两大功能——文以载道和移情化性——实际上是与传统小说中的文学观相呼应的，但讽刺的是晚清文人将其归功于西方的小说传统。第二，五四时期的作家对外国文学的理解并不完全正确，他们对西方文学有意或无意的误读是受其意识形态动机影响的，通过五四文人对西方文学的误解我们可以识别出"逼真"的新类型，这不仅是晚清小说的特点，也是五四时期作品的明显特色。第三，晚清时期的文学与五四时期文学的区别在于对传统文化的不同态度，对传统叙事模式和主题的抨击是现代中国小说兴起的基本背景。晚清文学和五四时期

---

[1] David Der-Wei Wang, *Verisimilitude in Realist Narrative: Mao Tun's and Lao She's Early Novels*, Ph. D. thesis, University of Wisconsin-Madison, 1982, pp. 45-46.

的文学在受西方影响前都面临着同样的困境：他们拒绝传统小说的同时拥抱西方模式，但事实上他们并不能斩断其对传统文学的依赖。然而"新小说"之所以被称为"新"就是因为它走了一条与"旧"文学不同的道路，于是晚清小说因其对文学传统的沿袭遭到了持续的攻击，而五四时期的小说便是在这样的背景下被命名为"新小说"的。①

第四章里王德威集中探讨了茅盾的自然主义理论里对左拉和托尔斯泰的理论的吸收和变形。茅盾的文艺思想里杂糅了来自中国和西方的文艺理论观点，如萧伯纳的社会戏剧观、尼采的哲学观点、中国传统文论观、马克思主义等。王德威认为茅盾的自然主义理论里主要有四种来源，即左拉的文艺理论、托尔斯泰的文艺理论、中国传统文论、马克思主义，而茅盾对"自然主义"定义可视为左拉和托尔斯泰的现实主义自然主义理论的组合，故而他在这一章主要探讨了左拉和托尔斯泰对茅盾文艺思想的影响。这一章王德威得出的结论有三点。第一，茅盾的自然主义理论主要是从日本或英国传来的二手资料处习得，而他是否真正读过左拉的《实验小说论》（*On Expermental Novels*）有待考证，托尔斯泰之于茅盾亦是如此，他对二者的认识的评价并不全面。第二，茅盾对左拉和托尔斯泰的文艺理论的接受受到他自身文化和政治背景影响。他对二者的理解和接受中存在着明显的误读，左拉的机械决定论和托尔斯泰的人道主义之间存在着巨大的意识形态鸿沟，茅盾的"误读"（misreading）使二者可以被杂糅到他自己的自然主义理论中。对于左拉，茅盾支持其科学观察和客观描写的观点，并将其评价为自然主义二宝，抓住左拉科学式文学实验者的姿态，将其冠以"冷观"之名，但他忽略了左拉表露在德露福斯事件（Dreyfus case）和作品《我控诉》（*J'accuse*）中的人道关怀，对左拉决定论的观念也持有暧昧的态度；对于托尔斯泰，茅盾对其人道主义观点予以认同，托尔斯泰作品中投射的社会渐进、改变的希望契合了茅盾将世界文学史视为一个不断进步的过程的文学观点，但茅盾忽略掉托尔斯泰认为艺术的最高境界是为基督教的博爱精神服务的这一点。第三，我们必须注意到茅盾的批评家和小说家这两重身份之间的联系。早在茅盾创造他的第一篇小说（《幻灭》，1927年）之前，他就已经从事了十余年的文学创作理论批评研究，他的文艺思想受多个来源的影响，茅盾所创作的小说不仅是其现实

---

① David Der-Wei Wang, *Verisimilitude in Realist Narrative: Mao Tun's and Lao She's Early Novels*, Ph. D. thesis, University of Wisconsin-Madison, 1982, pp. 98-100.

主义观点的实践，也是对其他文艺思想的接受和变形。比如他摒弃了左拉思想中底层人民受制于环境和遗传影响的观点，认为城市青年的精神危机能被马克思主义拯救。另外，茅盾将小说视为历史事件的叙述，在他的作品中体现了左拉和托尔斯泰观点的影响，但同时也有继承自古典小说的痕迹。

  第五章王德威旨在探讨茅盾小说中的历史话语。王德威指出，茅盾的自然主义观点除了受惠于左拉、托尔斯泰、中国化的马克思主义，还受一些政治/社会事件因素影响（这些事件不仅对茅盾本人有着重大意义，更是该时期发生的广为人知的重大事件），茅盾试图通过其自然主义小说忠实地记录下中国19世纪二三十年代的历史景象。茅盾小说中的史学话语最初受两个方面的影响：19世纪欧洲现实主义小说和中国古典小说。一方面，他从欧洲现实主义处认识到历史并非是英雄、政治家或者领袖的重大事件的贯穿延续，而是无意识的、普遍的、人类集体的无序事件，在茅盾的小说里就表现为通过描述平凡人物的人生起伏来展示在社会政治和经济变革中个人的命运和意识的变化；另一方面茅盾对同时代事件的叙述继承了中国古典小说的"逼真"惯例，即古典小说中的史学话语赋予行为以意义，强调其认知的历史真实性。传统历史小说强调叙述构建意义，不只是叙述形式（如叙述技巧、动机甚至章节等）会受到官方或非官方的历史叙述影响，同时其"逼真"规范要求作者和读者都确信这一故事的真实性。被叙述的事件之所以有意义，是因为记录的是历史知识中的重大事件，最好的历史小说是历史记录的延伸，是人类生存经验的意义的统筹呈现。另外，晚清谴责小说在国家危机和西方现实主义文学的双重影响下，其叙述视角已由遥远的历史事件上转至刚发生的事件上，而茅盾的历史小说便继承了这一点，他娴熟地运用中国古典史学研究的既定框架定义当代历史话语，更开辟了中国现代历史小说的新维度：中国古典小说作家受儒家道德教育影响，将历史视为不断循环的周期性事件，而茅盾从他的马克思主义自然主义观点出发，开辟了新的视角。左拉的决定论观点有助于茅盾刻画革命前夕人们所受的意识形态的禁锢这样的悲剧事件，托尔斯泰的奇迹的灵性提升观点也影响了茅盾对马克思主义拯救人民的喜剧结果的叙述。在茅盾的早期小说中，他试图通过描写所选人物的情感和意识形态的转换来反映历史的变换，而在他后期的小说创作中，他试图将所有公共和私人行为都归纳为阶级斗争的首要条件，这其中表现出的严格的道德机制控制显然是受中国传统历史话语影响的。

第四节　陈苏珊的研究：茅盾翻译经历和个人经历对其创作的影响

美国学者陈苏珊（Susan Wilf Chen）是英语世界中较早对茅盾投诸以研究目光的学者之一，她对茅盾小说的研究视角较之其他学者略有不同。陈苏珊的研究以茅盾生平为出发点，立足于茅盾所创作的小说文本，将茅盾经历（主要是从其生活经历和翻译经历）与具体的茅盾小说文本进行比较，是茅盾生活对其创作之影响的研究。陈苏珊主要的茅盾研究成果是她1981年哈佛大学的博士学位论文《茅盾：他早期小说的背景》[1]，1983年在《哈佛亚洲研究学报》上发表的《茅盾早期小说中的个人因素》[2]和1988年同样发表于《哈佛亚洲研究学报》的《翻译家茅盾》[3]。

一　茅盾早期小说中的个人因素

陈苏珊的研究文章《茅盾早期小说中的个人因素》是从茅盾的个人生活、历史/政治事件、身边友人这一角度着手对茅盾早期创作的小说进行研究阐述的，文章论述中涉及大量茅盾小说、回忆性文章、评论文章，共21篇，分别是《幻灭》《动摇》《追求》《创造》《虹》《泥泞》《回忆录》（一、二、四、七、八、九、十、十一、十三，载《新文学史料》）、《回顾》（见《茅盾论创作》）、《从牯岭到东京》《几句旧话》《自然主义与中国现代小说》《五月三十日的下午》《严霜下的梦》。陈苏珊对茅盾早期小说中的个人因素的论述共分为五个部分，分别是"茅盾的个人经历及其早期小说""《追求》中的仲昭：个人因素""五卅事件：第一次创造性写作和《虹》""武汉时期和《动摇》""茅盾的旧识及其小说"。

---

[1] Susan Wilf Chen, *Mao Tun: The Background to his Early Fiction*, Ph. D. Thesis, Harvard University, 1981.

[2] Susan Wilf Chen, "The Personal Element in Mao Tun's Early Fiction", *Harvard Journal of Asiatic Studies*, Vol. 43, No. 1, Jun. 1983, pp. 187-213. 后由杨健民翻译成中文, 1984年7月发表在《茅盾研究》第三辑, 文化艺术出版社1984年版, 第367—394页。

[3] Susan Wilf Chen, "Mao Tun The Translator", *Harvard Journal of Asiatic Studies*, Vol. 48, No. 1, Jun. 1988, pp. 71-94. 后由丰昀翻译成中文，载于1993年9月南京大学出版社出版的《茅盾与中外文化——茅盾研究国际学术讨论会论文集》，由本书编辑组主编，文章在第288—311页。

总的来说，陈苏珊是将茅盾的个人经历作为研究其早期小说创作的一把钥匙，她批评了一些学者（文中她批评的是普实克）将茅盾的生活与其创作相剥离的做法，这些学者以茅盾早期的评论为依据，认为茅盾在评论文章中所提倡的客观的、自然主义的小说观是其践行小说创作的标尺，作者本人的生活经历并没有反映在其小说创作中。但陈苏珊认为，茅盾创作在1930年以后的小说表现出"自然主义"的创作方法，但茅盾早期创作的小说却是深深受其生活经历影响的，"它涵括的是一种更深层次的个人因素。其个人经历在其早期的小说创作中的意义深远，但这一经历是通过暗示的方式所表现的"①，而夏志清所批评的茅盾早期小说的道德暧昧（moral ambiguity）和"令人烦扰的诚实和同情"（disturbing honesty and compassion）正是基于这一原因。陈苏珊进一步指出，之所以要将茅盾的个人生活与其早期小说创作联系起来，是茅盾"将其个人抑郁的情绪注入其小说人物中，将小说叙述者和人物作为作者观点的代言人。甚至于小说中的情节，在其'现实主义'的外表下所更多的是反映作者的态度而非'客观现实'"②，而陈苏珊要做的就是从内部（作者的情感、观点和下意识的思考过程）和外部（作者经历、认识的人）两方面来研究茅盾的早期小说。

在第一部分"茅盾的个人经历及其早期小说"里，陈苏珊主要是对茅盾早期小说（《幻灭》《动摇》《追求》《创造》）和该时期茅盾生活经历作一概括性叙述。她指出，受1927年国民党反革命政变的影响，茅盾在这一阶段的生活是苦闷且孤寂的，其与世隔绝的生活经历使得他开始对革命进行反思并思考革命去向的问题，反映在他创作的小说中表现在内省（introspective）和怀旧（nostalgic）的基调、人物孤独的性格、叙述手法（包括对内心独白和对梦想、幻觉的描写）、悲观的情节、松散的小说结构上。茅盾的早期小说如《幻灭》《动摇》《追求》《创造》里表现出反思和怀旧的基调，这与茅盾对自己在这一时期的状态叙述相符：1927年

---

① "It contains a deeply personal element. His own experience plays a far more significant role in the early works, and it is experience of a more intimate variety." In Susan Wilf Chen, "The Personal Element in Mao Tun's Early Fiction", *Harvard Journal of Asiatic Studies*, Vol. 43, No. 1, Jun. 1983, p. 187.

② "He injects his personal depression into his characters, and uses both his narrators and characters as mouthpieces for his own views. Even his plots, beneath their 'realistic' surface, often reflect his moods rather than some 'objective reality'." In Susan Wilf Chen, "The Personal Element in Mao Tun's Early Fiction", *Harvard Journal of Asiatic Studies*, Vol. 43, No. 1, Jun. 1983, p. 188.

冬天到1928年冬天茅盾为躲避国民党的警察机构的追捕不得不将自己关在小阁楼里，其间他看到了革命正在无可置疑地走向衰弱的现状，因而对革命进行了反思及追寻未来的道路的思考，因此创作于这一时期的作品表现出相同反思与怀旧的特质；且这一时期茅盾本人的生活是苦闷抑郁的，独自关在小阁楼中与世隔绝，小说也因此反映出阴郁的色调，小说的叙述中也着重对其男女主人公性格中的孤独性进行描述，如表现出与周围环境格格不入的特质等；而小说人物孤独的特点是茅盾通过心理描述的方式体现的，如《创造》中对君实（他被其改造的妻子娴娴抛弃）的塑造乃至整篇小说的叙述推进都是通过对君实内心独白的描写来进行的，尤其是茅盾对象征视角（symbolic vision）或幻觉（hallucination）的描写；茅盾在该时期抑郁的生活环境中受悲观情绪的驱使，其写作的小说的情节是十分悲观的，这在其小说《追求》中表现得尤为明显，《追求》中的悲剧结局显然是受作者悲观心理的影响而非出自客观原因；茅盾在这一时期起伏不定的情绪波动在其这一阶段所创作的小说中还表现为相互交织的松散的小说结构，小说《追求》的故事开篇于不同人物的共同的革命目标，展开于各自的追求过程，而最后结束于各自的失败。在这一部分的论述中还有一点值得注意的是，陈苏珊认为《创造》中君实的经历和茅盾幼时被父亲强迫学科学的经历相符，也是茅盾个人生活经历在小说中的反映，这是之前茅盾研究者的论述中不曾有过的研究角度。[1]

在第二部分"《追求》中的仲昭：个人因素"的叙述中，陈苏珊主要是以《追求》里的王仲昭与作为编辑的茅盾为研究对象，对二者间的异同及联系进行对比论述。陈苏珊将王仲昭视作茅盾本人的喉舌（mouthpiece），王仲昭在小说中的经历与茅盾本人在《小说月报》和汉口《民国日报》的工作经历相互对应，茅盾正是通过王仲昭这个人物来抒发其部分观点的。陈苏珊所论述的茅盾的编辑工作经历对《追求》的影响主要表现在小说的结构、内容和人物形象上：在结构上，《追求》表现出循环往复的波浪式结构（wavelike structure），王仲昭经历了由希望到幻灭再到完全溃败的环状发展，这正是茅盾本人写作期间起伏变化不定的情绪在小说中的反映；在内容上一致的是茅盾和王仲昭的理想所遭受的挫折，茅盾在其编辑、出版生涯中不断遭遇冲突，他在商务印书馆所遭受的粗暴对待、

---

[1] Susan Wilf Chen, "The Personal Element in Mao Tun's Early Fiction", *Harvard Journal of Asiatic Studies*, Vol. 43, No. 1, Jun. 1983, pp. 188-192.

在《小说月报》革新期间所遇到的限制和干涉、在汉口《民国日报》工作期间所受到的关于其工作太"红"的指责，都为王仲昭在小说中的出现提供了灵感和素材。在《追求》中，王仲昭先后经历了提出革新报纸版面遭拒、刊登团体工厂罢工消息遭反对、总编辑担心贴上"赤化"标签、修改报纸版面的折中主张破碎、提出革新项目遭责备等一系列事情，都暗示了茅盾本人的编辑工作所遭遇的冲突，王仲昭在压抑中处理文章的部分也契合了茅盾小说创作过程中的自我禁闭，茅盾在冲突中辞去《小说月报》的情形也在小说中得以表现；在人物形象方面，王仲昭在面临一系列的革新失败后的愤怒爆发与其所表现出的性格特质不一致，若将王仲昭视作茅盾的代言人，在小说中他所发表的言论便都合乎情理了，那正是茅盾真实情感的体现，茅盾正是借由王仲昭之口来斥责那些曲解其小说或将其与真实人物等同的人。①

陈苏珊在"五卅事件：第一次创造性写作和《虹》"部分的论述中，主要是通过茅盾在五卅事件中的经历对他所创作作品（长篇小说《虹》与散文《五月三十日的下午》）进行解读。陈苏珊指出，茅盾所经历的历史事件和政治事件，正是其早期小说的灵感来源和创作素材，1925年的五卅事件正是二者（茅盾的政治经历和早期小说）之间存在联系的有利证明，茅盾正是在参加了示威活动后在这种强烈的情感和感触下进行长篇小说《虹》和一批散文的创作的。陈苏珊翻阅了茅盾的回忆文章，证实茅盾自己本人也认可自己的第一篇散文创作是为表达对五卅事变的反映而作。她指出，茅盾创作的一个突出特点就是与政治事件的紧密联系，茅盾擅长于在创作中反映政治事件，他在商务印书馆的工作经历为其创作提供了前期准备，而他所遭遇的政治事件才是激发他进行创作的动因。茅盾的个人随笔《五月三十日的下午》与小说《虹》中所叙述的内容是近乎平行的（close parallel），小说中和散文里所叙述的金发外国女人、玻璃状的子弹碎片、"了解的微笑"等都十分相似，茅盾是以自己的亲身经历作为小说细节描述的基础的，因此可以将茅盾在《五月三十日的下午》中所描述的强烈情感视作他在《虹》中克制的叙述的有力补充，同时因为茅盾本人并没有亲身经历这一事件（只是隔着几条街听到了枪声），因此他所描绘的大屠杀后果远不如对大屠杀本身的描绘来的精彩。除此之外，

---

① Susan Wilf Chen, "The Personal Element in Mao Tun's Early Fiction", *Harvard Journal of Asiatic Studies*, Vol. 43, No. 1, Jun. 1983, pp. 193-197.

茅盾用《虹》女主人公梅行素在第二天的第二次示威活动来重现他本人在第二天的所见所感，小说中所叙述的梅女士的出行、所睹、活动、故事的结束都基本符合茅盾本人的经历，可见茅盾的写作信条——只叙述其亲自观察和经历的事是得到彻底实践的。[1]

陈苏珊在第四部分"武汉时期和《动摇》"的论述主要是围绕茅盾在武汉时期的个人经历和情感反应对其创作的小说《动摇》的影响展开，在陈苏珊的论述中，这一影响主要表现在暴力描写、主要人物（投机分子胡国光、右翼分子方罗兰）、故事情节这几方面。第一，在暴力描写方面。虽然事变后直到1927年茅盾才将其作为素材进行小说创作，但在这一惊人的恐怖事件中同事所遭遇的灾难、反动分子的残忍手段都深深潜藏在其意识中，并运用在之后的创作中，如他在作品中所描述的将女子剪发用铁丝贯穿乳房游街打死这一暴行，正是真实事件的反映，茅盾本人也在《从牯岭到东京》中透露其小说中的描述基于不能诉诸新闻报道的真实事件。茅盾在1928年的随笔文章《严霜下的梦》中，运用象征性的描写手法描绘了在寒风冷冽的冬夜里的一系列梦境，契合其在《动摇》和《泥泞》中的暴力描写。第二，在人物塑造方面。茅盾的《动摇》与其发表于1927年间的社论是平行的，他在《动摇》中所塑造的主要人物也是以他在革命期间对真实历史人物的观察为原型的。茅盾在《回忆录》之十中回想当时的革命情形，便是以胡国光作为例子进行证明的，胡国光是小说中的反动典型，他最先冒充成一个激进的左派，等混进革命队伍之后找寻机会对革命发动攻击。另外一个典型人物就是右翼分子方罗兰，这是茅盾对在革命中摇摆于"左""右"、成功或失败之间的人物的观察后所塑造的人物。第三，故事情节方面。茅盾在经历革命并进行反思之后，曾在《从牯岭到东京》中将革命失败的原因归结为由"左倾"导致左稚，由克服左稚导致右倾，最终导致大反动，这与《动摇》中胡国光的行为是一致的——胡国光先是充当内奸混进革命中散布共产共妻的谣言，制造抽签解放、分配小老婆和尼姑的骚动，利用骚动破坏革命名声，最后发动政变控制全县，进行残忍的屠杀行动。[2]

---

[1] Susan Wilf Chen, "The Personal Element in Mao Tun's Early Fiction", *Harvard Journal of Asiatic Studies*, Vol. 43, No. 1, Jun. 1983, pp. 197-202.

[2] Ibid., pp. 203-206.

在第五部分"茅盾的旧识及其小说"的论述中,陈苏珊主要论述的是茅盾身边故友对其小说创作的影响,她主要是通过新女性形象和男性形象这两个方面进行研究的。陈苏珊在这部分的论述中提出了一个与以往研究者研究不同的女性形象解读——第三种女性类型,她将《虹》的女主角梅行素作为这一类女性形象的代表。茅盾在政治工作期间所认识的革命女性对他影响很大,茅盾的《几句旧话》中就曾坦言这些女性对其灵感的触动,而茅盾早期小说中的女性形象常被视作二元式的对立存在(传统和解放的两类女性),但事实上还存在有第三种女性类型,这一类人物是以茅盾的朋友范志超为原型的女性形象,茅盾被其所叙述的丰富多彩的生活细节所吸引,以此为原型运用在自己的小说创作中。茅盾对身边友人的观察反映在他小说中的男性人物形象上,如梅电龙的一段轶事被作为王仲昭的情感经历的借鉴基础,通过王仲昭心理活动的描写将轶事转化为小说情节;茅盾的另一个熟识顾仲起是《幻灭》中连长强惟力的原型,二者对于革命的观点、对打仗的热切、对刺激的追求都如出一辙,茅盾将顾仲起视作1927年大革命失败后一类追求刺激的年轻知识分子的代表,以此为原型塑造了一类人物形象,强惟力是茅盾对顾仲起的个人经历和生活态度的想象和延展,《虹》中的韦玉爱好战斗、甘愿去死的精神也是源自这一原型,而《追求》中史循的孤注一掷式的追求刺激性的生活也是从顾仲起的轶事中得到的灵感。陈苏珊在论述中指出,茅盾早期的小说创作以"经验人生"为基础,其创作都是源自他在生活中所搜集的素材,但她同时也提醒读者,茅盾对身边人物的个性和生活经历的观察并不是为了直接套用在其小说创作中,茅盾本人也很反对自己小说中其人其事被视作真实人物的切实事件。[1]

二 翻译家茅盾

陈苏珊1988年发表的研究文章《翻译家茅盾》是从茅盾的翻译生涯对其小说创作的影响这一角度进行的研究,文章研究了茅盾在1927年的小说创作前所做的大量外国文学翻译和评论,通过考据的方式对茅盾的翻译工作与小说创作进行比较研究,将其作为研究茅盾早期小说的钥匙。文章的论述涉及的由茅盾所翻译的外国文学作品中对其小说创作产生了影响的作品有

---

[1] Susan Wilf Chen, "The Personal Element in Mao Tun's Early Fiction", *Harvard Journal of Asiatic Studies*, Vol. 43, No. 1, Jun. 1983, pp. 206-213.

27篇，分别为奥古斯特·斯特林堡（August Strindberg）的《强迫的婚姻》（*Compulsory Marriage*）、桑陀-约尔斯基（Xaver Sandor-Gjalski）的《茄具客》（*Jagica*）、斯宾霍夫（J. H. Speenhoff）的独幕剧《路易斯》（*Louise*）、阿瑟·施尼茨勒（Arthur Schnitzler）的独幕剧《结婚日的早晨》（*Anatol's Wedding Morning*）、简·聂鲁达（Jan Neruda）的《愚笨的裘纳》（*Foolish Jona*）、列夫·托尔斯泰（Leo Tolstoy）的作品《活尸》（*The Living Corpse*）和《战争与和平》（*War and Peace*）、爱德华多·柴玛萨斯（Eduardo Zamacois）的《他们的儿子》（*Their Son*）、帕拉玛兹（Kostes Palamas）《一个人的死》（*A Man's Death*）、亚历山大·裴多菲（Alexander Petōfi）的《私奔》（*The Elopement*）、大卫·宾斯基（David Pinski）的《拉比阿契巴的诱惑》（*The Temptations of Rabbi Akiba*）、泰戈尔（Rabindranath Tagore）的《髑髅》（*The Skeleton*）、西曼佗（Siamanto）的《少妇的梦》（*The Young Wife's Dream*）、巴里奥斯（Eduardo Barrios）的独幕剧《爸爸和妈妈》（*Papa and Mama*）、莫泊桑（Guy de Maupassant）的《一段弦线》（*The Piece of String*）、契诃夫（Anton Chekhov）的《卖诽谤者》（*A Slander*）、埃德加·爱伦·坡（Edgar Allan Poe）的《心声》（*The Tell-Tale Heart*）、拉兹古（Andreas Latzko）的小说《一个英雄之死》（*A Hero's Death*）、爱德华·唐珊南（Edward Dunsany）的剧本《遗帽》（*The Lost Silk Hat*）、包以尔（Johan Bojer）的寓言《卡里奥森在天上》（*Kari Aasen in Heaven*）、比昂逊（Bjornstern Bjornson）的戏剧《新结婚的一对》（*The Newly Married Couple*）、巴尔扎克（Balzac）的小说《高老头》（*Père Goriot*）、大卫·宾斯基（David Pinski）的剧本《美尼》（*The Beautiful Nun*）、左拉（Zola）的《崩溃》（*La Débăcle*）、希尔玛·索德伯格（Hjalmar Sōderberg）的《印地安墨水画》（*The India-ink Drawing*）、斯特林堡（Strindberg）的小说《人间世历史之一片》（*Half a Sheet of Paper*）和《懒散的人》（*The Sleepy-Head*），能找出这些外国因素影响的茅盾作品共12篇，分别是《昙》《虹》《自杀》《追求》《创造》《诗与散文》《动摇》《幻灭》《一个女性》《邻》《泥泞》《野蔷薇》。文章的论述大致可整理为三个部分，首先是作者对茅盾所从事的翻译工作对其创作的意义及作用的阐述，随后作者分析了茅盾的翻译的大致特点，最后一部分是对外国文学作品对茅盾小说创作影响的具体阐述，这也是该文最重要的部分。

陈苏珊指出，茅盾在1927年写作其第一篇小说之前，就已经从事了整整十年的相关文学工作,在这期间他发表了大量的文学理论和文学批评的文章,向中国读者翻译和介绍的外国文学作品数量繁多,这些都是茅盾在从事小说创作前的文学积累,茅盾所翻译的文学作品(尤其是主题和技巧)与茅盾早期的小说创作联系紧密,"这种关系可以被视作是守信程度的自然结果和翻译者所需的文学工作的相似性"[1]。并且陈苏珊认为,茅盾对外国文学的借鉴行为是主动的,茅盾并非消极地吸收西方影响,"他所选择翻译的作品都是一类积极表现社会和文学意识的作品,这与他早期小说创作的理念是一致的"[2],这一关系是可以从茅盾对其所翻译作品的评述性文章中探知的,茅盾的翻译活动可以视作其文学创作生涯的学徒(apprenticeship)。

在大量阅读和分析了茅盾的翻译文章之后,陈苏珊对其所译介的文章进行了总结,经她分析的茅盾所翻译的外国文学作品是有共通之处的,表现为:选择范围上,茅盾所翻译的外国文章虽来自不同语言不同民族(共30多个国家55位作者)的各类文章,但其翻译全部是在已有的英语译本的基础上进行的,茅盾所选择翻译的外国文学作品多来自为民族解放和文学革命而斗争的国家,这与五四时期中国作家心目中的文学目标是一致的;创作主题方面,茅盾所译介的作品中最为重要的主题是关于妇女和两性关系的,这也正是茅盾创作中最为擅长的主题,这一类主题在叙述中或表现为压抑的传统婚姻制度(oppressive tranditional systems of marriage),或表现为当代性风俗的堕落(decadent contemporary sexual mores),或表现为不同女性与男性的关系(different types of women in their relationships with men);写作模式上,这些作品的模式多为现实主义或自然主义的。[3]

在对外国文学作品(茅盾所译介的)对茅盾早期小说创作之影响的具体论述中,陈苏珊主要是从小说主题和写作技巧这两个方面展开的。主题方面主要表现为四点。第一,对包办婚姻的恐惧。茅盾翻译的《强迫的

---

[1] "This relationship may be viewed as a natural outgrowth of degree of commitment to and familiarity with a literary work required of a translator." In Susan Wilf Chen, "Mao Tun The Translator", *Harvard Journal of Asiatic Studies*, Vol. 48, No. 1, Jun. 1988, p. 72.

[2] "His choices for translation as an active expression of social and literary concerns similar to those that underlie his early fiction." In Susan Wilf Chen, "Mao Tun The Translator", *Harvard Journal of Asiatic Studies*, Vol. 48, No. 1, Jun. 1988, p. 72.

[3] Susan Wilf Chen, "Mao Tun The Translator", *Harvard Journal of Asiatic Studies*, Vol. 48, No. 1, Jun. 1988, p. 72.

婚姻》和《茄具客》所讲述的都是青年男女在包办婚姻的压迫下最终疯癫的故事，这同时也是茅盾小说中常见的主题，比如小说《昙》中张小姐出逃以躲避包办婚姻、长篇小说《虹》中的梅行素在包办婚姻中从屈服到逃避的经历都是这一类主题。而茅盾在描写包办婚姻的桎梏这一主题时，对青年男女对过去的性束缚的过度反应也表示了担忧，因此他也翻译了不少对放荡（libertinism）和堕落（decadence）进行训诫的文章，如斯宾霍夫的《路意斯》、阿瑟·施尼茨勒的《结婚日的早晨》所讲述的都是此类故事。20世纪20年代的中国正在号召婚姻解放和恋爱自由，但同时茅盾敏锐地观察到能自由选择伴侣的青年男女对婚姻的厌恶之情，出于对新的性道德所可能产生危害的担心，茅盾有意选取这一类题材的外国文学进行译介，以图国人认识到自由恋爱的危险，不要盲目模仿西方国家在两性关系上的态度。第二，自杀的主题。自杀在茅盾的小说创作和作品翻译中所占比例非常大，他所翻译的外国小说《愚笨的裘纳》《活尸》都是这一类的作品，茅盾作品《自杀》和《追求》中也有设置有此类情节，二者间具有极高的相似性，如聂鲁达小说《愚笨的裘纳》中年轻的乡村白痴在姐姐婚礼前的自缢与茅盾小说《自杀》中环小姐的自杀都是不必要的：乡村白痴以为会失去姐姐而选择自杀，但姐姐却已经说服未婚夫将弟弟接来同住；环小姐的死亡是因为被所爱之人放逐和遗弃了，本来是可以避免的。托尔斯泰的《活尸》里人物费丁和茅盾小说《追求》中史循是相似的（茅盾还将史循称为"活死人"），二人都是闲游浪荡的、悲观的、自我放逐的人物形象，都因失恋而选择自杀，未遂后又因为女人从"活死人"的状态中得到短暂的恢复。第三，与男性交往中的不同女性形象。在茅盾的早期小说中对于蔑视传统道德的女性形象和与之对立的恪守传统的女性的描写是十分成功的，而他所翻译的外国文学作品中也有与之相对应的类型。茅盾翻译宾斯基的《拉比阿契巴的诱惑》是为了讽刺中国传统清教主义（traditional Chinese puritanism），而宾斯基对女性的描写方式与茅盾对《诗与散文》中的桂、《创造》中的娴娴、《动摇》中的孙舞阳、《追求》里的章秋柳、《幻灭》中的慧女士的描写方式如出一辙，唯一不同的是，茅盾作品中的这些女性不是作为纯粹性对象出现，而是被描写成在男性视角下迷人的、充满诱惑的性创造（sexual creation）。同时茅盾小说中的男性人物形象（如《创造》中的君实、《诗与散文》中的青年炳）像拉比阿契巴一样，因为其对性虚伪的否定而受到嘲讽。茅盾小说和译作中还有一类常出现的女性形象就是旧式女人,对这类女性形象的描写主要是从其心理活动的叙述(独白或内心独白)而展开,如泰戈尔小说《髑髅》中的印度寡妇鬼魂的独白、西曼伦《少妇的梦》中的独白、巴里奥斯独幕剧《爸爸和妈妈》汇总的独白与茅盾速写《邻》里的独白、《自杀》中环小姐的独白、《幻灭》中静的内心独白等。第四,诽谤的伤害和对幻觉的描写。诽谤是茅盾早期小说创作和外国文学译介中的另外一个重要主题。他所翻译的莫泊桑的《一段弦线》和契诃夫的《卖诽谤者》中描写的都是谣言对人的伤害,这与他在《一个女性》和《自杀》等作品中的叙述是一致的。谣言对牺牲者的伤害导致了妄想的出现,茅盾所描述的谣言给人所带来的伤害使得人物近似于妄想狂(paranoia),他对幻觉的娴熟描写与埃德加·爱伦·坡在《心声》中的叙述手法是一样的。茅盾在小说存在有大量的对幻觉(hallucination)和无意识活动(unconscious)的描述,这在他翻译的拉兹古的《一个英雄之死》中可以找到相似的描写。[1]

  茅盾的早期小说创作中受其外国文学翻译影响还表现在写作技巧这一方面,主要表现为四点。第一,象征性的描写。茅盾对象征性描写的借鉴主要来自两方面:对幻觉的描写和寓言式的创作。茅盾在小说作品擅长运用象征性的幻觉描写来表现小说主题,比如茅盾在《动摇》的结尾所描写的蜘蛛悬在游丝上飘荡就象征着人物的命运,《创造》中君实产生的象牙兔子幻变成人形的幻觉就是二人关系的象征。茅盾对包以尔的寓言和象征剧创作十分推崇,比如包以尔所写作的寓言《卡里奥森在天上》就被茅盾视作包以尔世界观的表现,深受其哲学的影响,还曾撰文在《小说月报》上进行论述,茅盾的小说《野蔷薇》的题目及寓意就是源自包以尔"花和刺"的寓意主题,茅盾小说中的人物也常常对包以尔的哲学进行阐述,如《诗与散文》中的表妹对包以尔乐观哲学的卖弄、《追求》中的王仲昭以包以尔哲学对自己的激励。第二,出人意料的发展和背景描写。茅盾从其对戏剧的翻译中借鉴了不少戏剧技巧,其中较为突出的是出人意表的戏剧结尾和对舞台布景的描述。在戏剧转折方面茅盾借鉴其翻译的《新结婚的一对》和《路易斯》:比昂逊的戏剧《新结婚的一对》中出人意料的结局是戏剧的关键所在,而茅盾也毫不掩饰他对这个剧本的结构的赞赏

---

[1] Susan Wilf Chen, "Mao Tun The Translator", *Harvard Journal of Asiatic Studies*, Vol. 48, No. 1, Jun. 1988, pp. 72-83.

之情；另外一部茅盾翻译的戏剧是斯宾霍夫的《路易斯》，这个作品的借鉴同样也是难以预测的转折式结局，茅盾的小说《创造》的结尾在形式上与《路易斯》十分相似，都是男主人公意图回到过去生活的时候却被女仆告知女主人公已经离去这一戏剧性展开。在舞台布景的描述方面茅盾借鉴了巴尔扎克在《高老头》、斯宾霍夫在《路易斯》里面的写作技巧，即在人物出场以前进行大篇幅的背景描写，在这些描写中，茅盾小说的开头和《路易斯》在内容和句法上都惊人的相似。第三，对自然主义写作技巧的借鉴，这一借鉴一方面来自其描写的明晰性，比如对战争场面的大胆地细致的描述，如左拉的《崩溃》和拉兹古的两个短篇都是对残酷的战争场面的描写，而茅盾的早期作品《动摇》和《泥泞》也是巨细无遗地将战争场面展露在读者面前；另一方面来自自然主义用看似琐碎的细节描写以表现更大场面的写作技巧，茅盾所翻译的索德伯格的《印地安墨水画》、斯特林堡的《人间世历史之一片》和《懒散的人》都运用了此类手法，这一写作技巧之后成了茅盾小说创作的特色之一。第四，对结构的借鉴。以柴玛萨斯的《他们的儿子》和帕拉玛兹的《一个人的死》为例，小说描述的都是年轻健壮的青年人在不可控的外力下被不断毁灭的过程，主人公虽然试图抗拒命运，但最终难逃失败的结局，这两部小说在内容上与茅盾早期小说并不相同，但在结构上则明显和《幻灭》《追求》《动摇》《野蔷薇》等作品是一致的，都是年轻人在虚幻的希望中不断追求、虽然受到劝告却最终无效、劫数难逃地走向幻灭的脉络走向，茅盾早期小说中所使用的希望和幻灭的暗喻与帕拉玛兹的隐喻手法十分相似，二人都曾用"希望的火星 \ 火花在 \ 从冷灰中爆出来"这样的表述。[1]

第五节　高利克的研究：茅盾小说中的外国影响与对抗

《中西文学关系的里程碑（1898—1979）》[2] 是马利安·高利克研究中国现代文学的又一部著作，1986 年由德国哈图出版社（Otto Harrassowitz）出版。1990 年由伍晓明、张文定等人将该书译成中文，由北

---

[1] Susan Wilf Chen, "Mao Tun The Translator", *Harvard Journal of Asiatic Studies*, Vol. 48, No. 1, Jun. 1988, pp. 83-94.

[2] Marián Gálik, *Milestones in Sino-Western Literary Confrontation (1898—1979)*, Wiesbaden: Otto Harrassowitz, 1986.

京大学出版社出版，2008年又重排出版。该书与他另一本著作《中国现代文学批评发生史（1917—1930）》一起被视作"马利安·高利克的集大成之作"①。高利克在写作《中西文学关系的里程碑（1898—1979）》时运用了所谓的"系统—结构法"，设有十二章，分析梁启超、王国维、鲁迅、郭沫若、茅盾、曹禺、洪深、冯乃超、何其芳、冯至、巴金、老舍、卢新华共13位中国现代文学家创作的"富有创造力的作品"，研究它们在中外文化交流过程中的相互关系。高利克在导论中指出，本书的目的是"展示1989—1979年间在中国文学领域内发生的（与其他民族和国家文学的）文学间的（interliterary）对抗过程，以及这一过程与世界上其他各种文学——古希腊文学和某些欧美文学如俄国、法国、英国、德国、挪威和美国文学，以及某些亚洲文学中如日本和印度文学——的联系"②。高利克所说的"对抗"（confrontation）一词引用自匈牙利比较文学家伊什特万·索特尔（István Sōter）提出的概念，旨在提醒大家在各种可能存在联系的主要文学环境和关联域中，关注到一个民族文学与外来文学彼此交流影响过程中的全部现象和不同文学之间的环境。他在这里使用这个词意在强调其写作过程中看重的是所选取的这些作家在面对外来文学影响时所作出的积极应对，他也表示他在写作该书时有明显的反"寻求影响"的倾向和意图。

该书的第六章是"茅盾的《子夜》：与左拉、托尔斯泰、维特主义和北欧神话的创造性对抗"，在这一章里，高利克对茅盾的小说《子夜》进行研究，他一开篇就指出："在我们看来，为要正确解读茅盾的小说，就必须深入地钻研他的文学思想以及他关于欧洲文学史和神话方面的主要批评著作。"③诚如作者在导论部分表示的那样，在这一章作者意图通过对茅盾思想中外来思想的整理，展现出茅盾在小说《子夜》中的与国外作家、文学思潮（左拉、托尔斯泰、维特主义、北欧神话）之间的"对抗过程"。

---

① 乐黛云：《序》，载《中西文学关系的里程碑（1898—1979）》，北京大学出版社1990年版，第4页。

② ［斯洛伐克］马利安·高利克：《中西文学关系的里程碑（1898—1979）》，伍晓明、张文定等译，北京大学出版社1990年版，"导论"第1页。

③ 同上书，第69—70页。

一 茅盾与外国文学

高利克在文章的第一部分追寻了茅盾在《子夜》创作时期及之前在其作品中所流露出的国外文学存在的痕迹。他指出，在茅盾1929年创作的关于外国文学的著作《西洋文学通论》中，茅盾关于自然主义、现实主义、自然现实主义的研究是值得注意的：茅盾对于这些文学现象的研究是建立在占有二手材料的基础之上的，而他对这三者的区别是很不清楚的，存在着混用术语、定义模糊的问题。高利克不无失望的表示"在《西洋文学通论》一书中，茅盾随意混用'自然主义'和'现实主义'两个术语，常是在理论层次上说现实主义，实际层次上却是自然主义"[①]。但他同时指出，从《西洋文学通论》里的落笔浓淡可以看出茅盾对于作家作品的批评标准和价值取向，茅盾将大部分的篇幅给了在文学发展过程中确有影响的作家。高利克指出，茅盾在他编著的《六个欧洲文学家》一书中，表现出对自然主义的兴趣和理解，在霍普德曼的论文中译介了钱德勒作品的自然主义部分，把巴洛哈和爱德华多·柴玛萨斯作为自然主义者相提并论；作者还看到了茅盾在《谈我的研究》里表露出来的对现实主义、自然主义作家们的喜好。作者最后表示，根据茅盾本人的偏好以及他在《子夜》中的实践情况，学者们公认为左拉和托尔斯泰对茅盾的影响最明显。

二 《子夜》中的外国文学因素

高利克随后梳理了茅盾与左拉、高尔基、托尔斯泰的作品的实际接触及研究，研究了这些作品的影响在茅盾作品中的具体表现。第一，茅盾与高尔基的接触最早可以追溯到他在1919年对高尔基作品的翻译，但从1921—1929年茅盾著作中可以看出他对高尔基和托尔斯泰的文学并不看重。1920年茅盾《小说新潮栏宣言》里建议将外国文学译介到中国，1928年后茅盾对高尔基的兴趣日益浓厚，但一开始茅盾对高尔基的兴趣来自其对高尔基社会参与者、现实主义者和革命文学家的定位，之后才对高尔基的作品产生兴趣。高利克探索了高尔基作品人物在茅盾小说中的痕迹，认为高尔基作品中的流浪汉的典型影响到了20世纪30年代茅盾短篇

[①] [斯洛伐克]马利安·高利克：《中西文学关系的里程碑（1898—1979）》，伍晓明、张文定等译，北京大学出版社1990年版，第73页。

小说中的人物形象。第二，茅盾在20世纪20年代对托尔斯泰和左拉的兴趣并无明显偏颇，作者推断茅盾是将二者视为可互相补充的。茅盾在1920年前后的文章中表明他将左拉视为现实主义的重要代表[①]，左拉从客观现象出发的现实主义描写，是对颓废文学的重大打击。高利克指出，茅盾对于左拉的兴趣在1929年仍在继续，"茅盾对于左拉的关注可以看作他对自己过去文学批评观点的继续，也可以看作他对当前文学的兴趣，至少是预示了他未来的发展"[②]，左拉的《金钱》和《娜娜》都对茅盾的创作有直接影响——《金钱》直接影响了茅盾《子夜》的谋篇布局，《娜娜》在"性"的神秘力量和"关于命运的权利的变化"[③]这两个方面直接影响了茅盾。第三，茅盾曾于1919年年末至1920年年初表露出希望托尔斯泰《战争与和平》中译本面世的意愿，虽然希望落空，但1933年《战争与和平》中译本出版后，茅盾随即便在1934年用"味茗"的笔名发表评论[④]。高利克注意到茅盾在这篇评论中对胸部描写这一细节的关注，并在《子夜》中找到相应之处，但他同时指出，茅盾在《子夜》中对描写胸部的处理虽取自托尔斯泰，但在内涵上与左拉有共同性，这表明左拉也影响了茅盾。

三 《子夜》与北欧神话

作者在第三部分的研究指出，在茅盾创作《子夜》的准备阶段和创作阶段，"北欧神话"的戏剧精神对茅盾的影响是巨大的，其影响从作品标题的变动、作品第一幕的实际呈现等方面可以看出。首先，高利克提出，茅盾最初以"夕阳"作为小说的中文标题，最终却以"子夜"命名，这两个象征都有受到"北欧神话"的影响。高利克指出，之前的标题"夕阳"就来源自H. A. 居厄伯（Guerber）的《北欧神话》（*Myths of the Norsemen*），取"诸神之黄昏"这一意象，即书中描写神的衰落的一章，茅盾意在以此象征中国封建和资本主义的衰亡；之后所命名的"子夜"一词，较之"黄昏"蕴含了更多的希望，《北欧神话》里的女夜神诺忒

[①] 茅盾：《文学上的古典主义、浪漫主义和现实主义》，《学生杂志》1920年第11卷第1期。
[②] ［斯洛伐克］马利安·高利克：《中西文学关系的里程碑（1898—1979）》，伍晓明、张文定等译，北京大学出版社1990年版，第76页。
[③] 同上书，第77页。
[④] 味茗（茅盾）：《郭译〈战争与和平〉》，《文学》1934年第2卷第3期。

(Nott)与丈夫"黎明"(Dellinger)所生之子名为"昼"(Dag),高利克认为,茅盾将小说最终命名为《子夜》是取自于此。其次,高利克分析了《子夜》的第一章,认为茅盾在写作第一章甚至是整个创作的过程中,常受到"北欧神话"的戏剧精神的影响。茅盾原打算将第一章以"逃墨馆主"的署名发表,未果。高利克认为,茅盾的这个笔名一方面是模仿中国古代文人起"号"的做法,另一方面也是来源对《北欧神话》中叔列姆赫姆(Thrym-heim)之主的翻译,叔列姆赫姆是与神祇为敌的巨人们的住所。高利克还一一列举《子夜》第一章中与北欧神话相对应之处,如在第一章伊始所描绘的日落黄昏的景象,暗示着现代中国"神"的衰落,这与北欧神话里众神的衰落相呼应;吴老太爷之死的设定也与北欧神话中芬里斯(Fenris)与奥丁面对面遭遇后被吞噬的情节暗合。

四 《子夜》与左拉、歌德

文章的第四、第五部分,高利克分别研究了左拉的《金钱》、歌德的《少年维特的烦恼》对茅盾创作《子夜》的影响。第一,高利克指出,"茅盾在吴老太爷死后几小时便转向左拉的《金钱》,但并没有离开《北欧神话》的精神"[①],他认为,茅盾对吴老太爷葬礼的描写是一个新"神"送别旧"神"的场景,直接的佐证是茅盾用了这样的一个双关:时下金融界主要的三种股票交易——关税、裁兵、编遣,取这几个词的第一个字连起来谐音是"棺材边"。同时,高利克表示,左拉的《金钱》对《子夜》的影响可观。如《金钱》中,萨加尔为摧毁甘德曼的犹太银行创立了世界银行,《子夜》里,吴荪甫与旁人共同建立的"益中公司"与左拉小说中的银行在智能方面是一致的;益中公司三个创办者在吴太爷丧礼后的聚会,与左拉《金钱》里萨加尔和哈曼冷兄妹的会谈如出一辙,两群人在聚会后所达成的协议也十分相似;左拉笔下发生于巴黎股票交易所的最后一战和茅盾描写的发生于上海公债市场上的最后一战也是一个明显的相似处。高利克认为,虽然茅盾和左拉同样相信社会经济因素的巨大影响力,但二者所信仰的实质并不相同。第二,歌德的《少年维特的烦恼》

---

① [斯洛伐克]马利安·高利克:《中西文学关系的里程碑(1898—1979)》,伍晓明、张文定等译,北京大学出版社1990年版,第86页。

对于茅盾的影响并没有深入到他创作的"系统结构实体"①中去，但仍是出现在茅盾《子夜》中的一个重要元素。小说中，《少年维特的烦恼》是吴少奶奶的"圣经"，在故事里被多次提及，是一个象征性的存在。高利克分析了《少年维特的烦恼》存在的象征意义，以及研究造成这现象的深层次的原因，即"在古老的中国，至少从汤显祖（1550—1616）和晚明其他作家的作品开始，就存在着一种'感情谬误'（至少在我们看来），存在着感情被其他因素如其他批评用语，像'景'所制约的问题，或者感情被其他因素（如社会关系）所限制的问题，还存在着本质总是伤感虚弱的问题。1919年五四运动之后，对于感情及其在生活和文学所处位置的表现才经常（虽不是一直）发生重要的变化"。高利克认为，中国存在着以人的感情被某种主流思想或因素所压制的问题，表现在《子夜》中的情节上就是吴老太爷大肆宣传自己的圣经（《太上感应篇》），吴少太太则羞于显露自己的感伤。然而吴少夫人的浅薄之处在于她并不能理解歌德这部作品的伟大之处，她与维特的联结只是基于她肤浅做作的拿腔作调而已。

五 《子夜》里的茅盾

高利克指出，茅盾《子夜》受到了左拉、托尔斯泰、居厄伯的影响，但茅盾并非一味接受，而是采取整合的态度来选择性地借用和吸收。他表示"影响的标准并不依赖于艺术家的价值或其他价值，而是依据接受作家的需要和文学结构的需要"②。左拉的《金钱》与茅盾的《子夜》在主题上相近，对于茅盾描写股票交易活动而言《金钱》有着直接的参照作用。茅盾在很多情况下都借鉴了左拉的情节结构原则，但仅止于此，茅盾和左拉在内在气质上相异；居厄伯的《北欧神话》中的"悲剧和庄严的要素"影响了茅盾的《子夜》，"众神末日"的母题一直在推动着《子夜》剧情的发展，贯穿了整个情节，而"夜、黎明和白昼"的母题同样来自《北欧神话》，但这些影响发生在茅盾接受吸收这些母题和要素并对其高度提炼之后，它们的出现十分隐秘，是茅盾灵感的源泉而非身处之所；茅盾将托尔斯泰作品中爱伦公爵夫人的形象，拆解为《子夜》中吴家客厅里的

---

① ［斯洛伐克］马利安·高利克：《中西文学关系的里程碑（1898—1979）》，伍晓明、张文定等译，北京大学出版社1990年版，第92页。

② 同上书，第92—93页。

几位女性，但茅盾在获取灵感之后便与之分道扬镳；对于《少年维特的烦恼》，茅盾采取区别的态度，他不排拒感伤主义的有益传统，但批判了后人对其的片面理解以及城市里资产阶级年轻人装模作样的生活方式。

第六节　吴德安的研究：茅盾的结构理论与实践

吴德安（De-an Wu Swihart）1990年于普林斯顿大学毕业的博士学位论文《中国小说形式的演变》①是对16世纪到现代的中国小说形式的演变历程的研究，她在第五章研究了茅盾的结构理论及实践。吴德安指出"演变"这个概念是达尔文的进化论思想被普遍接受后被五四时期的中国学者引用至文学领域的，即中国小说的发展是一个进化的过程，但同时他们也还会按朝代划分文学，用朝代历史写作的方法来研究文学。在论文的第一章，吴德安追溯了中国小说形式的发展，回顾了章回小说里的"段落结构"（Episodic Structure），分析了章回小说的来源对于其结构形成的助益以及对之后小说的影响。②第二章至第五章意图通过对每个时代的作品的研究来揭示中国小说形式的演变：第二章从《水浒传》入手研究其结构原则，她在这一章里通过对《水浒传》这部早期小说的研究，探究章回小说形式的来源和形成以及《水浒传》里所建立的结构规则对后世章回小说的影响；③第三章将焦点放置在《儒林外史》这部小说上，研究这些结构规则在18世纪小说的后续发展，指出《儒林外史》将结构规则推至一个更高的境界；④第四章将晚清小说作为一种过渡期的文学作品，研究其在作品结构上的继承和创新，并指出晚清小说里所出现的形式上的新元素是受到西方小说技巧的影响。吴德安指出，16世纪到20世纪初期中国小说的基本形式就是章回小说，五四运动后则被视为落后过时的小说形式被弃置，取而代之的是一种新的小说形式，这种新形式受西方小说和传统章回小说形式的影响。⑤她在第五章选取茅盾的小说作为这一时期作品的代表，通过对茅盾结构理论和具体实践的研究来探究新产生的小说结构

---

① De-an Wu Swihart, *The Evolution of Chinese Novel Form*, Ph. D. Thesis, Princeton University, 1990.
② Ibid., pp. 1-48.
③ Ibid., pp. 49-96.
④ Ibid., pp. 97-134.
⑤ Ibid., pp. 135-154.

是如何产生和被影响的。

论文第五章吴德安分三部分对茅盾的结构理论和实践进行探讨。第一部分是对晚清小说到现代文学初期这一阶段的小说的形式特点的研究。她首先指出现代文学肇始之初晚清小说的革新影响了现代文学的发展，其创作主题和艺术风格仍对现代文学有影响，但文体形式却已不再适用于反映 20 世纪的中国现实这一需求，这时西方的短篇小说因其形式的简洁而被五四作家广泛采纳。接着吴德安指出茅盾更倾向于以西方小说形式为基础的文体形式：茅盾作为五四时期主要的批评家，将旧形式的小说划归为两类，即"旧章回体小说"（old-chapter novel）和"中西混合的旧式小说"（old-style novel which mingled Chinese with Western style），批评前者不加选择地模仿章回小说的惯例格式，但他同样并不赞赏将传统和西方的小说技巧与结构相结合的小说类型。茅盾指出晚清小说家所看的西方小说都是中文译本，而译本只是将情节翻译过来，小说具体叙述方法没法直接译介，因此晚清小说家只是从译介的西方小说处习得一些结构技巧并将这些技巧用以发展传统章回小说的结构。茅盾指出晚清小说家有三个重要的革新之处：一是摒弃了章回小说的旧式开篇风格，采用西方小说的开篇设计；二是在小说的结尾处也不再以传统方式对人物进行总结；三是作家们不再对小说中出场的人物进行概括和评论。但他进一步指出，即便如此，晚清小说家仍是植根于章回小说的结构形式的，他坚持认为中国的新小说应该是模仿西方小说的。茅盾敏锐地意识到完全西化的小说可能并不容易被受传统小说模式影响的中国读者所接受，继而提出了四点建议：不要太欧化、不要多用新术语、不要太多象征色彩、不要从正面说教式的宣传思想。最后吴德安指出无论是晚清小说形式还是西方小说形式都不能立刻适用于现代中国小说的发展，茅盾在对小说形式的摸索中创作的《蚀》和《子夜》，这两部作品因其成功的艺术形式和新前景大受欢迎，还吸引了来自旧式小说的读者。茅盾对中国现代小说的影响就如同鲁迅对五四短篇小说的影响一样。[1]

第二部分吴德安研究了茅盾关于中国现代小说新形式的设想，她认为茅盾这一设想的形成主要源自三个方面。第一个方面是对中国章回小说结构的精华的吸收。茅盾作为五四时期提倡破除旧习的著名人物，一直都很

---

[1] De-an Wu Swihart, *The Evolution of Chinese Novel Form*, Ph. D. Thesis, Princeton University, 1990, pp. 160-165.

反对任何形式的旧式书写方式，但同时他对于传统小说有着精辟而独到的研究，茅盾曾写过关于《水浒传》《红楼梦》《儒林外史》等传统小说的研究评论文章。吴德安在对这些研究文章的分析中，指出茅盾最为赞赏的是传统小说的两个关键艺术技巧——结构和描述，对这两点的继承也成了茅盾小说的基础：茅盾在研究传统小说时对合传体形式较为认同，他另创了一个术语"错综的人物故事"来指代"合传体"，吴德安认为茅盾对新术语的使用恰恰说明其对传统概念的掌握和理解。茅盾认为作者在写作小说前就得在心中有一个人物形象，通过组织故事情节去塑造这一形象，也就是以人物为骨，以故事的发展为肉，还提出了一个术语——不整齐结构①（irregular structure）。而中心主题是将不同人物的故事交织在一起的核心，这就是茅盾将中心主题视为小说结构的关键因素的原因，他最终也将这种通过主题将不同人物故事交织在一起的结构性原则运用在自己的写作实践中。在结构技巧之外，茅盾十分赞赏中国古典小说对主角的描述方式，即通过人物的行动来烘托人物性格。茅盾并不认可一些古典小说中对人物做注解式的定位，反对单调乏味地描述一个人物形象。他认为对于一个作者而言重要的是通过对关键的行动的叙述来表现这个人物的内心世界，并且认为一个合格的小说家不仅仅是记录事实，更要通过对人物生活片段的描写来表现作者的思想和哲学理念。第二个方面来自对西方小说技巧的学习，茅盾在进行小说创作前就有十年的译介外国文学的经验，因此对于西方的文学理论十分了解且有自己的见解。茅盾曾建议中国作者应系统地学习自然主义和现实主义，而他对此二者的提倡在于对其描写技巧的认可——自然主义主张的科学观察和客观描写，现实主义提倡的用分析的方法来描述现实——茅盾认为这类技巧十分契合中国新小说的需要。茅盾在认可自然主义的个体受环境压制的观点的基础上将其进行发展，提出个体的发展要考虑到社会和环境因素的影响。茅盾进一步指出对人物的描写必须考虑到他与其所处环境的辩证关系，因而在他的大部分小说中，影响他所叙述的人物主要因素是该时期中国的社会力量或历史进程。茅盾的结构理论中还受西方戏剧"三一律"的影响，茅盾自己也曾在《我的回忆》里坦言其第一篇短篇小说就是用欧洲古典主义戏曲的"三一律"来写的，

---

① 不整齐结构（irregular structure）指某个人物角色并非一出场就被评论和定义，该人物可能没有独立的故事单元，但其人物形象是随着故事情节的展开而渐渐丰满的。茅盾认为这种结构更好更合理。

但他并不完全受限于此,他只对时间和地点设限,对人物的行动并不作限制,将人物设作"三一律"要被限制的因素之一。茅盾从托尔斯泰处所得的影响主要来自小说结构、人物描写、对宏大场景的叙述这三个方面,另外茅盾从托尔斯泰小说处学得的结构方法与他所归纳的中国古典小说的结构方法十分相似。茅盾结构理论的第三个方面的来源是他在创作新式小说实践中所获得的经验,茅盾在创作《蚀》的时候缺乏写作经验,于是决定用三部曲的形式来表现一个完整的故事——茅盾曾解释说《蚀》指的革命的三个时期,即光明的逐渐失去、黑暗、曙光再次来临,而这三个时期又象征着革命的三个阶段——他的结构理论在《蚀》的初次实践中结果不甚理想,有结构松散的不足。而茅盾在《虹》的结构中尝试通过一个主题将小说中的多个元素集合起来,通过主角的生活经历来结合不同时期不同阶段的社会生活和事件,这一尝试十分成功。但茅盾并不满足于只表现某个人的经历和故事,他的目标是探讨某一历史现象,在这一目标的驱使下他创作了《子夜》,尝试叙述某一特定时期的社会问题。[1]

第三部分吴德安分析了《子夜》的结构特点,她主要从小说的开篇、中心轴(the central axis)、主角和不同人物故事、以人物为中心组织情节、空间和时间设计这五个角度展开论述。吴德安首先分析了《子夜》的开篇,茅盾曾赞赏过《红楼梦》和《战争与和平》的巧妙开局[2],并在《子夜》中也使用了这一结构技巧,在《子夜》开篇的前三章巧设心思:第一章将吴老太爷比作"古老的僵尸",通过吴老太爷的死亡象征旧中国、封建父权已被新兴的资本主义社会所取代;第二、第三章聚焦于吴老太爷的追悼会——这一叙述借鉴了《战争与和平》里开篇的茶会部分——以此象征资产阶级在中国的穷途末路,其中一个事件是吴苏甫的商业伙伴、工业资本家都排队与交际花徐曼丽跳舞,通过叙述的展开来表现这首"死亡之舞"在小说里的象征意象。吴德安认为,《子夜》在开篇提供主

---

[1] De-an Wu Swihart, *The Evolution of Chinese Novel Form*, Ph. D. Thesis, Princeton University, 1990, pp. 166-178.

[2] 茅盾曾在《爱读的书》一文中高度赞扬这两本书的开头,称"《红楼梦》开头的几回就把全书的结局和主要人物的归宿用象征的笔法暗示出来。但以后故事的发展,却往往出人意料……这样的包罗万象的布局……使全书成为浑然一体",《战争与和平》的开头同样很受茅盾喜欢,"开卷第一章借一个茶会点出了全书主要人物和中心故事,其后徐徐分头展开,人物愈来愈多……始终无见杂无脱节"。

题框架这一功能类似于章回小说序言的功能。在对中心轴的论述中，吴德安指出茅盾将中心主题视为小说结构的关键因素，因此他在《子夜》中对事件、人物、时间和地点的描述都是将其视为某一恶性循环的组成部分，每一部分都可能与其他因素有因果关系。在对《子夜》的中心主角和不同人物故事的论述中，吴德安指出茅盾持有的观点是"角色为骨，事件为肉"，不同于《蚀》的以不同人物的故事为基础，也不同于《虹》的聚焦于故事主角展开故事，《子夜》将两种方式相结合，用主角的故事穿插不同人物故事的新结构进行叙述。茅盾认为作者必须考虑到人物的公共生活和私人生活、个性、社会背景、行为方式、他是如何被所处的环境和身边的人所影响的，为了能通过主角联系到不同人的故事，故将故事的主角设定为商人身份的吴荪甫。吴荪甫是一个俄狄浦斯式的被无法抵抗的命运所击败的悲剧人物，不同之处在于其悲剧是因为其对历史环境的不能查知所造成的，他是一个来自农村的城市资本家，他上承传统家族社会的影响，下继新式观念的冲击，他身上体现了新与旧的各种矛盾冲突，这些冲突来自阶级、来自家庭、来自工作环境。茅盾在对吴荪甫这个主要人物的叙述中夹杂着对其他人物故事的描写，如火柴厂老板周仲伟、交际花徐曼丽、地方企业主唐子嘉、买办赵伯韬等。

在"以人物为中心组织情节"部分的研究中，吴德安指出《子夜》的中心故事是与吴荪甫益中公司的规划、发展和最终破产这一过程相联系的，这是故事的主要结构。以吴荪甫为首的工业资本派建立了益中公司，而买办投机商赵伯韬则作为其对手存在，为了打败有美国资本支持的赵伯韬，吴荪甫加重对工人的盘剥以扩大资产，但却导致工人反抗，最终造成了益中公司的破产。这个故事是通过一个恶性循环的形式而发生的，而事件这样安排是为了揭露吴荪甫内心里新旧之间的冲突以及中国社会的不稳定状态。吴德安随后便详细分析了茅盾基于此目的而在各章所做的情节设置。在"空间和时间设计"这一主题的研究中，吴德安认为茅盾的《子夜》在空间和时间上也是有结构的：空间上茅盾以大都市上海作为故事的主要舞台，以地理地点来联系发生的事件，吴荪甫的大厦代表他的野心，他在这里做商业决定，也在这里进行商业社交活动，这里也是他家庭生活的中心，股票市场是吴荪甫与赵伯韬进行最后对决并落败的地方，丝绸工厂是吴荪甫商业的始端和事业基础，所有这些地点都与事件紧密联系；时间上茅盾也有精心设计，茅盾偏好叙述短时期内所发生的事件，他在《子夜》中就是按时间顺序来进行叙述的。[①]

第七节　安敏成的研究：茅盾小说中受阻碍的现实主义

《现实主义的限制：革命时期的中国小说》[②] 是美国耶鲁大学东亚系教授安敏成（Marston Anderson）于1990年出版的研究著作，该书从现实主义在美学追求和其所承载社会责任间的矛盾关系入手，梳理了"现实主义"在中国的接受和发展状况，分析其广为传播的特殊历史语境，从"现实主义"的具体运用中反向探讨其实际意义和内涵；以具体的作家及作品为样本，进行深入细致的文本阐释，研究小说叙述中现实主义的呈现和变形，以及由此表现出的独特的美学特性；最后探讨了现实主义在新时期集体主义话语下的终结。全书共分为五章，每章都聚焦一个新中国环境下现实主义的限制的不同方面。

第一章里，安敏成首先借用鲁迅批评20世纪的文学论争这一事例，指出现代中国文学对文论的使用近乎混乱，对西方文学观念的理解和引用凭主观臆断，不求甚解，而在这一混乱现象的背后是中国知识分子焦灼的危机意识，他们在政治变革的诉求遭遇失败后，便寄希望于文学改革带来的深层次的文化感化力来引领社会改革。安敏成发现"依照某种文学方案写出的作品往往让倡导者们大失所望，而那些在艺术上或者修辞上成功的作品却逾越了简单的批评尺度"[③]，因此不能仅仅依靠该时期批评所提供的文学批评的范畴对文本进行解读，而是要通过对文本的解读来探究"现实主义"的定义和范畴，因此作者尝试借用学识学大面的理论和中国传统文论自己的叙事理论来进行分析研究，研究现实主义对中国作家写作的影响，以及中国自身错综复杂的美学传统对中国现实主义作家的影响和对西方模式的抗拒。为了让读者能更好地理解中国现实主义，安敏成从两个范

---

① De-an Wu Swihart, *The Evolution of Chinese Novel Form*, Ph. D. Thesis, Princeton University, 1990, pp. 178-194.

② Marston Anderson, *Limits of Realism: Chinese Ficiton in the Revolutionary Period*, California: University of California Press, 1990.

③ [美]安敏成：《现实主义的限制：革命时代的中国小说》，姜涛译，江苏人民出版社2011年版，第6页。

畴概述了欧洲批判现实主义的美学和中国传统美学之间的基本差异。第一个范畴涉及小说的创造性生成（发生论）。现实主义小说的两重因素即"小说"（fiction）和其一再强调的客观立场是矛盾的，现实主义对纯粹指涉性的追求与创作的虚构性存在冲突关系，现实主义追求的对现实的描摹说在中国传统美学中从未发展过，"对于中国人来说，一件文学作品并不是自然世界的摹本，而只是自然及社会世界背后诸多基本呈现方式的一种而已"①，艺术品/小说的创造是主观的，是他们在领悟到蕴藉在宇宙万物间"道"后的文字传达，他们的小说世界是不依赖于现实世界的。安敏成理论探讨的第二个范畴涉及作品的接受问题。在解释西方现实主义文本是如何被接受这一问题时，安敏成详述了亚里士多德的进化论给现实主义带来的影响，"类似于悲剧，现实主义在读者的心中也实现了一种情感的仪式化涤荡，尤其是当读者对书中人物满怀同情（怜悯）和为再现的故事唏嘘不已（恐惧）之时"②，而现实主义所能引起的审美满足同样来自对此类情感的唤起和宣泄，而这正是中国传统美学中所未曾涉及的领域，中国传统美学将文学视作一种传情达意、载道教化的载体，"情"和"理"被视作互为补充、和谐相处的两个因素，西方现实主义理论为中国美学展现了一种新的美学经验。③

第二章"血与泪的文学——五四现实主义文学理论"中，安敏成指出西方现实主义在中国并不是被全盘接受的，现实主义的传播和被接受是因为"它似乎能够提供一种创造性的文学生产和接受模式，以满足文化变革的迫切需要"④，在这一章里他探讨中西艺术观念的差异和读者的反应是如何影响现实主义在中国的接受的。现实主义（写实主义）在中国的传播始于梁启超，而他对现实主义的定义影响了后面文学批评家对此的认知。从 20 世纪初陈独秀、胡适、茅盾等人的撰文号召，到 20 世纪中期叶圣陶、鲁迅、郑振铎、茅盾、甘人、韩侍桁等人对此展开的论争（这一论争的焦点是文学发生问题），再到 20 世纪后 30 年瞿秋白对支配中国文化

---

① [美]安敏成：《现实主义的限制：革命时代的中国小说》，姜涛译，江苏人民出版社 2011 年版，第 12 页。

② 同上书，第 18 页。

③ Marston Anderson, *Limits of Realism: Chinese Ficiton in the Revolutionary Period*, California: University of California Press, 1990, pp.1-18.

④ [美]安敏成：《现实主义的限制：革命时代的中国小说》，姜涛译，江苏人民出版社 2011 年版，第 34 页。

的西方影响的批评以及苏汶、胡秋原对左联的批评与论争（聚焦于文学接受之上），都影响和限制了现实主义在中国的传播和影响。现实主义在中国的火热盛行并非只因为与它联系紧密的"模仿的假象"为文学创作提供了一个创新性的方法，还因为它所倡导对现实生活的客观观察和不分阶级的全面探索，契合了当时中国的政治文化诉求，但随着社会的不断变化和中国现代文学的发展，现实主义最初引人敬佩的客观性正日渐成为批评家厌恶之处。在"探索新的文学源泉"部分，安敏成指出五四一代的知识分子虽然对传统文化持激烈的批判态度，但对"诗言志"这一观念的认知却根深蒂固，当这一点与西方的观念相遇后，便激发了一种全新的"自我表露"形式，对于现实主义者而言，即为使作者的作品从个人情感的自我迷恋式的抒发上升到对真实的关注，作品因此获得了深度意义和伦理内涵。而茅盾在这一时期虽然同样极力倡导现实主义，但同时对现实主义的过度客观性提出了质疑，担心这种只做批评不做引导的客观性会导致极坏的甚至是破坏性的影响，因此在此后的文章论述中，茅盾将现实主义与自然主义进行区分，将他认定的破坏性因素如冷眼旁观、悲观主义及决定论等归之于自然主义，提倡要在客观表现作家所见的同时传达作者的个性。因此，20世纪早期中国发展的现实主义，不但被视作是自我表现的空间，同时也是对影响自我的外在因素的探究。而在20世纪中期，现实主义的写作已趋向于成熟的、客观的写作。茅盾在这一时期曾撰文批评部分五四小说的狭隘与感伤，同时也着手进行小说创作，意图全面客观地描绘当时中国在社会、政治、文化各方面的场景。在革命文学的论争中，茅盾曾写《从牯岭到东京》和《读〈倪焕之〉》两篇文章来回应钱杏邨等人的批判，但他的辩护中流露出的关于文学中阶级斗争的观念与创造社成员是一致的。在"寻找新的读者"部分，安敏成从文学接受的角度探讨了20世纪30年代及之后现实主义的发展。他首先指出，30年代初，文学的阅读及其受众就已引起了研究者的注意，语言变革（白话文运动）最初的兴起就是为影响大众，鼓励他们投身到民族复兴的大业中去，而改革者们致力于扩大读者群的最后却尴尬地发现新文学的受众面较之传统文学更狭小，而30年代后期展开的关于文学"公式主义""差不多主义"、讽刺和民族形式的问题都使得作家变得更为焦灼。茅盾在30年代末的一些论文中，在赞赏新文学的观念的同时也认同其在艺术上的呆板枯闷，解决这一弊端的方法就是以人物形象塑造为小说创作的中心。此外茅盾还将讽刺与"暴露文学"视为表露热烈价值关怀的作品,因为事实证明这类文学通过批判性的内容对读者产生积极的影响。安敏成在最后的论述中指出,现实主义在20世纪初的引入是基于社会革新的考量,但此后的发展却受到中国传统文化的制约,五四批评家所选取的现实主义的理论多为与中国传统美学准则相近的部分,他们所关注的并非这一理论本身,而是作品的发生和接受问题。[1]

安敏成在第四章"茅盾、张天翼以及现实主义的社会阻碍"里通过对茅盾的文本的细致阅读,分析了茅盾在将现实主义小说和历史结合方面所做的努力。安敏成在该章的论述主要有以下四点。第一,茅盾的第一部小说三部曲《蚀》是政治挫折的产物,其中流露出的对革命运动的悲观情绪招致了来自创造社和太阳社的大批量攻击,在此情况下茅盾写下了《从牯岭到东京》和《读〈倪焕之〉》为自己辩护。安敏成指出,通过茅盾对《倪焕之》的"时代性"的赞赏,可以看出茅盾对作家受时代和生活环境影响这一观念的认同,决定论因素这一观点直到1930年之后才渐渐被他怀疑,但即便认同泰纳(Taine)[2]的决定论观点并引用"时代性"这一术语,但茅盾扩大了该词的内涵,时代性除了在作品内容的时代特征和时代精神的表达之外,还包括了时代之于个人以及人类应对历史的互动影响,他希望自己的创作能摆脱个人视角所局限的时代性,让小说成为历史自己发言的喉舌。第二,茅盾在《对于系统的经济的介绍西洋文学底意见》《自然主义与中国现代小说》等文中曾就此点提出摆脱创作者主观羁绊、将自我与历史进程结合的解决方法:一是作家的创作必须以对客观世界的细致观察为基础;二是对观察所得进行有目的地整理和布局。第三,茅盾所倡导的观察与分析的方案存在认知功能上的矛盾,经验性的认知和观念性的认知反而造成了现实主义追求者们的困扰,这一点使作品中的小说结构和主题表现都受到相当程度的困扰:茅盾的小说要消化他所细致观察到的社会现实就必须在作品形式上做考量,"在茅盾自己的作品中,某种形式上的失调——尤其是作品篇幅和结尾——或许就是冲突留下的痕迹,他既要忠实于现实主义细节的完整性,又要考虑这些细节意味深长的

---

[1] Marston Anderson, *Limits of Realism: Chinese Ficiton in the Revolutionary Period*, California: University of California Press, 1990, pp. 19-67.

[2] 马利安·高利克曾在《茅盾与文学批评》一文中指出,茅盾在《读〈倪焕之〉》一文中赞赏的"时代性",该术语译自泰纳"moment"一词,茅盾曾十分认同泰纳理论中的决定论因素。

结构模式"①，茅盾并不怎么满意于自己写作的短篇小说，认为短篇小说不够短小精悍且意味深长，不能承载他所要描述的事件背后纷繁复杂的动机和原因，但类似的问题同样存在于他所创作的长篇小说中；现实主义追求者们的困扰不仅表现在他们作品的小说结构上，也表现于主题层面上理想与现实的冲突中，即小说结构承载不了作者所观察到的社会现实。茅盾的小说《追求》里王仲昭的人物设置便是如此，记者和现实主义者这两个身份之间的矛盾让王仲昭的行动处处受制，而从王仲昭的处境可以窥探到茅盾本人的境遇，茅盾也是立身于政治事业和文学创作两者间的，在"矛盾"的处理中他确立了小说"时代性"的评判标准，即在理解所观察到的社会现象的同时领悟社会历史变革的机遇。第四，茅盾早期的作品中都存在一个二元对立的模式，如《幻灭》中一开始的静与慧两人名字、性格、追求、境遇、结局等方面的对比，后期静与强猛所代表的自然主义与未来主义之间的对立即是如此，小说中处处出现了这样的对比，但安敏成认为茅盾作品中的"矛盾"并不是非此即彼的对立，而是一种可替换的暂时的对立关系，他对矛盾关系的处理更接近于中国传统的二元对立观，因此并没有形成一种有力的历史进程感。而作品中主人公往往抽身而出化身异在的第三者，使作品中的二元对立因而变成三元结构，借助第三者来颠覆二元结构中对立双方彼此稳固的同一性，而在一个政治话语变得不确定且可疑的混乱社会里个人的心理和行为变化便成了茅盾要探究的主题。②

第八节 王如杰（音）的研究：茅盾《子夜》中对中国的现实主义拼接

《中国现实主义的透明性：关于鲁迅、巴金、茅盾、老舍的文本研究》③是罗格斯新泽西州立大学王如杰（Wang Rujie）于1993年写作的博士学位论文，作者基于诠释现象学理论梳理了五四时期以来中国批评现实

---

① [美] 安敏成：《现实主义的限制：革命时代的中国小说》，姜涛译，江苏人民出版社2011年版，第111—112页。

② Marston Anderson, *Limits of Realism: Chinese Ficiton in the Revolutionary Period*, California: University of California Press, 1990, pp. 122-182.

③ Wang Rujie, *The transparency of Chinese realism: A study of text by Lu Xun, Ba Jin, Mao Dun, Lao She*, Ph. D. thesis, Rutgers The State University of New Jersey, 1993.

主义在文化设想的变化,通过研究创作于五四时期的文学文本——这些文本的作家大多受西方主流社会政治话语影响,试图通过创作对中国传统人道主义思想进行改造——以此质疑现实主义所标榜的透明度(transparency)。王如杰在序言部分指出,中国近现代史上共有两次向西方靠拢的亲密时期,一次发生在19世纪90年代到20世纪30年代,该时期人们在西方思想的影响下情感发生了转移和变化,一次是发生自20世纪70年代至今的"信仰与意识危机",在这两个时期总是伴随着对西方思想的疏离和亲近以及对自己传统文化的继承和批判,中国现实主义在文化现象中的重要性毋庸置疑,但其身后的西方话语同样不容忽视,这才是建立现实新的现实主义范畴、将中国经验进行分类的最初动力,故而他的兴趣点在于该时期中国启蒙运动(即五四文化运动)和西方殖民话语间的密切关系。对王如杰而言,五四时期的小说作品便是现实主义者们借用西方话语对中国文化进行改造的成果,因此他的研究就是要通过对五四文化背景下的现实主义文学的描绘,追溯本土与外来文化、现实主义文本和西方话语主体彼此交织影响的历史进程,为此他选取鲁迅的《阿Q正传》、巴金的《家》、茅盾的《子夜》、老舍的《骆驼祥子》作为分析文本。他认为《阿Q正传》中贯穿有鲁迅所习得的社会达尔文主义和基督教人文主义思想,《家》处处流露出巴金对西方个人主义和俄国无政府主义思想的理解,茅盾在《子夜》中所描绘的中国社会正是基于其马克思经济学理论和政治思想的指导,《骆驼祥子》也是源自老舍对法国自然主义的理解。

　　王如杰在论文第四章"《子夜》:'中国'的拼接"中指出,中国现实主义的内容不只是对传统观念的质疑和改造,还包括对西方文论的吸收和借鉴,茅盾创作的长篇小说《子夜》便涵括了三种不同的政治话语,即经典马克思主义、斯大林共产国际时期的托洛茨基主义和毛泽东思想,《子夜》中对中国社会各个层面的叙述和描写都能与这些政治、社会政治理论的话语产生共鸣。这一章分为三小节,作者基于三种不同的政治话语对茅盾的《子夜》进行文本分析。第一部分"正统马克思主义和中国"是分析马克思主义对茅盾创作的影响和指导。王如杰认为,马克思历史唯物主义,特别是其关于"亚细亚生产模式"的思想,让茅盾认识到中国半封建半殖民地的性质,对茅盾创作的具体影响主要表现在以下几个方面。第一,马克思主义经济学理论中经济基础决定上层建筑的观点。王如杰指出，《子夜》开题点出的"现代中国的浪漫转变"表明"转变"（transition）正是小说的关键词，而全书所要描绘的正是中国社会由"亚细亚生产模式"向资本主义模式转变的过程，这正是纯粹的马克思主义历史唯物主义的视角。马克思和恩格斯将中国视作停滞的、落后的社会，马克思曾提出术语"亚细亚生产方式"，印度、中国等国被理解为欧洲历史的初级阶段，作为历史进程中的一个阶段，亚细亚方式是能在工业资本主义的影响下存活的，而中国因此便被期望能通过"转变"进阶到后面的阶段。基于马克思主义经济学理论中经济基础决定上层建筑的观点，建立在传统生产模式上的中国文化，在资本主义生产方式占了上风后便会瓦解裂变。《子夜》第一章里吴老太爷初至上海便在冲击里中风而亡便是封建思想、落后的生产方式应声坍塌的象征，第一章结尾处范博文的那段论述正与马克思主义经济学理论和政治思想相符。第二，社会存在决定社会意识。茅盾在小说中对上海生活的描述显然受马克思的本体论思想的影响，重视人类存在的物质性和感官性，茅盾在小说叙述中对感官和身体的不断强调恰恰体现了马克思关于人类存在建立在物质条件基础上的观点。此外，马克思提出的社会存在决定社会意识的观点也在茅盾的文章中不断体现，文中每个人都受制于其阶级意识，同时对其他社会阶层抱有若有似无的敌意。茅盾在小说中通过不同阶级的描写和彼此经济斗争的叙述来表现真实的生活环境，买办资本家和国外银行资本家之间、制造者和工厂工人之间、地主阶级和农民之间的矛盾和斗争都是茅盾着笔之处，这正是马克思曾指出的整个社会存在的基础，这些矛盾关系并不简单存在于个人之间，还存在于工人和资本家之间。借助于马克思经济学理论，茅盾在《子夜》中将人物关系表现为经济关系、将人物意识引申为阶级意识，如第二章中吴荪甫与其家族朋友就如何处置产业工人展开的激烈的讨论中，秋隼问是否能同时顾全民族利益和个人利益，李玉亭教授回答道这取决于当事人的身份，这正契合了马克思对历史受生产关系影响的经济学解释，个人受制于其所处阶级命运。[①]

在第二部分"共产主义和中国"中王如杰指出，茅盾所接受的马克思主义经济学理论、政治学思想与其所接受的列宁、托洛茨基和斯大林的俄国共产主义思想是并行不悖的，而共产主义对茅盾影响最大的方面就在

[①] Wang Rujie, *The transparency of Chinese realism: A study of text by Lu Xun, Ba Jin, Mao Dun, Lao She*, Ph. D. thesis, Rutgers The State University of New Jersey, 1993, pp. 107-123.

于使他认识到中国无产阶级必将通过夺取生产资料以对抗民族资产阶级和资本主义世界。王如杰认为,茅盾对中国工业工人和买办资本家的叙述受制于意识形态,他对吴荪甫和赵伯韬等资本家的描写都依托于托洛茨基和斯大林关于民族资产阶级的本质的辩论。他指出,在莫斯科共产国际关于中国革命作用和地位的探讨中最终确定,中国革命并非只是反抗国民党统治的社会主义革命,同时还是旨在消除封建主义和帝国主义的资产阶级民主革命。帝国主义即为垄断资本主义,是资本主义发展的最高阶段,而根据列宁对于中国和世界终将进入世界帝国主义的预测,中国的工业资本主义和其他依靠国外资本获得利益的落后国家一样,注定是一个悲剧。《子夜》第二章有一幕是描写众民族资本家抱怨中国工业所受的来自少数发达国家在金融和生产方面的压迫的,而在依靠美国资本的金融界三巨头之一的赵伯韬和本土工业资本家吴荪甫之间的较量最终果然以吴荪甫的落败告终,影射的正是帝国主义在中国乃至世界范围全面兴起。见识过资本主义的肆无忌惮之后,列宁和马克思一样并不信任资本家自我约束的能力。在列宁看来,中国受少数富有的、有权势的、经济势力强大的国家所控制,最终为群众要求付出代价的却是中国资本主义。《子夜》中吴荪甫听到他的雇工罢工要求米贴的时候,脱口而出的一番言论正是这一观点的印证。王如杰在论述中指出,斯大林确信中国民族资产阶级在反世界帝国主义革命中至关重要,另一方面托洛茨基认为中国民族资产阶级正是革命的目标,但茅盾文本中的民族资本家表现出二重性的特点,他们无视无产阶级,却又榨取其血汗,同时又抵抗帝国主义、希望得到中国的主权和强大的民族工业。茅盾在刻画这一类人物的时候,通常先赋予他们民族工业振兴的领导权,一般来说他们都被描写成目光长远、有全球视野、希冀中国经济振兴的爱国实业家,如《子夜》的主角吴荪甫,书中他曾数次发言表示出肩负起发展民族经济、振兴民族企业的责任意识,但统观全书,茅盾认为民族资产阶级的二重性使得他们并不能肩负起带领中国从半殖民主义半帝国主义中解放的重任。[①]

第三部分"毛泽东思想和中国"里王如杰主要论述的影响《子夜》的政治话语来自毛泽东思想中的阶级斗争理论。首先,茅盾在《子夜》中描绘的土地革命、此起彼伏的工潮是毛泽东思想中"星星之火可以燎

[①] Wang Rujie, *The transparency of Chinese realism: A study of text by Lu Xun, Ba Jin, Mao Dun, Lao She*, Ph. D. thesis, Rutgers The State University of New Jersey, 1993, pp. 123-135.

原"观点的文学表现,《子夜》中表现的中国社会恰如毛泽东所言是充满张力和冲突的。毛泽东思想中的阶级斗争理论表示,矛盾存在于国内外的方方面面:帝国主义自身的矛盾、帝国主义和殖民主义之间的矛盾、帝国主义和无产阶级之间的矛盾、中国统治阶级内部的矛盾、统治阶级和广大人民群众之间的矛盾、帝国主义和中国人民之间的矛盾、中国资产阶级和中国无产阶级之间的矛盾、地主阶级之间的矛盾、地主阶级和农民群众之间的矛盾。显然茅盾在创作中是受此影响的,当双桥镇的"农匪"反抗土地主的残酷剥削时、当丝厂工人抗议工资削减而罢工时,茅盾作品中阶级斗争的基调由此而定。毛泽东将工农群众视为革命的动力,提出通过共产主义革命消除阶级差距和矛盾,茅盾在《子夜》的第十三、第十四、第十五章便描写了在中国共产党领导下由无产阶级和劳动大众组织的工会运动,毛泽东所设想和领导的土地革命在书中则表现为中国布尔什维克革命的一部分。王如杰进一步指出,《子夜》是茅盾在毛泽东思想指导下对无产阶级生活快照的编纂,它将中国经验提升至一个抽象的层面,进而成为世界布尔什维克主义和共产主义的有机组成部分,毛泽东关于共产主义革命的政治思想为茅盾提供了一个框架,使他能顺利地记录下他所观察到的中国社会各个方面。[①]

---

① Wang Rujie, *The transparency of Chinese realism*: *A study of text by Lu Xun*, *Ba Jin*, *Mao Dun*, *Lao She*, Ph. D. thesis, Rutgers The State University of New Jersey, 1993, pp.135-151.

第六章

英语世界中的茅盾小说人物形象研究

与国内茅盾小说研究中针对某一特定人物形象展开论辩不同，英语世界中的茅盾小说人物形象研究是针对茅盾小说中的某一人物类型而展开的。吴茂生的研究是对茅盾小说中受挫的主角形象的分析，研究旨在探讨俄国文学对茅盾小说创作的影响；冯进的研究是对茅盾小说中的新女性形象的研究，他指出这些女性形象全都出于男性视角的观照下，是为男性中心的故事服务的；澳大利亚学者杜博妮的研究以西方女性主义文学批评中——"消失的女性"为研究方法，通过对茅盾《野蔷薇》中的"消失的女性"进行研究，指出茅盾的小说集的主旨是以五个女性的故事来展示革命失败的各种类型。

第一节 吴茂生的研究：俄国英雄形象在茅盾作品中的表现

吴茂生（Mau-sang Ng）出版的专著《中国现代小说里的俄国英雄》[①] 是关于俄国文学对现代中国小说影响的研究。该书共分为三个部分，分别从各国文学的影响、五四时期中国小说中的英雄形象、新英雄形象的探索三个角度来展开论述，作者主要选取郁达夫、茅盾、巴金、鲁迅四个人作品中的英雄形象进行研究，认为郁达夫所塑造的主角形象多为多余人（Superfluous Hero）形象，茅盾作品中的主角多是挫败的主角形象（Defeated Hero），巴金作品中所塑造的多为疏离的主角（Estranged Hero），

---

① Mau-sang Ng, *The Russian Hero in Modern Chinese Fiction*, Hong Kong: The Chinese University Press & New York: State University of New York Press, 1988.

鲁迅所创作的小说主角则是觉醒的主角形象（Awakened Hero）。吴茂生在第五章"茅盾的被击败的主角"里对茅盾作品中的主角形象展开研究。文章共分为五个部分，分别是"19世纪20年代的文学界""对文学最初的态度""被击败的英雄""与俄国文学的关系""虚构和现实"。

在"19世纪20年代的文学界"部分，吴茂生指出，19世纪20年代中期中国弥漫着一股悲观和绝望的氛围，使该时期的文学作品表现出忧郁和幻灭的气质，这与俄国文学史上的被称为"颓废年代"（age of decadence）的时期是有着相似之处的。19世纪20年代初期的中国腐败现象严重，官员玩忽职守的情况时有出现，国外势力侵入，由文学革命所带来的乐观情绪也渐渐淡去。1927年北伐运动一开始的成功鼓舞了宣扬自由和关心社会的知识分子，但他们很快便被接踵而至的残酷镇压所打击。成千上万的激进知识分子遭到拷打、监禁甚至处死，悲观和绝望的情绪很快就在知识分子之间蔓延，许多作家沉迷于感官和堕落，他们的小说往往流露出忧郁和幻灭的情绪。中国文学史上从未出现过如此被悲观、颓废、倦怠笼罩的时期，而俄国的"颓废年代"的文学却有过这样的表现时期，俄国1904年被日本打败、1905年的革命失败使他们的文学出现了这样的特质。因此，吴茂生认为中国现代文学是受到俄国作品的影响的，茅盾早期作品中的知识分子形象，与俄国作家安德烈耶夫（Andreyev）、阿尔志跋绥夫（Artzybashev）作品中颓废主义的主角所表现出的特质是一样的，茅盾的"被击败的主角"的创作，是受到俄国先驱的影响的。[1]

在"对文学最初的态度"部分，吴茂生探讨了茅盾对文学最初的态度。总的来说，吴茂生认为，茅盾一方面认为文学要反映人生，但同时他看到了理想和现实之间的距离，反对将过度的悲观情绪传达给读者，认为文学应该引领读者去往更加美好光明的未来。吴茂生指出，茅盾一方面将文学视作观点、历史伦理观、人类处境的艺术表达方式，但同时茅盾又是一个进化论者、一个决定论者和现实主义者，这使茅盾的文学观经常表现出矛盾。茅盾认为文学要对人生负责，真正的文学能传达人类的普遍情感、提供美学教育、帮助人们建立一个理性的道德社会、擦去人与人之间的壁垒。茅盾在这一阶段对文学的认知是并不介意作品中现实主义的、象征主义的或者是自然主义的特质，这种理想地、功利地看待文学的方式，是造成他这一阶段文艺

---

[1] Mau-sang Ng, *The Russian Hero in Modern Chinese Fiction*, Hong Kong: The Chinese University Press & New York: State University of New York Press, 1988, pp.129-130.

观中的矛盾的原因。随即茅盾便接受了文学进化论的思想，他相信文学史必然要经历古典主义到浪漫主义再到现实主义或自然主义最终到达新浪漫主义的发展阶段，而新浪漫主义文学则是茅盾认定的中国文学的理想形式，因为这种文学形式不仅能表现现代人类的思想，还是展现人类正途的必然选择。与此同时，茅盾还受决定论本能思想影响，相信五四文学必将作为欧洲文学的对立面，在经历过现实主义/自然主义之后直接进入新浪漫主义。同时茅盾的文艺思想中还受到泰纳的文艺观的影响，认为社会政治环境必然会反映时代，他担心现实主义文学对读者的影响，因为这些作品经常将人类和社会的黑暗面揭露出来，表现出悲观主义的倾向，因此茅盾赋予文学唤醒大众、给予他们勇气的艰巨任务，文学应该是现实主义的，即使它缺乏乐观主义的精神。虽然茅盾并不支持自然主义的悲观性和宿命论思想，但基于其对社会现实的如实的反映，茅盾还是对其表示支持。吴茂生指出，这正是茅盾喜好象征主义作品的原因，因为这类作品既可以反映社会现实，同时可以协调人类情感中的冲突、减少现实主义所带来的阴郁，是中国文学到新浪漫主义文学的完美过渡。茅盾对新浪漫主义作品的接受和提倡在于这种文学形式并没有过度的批评和现实的绝望，它们给读者提供了一个观察世界的正确角度以及自我意识的精神。在这种思想指导下，茅盾对先锋派文学和大众文学都提出了批评。[1]

吴茂生随后分析了茅盾对俄国文学的态度，他认为茅盾"对俄国文学的偏爱来自他相信（俄国文学）有着伟大文学所需要的基本特质——普遍性、人道主义的呼唤以及对大众的深切关注。正如他所见的那样，俄国作家（的创作）专注于社会改革和人类更好的生活"[2]。俄国文学反映俄国民族精神的创作主旨对茅盾影响至深，托尔斯泰和陀思妥耶夫斯基更被茅盾视作是俄国人道主义精神的顶点，尽管这与他在 20 世纪 30 年代的大众文学的主张相异，但这丝毫不影响他对这两位作家的喜爱。同时，茅盾还对安德烈耶夫、阿尔志跋绥夫和路卜洵这几位俄国作家有过评述，一方

---

[1] Mau-sang Ng, *The Russian Hero in Modern Chinese Fiction*, Hong Kong: The Chinese University Press & New York: State University of New York Press, 1988, pp. 130-139.

[2] "His preference for Russian literature sprang mainly from a belief that it possessed the essential qualities of great literature——universality, humanitarian appeal, and a deep concern for the common people. As he saw it, Russian writers were preoccupied with social revolution and the bertter of the life of all." In Mau-sang Ng, *The Russian Hero in Modern Chinese Fiction*, Hong Kong: The Chinese University Press & New York: State University of New York Press, 1988, p. 135.

面茅盾认可了（甚至是极为赞赏）这些作家对俄国在20世纪初期生活的"现实主义的"描述，将其视作与中国在20世纪20年代生活相似的文学类型，另一方面又对俄国文学作品中的无英雄式类型提出异议，作品中的人物不是虚无主义者就是自我主义者或感官主义者，因此他对于这些作者及其作品都采取批判式的借鉴态度。基于其决定论观点，茅盾对于这些作家在作品中所描写的挫败和幻灭并无异议，但茅盾同时仍相信文学鼓舞人心的力量，因此他致力于找寻那些描写人类有能力改变周围环境的文学作品。同时，受俄国作家影响，茅盾在创作《蚀》三部曲的时候正受到来自左翼文学批评家对于他作品中悲观主义的批评，为此他不得不写文章为自己进行辩护。悲观与绝望的情绪，加之目睹虚无主义和颓废在知识分子间有日渐浓郁的倾向，茅盾加深了对现实主义和决定论的信念。吴茂生指出，当茅盾在描写知识分子在北伐后的道德沦丧时，是受到了安德烈耶夫和阿尔志跋绥夫的影响的，这两位作家所描写的俄国在20年前所遭遇的同样情境，为茅盾提供了一个鲜活的模式。[1]

吴茂生随即就在"被击败的主角"部分对茅盾作品中的主角形象进行分析，他认为茅盾作品中的知识分子大致可以分成三类，分别为悲观主义者（The Pessimists）、颓废主义者（The Decadents）和理性主义者（The Rationalists）。在茅盾早期小说如《蚀》《虹》《路》里面的主角都是非英雄式的人物形象，他们都会沉溺于自怜或幻灭的情绪，陷入感官主义或是被其才智限制无法行动。吴茂生看到了茅盾早期小说中命运的讽刺性循环叙事模式，指出茅盾的小说中命运被描绘成包罗万象的、深不可测的毁灭性的力量，悲剧的命运无处不在、不可抗拒，故事中的主角或者臣服于命运的力量（如《追求》中史循、《虹》里的韦玉），或者被命运玩弄（如《幻灭》中的静小姐、《追求》里的王仲昭），或者成为命运的帮凶（如《幻灭》中的慧小姐、《追求》中的章秋柳）。而这三类人就是他所称的悲观主义者、颓废主义者和理性主义者。[2]

"悲观主义者"指的是茅盾早期作品中怀疑主义的（Scepticism）、幻灭的（disillusionment）、屈服的（submission）的人物形象，这些人物在失败之后，便被麻木、消极的情绪所笼罩，吴茂生将《幻灭》中的静、《追

---

[1] Mau-sang Ng, *The Russian Hero in Modern Chinese Fiction*, Hong Kong: The Chinese University Press & New York: State University of New York Press, 1988, pp. 130-139.

[2] Ibid., pp. 139-154.

求》中的史循和《虹》里的韦玉作为这一类人物的典型。静是茅盾塑造的第一个知识分子形象的典型，作为一个人物，她缺少生命力，因为她的行动不是因其个性而展开，而是受理念的斗争所驱动，历史和个人事件才是她（静）内在斗争的动因。茅盾痛心地描写了静的不谙世事和纯真，当静在省里女校求学时目睹了她同学对闹风潮的真正目的的丢弃后，她便对一切都感到失望了，在发现生命的丑陋是无法忍受的之后，静选择毁灭世界，结束自己的生命。但另一方面，静无私的本能使她想要相信同情是感情的最高形式。静同情丁慧，将她视作命运的受害者，而情场老手抱素则利用了静的脆弱并且引诱了她。在茅盾的叙述中，静内心的冲突正是来自"过去的经验"（Past Experience）和"新的希冀"（New Ideal）两股反对力量的斗争，随着斗争的继续，静凭借"新的理想"的指引暂时的赢得了胜利，但最终难以逃脱命运的毁灭。《追求》中的史循表现出比静更为悲观的特质，他缺乏个性，他的存在仅仅是茅盾为了表现命运的残酷轮回（iron round of destiny）而创造的角色，甚至他的名字都是"历史的循环"的意思。对于史循而言，生命不过是理智与情感、真理和欺骗间的一连串矛盾，而自杀才是打破这一平衡的唯一选择。跟史循一样，《虹》里面的韦玉同样是为了表现命运的毁灭性力量而创造的角色，他与女主角梅行素之间求而不得的关系正是命运给予的残酷打击。因此，将静与韦玉联系在一起的正是命运对他们的残酷摆弄，而后者的合作态度使他表现得更胆怯。从包括《三人行》中的许以及《路》中的薪等这一批人物来看，茅盾早期作品中的人物，往往都被他们过去的痛苦经历所束缚，对他们身处的环境感到麻木且畏缩，看不到光明的未来。他们忍受着成为一个孤立的存在，认为人受限于其个体意识，并且这一现状无法改变。吴茂生指出："茅盾在描绘其知识分子人物的内在生命时所关注的是他们的思想而非他们的个性，关注的是他们的心理问题而非其具体行动，他们的动因和表现模式被极大地简化。"[1][2]

---

[1] "Mao Dun's delineation of the inner life of his intellectual heroes, concerned with their intellect rather than their personality, their psychological malaise rather than concrete action, accounts largely for the simplified and schematic pattern of their presentation." In Mau-sang Ng, *The Russian Hero in Modern Chinese Fiction*, Hong Kong: The Chinese University Press & New York: State University of New York Press, 1988, p. 147.

[2] Mau-sang Ng, *The Russian Hero in Modern Chinese Fiction*, Hong Kong: The Chinese University Press & New York: State University of New York Press, 1988, pp. 139-147.

"颓废主义者"指的是以《幻灭》中的慧女士、《动摇》中的章秋柳为代表的这一类人物形象。《幻灭》的一开篇便是慧女士的连篇抱怨:"我讨厌上海,讨厌那些外国人,讨厌大商店里油嘴的伙计,讨厌黄包车夫,讨厌电车上卖票的,讨厌二房东,讨厌专站在马路旁水门汀上看女人的那群瘪三……说真的,不知为什么,全上海成了我的仇人,想着就生气!"① 慧的人生也多次遭受挫折,而她所采取的方式就是自暴自弃式的颓废下去,当她第一次被男人欺骗之后,曾半开玩笑地想要报复此人并寻求办法来嘲弄男性。与慧的阴暗角色相比,《追求》中的章秋柳则是一个更为实际且感性的形象,她更富有张力,而茅盾对她的斗争、她的颓废甚至她的堕落都投以同情的态度,直至今天她都是茅盾所创作的女性形象中着力最重的人物形象之一。章秋柳的生活在毁灭的绝望和疯狂的激情中游移,尽管她大胆激烈,但她的命运最终仍被笼罩在黑暗中,她个人式的利己主义并不能让她逃离"命运的残酷轮回"(iron round of destiny)。茅盾将章秋柳塑造成一个富有激情、开放且无所畏惧的女性,她在颓废和无私、个性和平庸、感觉和智慧之间斗争,她的视角是由非理性所控制的。吴茂生指出,中国此前的文学创作中从未有这样一个热情颓废式的女性形象,茅盾对章秋柳这一形象的塑造是受阿尔志跋绥夫所创作的赛宁(Sanin)和路卜洵的乔治(George)的影响。②

"理性主义者"是吴茂生对茅盾作品中以王仲昭、张曼青等一类人的统称。这类人与悲观主义者和颓废主义者不同,他们试图找寻一种合理的生活方式,他们认为人类可以通过自己的努力在混乱的世界中找到幸福和快乐,对于他们而言,与其他人和谐相处、对生活常怀希望比崇高的理想或夸张的词汇更为重要。这类人的悲剧在于他们总是被命运的磨砺所碾压,吴茂生认为茅盾在早期作品中所创作的王仲昭(《追求》)、张曼青(《追求》)、梅行素(《虹》)都是此类形象的代表。③

第四部分"与俄国文学的关系"是吴茂生对茅盾作品中的俄国影响的整理,他指出茅盾所受的来自俄国的影响主要来自安德烈耶夫、阿尔志跋绥夫和路卜洵、托尔斯泰的影响。安德烈耶夫对茅盾的影响主要来自两

---

① 茅盾:《茅盾全集》第一卷,人民文学出版社 1984 年版,第 1 页。
② Mau-sang Ng, *The Russian Hero in Modern Chinese Fiction*, Hong Kong: The Chinese University Press & New York: State University of New York Press, 1988, pp. 147-149.
③ Ibid., pp. 149-154.

方面：普遍的哲学平面（The general philosophic plane）和角色的抽象概念（The abstract conception of character）。其中来自哲学方面的影响表现在对安德烈耶夫的"第一现实"（first reality）观点的接受。安德烈耶夫是俄国白银时代著名的戏剧家、小说家，他认为人被囚禁于他个性的围墙里，他必须依靠其智力穿越这一限制，但这一挣扎注定是悲剧的，因为他的能力无法超越"第一现实"。安德烈耶夫对两个现实、两种生活的区别都在他的戏剧《向星星》（*To the Star*）、《人的一生》（*The Life of Man*）、《诅咒》（*Anathema*）和《萨瓦》（*Savva*）中得以体现。安德烈耶夫的这一观点表现在茅盾的文学作品中，便是"命运的残酷轮回"的观点。此外吴茂生还对比了茅盾作品中与安德烈耶夫作品中的人物形象以证明二者间确有影响关系存在，如茅盾《三人行》中的惠与安德烈耶夫《萨瓦》里的萨瓦。在安德烈耶夫对茅盾在角色的抽象概念方面的影响的论述中，吴茂生指出在安德烈耶夫的戏剧中，外部环境仅仅是作为故事的背景，一旦其产生影响，便会变为非本质的一系列不可避免的细节，安德烈耶夫所关注的中心是环境对人物所造成的影响，传统主角的激情来源如饥饿、野心、爱等这些都已是非关键因素，思想的痛苦、欢愉、斗争才是其剧中真正主角的动因。简言之，安德烈耶夫作品中的人物都缺少具体的内在的生命力，这些人物都被其内心的静态品质、象征的冲突所定义，这些主角的本质在于一步步与其厄运做斗争，主角身上的冲突、笼罩他的邪恶力量被作者无限放大后成为故事中某一人物，这一人物是主角的缺陷、所忍受的痛苦或所历经的斗争的拟人化呈现。主角的行动正是由这些拟人化的力量所驱使，所有这些元素结合在一起共同构成安德烈耶夫戏剧中的"抽象性"（abstractness）和"图式化"（schematization）的印象。而在吴茂生前面对茅盾早期小说的研究中就已指出，茅盾早期小说全是围绕着一个中心主题，即表现其人物在20世纪20年代末遭遇挫败后的精神状态。茅盾小说中的人物所置身的环境由政治和社会事件所构成，他的人物同样是模式化的，读者同样无法捉摸到其兴趣、爱好或者个性。[①]

阿尔志跋绥夫和路卜洵对茅盾的影响主要通过章秋柳这一类人物形象得以体现。吴茂生指出，章秋柳这一人物形象表现出强烈的自我中心的、感官主义的特质，这在以往的中国文学作品中未曾有过先例，很显

[①] Mau-sang Ng, *The Russian Hero in Modern Chinese Fiction*, Hong Kong: The Chinese University Press & New York: State University of New York Press, 1988, pp. 155-167.

然这一形象的塑造受俄国文学的影响,而且正是受阿尔志跋绥夫所塑造的赛宁的影响。另外,茅盾曾为郑振铎所翻译的路卜洵的《灰色马》(*The Pale Horse*)作序,批评这部小说中所流露出的个人无政府主义,但仍出于作者如实反映了当时的社会政治现实以及对主角的现实主义思想、言语、行为的出色描写这两个原因推荐这本小说。显然《灰色马》中乔治这一形象的肆无忌惮的自我主义特质给茅盾留下了深刻的印象,使得茅盾在《追求》中不由自主地将这一特质投注在章秋柳身上,并设置了章秋柳也在阅读《灰色马》的这一情节。吴茂生认为,不论是赛宁还是章秋柳,她们身上所表现的都是作者(茅盾或者阿尔志跋绥夫)对在经历了革命的心理和精深压力后而感到疲惫和麻木的一类人的描写,她们在小说中的表现都是图解式的,作者在其行为的道德价值上投注了长时期的哲学思维。[1]

俄国文豪托尔斯泰对茅盾的影响在于其人生哲学以及其小说人物的自我满足(self-sufficiency)。茅盾虽然对俄国作家早期的极端观点并不赞同,但他对托尔斯泰的人道主义思想却大为赞赏,尽管这一时期茅盾的思想并不十分类似于托尔斯泰,但却不难从茅盾的作品中识别出托尔斯泰式的特质。吴茂生指出,茅盾所创造的人物韦玉并非托尔斯泰式的主角形象,而表现出相反特质的《虹》里面的梅行素才是茅盾受托尔斯泰观点影响的表现。韦玉所信奉的虽然是托尔斯泰的不抵抗的原则(principle of non-resistance),但这个人物被茅盾描绘成非英雄式的人物,成为一个消极的存在。在这一时期,茅盾对托尔斯泰原则的观念是不正确且流于表面的。托尔斯泰的不抵抗是基于基督无政府主义的目标,相信上帝是全能仁慈的,人能得到自由和平等的权利,强求才是邪恶不幸的,因此托尔斯泰尽力阐发和揭示这一理念,唤起孩子自发的兴趣、想象、爱、好奇心,将他们从天性、道德、情感和智力中解放出来。而茅盾所塑造的韦玉其身上所流露出的温顺、胆小的特质并非继承自托尔斯泰的原则,与此同时《虹》里面的人物梅行素却表现出托尔斯泰式的特质,她与家庭的安排做斗争,争取一个合理的生活方式,听从自己内心的想法,争取自由和平等的权利。另外茅盾所塑造的人物中流露出托尔斯泰特质的小说人物还有其塑造的理性主义者形象,特别是《追求》中的王仲昭。吴茂生还指出,除了人物

---

[1] Mau-sang Ng, *The Russian Hero in Modern Chinese Fiction*, Hong Kong: The Chinese University Press & New York: State University of New York Press, 1988, pp. 167–174.

类型的相似之外,茅盾长篇小说《子夜》的创作也受到了托尔斯泰的《战争与和平》的影响,"当茅盾试图描绘20世纪30年代的中国社会的真实情况时,他可能是以托尔斯泰的《战争与和平》为借鉴,写作一部反映多种主题的多样性作品。当茅盾试图通过外貌和姿态的细节辨识人物以获得读者即时的认知时,这一影响同样得以表露"①。《子夜》开篇在吴荪甫父亲吴老太爷的葬礼上各方人物陆续登场,彼此交际谈话的场面,很容易让人联想到《战争与和平》中的开篇章节。②

第六部分"虚构和现实"是吴茂生对茅盾早期作品风格转变的研究。1931年对于茅盾创作是一个分水岭,茅盾在这之前和之后的创作表现出迥然的面貌,他不再关注于知识分子的故事讲述,而是将目光投注到城市生活、农村生活、经济状况、政治局面等方面上,所有的这些全被茅盾糅入诸如《子夜》、"农村三部曲"(《春蚕》《秋收》《残冬》)这些作品上。值得注意的是,这些作品中的人物(如《春蚕》里的老通宝)开始变为由人物个性所驱动,这些作品中不再有难以解释的命运,不再有抽象概念的弥漫,换言之,这些作品变得更为写实,作者的描写变得更为客观。吴茂生认为这一现象的出现正是源自俄国文学的影响,而俄国影响的出现来自茅盾对俄国文学前景的展望和对诸如托尔斯泰、安德烈耶夫、阿尔志跋绥夫等作家的欣赏以及茅盾对他们赋予其作品中角色的"思想"的认同。③

第二节 冯进的研究:男性知识分子的引诱和拯救——茅盾的女性革命者

2000年冯进于密歇根大学毕业的博士论文《从"女学生"到"妇女

---

① "Mao Dun may have had Tolstoy's *War and Peace* in mind when he attempted to make *Twilight* a true replica of Chinese society in the 1930s, making it a multiform work concerned with multifarious themes. The same influence may be present in his efforts to identify the major characters by details about appearance and gesture, inviting the reader's instant recognition." In Mau-sang Ng, *The Russian Hero in Modern Chinese Fiction*, Hong Kong: The Chinese University Press & New York: State University of New York Press, 1988, p. 173.

② Mau-sang Ng, *The Russian Hero in Modern Chinese Fiction*, Hong Kong: The Chinese University Press & New York: State University of New York Press, 1988, pp. 167-174.

③ Ibid., pp. 174-179.

革命者":五四时期中国小说中的消逝的女性代表》①是以五四时期小说作品中的女性形象为研究对象写作的,该书 2004 年于普渡大学出版社出版,更名为"20 世纪早期中国小说中的新女性"②。冯进指出五四时期小说中的女性形象已由传统小说中的"好妻子""好母亲"这一类变成在西式学校接受现代教育的"女学生"(girl students)、没有明显相似性或职业联盟的城市流浪者、靠技能维生的职业女性、组织政治集会或反政府活动的妇女革命者,他给了此类女性形象一个称谓即"独立女性"(deracinated women),以此替代"新女性"(new women)的提法,但在 2004 年出版的专著中冯进本人又将称谓替换为"新女性",故本书仍采用"新女性"这一术语。冯进认为五四时期新女性形象的出现有文化和历史原因,五四文人从西方文学中借鉴了对新女性的描写,创造了五四文学中的女性形象,新女性的形象不仅表现了贯穿于五四时期国家现代化进程之中的妇女解放,也涵括了五四文人的自我呈现的历程。冯进旨在通过研究五四主流小说的新女性形象的叙述,从两个角度揭露小说中中国女性的性别结构:现代作者是如何在前现代文学传统和同时期不稳定的社会政治环境间协调的,女性作者是如何在其性别角色和渴望被认同为有价值的现代作家二者间协调的,因此他选取了鲁迅、郁达夫、巴金、茅盾、丁玲作为其研究对象,对这些作家作品中的女性形象进行分析。冯进对茅盾的研究在全文的第五章"男性知识分子的引诱和拯救:茅盾的女性革命者"。

冯进在第五章对茅盾作品的女性形象展开研究和论述,他认为茅盾所塑造的女性形象皆处于男性视角的观照下,是为以男性为中心的故事服务的。冯进的论述中需要注意的主要有五个方面。第一,茅盾是一个现实主义作家,但首先他是一个政治活动家和文学批评家,双重身份之间的冲突使得他生活在一个真实的世界,这有利于他更好地写作小说。现实主义只是茅盾在面对钱杏邨等人的大肆批评的时候所采取的自我辩护,是他为了表现其作为作家的可信度而采取的策略,事实上"现代"(modern)和"现实主义"(realistic)对他而言在本质上并无差异:一方面茅盾从左拉、

---

① Jin Feng, *From "Girl Student" to "Women Revolutionary": The Representation of the Deracinated Women in Chinese Fiction of the May Fourth Era*, Ph. D. Thesis, The University of Michigan, 2000.

② Jin Feng, *The New Women in Early Twentieth-Century Chinese Fiction*, Indiana: Purdue University Press, 2004.

福楼拜等人处获取他对"现实主义"的认知,将"科学观察"和"客观描写"作为现实主义二宝;另一方面他试图将现代化之前的文学传统与西方现实主义模式结合起来,提倡把文学作为一种根植于作者主观体验的表现革命进程的工具。钱杏邨等人批评茅盾创作的是错误的现实主义,在作品中传达的是小资产阶级病态的心理,作品中的悲观主义并没有表现出现实,也没有看到共产主义对未来社会和生活的指引。面对这样的批评,茅盾首先要解决的问题就是其作品中大量的个人情感的描述是如何表现客观性的,为此他首先确定了其所描写的皆来源自客观观察,同时高度赞扬具有"时代性"的作品(如叶圣陶的《倪焕之》),强调作者所生活的历史背景与生活环境对其创作的决定性影响。

第二,茅盾在创造中所采用的女性视角也是为此而采取的策略,女性革命者的人物形象为他(茅盾)提供了一个表达个人忧虑和传达革命信息的合理修辞,茅盾通过调用现实主义规则使他自身与作品保持合理的距离。他对女性人物的描写仅仅是表面的,是为了通过性别和叙事的边界来划分出他者,茅盾这一策略可追溯至中国古典诗歌中的"弃妇"形象——古代文人为抒发自己在政治上的失意之感而创作的幽怨形象。茅盾在小说中所刻画的人物是为表现某种特定的集体意识而设计的,他叙述的重点并非某个人物的情感表露,而是借由人物表现作者对骚乱时代里集体意识的密切观察,茅盾表现客观的倾向便也解释了他类型化作品中女性形象的嗜好。

第三,茅盾作品中的女性形象可以大致分为两类——"静小姐们"和"方太太们",这一点也是茅盾自己所承认的。冯进指出,《幻灭》中的静小姐、《动摇》中的方太太属同型,是端庄的、更符合传统审美的女性形象,她们不断地在追求却又不断遭遇幻灭;《幻灭》中的慧小姐、《动摇》中的孙舞阳、《追求》中的章秋柳,都是性感的、西式的、符合左拉式的现实主义描写风格的女性形象,而这两类女性形象是彼此对立的。从作者、叙述者、叙述人物之间的关系可以看出,在茅盾的小说中,女性角色虽然被设计成不同的角色,但最终目的则是促进男性主观建设,通过展现截然不同的两个理想类型的女性,以此展现男性角色的心理和情感,这种做法与鸳鸯蝴蝶派小说的做法十分接近。在《幻灭》和《动摇》中,这个二元对立结构十分明显,如静与慧之间的对比、方太太陆梅丽和孙舞阳彼此的不相容;在《追求》中茅盾的叙事策略发生了变化,章秋柳是文中重点刻画描写的解放的女性革命者形象,但她既非叙事的中心(如静)也未处于二元对立的一端(如梅丽与孙舞阳),她在文章里作为一类人而存在,这类年轻人追求不同的人生目标,但与此同时文中的王诗陶被暗暗设为章秋柳的对比形象;《野蔷薇》中的女性形象亦大抵如此,《诗与散文》中表妹和桂太太之于青年丙,便是诗与散文、"灵之颤抖"与"肉的享宴"的存在,《创造》中的娴娴仍处于男性的注视之下,改造前和改造后的娴娴截然不同,而造成这一改变的人正是她的丈夫君实;长篇小说《虹》中的主要女性形象只有梅行素,但茅盾正是用梅行素成长的不同阶段指向之前小说中所提及的不同类型的女性形象,让人想起之前的静小姐、慧小姐、孙舞阳、陆梅丽和章秋柳。

第四,茅盾作品中常会出现一个三角结构(triangle),如《动摇》中方罗兰与方太太陆梅丽、孙舞阳三人的复杂关系,而且这样的三角关系中往往以男性构成金字塔的顶端。这样的形式在茅盾其他作品里都可以找到。《追求》里的三角关系有所改变,书中将二元对立组建成三角结构的中心变成了孩子,王诗陶为在战斗中牺牲的革命者东方明孕育后代的时候,章秋柳服下了避孕药免去为史循怀孕的可能,相比章秋柳的不孕和由疾病造成的损伤,王诗陶被描绘成一个能见证其后代所带来革命胜利的母亲形象。《野蔷薇》系列里也有此类的三角结构,《诗与散文》里青年丙在表妹和桂太太之间的摇摆,《创造》中君实对妻子娴娴改变前后的怀念和期待都是如此。至于《虹》里面梅行素女士在不同阶段,也遭遇了不同的三角关系。冯进认为,出现在《动摇》等作品中的三角关系不仅是茅盾对这两种女性类型的矛盾情绪,也暴露了茅盾对流行小说的暧昧态度。

第五,茅盾的小说中受现实主义理论的影响,但同时也受到来自前现代(premodern)文学经典和同时期流行小说的影响。首先,茅盾小说中的两类女性形象,"静"的形象更贴近传统小说中的女性形象,采用的是中国古典美学中的标准,如对简洁的看重、对隐喻暗示手法的运用,而"慧"的形象的描写则显然更贴近于左拉的现实主义风格。其次,茅盾用女性身体作为表现诸如传统与现代抽象范畴的中介处这一策略,借由女性形象来宣传革命动机、释放个人忧虑的手法都可追溯自中国传统诗歌中的寓言传统。再次,茅盾作品中俯拾皆是的三角结构可在鸳鸯蝴蝶派的小说中找到出处,这一三角结构以男性为金字塔的顶端,将女性作为促进男性主体形成的意识类型。茅盾本意是用"现实主义"理论拉开他与传统文学的距离,却在不自觉中深受前现代文学和同时期流行小说的影响,再次证实了传统的价值。

第三节　杜博妮的研究：茅盾短篇小说中消失的女性

　　澳大利亚学者杜博妮（Bonnie S. McDougall）是著名的现当代中国文学评论家和翻译家，她曾于《亚洲研究评论》第22卷第4期发表研究论文《五四叙述中消失的女性和男性：对茅盾、冰心、凌淑华和沈从文短篇小说的后女性主义调查》[1]，论文以女性主义文学批评中的"消失的女性"为切入点，对茅盾、冰心、凌淑华、沈从文的短篇小说进行分析。论文共分为四部分：第一部分是介绍"消失的女性"这一概念；第二部分是对具体文本的分析，主要涉及的文本有茅盾的《野蔷薇》（1929年）、冰心的《冬儿姑娘》（1935年）、凌淑华的《花之寺》（1928年）、沈从文的《入伍后》（1928年）；第三部分"专业的西方读者"是对西方学者对四人的研究成果的梳理；第四部分为总结，论文后还附有四人的作品集及英译本、研究文章三部分的目录。

　　杜博妮首先解释了其所使用的"消失的女性"（disappearing women）一词，她指出这是西方女性主义文学批评中所使用的分析工具，通过对现代小说和戏剧里"消失的女性"的鉴定以得出自己的结论是西方女性主义文学批评中常使用的研究方法，其作为分析工具最有吸引力的特征就是它的客观性和透明性——这是叙事中很容易检测到的，其存在是一个指标（indicator），尽管它与故事主要讲述的其他指标相反。"消失的女性"经常表现为死了或在消失后遭受巨大的痛苦，与此同时故事里的男性往往牵涉其中，与这一女性的死亡或遭受相关，他也会因她的消失遭受痛苦，二者只有程度上的区别。杜博妮认以鲁迅[2]为代表的20世纪二三十年代的中国男性作家都采用了这一修辞（trope），不约而同地在作品中塑造了这一类人物形象。其中最为突出的例子便是小仲马著名小说《茶花女》、1853年威尔第（Verdi）的戏剧《茶花女》（*La Traviata*）和1937年

---

[1] Bonnie S. McDougall, "Disappearling Women and Disapperaling Men in May Fourth Narrative: A Post-Feminist Survey of Short Stories by Mao Dun, Bing Xin, Ling Shuhua and Shen Congwen", *Asian Studies Review*, Vol. 22, No. 4, Dec. 1988, pp. 427-458.

[2] 杜博妮认为，鲁迅是最早将"消失的女性"吸收进自己小说的作家之一，其小说《祝福》讲述的是祥林嫂以其自尽引发男性叙述者的思考，《伤逝》中的男性叙述者涓生的爱人子君在被接回家之后便早逝了，留下涓生一人为自己所失去的恸哭。此后的男性作家或受鲁迅影响，或直接受西方文学的影响，其创作中都有"消失的女性"。

乔治·库克（George Cukor）的电影《卡米尔》（Camille）中的卡米尔①这一大受欢迎的人物形象。小说经林纾和王子仁（王寿昌）翻译到中国，这个讲述高级妓女自我牺牲故事的小说很快就得到了极高的赞誉，成为小说、戏剧和电影中"消失的女性"形象的原型，鲁迅《祝福》里祥林嫂就是这一类形象，祥林嫂的悲剧是《祝福》里的突出主题。杜博妮指出，通过对"消失的女性"的分析，对男性知识分子文学中未曾阐明的态度就会得到与以往不同的见解：尽管他们（男性知识分子）倡导女性权利，但他们最为关注的仍是1910—1949年受教育的男性所面临的主要问题，即传统科举制度（1905年）被废除后还如何保证自己体面生活、高社会地位和道德领袖的权利。不管作者出自何种主观意愿创作的作品，对于现代读者而言，20世纪一二十年代里男性知识分子的不足才是作品里的真正主题。杜博妮指出她所选取这四位作家（茅盾、冰心、沈从文、凌淑华）的原因是他们都有广泛阅读和评论外国文学的经历，并在此后的创作中受此影响，茅盾和冰心都是文学研究会的成员。凌淑华和沈从文是新月社的成员。茅盾代表了自然主义的极致，以其在社会政治意识形态文本中对女性反讽的、象征式的描写而闻名；沈从文是田园主义的代表，因其所描述的找寻社会和谐的男性形象大受赞赏；冰心专攻心理领域，因其对妇女儿童感伤的、夸张的表现而闻名；凌淑华的特点是通过心理领域的描写来表现女性的社会地位和关系。冰心和茅盾都将其故事放置于一个特殊的历史环境下（即社会高度变革转型期），沈从文和凌淑华则更喜爱时间中立的环境（time-neutral settings）。②

但杜博妮同时指出"消失的女性\男性"（文章中简称DW\M分析法）也有其缺陷之处。对于一部作品而言，其读者大致可分为三类，即朴素读者（the naive reader）、学生读者（the student reader）和专业读者（the professional reader）。朴素读者进行阅读的原因在于放松和享受，其阅读以第一印象为主，没有（或者很少）获得评价、传记或者文本以外的其他信息；专业读者多为批评家或者学者，他们从专业出发选择作品，通

---

① 卡米尔（玛格丽特）是小仲马小说中的女主人公，她是一个高级妓女，一开始与男主阿尔芒相爱，后因男主父亲杜瓦尔的请求为阿尔芒着想而与其分手，后二人一次短暂的相聚之后卡米尔便死去了。

② Bonnie S. McDougall, "Disappearling Women and Disappearling Men in May Fourth Narrative: A Post-Feminist Survey of Short Stories by Mao Dun, Bing Xin, Ling Shuhua and Shen Congwen", *Asian Studies Review*, Vol. 22, No. 4, Dec. 1988, pp. 427-429.

过对作品文本的分析将其诠释给读者或其他专业人士；学生读者则是介乎朴素读者与专业读者之间，其阅读兼具一定的朴素性和专业性。以鲁迅的《祝福》为例，同时期的专业读者与朴素读者一样都认可故事的主题是女性的命运，但到了20世纪90年代，许多专业读者和学生读者都承认男性的命运同样也是故事所讲述的主题。如同其他的分析方法一样，DW\M分析法很大程度上都依赖于先前的阅读，并且会随着时间的推移而产生不同的解释。因此杜博妮这篇论文就是要通过介绍不同时期对不同文本的不同系统分析法，获得对其作者和读者更为全面的认识，以提高阅读、分析和方法论的技能。①

在具体的论述中，杜博妮选取了茅盾创作于1929年的短篇小说集《野蔷薇》作为研究对象，梳理西方学界对这部作品的研究。茅盾是现代文学研究中被研究得最多的作者之一，对他的研究仅次于鲁迅。《野蔷薇》聚焦于20世纪20年代晚期革命运动的成就与失败，是茅盾第一部短篇小说集，杜博妮对此所展开的研究是先梳理不同学者《野蔷薇》中五篇小说的研究和论述，随后运用DW\M分析法对这一文本进行分析。

对《创造》的研究。德国著名汉学家沃尔夫冈·顾彬（Wolfgang Kubin）在《选择指南》条目中说："《创造》讲述的是一对年轻夫妇的分离，妻子在过去两年的婚姻生活中一直受丈夫思想指导，她对他相对保守的思想变得不耐烦了；当她独自离开房子的时候，他被告知她要他加快脚步，她不会等他。"② 夏志清将这个故事视作讲述一个女性离开她的丈夫，因为她已经"超越了他寻求积极的社会地位的暧昧知识分子的浅薄"③；博宁豪森同样宣称"《创造》的中心主题是娴娴从其丈夫处获得的个人解

---

① Bonnie S. McDougall, "Disappearling Women and Disappearling Men in May Fourth Narrative: A Post-Feminist Survey of Short Stories by Mao Dun, Bing Xin, Ling Shuhua and Shen Congwen", *Asian Studies Review*, Vol. 22, No. 4, Dec. 1988, pp. 430-431.

② " 'Creative': A young couple draw apart when the wife, guided intellectually by her husband in their two years of marriage, becomes impatient with his relative conservatism; when she leaves the house without him, he is told that her message to him is that he is to hurry, she won't wait." In Bonnie S. McDougall, "Disappearling Women and Disappearling Men in May Fourth Narrative: A Post-Feminist Survey of Short Stories by Mao Dun, Bing Xin, Ling Shuhua and Shen Congwen", *Asian Studies Review*, Vol. 22, No. 4, Dec. 1988, p. 431.

③ "Advanced beyond his noncommittal intellectual dilettantism to a positive socialist position." In Bonnie S. McDougall, "Disappearling Women and Disappearling Men in May Fourth Narrative: A Post-Feminist Survey of Short Stories by Mao Dun, Bing Xin, Ling Shuhua and Shen Congwen", *Asian Studies Review*, Vol. 22, No. 4, Dec. 1988, p. 431.

放,她丈夫所代表的是儒家男性沙文主义和短视自私的中男人"①;陈幼石是第一个将注意力放在故事中占主导地位的男性身上的研究者;顾彬和王德威都将其与鲁迅的《伤逝》进行对比研究;希拉里·钟(Hilary Chung)指出"娴娴受教育然后转变的故事是通过君实意识倒叙的方式展开的"②;安敏成根据茅盾在前言中寓言的暗示,将故事视作"国家建设工程的比喻";希拉里·钟和麦克莱伦(McClellan)在解释中添加了性的因素,他们认为娴娴象征了不可阻挡的革命,也是经典范式中女性运用自身魅力吸引男性的能力。DW\M分析法与性别或寓意的解读一致,在最后一段中,娴娴低调地退出(即从叙述中消失),君实留下解读她暧昧的信息,不可阻挡的革命也许是作者隐蔽的主题,君实的发展(或者说缺乏发展)是故事埋藏得更深的叙事。

对《自杀》的研究。顾彬的《选择指南》条目中对《自杀》的介绍是:"《自杀》:一个年轻女性的悲叹——她在发现她的爱人将要因参加革命而离开的时候,一时激动做出了过界的行为;当她发现自己怀孕了之后,她自杀了。最后一段的空洞的声音(是这个女性的?她爱人的?作者的?)是对她缺乏勇气的批判。"③夏志清将故事视作对社会改变和主角环小姐的评论,是"一个老式姑娘,她没有高等知识去反抗社会的排斥"④;

---

① "The central theme of 'Creation' is the personal liberation of Xianxian from a husband who represents the Confucian male chauvinism and backward-looking selfishness of Chinese men." In Bonnie S. McDougall, "Disappearling Women and Disapperaling Men in May Fourth Narrative: A Post-Feminist Survey of Short Stories by Mao Dun, Bing Xin, Ling Shuhua and Shen Congwen", *Asian Studies Review*, Vol. 22, No. 4, Dec. 1988, p. 431.

② "The story of Xianxian's education and transformation is related in flash back through the consciousness of Junshi." In Bonnie S. McDougall, "Disappearling Women and Disapperaling Men in May Fourth Narrative: A Post-Feminist Survey of Short Stories by Mao Dun, Bing Xin, Ling Shuhua and Shen Congwen", *Asian Studies Review*, Vol. 22, No. 4, Dec. 1988, p. 431.

③ "A young woman comes to regret that she was swept away by passion when she finds that her lover has gone away to take part in the revolution; when she realises she is pregnant, she commits suicide. A disembodied voice in the last paragraph (the women's? her lover's? the author's) is critical of her lack of courage." In Bonnie S. McDougall. "Disappearling Women and Disapperaling Men in May Fourth Narrative: A Post-Feminist Survey of Short Stories by Mao Dun, Bing Xin, Ling Shuhua and Shen Congwen", *Asian Studies Review*, Vol. 22, No. 4, Dec. 1988, p. 432.

④ "An old fashioned girl, (who) has not advanced intellectually far enough to defy social ostracism." In Bonnie S. McDougall, "Disappearling Women and Disapperaling Men in May Fourth Narrative: A Post-Feminist Survey of Short Stories by Mao Dun, Bing Xin, Ling Shuhua and Shen Congwen", *Asian Studies Review*, Vol. 22, No. 4, Dec. 1988, p. 432.

博宁豪森、陈幼石、王德威都认可造成环小姐自缢的原因是其对社会现实的认知而非实际的排斥或者背叛；陈清侨将研究的注意力放在环小姐的孤立上。而杜博妮通过 DW\M 分析法将研究重心放置于女主角和男主角的消失上，指出在女主死亡的时候男主并没有因其选择受到任何明显的损失，因此可知故事主要关注的是男性主导革命下的成功性。故事中的女性人物代表了革命的参与者，其（对革命的）最初支持和最后背叛都是出于主观性（比如女性的软弱性较之男性更甚）。在茅盾写作故事的时候并不确定革命在损失这些女性支持者的时候能否成功，但肯定了男性参与者的作用。

  对《一个女性》的研究。顾彬的《选择指南》条目中对《一个女性》的介绍是："《一个女性》：一个年轻女性发现她作为婚姻伴侣的吸引力取决于其家庭的繁荣以及她的外表；当它们被破坏之后，她在苦恼中生了病，最后当以前被她拒绝的追求者回到她身边的时候，她死在她母亲的怀里。"[①] 夏志清、希拉里·杜和王德威都认为故事的主题是将女性视作社会压迫下的幸存者，琼华是茅盾所创造的失败女性的人物之一；陈幼石将这个故事与《自杀》相比较，指出'环小姐并不是真的有选择……她的失败，并非专门的社会问题，也是由其心理造成的'。[②] 杜博妮通过 DW\M 分析法指出，所有从主角生活中消失的男性并没有造成明显的损失，没有他们，她也会衰败、死亡，即使一个曾见证过她以前的纯真的诚实男性在故事的最后回到了她的身边。如果环小姐代表了那些基于主观因素（如浪漫的爱或缺乏勇气）参加革命的人，那么琼华就代表了那些当革命从成功转向失败的时候其技能不足以应对环境的变化的战略家，故事里诚实男性的牵强出现则暗示了革命是由男性领导的。

[①] "'A female': A young woman discovers that her attractiveness as a marriage partner is dependent on her family's prosperity as well as her looks; there damaged, she is mortified, falls ill, and dies in her mother's arms as a formerly rejected suitor returns to her side." In Bonnie S. McDougall, "Disappearling Women and Disappearling Men in May Fourth Narrative: A Post-Feminist Survey of Short Stories by Mao Dun, Bing Xin, Ling Shuhua and Shen Congwen", *Asian Studies Review*, Vol. 22, No. 4, Dec. 1988, p. 432.

[②] "Miss Huan does have a real alternative…Her failing, then is not exclusively social, it is moral as well." In Bonnie S. McDougall, "Disappearling Women and Disappearling Men in May Fourth Narrative: A Post-Feminist Survey of Short Stories by Mao Dun, Bing Xin, Ling Shuhua and Shen Congwen", *Asian Studies Review*, Vol. 22, No. 4, Dec. 1988, p. 432.

对《诗与散文》的研究。顾彬对此的解释是："《诗与散文》：一个年轻人与已婚妇女（'散文'）有暧昧关系，却计划为另一个更年轻的女性（'诗'）而离开她；最后，他的不忠使他失去了二人。"[1] 博宁豪森认为故事"揭露了某些人对女性和性的虚伪态度"[2]；陈幼石将故事中年长的女性桂视作"另一个新女性的形象，和娴娴一样源自同样的观念，但是……她对男性的挑战更具有侵略性"[3]；王德威同样认为桂与娴娴相似，"女性将去除性与激情的引诱，迈向真正的解放"[4]。而杜博妮在运用DW\M分析法分析之后，认为故事的开头和结尾都是以一个不恰当的男性人物展开，女性从他生命中消失对她们而言才是好事。杜博妮的分析聚焦于男性形象，认为他所代表的是因为犹豫不决而损害革命事业的因素。

对《昙》的研究。顾彬在《选择指南》的条目中对《昙》的介绍是："《昙》：一个年轻女性与同学相爱，但迫于其父亲的压力要嫁给一个年长的男人；当她发现他在看另一个女性后便开始考虑自己的选择，最后她决定逃到一个临时的天堂——广州"[5]；陈幼石将主人公张小姐看作一个像

---

[1] "'Poetry and prose': A young man has an affair with a married woman ('prose') but plans to leave her for a younger women ('poetry'); in the end, his inability to be faithful to either leads him to lose both." In Bonnie S. McDougall, "Disappearling Women and Disappearling Men in May Fourth Narrative: A Post-Feminist Survey of Short Stories by Mao Dun, Bing Xin, Ling Shuhua and Shen Congwen", *Asian Studies Review*, Vol. 22, No. 4, Dec. 1988, p. 433.

[2] "exposes the hypocrisy of some men's attitudes toward women and sex." in Bonnie S. McDougall, "Disappearling Women and Disappearling Men in May Fourth Narrative: A Post-Feminist Survey of Short Stories by Mao Dun, Bing Xin, Ling Shuhua and Shen Congwen", *Asian Studies Review*, Vol. 22, No. 4, Dec. 1988, p. 433.

[3] "Another image of the new woman, born of the same ideas as Xianxian, but... more aggressive in her challenge to their manhood." in Bonnie S. McDougall, "Disappearling Women and Disappearling Men in May Fourth Narrative: A Post-Feminist Survey of Short Stories by Mao Dun, Bing Xin, Ling Shuhua and Shen Congwen", *Asian Studies Review*, Vol. 22, No. 4, Dec. 1988, p. 433.

[4] "Women who will do away with the temptation of sex and passion, and march toward a true liberation." in Bonnie S. McDougall, "Disappearling Women and Disappearling Men in May Fourth Narrative: A Post-Feminist Survey of Short Stories by Mao Dun, Bing Xin, Ling Shuhua and Shen Congwen", *Asian Studies Review*, Vol. 22, No. 4, Dec. 1988, p. 433.

[5] "'Haze': A young women under pressure from her father to marry an older man is in love with a schoolmate; when she discovers that he is seeing another woman, she decides, after considering her choices, on escape to a temporary haven, Canton." In Bonnie S. McDougall, "Disappearling Women and Disappearling Men in May Fourth Narrative: A Post-Feminist Survey of Short Stories by Mao Dun, Bing Xin, Ling Shuhua and Shen Congwen", *Asian Studies Review*, Vol. 22, No. 4, Dec. 1988, p. 433.

娴娴或者桂一样最终会在广州获得自由的正面人物,是新生力量的产生和新的未来;希拉里·杜指出张小姐的逃离遵循了左拉的传统;但另一方面,王德威将茅盾的张小姐、环小姐和琼华归为一类人物,她们是试图通过逃离家庭以解决问题的软弱女性。杜博妮指出故事以张小姐生病开始、以她准备逃离结尾,她可能会从压迫的家庭中逃离,但她没有从叙事中消失,从政治寓言的角度来看,张小姐可能代表了现实的革命战略,即搁置不能解决的问题、替换以有助于革命的策略。

对《野蔷薇》总体的研究。夏志清首先将《野蔷薇》概括为表现在新旧冲突间的青年女性、描述年轻一代在面对丑恶现实时的踌躇和愤怒,然后将注意力从妇女转移至一般情况下的年轻人身上,认为这样更确切;陈幼石同样将《野蔷薇》视作同一类主题的集合,指出"这些故事可以视作在小说形式下的对心理障碍的分析研究,困扰革命精神的是流亡和无法摆脱过去"[1];顾彬只详细评论的《创造》,指出"女性是五个故事的中心。所有的故事都有爱情的主题,但在茅盾的观点中,这只是用于掩盖'一些重要事情'的'外套'"[2];王德威对作者的创作意图并不十分热衷,他更喜欢挖掘在茅盾描绘其女性主角背后更深层次的心理(无意识),他指出茅盾的女性话语不过是男性易装后的所制定的戏剧概念,其性别偏好与他本初的性别意识形态并无太大差别,并以此推测茅盾尽管声称自己是女性主义者,但实际上他所描写的某种意识形态观念的女性与他所要批判的并无太大差距;安敏成的研究以马克思主义的角度展开,同样以揭露隐藏的或无意识的意义为目标,他指出茅盾偏好以女性主角表现其对知识分子的批判,在之后的创作中便改用年轻男性工作者或农民为主角了,因为他们"拥有与真理更亲密的联系……知识分子的批评必须以某种

---

[1] "These stories can be read as analytical studies in fictional form of the psychological impediments that afflict the revolutionary spirit in exile and unable to escape the past." In Bonnie S. McDougall, "Disappearling Women and Disappearling Men in May Fourth Narrative: A Post-Feminist Survey of Short Stories by Mao Dun, Bing Xin, Ling Shuhua and Shen Congwen", *Asian Studies Review*, Vol. 22, No. 4, Dec. 1988, p. 434.

[2] "Women are at the centre of all five stories. All these stories deal with the theme of love, but, in the view of Mao Dun, this is only a matter of 'outer garments' behind which there 'lie some significant issues'." In Bonnie S. McDougall, "Disappearling Women and Disappearling Men in May Fourth Narrative: A Post-Feminist Survey of Short Stories by Mao Dun, Bing Xin, Ling Shuhua and Shen Congwen", *Asian Studies Review*, Vol. 22, No. 4, Dec. 1988, p. 434.

方式转移到拥有知识分子所缺乏的自然活力和行动主义的人身上去"[1]，也就是说，虽然茅盾也许欢迎女性作为他政治生涯的同行，但在他的小说中女性只有象征性的意义，即表现茅盾对男性为主导的世界中激进的知识分子的评价；陈清侨反而认为茅盾在表现女性主题方面的缺陷在于其写作策略的失误。杜博妮的研究仍是以文本中"消失的女性"为切入点，她指出茅盾是一个偏爱描写特别的女性的作家，《野蔷薇》里的五个故事总体的框架表现为两个女性在被男性遗弃后死亡、两个女性消失、一个女性逃离自己的男人，而五个故事中的男性都消失了，除不适以外再没遭受其他痛苦。《创造》和《诗与散文》的叙事中以男性为主导，《自杀》《一个女性》和《昙》中以女性为主导，男性和女性都是故事的主角，茅盾正是要通过他们来表现1927年革命失败后的各个方面的缺点。但杜博妮认为最后一个故事是破坏这个写作策略完美性的败笔：这个系列以《创造》开始，茅盾似乎不像是通过女性来描述革命失败的各个方面（如用女性作为男性不足的象征），倒像是以五个女性的故事来展示革命失败的各种类型（如同时用男性和女性描述无性别革命的不足），无论一开始茅盾的意图是怎样的（也不管他在之后是怎样想的），故事本身并没有以系统的形式展开。

总的来说，杜博妮的分析提供了一种解读茅盾作品的不同视角，尤其是在确定主角或故事重心方面，她将故事视作一个邀请多重解释的集合，通过DW\M分析法与其他解读进行对话。

---

[1] "Possess a more intimate connection with the Real…the intellectual's critique must somehow be transplanted into the will of someone who possess the natural vitality and activism the intellectual lacks." In Bonnie S. McDougall, "Disappearling Women and Disapperaling Men in May Fourth Narrative: A Post-Feminist Survey of Short Stories by Mao Dun, Bing Xin, Ling Shuhua and Shen Congwen", *Asian Studies Review*, Vol. 22, No. 4, Dec. 1988, p. 434.

第七章

英语世界中的茅盾文艺思想研究

茅盾的文艺思想同样不是英语世界中的茅盾研究的热点所在。英语世界的研究者或将茅盾定位为现实主义作家（自然主义作家），或称他为共产主义作家，对于茅盾具体的文艺思想并不作过多探讨。英语世界中对茅盾的文艺思想进行过论述和探讨的学者中影响较大的有文森特、高利克和沈迈衡。文森特在《批评家茅盾》一文中对茅盾的文艺思想做了详细梳理，指出茅盾的文艺思想有指导性和功利性两个特点，茅盾文艺思想的主要宗旨是文学是人生的反映；高利克对茅盾文艺思想的研究涉及茅盾对文人和文学本质的论述、茅盾的现实主义观点和关于无产阶级艺术的论述、尼采对茅盾的影响这几个方面；沈迈衡是茅盾的长孙女，她的研究着意于解决对茅盾文艺观点的两极化评述，她通过对茅盾文论思想的发展历程的梳理，将茅盾早期的文艺观和《夜读偶记》中的文艺观进行比较，指出社会主义现实主义才是茅盾真正的文学倾向。

第一节 文森特的研究：批评家茅盾

《批评家茅盾》[1]是文森特 Y.C. 史于1964年发表的关于茅盾文艺理论思想的研究文章，论文分两部分刊登在《中国季刊》第19期、第20期。曹晓乔、侯光复曾将论文的第一部分译成中文，收录在李岫主编的《茅盾研究在国外》一书中。论文共分为两部分，第一部分是对"理论

---

[1] Vincent Y. C. Shih, "Mao Tun: The Critic (Part 1)", *The China Quarterly*, No. 19, Jul. -Sep. 1964, pp. 84-98, and "Mao Tun: The Critic (Part 2)", *The China Quarterly*, No. 20, Oct. -Dec. 1964. pp. 128-162.

家"茅盾的研究,第二部分是从"辩论者"的角度研究茅盾的文艺理论思想。

文森特对茅盾的文艺理论思想进行了详细的梳理,研究中涉及的由茅盾所著的文艺评论文章共11篇,分别是《〈小说月报〉改革宣言》《一九一八年之学生》《社会背景与创造》《自然主义与中国现代小说》《文学与人生》《学生杂志》(载于1920年9月)、《新文学研究者的责任与努力》《什么是文学》《大转变时期何时来呢?》《杂感》(载于《文学周报》1923年12月)、《文学与政治社会》。文森特对茅盾批评思想的梳理基于两条认知:第一,茅盾的文艺思想带有功利性质,茅盾是一个文艺功利主义者;第二,茅盾文艺思想的主要宗旨是文学是人生的反映。

首先,文森特指出茅盾文艺思想中的功利主义文学观是十分明确的。作为一个有影响力的理论家,茅盾最初的文艺观都还是坚持文学创作的独立性和艺术性,其间(1925—1949年)茅盾身上出现了由革命作家到献身共产主义的左派作家的转变,但总的来说茅盾的文艺观中并未流露出过多的政治性因素,但最后他的文艺观有了大幅度的改变,对马克思列宁主义奉若圭臬,成为毛泽东文艺学说的代言人。然而不管茅盾的文艺思想经历了何种改变,总的来说茅盾的文艺思想有两个特点,即指导性和功利性。作为一个批评家,茅盾致力于以理论家的身份为文学学生和青年作家提供文艺指引,但同时他的文艺观点是不断改变的,茅盾所宣传的文艺思想并不是在正确理解的基础上进行传播的,正如他并没有理解自然主义内在的文学价值一样。从他在《自然主义与中国现代小说》里的论述中可以看出,茅盾对自然主义的解读存在误区,他认为自然主义是反对自由、创造的精神的,但茅盾本人十分看重创造自由,他曾在《社会创作与背景》中论述创造自由的重要性,甚至此后还曾撰文支持为艺术而艺术的文学。但即便对自然主义存在有这样的认知,茅盾还是选择支持自然主义,因为他认为自然主义是时代需要的,这正是茅盾文学功利思想的体现。事实上自然主义同样提倡且要求创作自由,茅盾对自然主义的错误理解就在于他将自然主义视为一种追寻真理的科学办法,过度地限制了其内涵,使得它站到了创作自由的对立面。而茅盾最后还是放弃了对自由创作精神的崇奉,文森特认为这是"茅盾意欲借此解决自身内部存在的艺术天性和人文主义倾向之间的矛盾"①,而此后茅盾将新现实主义或社会主义现实主义与革命浪漫主义或新浪漫主义结合的理论也是如此。

文森特随后指出,茅盾文艺思想的主要宗旨是文学是人生的反映,茅盾的所有文学理论都是基于这一宗旨加以深化发展,表现在茅盾的文艺理论批评中就是以下几个方面。首先,否定旧文学。茅盾在《什么是文学——我对于现文坛的感想》中对旧文学进行了尖锐的指责,茅盾指出旧文学所倡导的文以载道的"道"的内涵存在缺陷,在对杰出的文学作品的界定上并不准确。文森特认为茅盾将文以载道的"道"解释为古圣贤所倡导的道德准则并不准确,而茅盾自己所提倡的观念正是文以载道观的变体,因为他所倡导的"现代观念"同样可以理解为"道"的一种形式,文森特尖锐地评论道"茅盾本质上是一个传统主义者,只不过是一个穿着新外衣的传统主义者"②。其次,茅盾批评对中国作家对文学的轻浮看法。茅盾认为时下部分作家将文学视作浅薄的娱乐方式、压抑感情的宣泄工具、情感冲动的传达方法,这类观点下产生的作品与人生无关,不具有实际意义。再次,茅盾随后便对文学作品中感伤主义和唯美主义的哲学进行抨击。茅盾指出部分青年作家所创作的感伤主义日益增长,这种感伤情绪与古典作家的沮丧态度有关,但这一现象让人觉得青年人们正普遍被一种绝望情绪所笼罩,这种悲观情绪可能受时代精神和社会背景影响,长此以往却不利于新文学的成长。青年作家中同样盛行的唯美主义亦是如此,中国在19世纪20年代初所接受的唯美主义包含了一种扭曲的文学观,即将有社会影响力和有意义的文学作品视为功利的、受重商主义精神影响的表现,这种思想实质上是中国传统名士风流的变种,同样是不正确的文学观。第四,茅盾还积极倡导新文学。茅盾在《什么是文学》一文中曾提及他对新旧文学的观点,他批评旧文学的狭隘性,旧文学只表现个人情感或无病呻吟式的技巧卖弄,新文学应该是大众的、社会的,以社会为基础,新文学所描述的应该是真实的、普遍的人类情感,要能引起社会全体人民在情感上的共鸣。因此,新文学的文学表现内容应该是社会的黑暗面

---

① "The same willingness may also be interpreted as a solution intended to dissolve the inner conflict between his artistic instinct and his humanistic temper." In Vincent Y. C. Shih, "Mao Tun: The Critic (part 1)", *The China Quarterly*, No. 19, Jul. -Sep. 1964, p. 88.

② "At heart, Mao tun is a traditionist, a traditionalist in new grab, of course." In Vincent Y. C. Shih, "Mao Tun: The Critic (part 1)", *The China Quarterly*, No. 19, Jul. -Sep. 1964, p. 89.

和社会问题，引起对受压迫者的同情，指出一条解决这些问题的道路。茅盾也将新文学描述为自然主义的或现实主义的，指出新文学是为唤起人们解决社会问题的意识，要摆脱主观偏见，以客观观察为叙述基础，细心地选择创作素材并加以忠实地呈现。最后，重视时代精神。茅盾认为时代精神对政治、哲学、文学和艺术都有决定性影响，区别不同时代作家的标准就是时代精神，而现代的时代精神就是科学，因此现代文学必须将科学精神所信奉的客观性和真实性作为自己的灵魂，这也是现代文学何以要成为现实主义文学的理由。

第二节 高利克的研究

一 茅盾论文人、文学的本质及其功能

斯洛伐克汉学家马利安·高利克（Marian Galik）1968年载于在《亚非杂志》的论文《现代中国文学批评研究Ⅱ：茅盾论文人、文学的本质及其功能（1921—1922）》[①]是他对茅盾文艺观的研究文章，这也是他1969年出版的英文专著《茅盾与中国现代文学批评》的第六章。该文2013年由杨玉英翻译成中文，发表在《茅盾研究》第12辑上，标题为"茅盾论文人、文学的本质及其功能"。高利克从茅盾的研究文章入手，对茅盾的文艺观进行了梳理，文章涉及茅盾的批评文章共9篇，分别是《文学和人的关系及中国古来对文学者身份的误认》《近代文学体系的研究》《新文学研究者的责任与努力》《评四五六月的创作》《文学家的责任》《文学家的环境》《文学与生活》《社会背景与创作》《文学与政治社会》。论文分三个部分对茅盾的文艺理论进行研究：第一个部分是对茅盾对文学和人的关系之观点的研究，尤其重点梳理了茅盾对文人功用的观点；第二部分是对茅盾在1921年文艺观的整理，包括茅盾对文学革命的看法、对世界文学的观点以及茅盾对年轻作家创作的批评；第三部分研究的是1922年茅盾的文艺观点，主要是社会背景、环境和时代精神对创作的影响。

[①] Marian Galik, "Studies in Modern Chinese Literary Criticism Ⅱ: Mao Tun on Men of Letters, Character and Functions of Literature (1921—1922)", *Asian and African Studies*, Ⅳ, 1968, pp. 30-43.

高利克在第一部分的研究中指出，茅盾意图解决文学和人的关系问题，将人生定位为文学作品的对象，作家的职责是表现人生。茅盾在文章《文学和人的关系及中国古来对于文学者身份的误认》中以颜之推、东方朔、杨雄、司马迁为例探讨文人与文学的关系，将古来文人视作"辞赋之臣""粉饰太平的奢侈品"或"弄臣"，认为古代历史上对于文学有两种迥异的观点——文以载道或文以消遣。文以载道的"道"是符合儒家思想准则的东西，这是对文学的功利的观点，大多表现为对贤君良臣的歌功颂德或对善男信女的纯良摹写；文以消遣则是作者抒发心绪情感，但茅盾对这一观点并不赞同，认为这只是作者个人的文学，既非时代文学，更远非国民文学。高利克指出茅盾对杨雄的论述有失公允，歪曲了杨雄的观点，杨雄不愿创作并非出自社会或政治的原因，同时从茅盾在文章的论述中可以得知文学和人的关系这一问题在中国批评史上并未得以解决，茅盾在试图解答这一问题，这也是茅盾唯一一篇将文学与科学画等号的论文。茅盾将人生视作文学作品的对象，文学作品应该要表达生活的复杂性、反映时代背景，通过文学艺术的手段尽可能客观地表现人生是作家的职责所在。高利克还指出，茅盾对作者主客观性的论述存在矛盾，茅盾曾承认将作者自己的主观情感作为创作对象也是可取的，即作者对自己的书写同样可能产生优秀的作品，但在这篇文章中却对此种文学投之以谴责的言辞。茅盾对文学反映人生的要求是因为他认为文学的舞台是民族的、是世界的，因而文学所要表达的情感同样也要是大众的，出现在文学作品中的主体应该是客观因素的传递者，要将重要的客观事物转换为文学存在，客观地反映客观现实，这就是茅盾所认可的人的文学、真的文学。高利克指出，茅盾对文学与人的关系的解答，表现了他在改革文学基本方面的努力，是他组织建构现代中国文学的首次尝试。

高利克在第二部分主要整理了茅盾在1921年写作的文学评论文章里的观点。高利克首先指出，茅盾在1921年将新思想视作文学的出路，提倡进行文学改革，他将茅盾的思想列出了一个公式，即"文学＝科学＝人生＝新福音＝新思想"[1]。茅盾在《近代文学体系的研究》一文中，讨论了文学与哲学的关系，提出必须重视意识形态的作用，将近代哲学史视作了解近代文学渊源的必征途径。文学对读者而言是认识客观世界的途径，因

---

[1] ［斯洛伐克］马利安·高利克：《茅盾论文人、文学的本质及其功能》，杨玉英译，载《茅盾研究》第12辑，2013年，第153页。

而文学中的认知必须是极为科学的、哲学的、伦理的，它是以艺术的手法表现客观世界的艺术形式。因此，茅盾将现代文学（新文学）作为旧文学的出路，倡导文学改革。新文学运动带有极为强烈的民族色彩，这是由于语言和区域的差别所引起的，而茅盾所列举的爱尔兰的文学运动和犹太文学运动，就已经表现出民族色彩了。其次，高利克研究了该时期茅盾对于世界文学的态度，他表示，在欧洲影响从方方面面入侵中国人的生活时，茅盾的新文学观中却没有对世界文学表示出接受的态度。在茅盾以"佩韦"为笔名创作的宣传文章中可以看出，他将文艺作品的思想启示性和精神价值性视作作品的首位，他在《新文学研究者的责任和目的》一文中曾明确表示译介西洋文学的目的在于介绍其文学艺术和现代思想。高利克还研究了茅盾对于如何创作优秀作品的观点。1921年早期，茅盾曾就中国新的文学作品中的缺点撰文批评，指出新的文学作品中存在着缺少活力、缺少个性、缺少生动性三个缺点。高利克指出，茅盾对于缺少个性的批评主要指的是作品中缺少作家的人格，茅盾对作者人格表现所提出的研究是奇怪的，但与其文学理论体系吻合。茅盾是一个决定论者，认可物质世界与精神世界间的决定作用，但并不赞同机械决定论对创造性活动的否定，因此在茅盾的文艺理论中，仍赋予作者主体的确定位置，主体的人格对影响客体的表现形式。茅盾所不赞同的是作者的主观性而非其主体地位，作家主体应该考虑到叙述物体的客观决定性，不能仅凭个人喜好、观点、趣味就对客观存在投以主观态度。同时对客观事物的过度模仿会导致生动性的缺乏，同样不能找到作者主体人格的反映，因此也是茅盾批评的对象。这一观点在茅盾《评四五六月的创作》一文中再次得以重提，茅盾批评了时下创作文章的类同性，提醒年轻作家注意提高观察客观世界和想象的能力，以防止创作的片面性。

　　高利克在第三部分的论述中提出茅盾的文学观稍有修正。茅盾在这一时期仍然指出新文学作品中的大部分都缺乏创新性，都是模仿的作品，他将这一现象出现的原因解释为由作者生活的环境所导致。高利克指出，茅盾的这一观点可能是受到泰纳的影响，茅盾在给王晋鑫的回信、茅盾的《文学与人生》中可以发现茅盾的文艺理论与泰纳的相似处——将文学视作人生的反映。而在泰纳列举的三种主要因素中，茅盾将环境视作最重要的影响因素，认为环境包括作者周围诸如家庭、住处、空气、朋友、亲人等一切，即是物质性的存在，同时也是哲学倾向的问题，这在茅盾的《文学家的环境》《文学与生活》都可以探知到这一观点。虽然茅盾觉得泰纳的术语"moment"译成"时势"更恰当,但最后还是将其译成"时代",并将其内涵进一步限定为"时代的精神",将之与科学的精神等同,科学的精神以求真为目的,因而文学也应该以求真为追求,科学的方法要求客观地观察,文学作品中同样也要以客观描写为手段。但高利克同时指出,茅盾对泰纳观点的采用只是出于暂时的需要,茅盾只是用其观点作为自己阐述社会背景基本概念的佐助。茅盾纯粹地信任泰纳纯科学方法,茅盾以自己的方式诠释其观点、以自己的心理倾向将其观点纳入自己的文学理论体系中,他在泰纳的主要因素中重点强调了环境和时代精神对作家的影响作用,另外还添入了第四个主观的因素"作家人格",但同时茅盾本人并没有经常或严格地将其运用于自己的创作中。此外,在茅盾的文章《社会背景与创作》中茅盾并未采用泰纳的观点,虽然这篇文章仍是对社会背景与作家写作活动相互关系的问题的阐述,其中的原因主要是泰纳是从社会性的角度来研究文学,意图通过对文学或艺术作品的阐述来解释人的思想感觉,而茅盾在这篇文章中以《诗序》里的"音"作为普遍的艺术表达进行阐发,将"怨以怒"的文学形式作为动乱时期文学的正宗。高利克还注意到茅盾的文艺观中将文学的社会性质和政治作用紧密联系,这在茅盾与创造社成员的论争中可以窥见。

二 茅盾:为现实主义和马克思主义而斗争

斯洛伐克著名汉学家马利安·高利克撰写的《中国现代文学批评发生史(1917—1930)》1980年由柯森出版社出版[1],1983年陈圣生等人开始着手翻译该书的一些专章,译作先后发表于《鲁迅研究年刊》《国外中国文学研究论丛》等刊物上,最终于1988年完成此书的全译工作,但译本延至1997年才由社会科学文献出版社付梓。[2] 高利克先生在引论中坦述自己的研究目的是"以世界文学为背景来呈现中国现代文学批评进化的完整图像"[3],即研究在世界文学的影响下中国的现代文学批评在发生期

---

[1] Marian Galik, *The Genesis of Modern Chinese Literary Criticism (1917—1930)*, Bratislava-London: Veda-Curzon Press, 1980.

[2] [斯洛伐克]马利安·高利克:《中国现代文学批评发生史(1917—1930)》,陈圣生、华利荣、张林杰、丁信善译,社会科学文献出版社1997年版。

[3] 同上书,第2页。

(即 1917—1930 年）的发展的完整图像，他将文学批评看待成某种文学哲学，通过廓清此间各种"因素"的概念及其之间的关系，最终呈现中国现代文学批评的性质及发展过程中的细部图像。高利克先生在研究中采用"系统—结构方法"和比较文学方法进行研究，选取有代表性的中国现代文学批评家为例来解读这一时期的中国现代文学批评。该书设有 12 章，分别研究和阐释了 17 位作家［胡适、周作人、陈独秀、郭沫若、成仿吾、郁达夫、邓中夏、恽代英、萧楚女、蒋光慈、钱杏邨（阿英）、茅盾、瞿秋白、鲁迅、梁实秋、梁启超、李初梨］的文艺思想和具体实践活动。

高利克对茅盾文学批评思想的研究在该书的第八章，他以"茅盾：为现实主义和马克思主义而斗争"为题，从这一时期茅盾所发表的各篇批评文章谈起，研究阐述了茅盾文学批评思想的初现、发展及变化的过程，梳理了茅盾文学批评思想中对于国外文论思想的扬弃以及深层次的原因。在对茅盾文学理论思想的阐释梳理过程中，高利克分析了茅盾不同时期关于文学批评的文章共 15 篇，分别是《现在文学家的责任是什么》（1920 年 1 月）、《尼采的学说》（1920 年 1 月）、《自治运动与社会革命》（1921 年 4 月）、《小说新潮栏宣言》（1920 年 1 月）、《我们现在可以提倡表象主义的文学么?》（1920 年 2 月）、《什么是文学》（1923 年）、《杂志》（1935 年）、《青年的疲惫》（1922 年 8 月）、《杂感》（1923 年 6 月）、《苏维埃俄罗斯革命诗人》（1924 年 7 月）、《欧洲大战与文学》（1928 年）、《西洋文学通论》（1929 年）、《我们这文坛》《1933 年》、《"大转变时期"何时来呢?》（1923 年）、《论无产阶级与艺术》（1925 年）。

该章的第一部分，高利克研究阐述了茅盾的"文学发展论"的文学批评思想，这里他有几个观点值得注意。首先，高利克认为茅盾深信文学存在着某种发展轨迹，社会的发展也适用于此规律。他指出，与同时期的优秀文学家一样，茅盾将文学史看作是不断进步的，而中国当时期的文学还停留在写实以前，远远落后于西方小说中的现实主义（写实主义）、表现主义、新浪漫主义等小说流派，只能是拾人牙慧了。因此，中国的文学要发展，必须大力译介大批量的西方文学作品，阔步前进。其次，高利克认为茅盾在该时期的文学批评中透露出借由文学除旧破新的迫切愿望。他从《现在文学家的责任是什么》这篇文章入手，指出这里茅盾所使用的笔名"佩韦"取自西门豹的代名，暗喻着茅盾想改革文学的深切愿望，而茅盾在这篇文章中探讨的文学与思想及彼此之间的关系,最终都反映出茅盾想要借助于文学的发展来破除该时期中国一切腐朽和落后的东西、从而建立更臻于完善和美好的新世界的文学批评思想。最后高利克指出,茅盾对国外思潮、批评理论、文学作品的研究,都是功利的,茅盾并没有深入探究每种思想、文学的特点,只是出于他的破旧扬新的目的。茅盾先后对尼采、列夫·托尔斯泰、列宁思想的探究,也是出于功利主义的考量——期望于他们的学说能够满足当时中国的理想和希望。高利克指出,茅盾在《我们现在可以提倡表象主义的文学么》一文中对象征主义的提倡,也是基于他认为象征主义可以用来协调1919年后大量译介的现实主义文学所带来的副作用,是中国文学向新浪漫主义文学过渡的过程中一种有效的"药物","茅盾从不试图弄清这种文学的特点"[①]。高利克指出,茅盾相信,中国文学在历经这些主义之后,将融入同时期世界文学的大军,并引为慰藉。

在该章的第二部分,高利克分析了茅盾与创造社在彼此理念间的龃龉及背后的原因。高利克指出,茅盾对于创作社关于为艺术而艺术的创作理念是不认同的:郭沫若受歌德、庄子、表现主义者的影响,成仿吾受孟子和卡本特的影响,郁达夫的思想则受伯克森的影响,他们在日本经历过自然主义、白桦派、无产阶级萌芽这三个文学时代,同时也深受欧洲文学批评思想的影响,对于自我实现(表现)"颇为看重"。创造社成员的自我实现也各不相同,郭沫若的自我实现旨在无限延伸"自我"的概念,成仿吾的自我实现是在审美能力和道德伦理方面的至臻之美,郁达夫的自我实现是涤静邪念和偏激情感的最终旨归。而茅盾并不自囿于自我表示的限制,他更为看重的是作品的艺术价值。茅盾警醒于中国文学中各种倾向所可能带来的危险可能,对"名士"——作品中流露出大量颓废和伤感情愫的作者——作品中所表达出的消遣和娱乐倾向提出反对,将"直面现实"视作文学作品的应有之义。茅盾将这种迷惘和消极的现象视作文学的"大转向"时期所必然面临的考验,是由理想和现实间不可调和的矛盾所引起的,因而他在1922—1923年大部分文学批评作品中,都在探讨中国文学界所面临的困境,积极寻求可能的出路。茅盾探究和追求的是文学作品的审美标准,最终他将尽可能客观、细致、毫无隐瞒地描写该时期作者

---

① [斯洛伐克]马利安·高利克:《中国现代文学批评发生史(1917—1930)》,陈圣生、华利荣、张林杰、丁信善译,社会科学文献出版社1997年版,第189—190页。

所闻所见作为创作的最终基准。

第三部分里作者从文学与政治的关系这一角度来研究茅盾的批评思想，指出茅盾的文学批评思想中有着明显的马克思主义观点，但茅盾对于阶级分析法的运用并不十分热衷。其中值得注意的观点有以下四点。第一，高利克指出茅盾在《苏维埃俄罗斯革命诗人》里对于马雅可夫斯基的推崇并非仅仅源于他对马雅可夫斯基诗人身份的认同，同时还因为马雅可夫斯基隶属未来派阵营的身份契合了茅盾所同情的先锋派潮流。像其他伟大的作家一样，马雅可夫斯基是被套以"偶像"的光环，以"神话和传说"这样的形式在中国传播的。第二，茅盾对"战争文学"的判断失之偏颇、令人难以同意。茅盾在《欧洲大战与文学》中分析了主题为反战的系列作品，但他对这些作品的解读和对作家的评判并不客观，他是以他自己的批评模式来进行文学批评和评判的。"这里不必在细述茅盾所持的观点，因为他不完全熟悉他所写的东西，而是按照他的批评模式来写的。"[①] 而从茅盾在这些年来所创作的作品来看，存在前后观点不一致的问题。第三，茅盾对"战争文学"的评论是受当时社会环境的影响的。作者引用苏烈文（L. Sullivan）和所罗门（R. H. Solomon）的观点对此进行分析，指出政治对社会、文化具有巨大的影响力。在中国人认识到"十月革命"的巨大威力后，导致了国内五四运动的兴起，此后马列主义被奉为圭臬，是社会主义和历史的哲学。第四，茅盾在《欧洲大战与文学》中，运用阶级分析的方法，在政治思想、社会和艺术观点上都保持一致，表现出明显的马克思主义观点。但在具体的茅盾的文学作品中却鲜有运用阶级分析法，茅盾更倾向于运用"人文主义的、全人类的、以至于最后是民族性的阶级观念"[②] 来评价一部作品。

文章的第四部分梳理茅盾的文学批评思想中的关于无产阶级艺术的研究和论述。首先，高利克认为茅盾对于无产阶级艺术和文学理论最突出的贡献就是他在1925年间创作的《论无产阶级艺术》，茅盾在这本书里分四部分分别阐述了无产阶级艺术发展的历史、产生的条件、艺术的内容、艺术的形式。其次，高利克指出1925年是茅盾的无产阶级文艺思想成熟的时间节点。他先梳理了茅盾对罗曼·罗兰在1925年前后的不同态度：

---

① ［斯洛伐克］马利安·高利克：《中国现代文学批评发生史（1917—1930）》，陈圣生、华利荣、张林杰、丁信善译，社会科学文献出版社1997年版，第198页。
② 同上书，第199页。

茅盾在1920—1924年力推罗曼·罗兰，将其看作是未来文学的象征、中国现代文学发展的方向，但在1925年及以后茅盾形成了新的阶级观点，对罗曼·罗兰的评价就变得客观、具有批判性了，而被视作罗曼·罗兰对立面的高尔基，便获得了茅盾的青睐，还为此派的文艺命名"无产阶级的艺术"。最后，高利克指出，茅盾看到了无产阶级艺术的缺陷与弊病——否定了阶级斗争的可贵价值，却以刺激和煽动作为文艺活动的目的，无产阶级的艺术应该是"一个社会阶级的健全的心灵的产物"①，正确地运用阶级分析法，不片面追求新的文学形式，新激发出的思想契合已有的文艺组织形式。

第五部分高利克以1925年为关键节点来研究茅盾的文学批评理论，论述了茅盾文学批评思想在1925年前后发生的变化。首先，作者指出茅盾写作的《西洋文学通论》并非一本探讨西洋文学史的著作，茅盾在书中对西洋文学的选取具有强烈的主观倾向，对英国文学少有提及，只字未提美国文学，着重于俄国、法国、德国文学。其次，不同于1925年对社会主义现实主义文学的积极认同以及对其他现代文学思潮的谴责，茅盾在1929年开始向历史唯物主义转向。茅盾在他的《西洋文学通论》中，接受了马克思主义关于"经济基础决定上层建筑"的理论，把它运用到自己的论著中，将各种快速出现的文学思潮归结为生产手段快速变化的结果，虽然茅盾没有明确指出其他的文学思潮以及因此可能带来的负面作用是否都属于上层建筑变化的一部分，但他对文学新思潮的态度已经悄然发生变化。高利克还指出，茅盾认识到先锋派的文学和艺术运动的目的在于歪曲客观现实、表达某种主观精神，但也看到片面的"客观化"必然导致与经验世界的脱离，因此茅盾只接受与社会和政治相关的、易于理解的不晦涩的现代主义作品。茅盾在创作《西洋文学通论》时期，有充足的时间反思他对当代世界文学和中国文学的研究，1929年关于无产阶级革命文学的激烈论战之时，茅盾想从自然主义文学中汲取营养，建立一种"健康人的文学"，将如实细致地描写人类生活、真实地再现生活变化情形作为新文学的中心主题，即支持无产阶级和现实主义文学的文学批评理念。

---

① ［斯洛伐克］马利安·高利克：《中国现代文学批评发生史（1917—1930）》，陈圣生、华利荣、张林杰、丁信善译，社会科学文献出版社1997年版，第202页。

三 茅盾与尼采

关于尼采对茅盾的影响，斯洛伐克茅盾研究专家高利克曾著有两篇文章《茅盾与尼采：自始至终（1917—1979）》[①] 和《由入迷至失望：茅盾与尼采（1920—1921）》[②] 对此进行研究。其中《茅盾与尼采：自始至终（1917—1979）》是以20世纪70年代茅盾所著的关于尼采的研究文章、译著为基础，研究茅盾的文学批评观点与尼采之间的关系；《由入迷至失望：茅盾与尼采（1920—1921）》是高利克在1998年9月在"尼采在东亚国际研讨会"（International Symposium on Nietzsche in East Asia）上所宣读的会议论文，是以茅盾于1920年所发表的《尼采的学说》为基础，对茅盾关于尼采的研究的论文。

高利克在《由入迷至失望：茅盾与尼采（1920—1921）》一文对茅盾在1920—1921年对尼采的态度的转变进行了梳理和研究，他的研究分三个部分。第一部分是对茅盾在1919年的文艺观点的整理。高利克首先简要研究了1919年的社会背景和茅盾的创作活动。1919年是茅盾创作生涯中创作成果丰硕的一年，基于内心为人类谋福祉的宏愿，茅盾在这一年在写作、译介、编辑出版方面都有成果，内容涉及学生教育、妇女解放、哲学、政治、文化等方面；同年中国知识界的形势发生转折，杜威（John Dewey）抵达上海，他的实用主义哲学在中国年轻学者之间迅速盛行；在《新青年》上刊登实用主义宣言仅一个月后，尼采思想便被引进中国，但缺乏现代的反权威性质。高利克指出，茅盾对尼采思想的介绍工作即《尼采的学说》应该就在这一时期，且在这篇文章发表后，茅盾就表现出否定杜威经验主义和文化改良的观点，这一时期的茅盾对克鲁泡特金和巴枯宁的无政府主义、美国世界产业工人组织（IWW）以及罗素的学说表现出浓厚的兴趣，对马克思主义的"国家社会主义"观点持批判的态度。高利克还指出，茅盾对尼采的生平和著作的研究并不是来自第一手材料，他主要是从安东尼·卢多维奇的《尼采，生平及著作》一册的译介中获得信息，因此对尼采做出了错误的判断，将尼采认定为自己理想中的未来的

[①] Marian Galik, "Mao Dun and Nietzsche. From Beginning to the End, 1917—1979", *Asian and African Studies*, Vol. 8, No. 2, 1999, pp. 117-147.

[②] ［斯洛伐克］马利安·高利克：《由入迷至失望：茅盾与尼采（1920—1921）》，载《茅盾研究》第7辑，2003年，第307—315页。

光明的哲学家，他对尼采的好感来自他对无政府主义者的支持。在阅读其他人对于尼采研究的文章之后，尽管还是支持"超人"学说，但茅盾开始谨慎地研究"主人道德"（Master Morality）和"奴隶道德"（Slave Morality），并且在此后阅读霍夫丁（Harald Hoffoding）的著作后，茅盾发现了尼采学说中大量的自相矛盾的观点，从而对尼采开始了严厉的批判。但高利克并不认为茅盾创作这篇文章的目的是受当时学界对尼采批判的潮流以及尼采的哲学是导致"一战"的思想根源这一认知的影响，他认为这应该是出自茅盾内心想要深入了解尼采在戏剧、小说、散文随笔领域的见地的需求。

第二部分里高利克研究了茅盾在1920年尼采态度的转变以及茅盾的尼采研究成果。高利克指出，在《尼采的学说》的第一部分茅盾对尼采的生平和著作的研究是十分谨慎的，虽然有无关紧要的细节，但对于卢多维奇书中所忽略的德文书名有所补漏。茅盾在第二章不同于卢多维奇所做的"非道德的尼采"一题，他对尼采关于奴隶起义的道德观表示赞同，但不同意尼采对社会主义和民主的憎恨，在了解正义的奴隶起义和社会二元论理论之后，茅盾对尼采的道德观作了两方面的评价。在卢多维奇一书的"尼采的道德论"一章，茅盾重复了尼采的普为人知的重估一切价值的命题，对尼采的主人道德和奴隶道德持否定态度，对尼采的"权力意志"这一最基本的哲学前提提出批判。同时茅盾还特别强调达尔文对尼采所产生的影响。高利克指出，茅盾对达尔文影响的过分肯定恰恰是他自己本人深受达尔文影响的力证，同时也可以窥见当时社会达尔文主义对中国学术界的影响之深。在论文的最后部分"社会学者的尼采"一节中，茅盾对尼采完全持批判态度，且这部分茅盾对其的批评基于自己对尼采的社会学说基本概念的理解，尼采所使用的"主人"一词被茅盾置换为"统治阶级"，"奴隶"一词被置换为"被统治阶级"。而在《尼采的学说》一文的结尾处，茅盾对尼采学说中所表现出的矛盾表示失望，但对尼采的自由意志、独立思考、探索真理仍表示尊重。高利克指出，五四前后中国学术界对尼采学说中所得到的突出印象就是重评所有价值，但通过茅盾的研究可以看出，1920年前后的中国知识分子并没有足够的准备对他们的各种价值在既不影响文化同一性又不破坏传统的基础上进行重新评估。

在第三部分的研究中，高利克指出茅盾自1921年7月后便对尼采及其学说抛掷一旁，但还是翻译了赫尔曼（Anton Hellmann）的一篇谈论尼采的文章，茅盾在1981年曾坦言当年的《尼采的学说》是受当时中国社会思想道德以及尼采对"资产阶级哲学"的抨击影响才写的。高利克指出，茅盾对尼采著作的研究是从文学方面展开，并未顾及其象征意义，这正是茅盾对尼采的误解的源头所在。

高利克在《茅盾与尼采：自始至终（1917—1979）》一文中，从茅盾研究尼采的文章、著作为研究基础，梳理了茅盾文学评论生涯中与尼采的渊源和结论。这篇文章中的基本观点与上一篇论文《由入迷至失望：茅盾与尼采（1920—1921）》基本观点并无大致区别，同样是以茅盾的《尼采的学说》为基本研究文本，梳理茅盾对尼采的态度由赞赏到批评到最终忽略的过程。

第三节　沈迈衡的研究：茅盾和现实主义
——一个文学批评家的成长

茅盾的长孙女、韦韬的大女儿沈迈衡1995年在明尼苏达大学毕业，其博士论文题为《茅盾和现实主义：一个文学批评家的成长》[1]，这是她对茅盾文艺思想（现实主义）的研究。沈迈衡在文中表示，对于茅盾文艺思想的评价分为两个极端，即"文艺思想解放的领导者"（a liberal-minded leader of literature and art）和"共产主义文学的代言人"（a communist literary hack），对茅盾评价的争议性是她进行研究的动因，论文主要要解决的问题是对于茅盾的两极化评价，通过对茅盾文论思想的发展历程进行梳理，尤其是对茅盾早期的文艺观和其在《夜读偶记》中的文艺观的比较，客观正确地还原出茅盾的现实主义文学观。她的论述主要围绕两点展开，即茅盾在《夜读偶记》主要提出的两个观点——对"文学史是一部现实主义和反现实主义的斗争史"公式的认可及将社会主义现实主义辩证法用于对抗"社会主义时期的现实主义"。论文除"序言"和"结论"外共四章，分别是"茅盾关于文学现实主义的概念""现实主义的重新定义：20年代晚期到40年代初期的文论论争中茅盾的立场""现实主义和反现实主义间的'文学史是一部现实主义和反现实主义的斗争史'""现实主义还是社会主义现实主义"。

---

[1] Maiheng Shen Dietrich, *Mao Dun and Realism, The Development of a Literary Critic*, Ph.D.Thesis, The University of Minnesota, 1995.

茅盾对"文学史是一部现实主义和反现实主义的斗争史"这一公式的评述引起了文学史家和批评家的激烈批判,认为这是阶级观念在文学史中的教条式运用,这一公式很快在激烈的反对下被废止。时至今日,这一公式仍被等同于文学教条主义,一些批评家还在为此对茅盾进行批判,对这一公式明目张胆的将文学史与阶级或意识形态斗争等同起来十分反感,并对"现实主义和好的、进步的文学是等同的"这一观点同样持否定意见。沈迈衡认为这两个等同凸显了这个富含争议的公式中的意识形态和审美倾向,也是对《夜读偶记》的主要批判点所在。茅盾对公式的提倡是其被视作教条式共产主义宣传员的原因所在,而学界对文学批评家茅盾的评价中的巨大差异也源于此。沈迈衡首先反驳了将茅盾视作共产党的宣传员或政治投机分子的观点,她指出茅盾在20世纪20年代早期就已经是一个坚定的马克思主义者,其在新中国成立前的文学活动足以证明他的文学创作和文学批评活动受政党的影响相对较小。但后期的茅盾被称作"政治投机分子"(political opportunist),称茅盾的投机行为是受生存本能影响,茅盾1949年以后的创作(包括官方报告)背叛了他先前的文学和美学理念,持这一观点的学者不在少数。① 由于与政党的政治要求相一致,中国当代批评家大体都认为茅盾在1949年以后的写作是出于宣传需要,这些作品中相当大的一部分都被贴上了公共宣传和政治报告的标签,但茅盾在革命后创作的部分作品并非全部出于官僚或社会责任的动机,沈迈衡认为《夜读偶记》这部被视为集合了茅盾所有文学观点的最正统的作品,恰是由茅盾自主写作的,因此这部作品不能被轻易地定义为茅盾在政治不利环境下响应政党政策的创作行为,事实上茅盾所提倡的"文学史是一部现实主义和反现实主义的斗争史"公式和他为此进行的论争并没有受到来自政党的任何注意力。沈迈衡随后分析解释了茅盾文论思想中所表现出来的令人费解的教条主义倾向,她认为《夜读偶记》是茅盾最为全面、系统的论述其文学现实主义观点的作品,其片面化、教条化倾向的表现是由于评论家或批评家们有目的地选择、忽略其他方面所造成的。她指出批判者对《夜读偶记》的批判多出自茅盾对公式的提倡,他们激烈的反驳通常表现为片面放大公式、忽视文中所提倡的其他问题(如社会主义现实主义和浪

---

① 持此类观点的通常为西方学者,沈迈衡以梅尔·戈德曼在专著《共产主义中国的文学争议》(*Literary Dissent in Communist China*, New York: Atheneum, 1971)、王德威在文章《茅盾的矛盾》(载《中外文选》, Vol. 154, 1985年3月, 第92—105页)中的论述为例。

漫主义），甚至他们即使在评论文章提到了这些问题，也只是轻描淡写地进行处理或是分散到其所讨论的公式中，这就最终造成了人们对茅盾《夜读偶记》甚至其整个文论思想的教条主义或投机主义的印象，最终认为《夜读偶记》是无价值的理论研究作品，将其摒弃于茅盾的文艺理论研究之外。

沈迈衡对《夜读偶记》的研究旨在反对批评家对这本书的批判态度，其研究的重点不在于评价公式本身的合理性，而是将茅盾美学体系放置于一个逻辑位置中进行研究，因此她不断地将茅盾前期的文学观点和其在《夜读偶记》中的论述进行对比，她在研究中得出的主要结论有：第一，茅盾对公式的提倡与他曾参与的中国现代史系列文学论争有着隐性的联系；第二，茅盾对公式的提倡并能作为其政治整合的标识，反而还是他政治颠覆的象征。

第一个结论主要是沈迈衡在回顾文学现实主义在现代中国的作用时得出的结论，她指出文学现实主义对现代中国的影响的一个重要特征是其与浪漫主义（或称非现实主义）学派的不断斗争，其论述主要集中在第一章"茅盾关于文学现实主义的概念"和第二章"现实主义的重新定义——20年代晚期到40年代初期的文论论争中茅盾的立场"中。

第一章里沈迈衡研究了茅盾对文学现实主义的认识，论述了茅盾在推广西方现实主义方面所做的努力，并指出茅盾对现实主义的界定和实践归根结底都是受到来自传统文学理论的影响。沈迈衡将茅盾早期评论文章中所表现出的现实主义倾向概括为三类：第一，"为人生的艺术\文学"的概念；第二，决定论和文学发展的进化论；第三，以科学为导向的美学假设。这些概念表现出来自中国古典文学理论的影响，尤其是"文以载道"的学说，这一学说成了茅盾文学概念中最为关键的组成部分，讽刺的是茅盾本人却表现出对传统文化的强烈反对和藐视。但沈迈衡同时指出，五四打破传统的态度同样是出自这一延续了两千多年的儒家思想学说所影响，这一点在茅盾身上亦然。[①]

第二章里沈迈衡主要对现当代文学史上的论争进行了梳理，并分析了茅盾在此间所起的作用。她指出20世纪20年代早期的五四文学革命进入到革命文学阶段，革命文学作为无产阶级文学的争论在很大程度上是七八

[①] Maiheng Shen Dietrich, *Mao Dun and Realism, The Development of a Literary Critic*, Ph.D.Thesis, The University of Minnesota, 1995, pp.10–39.

年前文学研究会和创造社关于"为人生的艺术\文学"和"为艺术\文学的艺术\文学"的论争的延续。事实上参与者也确实是来自这两个社团的成员,只是其所扮演的角色颠倒了,创造社成员抛弃了他们的"纯"和个人主义文学(individualistic art),发现他们对手的作品让人想起过去的个人感伤。在对革命文学的狂热中创造社成员融入了另一类文学批评社团(太阳社)的行列,新的文学社团兴起对中国文学史而言意义重大,在此后的20余年里,社团中代表现代中国主导力量的左翼作家表现出越来越大的影响力和控制力,至此20世纪三四十年代诸多文学论争也以多种方式展开,并最终对新中国成立后的文学政策产生影响。这些文学论争主要讨论的问题仍然是应该创作什么样的文学,茅盾在这一系列的论辩中[1]表现得十分活跃,他不但在批评和理论方面都有参与,还以创作小说的方式进行实践。不同于他的"革命"同伴作家将五四新文学视为小资产阶级文学和完全脱离大众的文学,茅盾十分认真地为五四新文学辩护,在受到言语攻击的过程中,茅盾渐渐发现其声音被淹没在党的命令下,其政治忠诚和现实主义文学倾向之间的背离越来越明显。这也导致了理想主义文学评论家茅盾和现实主义小说家茅盾的分离:作为评论家,茅盾敏锐地意识到他在创作指导人生的作品上的失败,这是与他早期的理论假设相背离的;作为小说家,茅盾的现实主义倾向使他相信其小说比创造社的革命口号更有意义和作用。茅盾的批评和创作在这两股相反力的作用下表现出一种张力,正是茅盾在为文学现实主义辩护和(再)定义中的结晶。[2]

  第二个结论是沈迈衡在研究茅盾在创作《夜读偶记》时的历史、意识形态和文学环境中得出的。沈迈衡将注意力转至《夜读偶记》中的其他方面,从一个与以往研究者不同的视角探讨茅盾关于公式的论述,指出《夜读偶记》的创作不是出于政治目的,茅盾是出于保护现代中国现实主义传统的目的才对公式大为推崇的,其论述主要集中在第三章"现实主义和反现实主义间的'文学史是一部现实主义和反现实主义的斗争史'"和第四章"现实主义还是社会主义现实主义"。

  第三章里主要是沈迈衡对茅盾《夜读偶记》进行的研究。茅盾在

---

[1] 沈迈衡主要论述的茅盾所参与的三次文学论辩分别是革命文学论辩、大众文学论辩、文艺的民族形式论辩。

[2] Maiheng Shen Dietrich, *Mao Dun and Realism, The Development of a Literary Critic*, Ph.D.Thesis, The University of Minnesota, 1995, pp.40-75.

1949 年出任文化部部长一职后就很少进行文学创作了，但仍在尝试发展和整合其文学观点，编写和出版了几部重要的文学理论作品，其中最具有争议性、最具代表性的作品就是他在 1957 年臭名昭著的"反右"运动中创作的《夜读偶记》，这部作品 1958 年由《文艺报》连载刊登，这是他对前一年由何直（秦兆阳）在文章《现实主义——广阔的道路》中所提出的现实主义创作方法和社会主义现实主义的论辩的回应，他在书中主要围绕着两个问题展开：第一，作者的世界观和其所选用的创作方法之间的关系；第二，文学史中现实主义和反现实主义的对抗。沈迈衡指出，基于《夜读偶记》的创作背景（现实主义和社会主义的论战），文章里要解决的主要问题已经得到了解决。文中关于公式和欧洲文学学派的讨论无论在范围和深度上都超出了社会主义现实主义的讨论，在主题和组成结构上都表现出一种分离——文中并未辨识、也未支持现实主义与反现实主义、现实主义与社会主义现实主义者中某一方的观点。茅盾对欧洲古典主义、浪漫主义、现实主义的讨论表现得更为突出，这篇文章更像是由三幅拼图拼装而成，茅盾显然在有意识地将文章用一个主题串联起来，而他所选择的这个主题就是作者的世界观和其所选用的创作方法之间的斗争。但不幸的是，因为现实主义与社会主义现实主义的哲学基础并不匹配，社会主义现实主义在现实主义和反现实主义的论争中的地位并不明确，因此这一"统一的主题"在社会主义现实主义进入论述后遭到了破坏。茅盾曾为文章松散的结构致歉，但并不赞同其他批评家批评他在文章以一个简单主题就将三个分开的主题进行论述的观点，因为在茅盾的认知中这三者是紧密交织在一起的。沈迈衡指出，考虑到该时期压抑且不稳定的政治氛围，茅盾文中确实是常见矛盾和歧义，但茅盾所倡导的公式和其提倡社会主义现实主义之间的冲突、现实主义保持其地位和所谓"全新"的社会主义现实主义创作方法之间的冲突是文中最为主要的。换言之，"文学史是现实主义和反现实主义的斗争史"这一公式排除了发展任何新的、形式上更进步的文学流派的可能。[1]

第四章里沈迈衡主要分析了茅盾的《夜读偶记》，沈迈衡比较了茅盾在《夜读偶记》中与他此前和此后对现实主义、社会主义现实主义和其他相关问题（如浪漫主义和现代主义）的论述，并分析了茅盾对其他文

---

[1] Maiheng Shen Dietrich, *Mao Dun and Realism, The Development of a Literary Critic*, Ph.D.Thesis, The University of Minnesota, 1995, pp.76-118.

学理论家（如匈牙利的马克思主义批评家卢卡奇）的评述，指出茅盾一直以来对浪漫主义或理想主义倾向都表现出抗拒的态度，其抗拒滋生于他所涉及的文学争辩（如关于革命\无产阶级文学、大众文学和民族文学形式的争论），尽管茅盾在这些争辩中努力保持与组织一致，但他一直都对浪漫主义者的观点持否定态度。沈迈衡的研究导向一个结论，即茅盾对公式的提倡是其文学倾向的一种极端表示，他对社会主义现实主义的支持是他与浪漫主义学派（或者说党的文学政策）和解的一个失败尝试。沈迈衡指出茅盾在新中国成立后的作为导致了对他"文艺思想解放的领导者"和"共产主义文学的宣传者"的两极化评价，其在社会主义现实主义与"社会主义时代的现实主义"辩论中的表现又加深了这一矛盾印象，其《夜读偶记》较之其关于社会主义现实主义的讨论表现得更加明显。在《夜读偶记》中，茅盾宣称社会主义现实主义是共产主义文学最富有创造性的写作方法，将"现实反映"（reflection of reality）和"理想追求"（pursuit of ideal）大胆地结合起来。通过茅盾的表述，可以看出茅盾开始反思起他之前所支持的现实主义文学传统，尝试将浪漫主义或理想主义学派相结合的文艺观，但他对"文学史是现实主义和反现实主义的斗争史"公式的狂热支持对这一结合造成了威胁，因为公式是反对结合的。茅盾对两种形式的态度是不能简单用逻辑或理论分析来解释的，但评论家并未对此展开过多的评述。如果对其中的矛盾进行分析研究，就能发现茅盾对公式的支持与他对党的路线政策的支持之间并无联系，他所倡导的社会主义现实主义也是他真正的文学倾向。[1]

沈迈衡的论证旨在支持茅盾的阶级\意识形态的文学观，这正是当代中国文学批评家所诟病的，她试图在论证中为其正名，她指出在文学传统中纯美学性质的观念最终会受到来自意识形态\政治观念的影响，并不能因此就否定其意识形态\政治基础，现代中国文学本身的建立亦是如此。沈迈衡以文学研究会与创造社之间的争论为例进行阐释，指出这两个极具影响力的文学社团就是在五四文学打破旧习精神的影响下建立的，同样是批评中国传统文学是"不人道的"（inhumane），文学研究会誓言要创造一个为人民大众感受和意识发声的新文学，其文学纲领"为人生的艺术\文学"宣称其与19世纪欧洲现实主义文学传统联系紧密，在其文学实践

---

[1] Maiheng Shen Dietrich, *Mao Dun and Realism, The Development of a Literary Critic*, Ph.D.Thesis, The University of Minnesota, 1995, pp.119-160.

中，研究会成员基本上都倾向于艺术经验主义的观点；创造社受欧洲浪漫主义传统影响，其成员更倾向于自我表达、追求艺术美感，批判文学研究会功利主义的文学观点，提倡"为艺术\文学的艺术\文学"。虽然创造社的口号出于纯美学追求，但他们并没有否定艺术的社会功能，相反还坚持艺术和社会的不可分割，创造社所坚持的纯美学追求到革命宣传的过渡只能解释为受沉重的社会和道德负担影响①。因此，虽然两个文学组织有着明显的相异性，但它们在建设新文学方面又有相似性：二者都旨在借鉴西方文学模式，以使中国摆脱目前的颓势并转化为现代化国家；二者都以艺术作为社会转型的媒介，意图通过艺术促进社会和文化改革。这两个文学组织的文学尝试都是基于非文学的目的展开的。由于缺乏内在的审美内容，文学研究会和创造社的冲突从一开始就集中在"什么样的文学才能更有效地激发历史使命感"这一问题上。对这个问题的解答贯穿整个20世纪文学史，不同的文学分支和解决策略引起了不少的论争，尽管这些论争出自不同的主题，但归根结底都可以归结为文学研究会和创造社之间关于现实主义和浪漫主义的论争。1949年之后，这场论争的形式演变成中国共产党意图控制文学和作家抵抗这种控制之间的斗争，因此在现代中国文学史中，某个人对现实主义的态度就往往就代表了其最终的政治倾向。鉴于政治化的文学在近代中国史上的作用，"现实主义与反现实主义"的公式并没有它所表现的那么教条（dogmatic），现代中国文学史上确实存在有将现实主义和浪漫主义\反现实主义之间的斗争用最简单的术语概述的情况，文学评论家对茅盾的评判过于武断且失之偏颇。

---

① 沈迈衡指出，在将现代中国作家所附加的文学概念与当代西方对文学现实主义的态度相比较的时候，其中所暗含的政治内含十分明显：对当代西方批评家而言，现实主义的概念被现代语言哲学有效地削减了，现实主义所谓的文学文本直接由物质世界构成的观念遭到冲击，换言之，西方批评家受到了文学现实主义概念中产生的美学和技术矛盾的影响，而其美学领域（正是西方现实主义的基础）在中国的发展中被丢失了。其他西方文学理论在中国的介绍和同化，正如同这些中国新兴的文学流派彼此之间的交流一样，都有同样的缺乏审美意识的特点。

第八章

中外茅盾研究的比较

国内外的茅盾研究各有自己的基本模式及研究特点，中国的茅盾研究不可能也不应该将国外的茅盾研究模式作为自己从事学术研究的摹本，但我们应该秉着更为开放的心态，了解和研究英语世界中的茅盾研究的特点、研究者展开研究的独特视角、异于中国学者的研究模式、相异的认知（如文化背景、意识形态、价值取向）导致的不同解读，将其作为观照自身学术研究的一面镜子，通过对异质文化语境下的茅盾研究成果的了解、分析、研究、批判和借鉴，听取来自异质文化语境下"他者"的学术声音，在汲取国外茅盾研究成果中的有利养分的同时，开阔国内学者研究茅盾的学术视野，启发学者对自己的政治、文化、文学与学术研究进行不同角度的反思。本章主要探讨和研究的是英语世界茅盾研究和国内茅盾研究之异同、互动和背后深层的文化机制影响，以期能对今后的茅盾研究乃至现当代文学研究有所启发。

第一节 国内的茅盾研究概况

国内的茅盾研究始于1928年2月白辉在《清华周刊》（第29卷第2期）上刊发的评论文章《近来的几篇小说》，茅盾以其创作的优秀性和思想的深刻性吸引了大批学者的研究兴趣，茅盾研究迄今已有87年的历史。总的来说，根据研究者对茅盾作品（研究对象）的选取、研究成果以及研究过程的阶段性特征，可以将国内的茅盾研究大致分为1928年至20世纪30年代中期、20世纪30年代中期至1945年（抗战前）、1945—1949年（新中国成立前）、1949—1960年、1961—1976年、1977—1983年2

月、1983 年 3 月至 1990 年，1991—2000 年、2001 年至今共九个阶段，呈波浪式发展。

一　1928 年至 20 世纪 30 年代中期

1928 年至 20 世纪 30 年代中期的茅盾研究主要是对其具体作品（尤其是其名篇、名著）展开的研究，多为对茅盾其人其作品的评述或回忆性文章，还有两部茅盾作品评论集出版于这一时期。①

在这一时期的茅盾研究中，对茅盾及其作品的大致可分为两类。一类来自"革命文学阵营"的人对茅盾创作予以的否定，他们认为茅盾的思想过于悲观，对地主和资产阶级阵营持同情甚至肯定态度并对此进行批判。持这一观点的研究者以钱杏邨（阿英）为代表，他在《茅盾与现实》一文批评茅盾的《蚀》和《野蔷薇》将现实刻画得沉重灰暗，在技巧上不过是矫揉造作地作"纤微毕露"的描述，对茅盾的创作持批判态度，此后茅盾还曾撰文《从牯岭到东京》和《读〈倪焕之〉》对此作出回应。钱杏邨对茅盾的评价和茅盾为自己的辩护是之后的茅盾研究者研究茅盾、了解其创作思想的重要材料，不少研究者对此都有自己的观点及论述。对茅盾及其作品持否定态度的部分研究还有：贺玉波在《茅盾创作的考察》② 一文中首先肯定了茅盾作品的时代性，是以讲述恋爱故事来描述革命时代里的社会现象和革命事实，但认为茅盾受限于自己的个人主义意识，写作技巧老旧；普鲁士站在革命文学的立场激烈地批评了茅盾的小说三部曲，他在其文章《茅盾三部曲小评》③ 中评价《追求》《幻灭》《动摇》写得马马虎虎，因为作者并没有彻底认清中国革命，茅盾对时代的批评流于表面，是把时代的部分现象视作革命本身，他所描写的革命和青年形象过于消极悲观，其三部曲并不算一部彻底的革命文学作品；克的《野蔷薇》批评茅盾的作品思想不健全、艺术成就平淡，创作手法受传统文学影响，在艺术上没有创新，"作者的笔也未脱尽章回体的意味，毫不曾活

---

① 分别是：伏志英编：《茅盾评传》，现代书局 1931 年版；黄人影编：《茅盾论》，光华书局 1933 年版。
② 贺玉波：《茅盾创作的考察》，载伏志英编《茅盾评传》，开明书店 1936 年版，第 7—52 页。
③ 普鲁士：《茅盾三部曲小评》，载伏志英编《茅盾评传》，开明书店 1936 年版，第 107—109 页。

到新的技巧"①；顾仲彝在文章《野蔷薇》②中评价茅盾文笔灵活、词句生动，其文学创作已日趋成熟，但存在时代性过浓、因意设事痕迹明显、主见（主要指悲观情绪）太深的缺点；祝秀侠的《茅盾的〈一个女性〉》③将茅盾的《一个女性》和莫泊桑的《一生》进行比较，对茅盾作品的结构和对周围环境巨细无遗地叙述方式表示批评，指责茅盾的创作不是革命文学，这一点是由茅盾思想"下沉"导致作品缺乏时代感所造成的。

对于茅盾作品的评述还有一类是对茅盾小说中时代性和艺术成就的肯定。这一类茅盾研究成果的部分作品有：复三在文章《茅盾三部曲》④中对茅盾在其三部曲中所表现出的时代性给予高度评价，对于青年男女在革命中的情感转折描写准确细腻，肯定了茅盾在文学史中的特殊地位，反驳了以"革命文学家"自居的评论者对茅盾的批评；徐蔚蓝在《幻灭》中高度赞誉了茅盾对革命变动时期人物思想、情感、心理及行动的刻画，认为这一刻画是真实的可信的有价值的，但描写得过于缓慢⑤；张眠月在《〈幻灭〉的时代描写》中对茅盾在《幻灭》中的时代性给予肯定，认为茅盾在幻灭中所描写的正是其所处时代和所历情感⑥；林樾对于《追求》的评价是一部具有时代性的作品，它对时代变迁、人物生活描写得深入动人。⑦

在这一时期的茅盾评述中，辛夷和云裳（即赵景深）是比较早的对茅盾作品中的人物分析研究的：辛夷在文章《〈追求〉中的章秋柳》一文中对章秋柳进行了论述，她十分赞赏章秋柳在革命中的性格、思想、行为，认为章秋柳在猛烈地追求中寻得了革命出路⑧；赵景深则是对《幻

---

① 克：《野蔷薇》，载伏志英编《茅盾评传》，开明书店 1936 年版，第 111 页。
② 顾仲彝：《野蔷薇》，载伏志英编《茅盾评传》，开明书店 1936 年版，第 113—116 页。
③ 祝秀侠：《茅盾的〈一个女性〉》，载伏志英编《茅盾评传》，开明书店 1936 年版，第 127—134 页。
④ 复三：《茅盾三部曲》，载伏志英编《茅盾评传》，开明书店 1936 年版，第 1—6 页。
⑤ 徐蔚蓝：《幻灭》，载伏志英编《茅盾评传》，开明书店 1936 年版，第 61—68 页。
⑥ 张眠月：《〈幻灭〉的时代描写》，载伏志英编《茅盾评传》，开明书店 1936 年版，第 69—80 页。
⑦ 林樾：《〈追求〉和〈动摇〉》，载伏志英编《茅盾评传》，开明书店 1936 年版，第 81—84 页。
⑧ 新夷：《〈追求〉中的章秋柳》，载于伏志英《茅盾评传》，开明书店 1936 年版，第 85—104 页。

灭》中的强惟力一角进行了评价,认为这个角色缺乏生气。

二 20世纪30年代至1945年(抗战前)

茅盾创作的高峰出现于这一时期,他在此期间所创作的"农村三部曲"(1932年的《春蚕》、1933年的《秋收》、1933年的《残冬》)、《林家铺子》(1932年7月)和长篇小说《子夜》(1932年10月至1932年12月)都被视作其长短篇小说的代表性作品,对茅盾作品的评论在这一时期也进入了新的阶段,对茅盾及其作品的认识和评价逐渐趋向一致,茅盾在中国现当代文学史上的大家地位也是在这一时期奠定的。

这一时期对茅盾的研究主要集中在他的长篇小说《子夜》上。茅盾的《子夜》一经发表,就得到了以鲁迅、瞿秋白、冯雪峰等人为代表的左翼文学阵营的高度评价和大力推介,在众人对《子夜》的大力支持和肯定之下,研究这部作品就成了当时学界乃至文学界的热点所在。据统计,发表在这一时期的对《子夜》的研究文章有近30篇,研究方向涉及《子夜》的主题、人物形象、艺术特色等方面,其中部分论述有:1933年4月,瞿秋白化名"乐雯"在《申报·自由谈》上发表的《〈子夜〉和国货年》[1],文章中称《子夜》成为中国第一部成功的写实主义小说,这是国内第一篇对茅盾《子夜》的评论文章;瞿秋白化名"施蒂而"发表《读〈子夜〉一文》[2],评价《子夜》是自文学革命后中国第一部表现革命时代的社会状况的长篇小说;吴组缃的《子夜》[3]一文指出茅盾的《子夜》反映了当时的社会和时代,描写了上层阶级的没落和底层阶级的兴起;朱自清在《子夜》中对这部小说中对人物的成功刻画表示肯定,但同时指出对吴荪甫和屠维岳的描述过于英雄,出乎意料地引起了读者的同情和偏爱;余定义认为《子夜》的主旨是描述人们是如何在长夜的摸索中解决其争执的现在的[4];吴宓的《茅盾著长篇小说〈子夜〉》[5]对《子夜》中的结构、人物个性、语言艺术大为赞赏,评价它是近期内最好的作品。

还有部分文章是对茅盾《子夜》的批评,如门言的《从〈子夜〉谈

---

[1] 后收录于庄钟庆编《茅盾研究论集》,天津人民出版社1984年版,第153—156页。
[2] 施蒂而(瞿秋白):《读〈子夜〉》,《中华日报·小贡献》1933年8月13日。后收录于庄钟庆编《茅盾研究论集》,天津人民出版社1984年版,第179—184页。
[3] 吴组缃:《子夜》,《文艺月报》创作号,1933年6月1日。
[4] 余定义:《评〈子夜〉》,《戈壁》第一卷第三期,1933年3月10日。
[5] 云(吴宓):《茅盾著长篇小说〈子夜〉》,《大公报》(文学副刊)1933年4月10日。

起》将《子夜》与"黑幕小说"进行比较，认为《子夜》之所以大获赞赏是因为其对新颖题材（公债和工潮）的运用，但因为作者缺乏生活经验，他在作品中所塑造的人物偏于概念化；① 韩侍桁的《〈子夜〉的艺术，思想及人物》中指出茅盾虽企图全方面地对社会进行描写，但却只表现了个人的悲剧，他还批评小说中人物概念化、性欲描写过多、心理刻画和场景描写失败②，后冯雪峰撰文《〈子夜〉与革命的现实主义的文学》对韩侍桁的观点进行批驳。

这一时期的茅盾研究中还有部分是对其短篇小说和散文创作的研究。对茅盾短篇小说的研究主要集中在《春蚕》上，如（孔）另境的《〈春蚕〉与农村现状》、朱明的《茅盾的〈春蚕〉》、罗浮的《评〈春蚕〉》、王蔼心的《〈春蚕〉的描写方式》等文章，夏衍还将《春蚕》拍成电影搬上了屏幕；对茅盾散文创作的部分研究成果有叶圣陶的《茅盾的〈浴池速写〉》、允一的《话匣子》、叶如桐对茅盾散文集《印象、感想、回忆》的书评。

三 1945年至1949年10月（中华人民共和国成立前）

茅盾在这一时期创作的作品有《腐蚀》（1941年）、《劫后拾遗》（1942年）、《耶稣之死》集（1942年）、《霜叶红似二月花》（1942—1943年）、《第一阶段的故事》（1945年）、《清明前后》（1945年）等，成果丰硕，这些作品受到了当时来自国统区和解放区的肯定和赞扬。

该阶段对于《第一阶段的故事》的研究成果主要是钳耳的《评〈第一阶段的故事〉》对小说进行了翔尽的评述，将小说视作一部忠实报道上海战争的报道文学，认为小说具有重大价值。③

这一时期对茅盾长篇小说《腐蚀》的研究文章比较多，共14篇，主要是对《腐蚀》里的现代性和斗争性的肯定：林莽的《腐蚀》一文称茅盾的《腐蚀》捶碎了人们躲避的蜗牛壳，迫使人们直面现实④；李伯钊在《读〈腐蚀〉》称该书是对国民党罪行的有力控诉，作者以细腻的笔触对

---

① 门言：《从〈子夜〉谈起》，《清华周刊（文艺专号）》第39卷第5、6期，1933年4月19日。
② 韩侍桁：《〈子夜〉的艺术，思想及人物》，《现代》第4卷第1期，1933年11月1日。
③ 钳耳：《评〈第一阶段的故事〉》，载庄钟庆选编《茅盾研究论集》，天津人民出版社1984年版，第312—319页。
④ 林莽：《腐蚀》，载庄钟庆选编《茅盾研究论集》，天津人民出版社1984年版，第320—327页。原文载于《新文化》第1卷第3期，1945年11月16日。

特务分子的灵魂进行解剖，以暴露其丑恶的黑暗罪恶①；白蕻的《读〈腐蚀〉》称《腐蚀》是一面"照妖镜"，是以血书写的国民党特务分子的罪行记录；②沈超予在《读〈腐蚀〉》③中称茅盾对腐蚀者以新生道路的指导，示意社会必将走向光明，对失足者和青年男女有教育意义。

在《霜叶红似二月花》问世后不久，广西桂林就召开了座谈会对这部作品进行认真探讨，巴金、田汉、艾芜等作家都有参加。会议后出现了大量的对于这部作品的评论和研究文章，大多发表在桂林、重庆等抗战后方的报刊上，其中较重要的有：埃蓝《读〈霜叶红似二月花〉》中对小说中的人物作了简要分析和概括，称这部小说是一部大创作的开始④；吴组缃和李长之的《霜叶红似二月花》共分为两部分，第一部分的论述中称茅盾作品的特点在于取材时代、观察敏锐、格局宏大、表现明快有力，第二部分是对《霜叶红似二月花》的具体论述，对小说中对动乱的描述予以肯定，批评小说时间和空间上不明确、人物性格雷同、口语不纯粹、说明太过⑤；田玉的《茅盾新作：〈霜叶红似二月花〉》对小说故事、人物形象、创作技巧进行分析，认为茅盾在这一部作品中的布置可以与托尔斯泰的《战争与和平》、罗曼·罗兰的《约翰·克里斯多夫》相媲美⑥；公羊桓的《论〈霜叶红似二月花〉》⑦称茅盾的这部作品怀有记录和描写"五四"时代的使命和企图，描写了中国民族资本家的兴起和资本主义洪流的侵入，其叙述场面庞大、人物众多、情节复杂，和《子夜》是互为呼应的"伟大史诗"的开局与结尾，文章也是从小说情节、人物类型、写作技巧、语言使用方面对这部小说展开的研究。

---

① 李伯钊：《读〈腐蚀〉》，载庄钟庆选编《茅盾研究论集》，天津人民出版社1984年版，第321—323页。

② 白蕻：《读〈腐蚀〉》，载庄钟庆选编《茅盾研究论集》，天津人民出版社1984年版，第323—328页。原载《文艺生活》光复版第4号（总第22号），文艺生活出版社1946年版。

③ 沈超予：《读〈腐蚀〉》，载庄钟庆选编《茅盾研究论集》，天津人民出版社1984年版，第328—332页。原载中华全国文艺协会重庆分会《萌芽》，第1卷第1期，1946年7月15日。

④ 埃蓝：《读〈霜叶红似二月花〉》，载庄钟庆选编《茅盾研究论集》，天津人民出版社1984年版，第333—335页。

⑤ 吴组缃、李长之：《霜叶红似二月花》，载庄钟庆选编《茅盾研究论集》，天津人民出版社1984年版，第350—354页。原载《时与潮文艺》，第3卷第4期，1944年6月15日。

⑥ 田玉：《茅盾新作：〈霜叶红似二月花〉》，载庄钟庆选编《茅盾研究论集》，天津人民出版社1984年版，第354—360页。原载《文艺春秋丛刊》之四《朝雾》，1945年6月。

⑦ 公羊桓：《论〈霜叶红似二月花〉》，载庄钟庆选编《茅盾研究论集》，天津人民出版社1984年版，第360—364页。

《清明前后》是茅盾第一部也是唯一的一部戏剧作品，在这一时期的茅盾研究中也是成果较多的，主要有：何其芳的《〈清明前后〉的现实意义》称作品有"尖锐"且"丰富"的现实主义的作品，作品是"旧中国的罪人们的罪行录"[1]；王戎的《从〈清明前后〉说起》中对于创作中标语口号倾向和非政治倾向发表了自己的观点，指出现实主义的艺术无需强调政治倾向，通过典型事件、典型人物、真实感受、真实表现的描述，正确真实的结论自然会浮现，因此他对《清明前后》提出了"政治与艺术统一"的要求[2]；刘西渭（即李健吾）的《清明前后》认为曹禺的《蜕变》和茅盾的《清明前后》前后辉映，都是对工业问题巨细无遗的揭露，称茅盾在气质上接近左拉，是以科学精神来执行文学使命的[3]；夏丏尊的《读〈清明前后〉》中指出故事主题是工业的现状与出路，但茅盾将精力都投注于工业现状的描写，对其出路只有寥寥几句话的描述，剧本情节跌宕起伏、对话简练无赘述、语言含蓄富暗示性，整部剧本是一部好的读物。[4]

四　1949年10月至1960年

1949年10月，茅盾任中央人民政府文化部部长一职，此后茅盾的研究进入了一个新的阶段，其作品或被编选入高校、中学教材，或被广泛翻译介绍到国外，或被拍成电影搬上荧幕，越来越多的文学工作者和研究者都投身于茅盾研究的工作中，这一时期的茅盾研究表现出系统性、理论性的研究特点。总的来说，这一时期的茅盾研究成果大致可分为四类。

（一）综合性研究

其中有代表性的专著有以下几部作品。吴奔星的《茅盾小说讲话》[5]，

---

[1] 何其芳：《〈清明前后〉的现实意义》，载庄钟庆选编《茅盾研究论集》，天津人民出版社1984年版，第373—376页。

[2] 王戎：《从〈清明前后〉说起》，载庄钟庆选编《茅盾研究论集》，天津人民出版社1984年版，第381—386页。

[3] 刘西渭（李健吾）：《清明前后》，载庄钟庆选编《茅盾研究论集》，天津人民出版社1984年版，第391—401页。原载《文艺复兴》，第1卷第1期，1946年1月10日。

[4] 夏丏尊：《读〈清明前后〉》，载庄钟庆选编《茅盾研究论集》，天津人民出版社1984年版，第401—407页。原载《文坛月报》创刊特大号，第1卷第1期，1946年1月20日。

[5] 吴奔星：《茅盾研究讲话》，上海泥土社1954年版。1955年，泥土社卷入"胡风事件"，这本书也受到牵连影响，曾一度处于不再版、不销售、不提及的地步。直到1982年才又被四川人民出版社再次出版，2014年7月又由台湾花木兰文化出版社再版，收录于"茅盾研究八十年书系"。

这是新中国成立后第一本茅盾研究专著，该书共分为七章。第一章"中国现代文学的巨匠——茅盾"是一个代序，对茅盾的创作道路、文艺思想的演变、文艺思想对文艺创作的影响、创作成果和文艺理论作轮廓式概述，指出茅盾的创作是我国民主革命的形象化反映；第二章是对茅盾长篇小说《子夜》的时代背景、创作经过、思想内容、人物形象、成就和历史地位的论述；第三章详细论述了《林家铺子》的创作基础、人物性格、思想意义和艺术手法；第四章是对《春蚕》情节、结构和人物描写的研究，指出《春蚕》所描写的是农民阶级在国内外反动派压迫下反抗意识的萌芽，自《春蚕》开始茅盾的创作进入了新方向；第五章是对茅盾小说《秋收》的研究，主要对《秋收》的结构、情节、特点展开论述；对《残冬》的研究构成了该书的第六章，作者将《残冬》中描写的故事视为农民大众自发开展武装斗争的开始，对小说的结构、情节和特点作了研究分析；第七章是对小说《儿子开会去了》的研究，同样也是聚焦于小说的结构、情节、特点、主题思想和社会意义这几个角度展开论述。王西彦的《论〈子夜〉》[1]。艾扬的《茅盾及其〈子夜〉等分析》[2]是对茅盾作品《子夜》的研究，这是一本小册子，才41页，共分为六个部分：第一部分介绍了《子夜》创作的时代背景，即1927年大革命失败后中国的时代缩影；第二部分分析了小说中的人物民族资本家吴荪甫和买办金融资本家赵伯韬，认为吴荪甫形象丰满、个性鲜明，表现在其性格、行动、精神方面的矛盾性使这一民族资本家形象具有典型性，而对赵伯韬的刻画采用侧面描述，茅盾所刻画的这一人物的力量、奸诈、傲慢、爽快在其作为一个买办阶级代表方面还不够完满；第三部分是对冯云卿父女的分析，指出这两个人物是作者为揭露帝国主义势力在半殖民中国的罪恶而刻画的；第四部分是对《子夜》中"革命力量正在蓬勃发展"的农村和"敌人势力比较集中因而也是比较强大"的城市的情况对比，批评茅盾在表现工人罢工斗争的描写里对领导罢工的城市革命工作者的刻画过于单薄，是一种标签式的存在；第五部分是对作品中关于知识分子和青年男女的描写的研究，批评茅盾所刻画的林佩瑶（吴少奶奶）、范博文（诗人）、徐曼丽（交际花）、杜新泽（万能博士）、雷参谋、张素素等人性格模糊，缺乏鲜明性，虽仍有刻画得很成功的知识分子形象，但还是暴露出其在人物性格上所留

---

[1] 王西彦：《论〈子夜〉》，新文艺出版社1958年版。
[2] 艾扬：《茅盾及其〈子夜〉等分析》，人民教育出版社1960年版。

的外加的痕迹；第六部分是从《子夜》在新文学历史中所起的作用展开论述的，主要是其在现实主义、革命文学运动方面所达之成就。艾扬的《茅盾及其〈子夜〉等分析》对茅盾的生平及其著作（《子夜》《林家铺子》《春蚕》等）进行详细的论述和分析，尤其是对作品中的人物形象研究深入。论文方面多集中于对《蚀》《子夜》《林家铺子》《春蚕》这些重要的茅盾作品展开研究，其研究方向多为对小说人物形象的分析，如张白山的《读茅盾的〈蚀〉》一文是对小说人物的阶级属性和导致悲剧的原因的分析，何家槐的文章《子夜》、刘绶松的文章《论〈子夜〉》、王积贤的文章《茅盾的〈子夜〉》、金申熊的文章《略论〈子夜〉》都是对《子夜》里所刻画的人物（特别是吴荪甫）的研究，钱谷融的文章《人物分析——以〈林家铺子〉为例》是对《林家铺子》中人物形象的研究，唐弢（《且说〈春蚕〉》）、方白（《〈春蚕〉中的几个人物》）、丁尔纲（《试论茅盾的"农村三部曲"》）都对茅盾《春蚕》中的人物有过研究论述，黎舟的文章《茅盾笔下的民族资产阶级形象》则是针对茅盾作品中的某一类形象（民族资产阶级）的研究。

（二）文学史研究

该时期的文学史研究中，对于茅盾及其作品的研究和论述占了极大篇幅，其中较具有代表性的研究者及其成果如下。1951年出版的王瑶《中国新文学史稿》[①]，是中华人民共和国成立后最早的一部中国现代文学史著作，在我国文学史上具有重大意义，王瑶在这本书中将茅盾的创作放置于现代文学史的发展进程中（主要是左联十年的框架中）展开评论，指出《子夜》的成功在于茅盾对中国社会性质的科学的、正确的认识，是自《呐喊》以后最为成功的作品，肯定了茅盾的创作及其成就，同时王瑶也是最早将茅盾的小说《锻炼》载入现代文学史的研究者。丁易的《中国现代文学史略》也是我国现当代文学史研究的早期著作，其中所构建的现当代文学史框架对此后的文学史研究影响深远，该书的第九章"茅盾和'左联'时期的革命文学家"对茅盾进行研究，书中从革命文学的角度对茅盾作品进行论述，涉及的作品有《幻灭》《动摇》《追求》《虹》《三人行》《路》《子夜》，指出茅盾的"革命三部曲"由于长时间脱离革

[①] 《锻炼》是茅盾创作于1948年的一篇小说，由香港《文汇报》连载，这是茅盾在中华人民共和国成立前创作的最后一部长篇小说。

命工作导致悲观色彩太过浓郁,但其悲观情绪在《虹》中得到肃清,《三人行》和《路》都是对革命前途的美好展望,《子夜》的主题是表现帝国主义为自身发展而对殖民地半殖民地国家的侵略和剥削,表现中国民族资产阶级的动摇性、反动性以及共产党的先进性,是对历史人物的成功刻画,是茅盾站在革命的、人民的立场去描写和叙述的。① 丁易对茅盾的评述中肯定了茅盾在中国现当代文学史上的地位及其对中国现当代文学的贡献,他的研究代表了当时大部分研究者的观点和态度。这一时期的文学史研究著作还有刘绶松的《中国新文学史初稿》、蔡仪的《中国新文学史讲话》、唐弢的《中国现代文学史》等,在这些学者编著的现代文学史中均有较大篇幅对茅盾及其作品展开论述,肯定了茅盾在中国现代文学史上的地位和所做之贡献。

(三) 茅盾生平研究

这一时期的茅盾研究中对于茅盾生平每有优秀成果发表,其中影响较大的有邵伯周的专著《茅盾的文学道路》②,该书结合茅盾生平对其创作实践和文艺思想展开研究,全书分为四个部分,分别对茅盾在文学研究会时期、革命低潮时期、左联时期、抗战和解放战争时期的文艺理论批评和文学创作实践展开论述。另外还有叶子铭的专著《论茅盾四十年的文学道路》③ 将茅盾的生平创作分为七个部分,从茅盾步入文学领域以前(1986—1916 年的童年和少年时期)、早期的文学活动(1916—1926 年的商务印书馆时期)、大革命时期(1927—1929 年写作《蚀》《虹》的时期)、左联时期(1930—1931 年的转变和过渡阶段)、左联后期(1932—1937 年的创作黄金时期,这一时期开始向社会主义现实主义迈进)、抗战时期(1937—1945 年的创作深化时期)、抗战胜利和新中国成立后的时期(1946 年至该书完成)这几个部分展开研究,指出茅盾的创作具有与新民主主义革命斗争关系密切、在摸索和斗争中不断进步、自我改造精神的特点。

(四) 茅盾作品和研究资料的收集整理

这一时期,以魏绍昌、艾扬、徐恭时为代表的一批学者开始从事茅盾

---

① 丁易:《中国现代文学史略》,作家出版社 1955 年版。
② 邵伯周:《茅盾的文学道路》,长江文艺出版社 1959 年版。
③ 叶子铭:《论茅盾四十年的文学道路》,新文艺出版社 1959 年版。

作品和研究资料的收集整理工作，山东师范学院、中山大学、上海师院、中国社科院文学研究所在这一时期都有茅盾著作（含译著）目录、年表和茅盾研究资料集出版。《茅盾文集》十卷本也是在这一时期由人民文学出版社出版的。

五　1961 年至 1976 年

20 世纪 60 年代以后，茅盾研究成果减少，随着批判电影《林家铺子》的运动的展开，茅盾研究完全停滞了下来，"文化大革命"十年几乎是茅盾研究的空窗期，许多茅盾研究者在这一时期转入资料收集、整理工作，这一时期的茅盾研究基本上没有取得任何突破。

六　1977 年至 1983 年 2 月

"文革"后，茅盾研究工作开始进入复兴期，茅盾研究逐渐成为中国现代文学研究领域里的一门学科，其发展之迅速、成果之卓越，令人瞩目。这一时期的茅盾研究带有重评性质，旨在清除"文化大革命"中对茅盾作品的错误评论，使茅盾研究重新步入正轨，其研究成果在质与量、广度与深度上都大有发展，不再局限于之前茅盾研究中对某部作品的评述性研究，研究方法、角度、观点、结论较从前表现出明显的发展更新。这一时期出版（或重版）的茅盾研究专著有 6 部，分别是 1979 年由长江文艺出版社增订重版的邵伯周的《茅盾的文学道路》、1979 年由上海文艺出版社增订重版的叶子铭的《论茅盾四十年的文学道路》、1980 年由百花文艺出版社出版的孙中田的《论茅盾的生活与创作》、1982 年由人民文学出版社出版的庄钟庆所著《茅盾的创作道路》、1982 年黑龙江人民出版社出版的侯成言编著的《茅盾》、1982 年浙江人民出版社出版的由林焕平所著的《茅盾在香港和桂林的文学成就》；茅盾研究资料的汇编书目有 1979 年 6 月山东大学中文系文史哲研究所资料室出版的《茅盾研究资料集》、1982 年北京文化艺术出版社出版的《忆茅公》、1983 年 1 月河南儿童出版社出版的金燕玉的《茅盾与儿童文学》、1983 年北京的中国社会科学出版社出版的孙中田和查国华主编的《茅盾研究资料》、1983 年 2 月浙江桐乡县文化馆编的《茅盾故乡的传说》；发表在这一阶段的茅盾研究的相关论文共 381 篇，这些论文表现出较之前茅盾研究不同的气质，主要表现在以下三个方面。

(一) 研究方法更新

这一时期的茅盾研究中已有学者使用文本分析和比较研究的方法展开研究，如学者乐黛云在此期间先后发表的茅盾研究文章《茅盾早期思想研究（1917—1926）》（载《现代文学研究丛刊》1979年第1期）、《〈蚀〉和〈子夜〉的比较分析》（载《文学评论》1981年第1期）和《茅盾的现实主义理论和艺术创新——为悼念茅盾同志逝世而作》）（载《中国现代文学研究丛刊》1981年第4期）等文中就是运用比较文学的研究方法展开的研究。《茅盾早期思想研究》是用影响研究的方法对茅盾思想里中外因素（尼采、泰纳、苏联文学、拜伦、中国传统文学等方面）的研究；《〈蚀〉和〈子夜〉的比较研究》是对《蚀》和《子夜》从创作背景、思想情感、艺术表现技巧等方面展开的比较分析；《茅盾的现实主义理论和艺术创新——为悼念茅盾同志逝世而作》则采用综合研究分析的方法，对茅盾的现实主义理论、艺术个性和创作特点、抒情象征和散文随笔作一综合性概述式研究。刘焕林的《论马克思主义对茅盾小说创作的影响》（载《广西师范大学学报》1983年第1期）的研究中也运用了比较文学的研究方法。

(二) 研究范围扩展

在这一时期对茅盾的研究，在研究范围上大有突破，从研究论文来看，茅盾研究不再囿于以往的茅盾创作评论，出现了文艺理论批评研究、典型人物提炼研究、作家作品评论、儿童文学创作研究、翻译研究、神话研究等等方面的研究成果。相关的研究成果有：曾广灿的《关于茅盾早期的一篇文艺论文——〈论无产阶级艺术〉》（载《破与立》1978年第4期）、庄钟庆的《茅盾的第一篇文学论文》（载《新文学史料》1980年第3期）、谢中征和刘伟林的《茅盾建国后的文艺批评》（载《华南师院学报》1981年第3期）、朱德发的《论茅盾"五卅"前后的无产阶级文学观》（载《中国现代文学研究丛刊》1982年第4期）和《茅盾与文学上的自然主义》（载《山东师大学报》1982年第5期）等文章是对茅盾文艺思想的研究；秦亢宗的《茅盾的〈风景谈〉》（载《教与学》1979年第3期）、叶子铭的《延安礼赞——读茅盾的散文〈风景谈〉》（载《语文学习》1979年第2期）、庄钟庆的《茅盾的〈雷雨前〉等三篇散文作于何时？》（载《文学评论》1979年第2期）是对茅盾散文展开的研究；

丁尔纲的《论茅盾小说的典型提炼》（载《中国现代文学研究丛刊》1981年第1期）和《把"左拉方式"和"托尔斯泰方式"结合起来——三论茅盾小说的典型提炼》（载《山东师院学报》1981年第3期）、赵耀堂和傅冰甲的《略论茅盾对农村题材的开拓及其他》（载《齐鲁学刊》1981年第3期）、王嘉良的《茅盾农村题材小说的独特价值》（载《浙江师范学院学报》1982年第3期）等文章是提炼出茅盾小说中的某一典型或题材进行的研究；丁茂远的《茅盾诗词简论》（载《浙江大学学报》1982年第2期）是对茅盾诗词创作的研究。

（三）研究不断深入

这一时期的茅盾研究在研究深度上大有进步，在对茅盾及其作品的重新评价之外，对于茅盾作品的不同观点和看法还出现了学术争鸣的情况，这些学者的论争使得茅盾研究不断深入。这些论争涉及如《蚀》三部曲以及对茅盾早期小说的评价、《子夜》中吴荪甫的形象、茅盾文艺思想与外国文学或文艺理论（进化论、自然主义、现实主义、俄苏文学）之间的影响关系等方面。比如关于《子夜》中吴荪甫形象的论争，罗宗义在《吴荪甫试论》中也对以往研究中只分析吴荪甫的反动性这一点提出批评，指出这一艺术典型具有两重性，吴荪甫同时还具有革命性，"在整个民族资产阶级已经依附于大地主大资产阶级的历史背景下，吴荪甫誓与帝国主义较量的民族自尊心，难道不是一种'革命性'的表现吗"[①]；乐黛云的《〈蚀〉和〈子夜〉的比较分析》就将吴荪甫视作反动资本家的观点进行反驳，她指出出自茅盾本人的解释（其解释并不完全切合实际）使得这一人物的性质变得复杂，"茅盾在创造吴荪甫这个人物时，决不是把他作为一个'反动工业资本家'来处理的。相反地，他是在塑造一个失败的英雄，一个主要不是由个人的事物而是历史和社会条件所必然造成的悲剧的主人公"[②]；陈诗经的《论吴荪甫》一文认为吴荪甫的法兰西资产阶级性格鲜明，他在同帝国主义的斗争中虽有动摇，但从未妥协，吴荪甫是具有进步性的，不能单凭其阶级标签对其做出错误的定位。

七 1983年3月至1990年

1983年3月，中国茅盾研究学会正式成立，学会以广泛联系茅盾研

[①] 罗宗义：《吴荪甫试论》，《中国现代文学研究丛刊》1980年第4期。
[②] 乐黛云：《〈蚀〉和〈子夜〉的比较分析》，《文学评论》1981年第1期。

究者及研究支持者为宗旨,对于促进茅盾研究的深入展开和研究成果的及时交流大有助益,标志着茅盾研究从零散研究变为集约式发展。这一时期的茅盾研究进入快速发展时期,百花齐放、百家争鸣,在研究方法、研究角度上多有创新和提高。

这一时期出版的茅盾研究专著繁多,大致可分为四类。

(一)综合性研究(共13部)

1983年6月天津百花文艺出版社出版的叶子铭著的《茅盾漫评》,1984年11月中国书法家协会浙江分会、浙江省桐乡县文化局编著的《茅盾笔名印集》,1985年2月湖南人民出版社出版的庄钟庆著的《茅盾史实发微》,1985年3月长江文艺出版社出版的查国华编著的《茅盾年谱》,1986年1月四川文艺出版社出版的庄钟庆著的《茅盾纪实》,1986年8月湖南文艺出版社出版的孔海珠和王尔龄著的《茅盾的早年生活》,1986年10月浙江文艺出版社出版的万树玉编著的《茅盾年谱》,1986年12月新疆人民出版社出版的陆维天著的《茅盾在新疆》,1986年11月湖南美术出版社出版的钱君匋编著的《茅盾印谱》,1987年1月四川人民出版社出版的邵伯周著的《茅盾评传》,1987年8月人民文学出版社出版的孙中田和李庆国著的《茅盾》,1988年10月上海文艺出版社出版的李广德著的《一代文豪:茅盾的一生》,1989年3月北京文物出版社出版的汪家荣著的《乌镇茅盾故居》。

(二)文艺思想研究(共5部)

1983年8月山东人民出版社出版由朱德发、阿岩、翟德耀编著的《茅盾前期文学思想散论》,1987年7月杨健民在湖南人民出版社出版的《论茅盾的早期文学思想》,1988年曹万生在四川社会科学院出版的两本专著《理性、社会、客体——茅盾艺术美学论稿》和《茅盾艺术美学初稿》,1990年11月上海文艺出版社出版的丁亚平著的《一个批评家的心路历程》。

(三)创作研究(共10部)

1983年3月青海人民出版社出版的丁尔纲著的《茅盾作品浅论》,1984年3月由广西人民出版社出版丁尔纲著的《茅盾散文欣赏》(该书1990年由广西教育出版社再版),1986年8月由河南文心出版社出版的钟桂松主编的《茅盾少年时代作文赏析》,1986年12月广西人民出版社出版的刘焕林、李琼仙编写的《茅盾短篇小说欣赏》，1987年3月由浙江文艺出版社出版的浙江省茅盾研究学会编《论茅盾的艺术创作》，1987年10月杭州大学出版社出版的钱诚一著《茅盾郁达夫夏衍研究》，1988年1月北方妇女儿童出版社出版的宋承圆编写的《少年茅盾作品译评》，1989年8月上海文艺出版社出版的王嘉良的《茅盾小说论》，1990年8月罗宗义的《回眸集》中也有关于茅盾的精彩研究论述，1990年12月上海文艺出版社出版的孙中田著的《〈子夜〉的艺术世界》。

（四）研究资料汇编（共7部）

1983年5月由中国社会科学出版社出版孙中田、查国华主编的《茅盾研究资料（上、中、下）》，1983年11月由湖南人民出版社出版全国茅盾研究学会主编的《茅盾研究论文选集（上、下）》，1984年3月嘉兴师专中文科茅盾研究小组编有《茅盾研究论文集》，1984年6月天津人民出版社出版的庄钟庆主编的《茅盾研究论集》，1985年7月福建人民出版社出版的由唐金海、孔海珠主编的《中国当代文学研究资料（茅盾专集）》。另外由李岫主编的《茅盾研究在国外》（长沙湖南人民出版社1984年版）和《茅盾比较研究论稿》（北岳文艺出版社1988年版）是对国外的茅盾研究资料的整理和汇编。

发表在这一时期的茅盾研究相关期刊论文有907篇，这一时期的研究成果大致可以分为三个方面。

第一，对茅盾文本（尤其是《子夜》）的重新解读。随着20世纪80年代末现代化文学思潮的汹涌而至，作为现实主义文学作品代表的茅盾小说在这一时期争议很大。一批茅盾研究者从茅盾的创作个性、审美特征和心理图式着手进行深入探讨，重点分析了茅盾的审美价值观里关于文学与政治、审美和功利、情感和理智之间的倾向和取舍，从而对其小说进行重新解读和评估。其中被讨论得最多的就是茅盾的《子夜》。这些学术成果中较具有代表性的有徐循华的《诱惑和困境——重读〈子夜〉》和《对中国现当代小说的一个形式考察——关于〈子夜〉模式》、蓝棣之的《一份高级形式的社会文件——重评〈子夜〉》、丁帆的《论茅盾早期创作的二元倾向》、王晓明的《一个引人深思的矛盾——论茅盾的小说创作》。

第二，关于吴荪甫形象的学术价值问题的讨论。以往的茅盾研究中，如王瑶、唐弢、邵伯周等人都将吴荪甫看作具有两面性的民族资本家形象，但在这一时期这一评价受到了质疑。如《茅盾研究》第一辑就刊登了两篇对此提出异议的文章：赵开泉在《试论吴荪甫的形象》中称人物吴荪甫是反动资本家的典型；冯镇魁的《一个具有法兰西资产阶级性格的资本家——对吴荪甫形象的再评价》中也对这一形象进行了重新解读。

第三，茅盾创作与象征主义的关系。王功亮、丁帆撰写的《论茅盾小说创作的象征色彩》一文，提出茅盾小说创作中运用象征主义手法和塑造象征主义形象问题，不仅认为《追求》是一部象征主义小说，而且茅盾早期小说中有许多"象征性人物"。李庆信对此持不同的见解，认为茅盾小说中象征主义只是一种修辞格（《小说的象征形态》，《四川文学》1991年第4期）在茅盾小说研究领域，既有对茅盾小说的美学特征、时代性、社会性、创作个性和艺术风格、历史贡献的宏观研究，也有对茅盾小说的具体作品及艺术手法、人物形象的塑造和具体人物的描绘、艺术构思与情结结构等的微观考察，除了对《蚀》《子夜》等茅盾的代表作品继续进行探讨外，许多论文的触角伸向了茅盾一些不很著名甚至有争议的小说，如《锻炼》《多角关系》《路》《三人行》《走上岗位》《少年印刷工》《野蔷薇》等。

总之，该时期的茅盾研究在新的时代及政治背景的眷顾下，无论研究方法还是研究视野的开拓均取得了长足的发展和巨大的成就。这种成就和发展使得茅盾研究不但具有量的绝对性同时也有了质的保证。该时期的研究已经越来越贴近于茅盾作品的质性，而不为政党意识形态马首是瞻，同时独特的社会和政治环境也给予了茅盾研究充足的驱动力。

八　1991年至2000年

这一时期的茅盾研究受到了来自外部环境（商品经济大潮）和内部发展的双重冲击，进入了低潮和曲折的研究阶段，表现出研究队伍流失、研究方法和文学理论滞后等等特点，各类茅盾研究著作、论文、研究资料和茅盾著作的出版，呈现全面锐减趋势，但同时因为茅盾研究者的坚守和努力，这一时期的茅盾研究仍有部分优秀研究成果得以出版或发表。

这一时期的学术专著中最值得一提的是美国学者陈幼石撰写的《茅盾〈蚀〉三部曲的历史分析》（社会科学文献出版社1993年版），该书共分为七章，分别是"从沈雁冰到茅盾：文学与政治的错综""牯岭之秋生活是如何演变成小说的"《幻灭》《动摇》《追求》"《野蔷薇》：革命者心理结构""集体意识——再塑'替天行道'传统"，该书以茅盾早期小说所涉及的社会和政治内容为切入点，对茅盾的小说文本进行深入细致地分析，指出《蚀》三部曲里的基本矛盾是美丽动人的理想（共产主义革命事业）和丑恶难堪的现实（革命事业未能实现它的目的）之间的矛盾。在该书中，作者试图把茅盾的早期作品里的叙事面和多重的含义之间，以及手法和意义之间的辩证关系尽可能地揭示出来，明白地展示给读者。同时期的茅盾研究优秀成果还有党秀成的《〈子夜〉的人物和艺术世界》（陕西人民教育出版社1993年版）、林非主编的《茅盾名作欣赏》、丁尔纲的《茅盾序跋集》（生活·读书·新知三联书店1994年版）、史瑶的《论茅盾的小说艺术》（厦门大学出版社1995年版）。

九　2001年至今

进入新时期以来，茅盾研究又开始蓬勃发展起来。据统计，自2001年以来，出版的茅盾专著有26部，发表在这一时期的茅盾研究相关期刊论文有7526篇。专著中以钟桂松的研究成果最为突出，他在这一时期就出版了9部专著，主要是对茅盾生平展开的研究。在这一时期出版的专著中，关于茅盾生平的研究就有17部［丁尔纲和李庶长的《茅盾人格》、桑逢康的《大家茅盾》、商昌宝的《茅盾先生晚年》、孙中田的《图本茅盾传》、叶子铭的《梦回星移——茅盾晚年的生活见闻》、翟德耀的《走近茅盾》、郑彭年的《文学巨匠茅盾》、余连祥的《逃墨馆主——茅盾传》、蔡震的《霜叶红于二月花：茅盾的女性世界》、钟桂松的8部专著《茅盾的青少年时代》《茅盾和他的女儿》《茅盾评传》《茅盾散论》《茅盾书话》《延安四年（1942—1945）》《悠悠岁月——茅盾和共和国领袖交往实录》《性情与担当——茅盾的矛盾人生》］，研究茅盾文艺思想的有3部（李标晶的《茅盾文艺思想初稿》、郑楚的《茅盾丁玲与新中国主潮》、周景雷的《茅盾和中国现代文学》），研究茅盾创作的有5部（丁尔纲的《茅盾作品精选》、阎浩岗主编的《中国现代小说研究概览》和《中国现代小说史论》、翟德耀的《走近茅盾》、陈桂良的《茅盾写作艺术论》，对茅盾研究史的研究有两部（钟桂松的《二十世纪茅盾研究史》、龚景深《二十世纪茅盾研究目录汇编》）。

这一时期的茅盾研究不但数量繁多、成果显著，较之以前，研究范围扩大，研究方法和理论更新，研究结论也有了新的突破。大体来说，这一时期的茅盾研究主要集中在以下几个方面。

(一) 生平和思想研究方面

在这方面的研究中成果最突出的当属钟桂松，他在这一时期出版了8部相关作品，内容涉及茅盾生活的各个时期以及他与家人及国家领导人的相处经历，资料翔实，论述清晰。论文方面，这一时期发表的关于茅盾生平的研究成果也是成绩卓越，《茅盾研究——第七届年会论文集》《茅盾研究》第八辑、第九辑，共发表这方面的文章近50篇。其他国内学术刊物上发表的论文数量更是繁杂。这些论文从不同侧面入手，对茅盾的生平和思想问题进行了深入探讨。一些论文系统地阐述了茅盾的哲学观、科学观、文艺观，一些论文则对茅盾的脱党问题以及私生活等大家曾一度感到迷惑的问题做出了全新的结论，另外一些论文则涉及茅盾生活的其他许多方面以及与茅盾相关的人士，披露了不少新的资料。

(二) 创作研究方面

新时期对茅盾的创作历程和创作特点都投入了极大的精力进行细致的梳理和研究，有的论文从宏观的角度论述了茅盾创作的总特征，如王嘉良所发表的系列论文，全面而深入地讨论了茅盾的现实主义特征；有的论文是针对具体作品而发的，如王中忱的《论〈子夜〉的'新写实叙事'特征》和李玲的《易性冲动与男性立场——〈蚀〉与〈野蔷薇〉中的性别意识》，运用性别诗学、女性主义批评、叙事学等新的理论来分析茅盾小说中的女性描写，令人耳目一新。版本学历来是古代文献研究的重要手段，现代文学研究使用不多。但近来也有一些论文开始对《子夜》的版本进行认真而有成效的考察，如朱金顺的《〈子夜〉版本探微》、金宏宇的《〈子夜〉：版本变迁与版本本性》等。这些研究根底扎实、研究深入，对于茅盾作品的分析和探讨鞭辟入里，其中多有新的结论和见解。

(三) 文艺思想方面

这方面的研究中最具有代表性的学者及作品是刘焕林的《封闭与开放——茅盾小说艺术论》。这是作者继《茅盾短篇小说欣赏》之后又一部茅盾研究专著，包括上、中、下三篇，分别对茅盾的短篇小说、茅盾对古典小说及传统表现手法的继承与发展、茅盾为外国文学的借鉴和创新等问题作了较为具体、深入的阐述。这一时期曹万生将自己于1988年出版的专著《茅盾艺术美学》进行修订，2004年10月重版。论文方面的相关成果也不少，主要集中在两个方面：一是对茅盾和胡风的文艺观进行比较，如武新军的《国统区两种现实主义理论形态之比较——对胡风、茅盾文艺观差异的历时考察》、陈晨的《茅盾胡风现实主义文艺思想异同论》；二是对茅盾的创作论\作家论以及茅盾的学术活动进行研究，如《茅盾研究》第八辑刊登的吴国群的《第三种话语：茅盾的作家作品论》、傅华的《茅盾对公式化概念化创作倾向的批评》、徐改平的《也谈茅盾与革命文学论争》、陈福康的《茅盾对"五四"文学运动的最初总结》、张衍芸发表在《茅盾研究》第十辑的《茅盾30年代作家论的文学批评魅力和意义》等，都是这一类的研究。

（四）茅盾与外国文学

运用比较文学的研究方法对茅盾、茅盾作品、茅盾文艺思想进行研究是这一时期茅盾研究中的一大特点，相关的研究成果也很多。如陈晓兰的《文学中的巴黎与上海——以左拉和茅盾为例》，这是作者的博士毕业论文，后经修改在2006年由广西师范大学出版社出版，该书将左拉所书写的巴黎和茅盾所书写的上海进行比较研究，分析他们在人格气质、城市表现、对现代化的理解和期待等方面的相同与差异。再如胡景敏的论文《茅盾与俄国现实主义》、陈晓兰的《从左拉的〈金钱〉到茅盾〈子夜〉看文学接受中的变形》、吴力力的《浅谈〈金钱〉对〈子夜〉的"影响"》、黄彩文的《茅盾与萧伯纳》和《茅盾和司克特及其他》等，都是运用比较文学的方法进行茅盾研究的优秀成果。

（五）茅盾的编辑工作

对茅盾的编辑工作的研究是这一时期的茅盾研究的热点之一，相关研究中成果突出的是学者李频，他曾于1995年出版了专著《编辑家茅盾评传》，此后的相关研究成果也陆续发表。这一时期《茅盾研究》还曾开辟专栏刊登这一方向的研究成果，发表的优秀成果有翟德耀的《锐意创新 独树一帜——茅盾早期的现代编辑意识》、段百玲的《茅盾——卓越的报告文学编辑家》、吕旭龙的《从〈笔谈〉看茅盾的编辑个性》、高东可的《茅盾前期的期刊编辑活动研究》、陈桂良的《论读者意识在主体写作与编辑工作中的作用——〈小说月报〉的改革研究》等。

（六）茅盾研究史的研究

茅盾研究至今已逾80年，已有大批学者对茅盾研究史投以关注的目光，相关研究中成果最为卓越的是钟桂松，他于2001年出版了自己的专著《二十世纪茅盾研究史》，这是第一部全面回顾20世纪茅盾研究史的著作，该书对20世纪70多年的茅盾研究分七个阶段进行全面细致的梳理和分析，资料翔实，见解独到。相关研究著作中龚景兴主编的《二十世纪茅盾研究目录汇编》，以目录形式将茅盾研究成果进行汇编，以便研究者进行查阅。同一时期还有茅盾研究综述的期刊论文发表，如李标晶的《新时期以来浙江省茅盾研究书评》、田宝剑的《茅盾文艺理论批评研究综述》、钱振纲和陈芬尧的《本世纪以来茅盾研究综述》、沈冬芬的《近六七年来茅盾研究（论著部分）述评》等。

第二节 国内与英语世界中的茅盾研究之异同

受研究者在文化背景、知识结构、学术传统等方面存在的差异影响，中国学术界的茅盾研究和英语世界的茅盾研究，在研究对象、研究方法、研究理论、研究结论等方面都自有其特点，但我们必须看到，在全球化文化交流日益深入的今天，英语世界中的茅盾研究和中国学术界的茅盾在彼此相异之外又有相通之处，如在研究方法上都用到了比较文学的研究方法，在研究对象上都对茅盾的小说投以极大的兴趣。对国内外的茅盾研究进行比较，目的是在对二者同与异的梳理中建立起中西方研究对话的桥梁，使国内外的茅盾研究在交流中互通有无，在争鸣中激发思维的火花，在互动中开拓新的研究领域。

一 研究对象

(一) 对茅盾生平的研究

英语世界的学者并不十分热衷于对茅盾生平的探究，对于他们的研究而言，茅盾生平只在他们研究具体某部茅盾作品时才有提及的价值，且只作为作品的创作背景和社会时代背景的一部分被简要提及。英语世界的茅盾研究发展至今，只有斯洛伐克学者高利克一人对此展开过相关研究，研究涉及茅盾的笔名、茅盾的工作经历、他本人与茅盾的渊源这三个方面。而国内对于茅盾生平较为看重，相关研究成果层出不穷，其中最突出的应属丁尔纲和钟桂松：丁尔纲撰写的《茅盾翰墨人生八十秋》共分为十章，对读书人茅盾数十年的经历和读书原则进行研究，总结出茅盾读书生涯中"知行统一""博古通今、溯本穷源""读写结合""读书育人相合"等读书信条；钟桂松对茅盾生平的研究涉及方方面面，从茅盾的青少年时期到茅盾在延安的经历，从茅盾与家人的日常到茅盾与同时代的作家、共和国领袖的交往，钟桂松都展开了详细的研究。

（二）对茅盾作品的研究

与茅盾的其他作品相比，茅盾的小说显然更受英语世界的研究者们的青睐，英语世界对茅盾作品展开的研究全部集中在茅盾的小说上，其中又以茅盾小说中较为有名的篇目为多，如《蚀》《子夜》《虹》等，尤其是茅盾早期创作的小说，在英语世界的茅盾研究中所占比例很大。如博宁豪森的《茅盾早期小说里的现实主义立场和风格》、陈幼石的《〈牯岭之秋〉与茅盾小说中政治隐喻的运用》和《茅盾和〈野蔷薇〉：革命责任的心理研究》。对茅盾长篇小说的研究多集中在《子夜》和《虹》这两部作品，如王德威的《写实主义小说的虚构：茅盾、老舍、沈从文》就是以《蚀》和《虹》为例探讨茅盾的历史观，吴德安的《中国小说形式的演变》中对茅盾小说结构的研究就是以《子夜》为研究对象展开的。国内的茅盾研究至今已逾 80 年，对于茅盾作品的研究同样是茅盾研究的主要方面，但在研究对象的选择上，国内的研究明显要更广泛一些。茅盾的小说同样是茅盾作品研究的重头戏，对于如《子夜》《虹》《蚀》等著名的茅盾作品展开研究的优秀成果频出，但国内的研究已经开始注意挖掘茅盾一些不很著名甚至存在争议的小说作为研究对象，如《锻炼》《多角关系》《路》《三人行》《走上岗位》《少年印刷工》等，如萧新如的《谈茅盾的〈多角关系〉》、万树玉的《浅谈〈锻炼〉的思想艺术成就》。同时，国内对茅盾作品的研究还涉及茅盾的散文、戏剧、杂文、诗词、书法、编辑，如陈平原的《〈清明前后〉——小说化的戏剧》、查国华的《论茅盾杂文的思想与艺术》、丁茂远的《茅盾诗词鉴赏》、李频的《编辑家茅盾评传》等等。

（三）对茅盾文艺思想的研究

英语世界对茅盾文艺思想进行研究的学者并不多，其中影响较大的学者有文森特、高利克和沈迈衡三人。文森特对茅盾文艺思想的研究中涉及茅盾的文艺评论文章共 11 篇［《〈小说月报〉改革宣言》《一九一八年之学生》《社会背景与创造》《自然主义与中国现代小说》《文学与人生》《学生杂志》（载于 1920 年 9 月）、《新文学研究者的责任与努力》《什么是文学》《大转变时期何时来呢?》《杂感》（载于《文学周报》1923年12月）、《文学与政治社会》]；高利克的研究涉及茅盾的文艺批评文章24篇［《文学和人的关系及中国古来对文学者身份的误认》《近代文学体系的研究》《新文学研究者的责任和努力》《评四五六月的创作》《文学家的责任》《文学家的环境》《文学与生活》《社会背景与创作》《文学与政治社会》《现在文学家的责任是什么》《尼采的学说》《自治运动与社会革命》《小说新潮栏宣言》《我们现在可以提倡表象主义的文学么?》《什么是文学》《杂志》《青年的疲惫》《杂感》《苏维埃俄罗斯革命诗人》《欧洲大战与文学》《西洋文学通论》《我们这文坛》（1933年）《"大转变时期"何时来呢?》《论无产阶级与艺术》]；沈迈衡的研究主要是针对茅盾的《夜读偶记》展开。国内的茅盾文艺思想研究所涉及的范围显然要广泛得多，研究中涉及的茅盾的文艺批评文章数不胜数，成绩斐然，研究中涉及茅盾的文艺美学思想、创作论、神话研究思想、儿童文学思想、翻译思想等诸多方面，表现出一派繁荣景象。

二　研究方法

在研究方法上，国内的茅盾研究中运用的研究方法十分繁杂，既有运用结构主义理论解读茅盾作品形式规律的，也有运用心理分析的方法对作家内心隐秘和读者审美心理进行深入发掘的，还有运用形式主义批评方法对茅盾的作品语言及自身美学结构展开细致研究的，更有运用"美学—历史"批评法对茅盾、茅盾作品与社会环境之间的复杂关系进行论述的。大体而言，英语世界中的茅盾研究与国内茅盾研究相比，更侧重于文本细读法、比较文学研究方法、女性主义研究方法的使用。

以陈幼石在《茅盾与〈野蔷薇〉：革命责任的心理研究》研究为例，陈幼石在文中对茅盾的短篇小说集《野蔷薇》进行了细致的文本解读，主要从人物的个人心理障碍和革命意识的关系着手，捕捉小说文本中的细微差别。她从茅盾为《野蔷薇》所作导言开始进入文本分析，从中提出四个茅盾的观点：第一，人物的心理变化受其道德意蕴影响；第二，小说是关于人物命运的抉择和取舍，因此基调是阴郁痛苦的；第三，《野蔷薇》是茅盾对革命道路上不同人物不同选择的叙述，茅盾本人是支持积极面对革命的；第四，抓住现实是茅盾所找出的应对之策。在分析得出这四个结论之后，陈幼石便一一对小说的五个文本展开细腻的分析和论述。经她对文本的细致分析后指出：《自杀》是沉湎往昔无法面对环境变化最终导致悲剧的故事；《一个女性》由于主角有了反抗因而结局较为改善；《昙》的主角面对压迫奋起反抗终于迎来新生；《创造》的主角也在脱离过往后焕然一新了；《诗与散文》则以新女性的未来替代了压抑的社会。陈幼石将《野蔷薇》中的五个故事解读为某一时期人物不同选择而导致不同的结局，将故事总体作为茅盾探讨革命道路的尝试与体现，这一结论的得出都是在她在文本细读的基础上得出的。

又如澳大利亚学者杜博妮的研究。杜博妮的文章《五四叙述中消失的女性和男性：对茅盾、冰心、凌淑华和沈从文短篇小说的后女性主义调查》是她用女性主义文学批评的研究方法展开的研究。杜博妮的研究同样是以茅盾的短篇小说集《野蔷薇》为研究文本，但所使用的研究方法与陈幼石不同。杜博妮以"消失的女性"为研究切入点，她指出"消失的女性"是女性主义研究批评中最常用的研究策略之一。"消失的女性"指在小说中占重要作用的女性人物形象，这一人物经常会消失在叙述中，而她在死了或在消失后会遭受巨大的痛苦，同时故事里的男性人物往往与这一女性的死亡或遭受相关，他也会因她的消失遭受痛苦，二者只有程度上的区别。在具体研究中，杜博妮对《野蔷薇》中的五个短篇小说分而述之，以"消失的女性"为研究点展开研究，她指出：《创造》中丈夫君实才是故事所着意要表现的主角，是隐藏得更深的叙事；《自杀》主要关注的是男性主导革命下的成功性，环小姐代表了那些基于主观因素（如浪漫的爱或缺乏勇气）参加革命的人；《一个女性》里主要暗示了革命是由男性所主导的，女主人公琼华就代表了那些当革命从成功转向失败的时候其技能不足以应对环境的变化的战略家；《诗与散文》中的男主角代表了因为犹豫不决而损害革命事业的因素；《昙》是作者对现实的革命战略的探讨，指出应实行搁置不能解决的问题、替换以有助于革命的策略。杜博妮的研究是将茅盾的作品视作他对革命失败原因和未来的探索的表现，认为整部作品都是茅盾用以表现1927年大革命失败后的各个方面的缺点的，而她的研究结论的得出正是通过女性主义文学批评的研究方法（DW\M分析法）得出的。

三　研究内容

总的来说，英语世界的学者在对茅盾小说作品的研究中，虽研究方法和研究对象各有侧重,但他们的研究大体可以归类为以下四个方面。

(一) 茅盾作品的现实性和时事性

作为杰出的现实主义作家,茅盾的作品大多都与现实联系紧密,通过这种联系鲜明生动地反映了中国的社会现实和中国人民的生活,从而揭示生活的某些本质方面。而这一点被国外的茅盾研究者牢牢抓住,作了不少相关的研究。如普实克的研究中就着重分析了茅盾小说的史诗性与抒情性,指出茅盾的小说在现实捕捉和传达方面具有时事性、客观性、形象性三大特征,而经普实克分析得出,表现茅盾小说时代特征中表现的最明显的就是茅盾流露在作品中的悲剧感、主观主义和典型性。又如王德威在《写实主义小说的虚构:茅盾、老舍、沈从文》一书中对茅盾小说创作的现实性和虚构性进行了研究,他指出茅盾创作历史小说(即现实小说)的行为,虽基于传抄历史的理念,但其创作目的是反抗由国民党所诠释的"正史"的行为,其创作可以视为一个政治事件,茅盾在拼接碎裂的过去使之成为小说的过程中,融入了不可忽视的意识形态,茅盾对忠实传抄历史的动机与小说本身的虚构性之间存在矛盾。

(二) 对茅盾作品中的某类人物形象展开研究

茅盾的小说创作中,塑造了许多栩栩如生、令人难忘的经典形象,许多外文译本的短篇小说集都以茅盾笔下的典型人物作封面,这些生动的艺术形象和作家的名字一样深深印在世界读者的心中,早已跻入世界文学的人物画廊。但国外的人物研究并不是针对某一具体人物形象进行,而是对茅盾作品中的某一类人物进行研究,且多集中在女性形象方面。以冯进的研究为例,冯进在《从"女学生"到"妇女革命者":五四时期中国小说中的消逝的女性代表》中对茅盾作品中的女性形象展开了研究,他在研究中指出茅盾所塑造的女性形象都是为男性叙事服务的,女性革命者是他表达个人忧虑和传递革命信息的工具,而茅盾这一策略是源自中国古典诗词中对"弃妇"形象的使用。茅盾在小说中所刻画的人物是为表现某种意识形态和特定的集体意识而设计的,他着意叙述的重点在于表达作者对动荡时代里集体意识的密切观察,而非某个人物的情感表露。茅盾小说中的所有女性形象可以归结为两类,即端庄的、符合传统审美的女性形象和性感的、西式的叛逆的女性形象,作者通过对这两类女性形象的描写以促进男性主观建设、表现男性角色的心理和情感。又如陈幼石的《〈牡岭之秋〉与茅盾小说中的政治隐喻的运用》一文中对茅盾作品中的"女子"形象进行研究，指出这一类人物象征着中国共产党领导集团里政治立场彼此冲突的不同派别，以及追随共产国际政策的一类人。

（三）社会主义现实主义/革命现实主义

许多国外评论一致指出茅盾的短篇创作早已脱离了批判现实主义的窠臼，应当属社会主义现实主义或称之为革命现实主义的范畴。他们在评论中，把茅盾分割成政治家的茅盾和文学家的茅盾来看待。他们认为，作为政治家的茅盾，他是一个革命者，是一个共产党员，他的作品中有一种秘而不宣的政治意图；而作为文学家的茅盾，是个敏锐工作的观察家，具有独立的精神和正直的品格。二者是矛盾的，而这一点之间表现在茅盾早期小说创作中存在的中心矛盾。以博宁豪森的研究为例，博宁豪森在《茅盾早期小说中的中心矛盾》一文中将研究中心集中于茅盾早期小说中故事人物献身革命和追求自我实现之间的冲突，并指出这是贯穿茅盾早期小说创作始终的中心矛盾，同时他从"1927年大革命失败以后的幻灭""动荡的时代和个人的不安感""恋爱、妇女解放和个人完善""现实主义和客观现实"四个方面对这一中心矛盾进行论述。博宁豪森指出，茅盾本人的作者身份和革命家身份之间存在有革命理想和现实生活的冲突问题。茅盾的小说创作始于他对革命失败的幻灭，他是用小说来承载他在大革命失败后极度紧张和失望的心理情感的；但作为作家的茅盾，致力于在创作中描绘社会生活的真实图景，因此他早期小说中的人物都执着于革命理想的光明，都表现出独立的精神和正直的品格。

（四）茅盾的短篇小说与中外古典文学的渊源

除苏联、保加利亚、匈牙利等国的评论指出茅盾从俄罗斯古典文学汲取营养外，捷克的评论较多地分析了茅盾的小说与中国古典文学的继承性，在好几篇文章中，捷克的学者都提到茅盾继承了吴敬梓一派的传统。以普实克的研究为例。普实克在论文中细致地讨论了茅盾对中国传统文学的继承和创新，他指出茅盾的创作方法较之传统古典小说的叙事手法已有革新，茅盾在创作中选择叙述视角的不断变化来追求个人经历叙述的客观真实，从而将批判小说推向了新的高度，是对人生诸相进行揭露批判的剖析式小说叙述方式的又一次推进，这是茅盾在继承中不断革新的结果；茅盾小说中所描绘的人生百相，与吴敬梓的社会谴责小说有相通之处，而茅盾小说里将现实和人物情感相对照、以人物视角表现生活的创作手法，是继承自中国旧文学的创作传统，另外茅盾作品中人物"典型化"的特点是茅盾在有意识的与中国传统文学拉开距离。又如王德威在《现实主义叙述的逼真性：茅盾和老舍的早期小说研究》中对茅盾小说中的历史话语的探讨中，就对中国古典小说对茅盾小说史学话语的影响作了深入的论述。他指出：茅盾对同时代事件的叙述继承自中国古典小说的"逼真"惯例，即给行为赋予意义、强调其认知的历史真实性；茅盾的创作同时还受到晚清谴责小说的影响，将叙述视角从遥远的历史事件转移至新近发生的事情之上；另外，茅盾在小说创作中试图将所有公共和私人行为都归纳为阶级斗争的首要条件，这其中所表现出的严格的道德机制控制都是受中国传统历史话语影响的。冯进的博士毕业论文《从"女学生"到"妇女革命者"：五四时期中国小说的消失的女性代表》中论及茅盾小说中的两类女性形象（端庄内敛的女性和狂放叛逆的女性）时也提及，这种人物设置与鸳鸯蝴蝶派小说的做法十分接近。探讨茅盾和外国文学的渊源的论文同样也有很多，高利克的《中西关系的里程碑》一书中就对茅盾小说中的外国因素影响进行了研究和论述，安敏成的《现实主义的限制：革命时期的小说》对现实主义在茅盾作品中的具体体现进行了详细地分析和探讨，而吴茂生的研究则论述了俄国文学对茅盾创作的影响。

国内的茅盾研究，所侧重的研究领域则主要集中于以下四个方面。

（一）茅盾小说的革命性与政治性

茅盾早年的革命生涯，对他一生的文学活动与创作个性，都产生深刻且巨大的影响。这种影响，不仅表现在他的政治信仰、社会伦理观与审美观上，也表现在他的文学创作、文学批评与翻译活动上。这是茅盾区别于同时代作家的一个十分突出的特点。茅盾逝世之后，他党员身份被追认以及胡耀邦所做的讲话都廓清了茅盾研究道路上的迷雾。国内学者对茅盾作品的解读和分析中，多基于茅盾革命者和中国共产党党员的身份而对他作品中的革命性与政治性展开研究。早在茅盾第一部小说《蚀》创作出来开始，对于茅盾作品的革命性的讨论就已经是茅盾作品研究的热点了。

（二）茅盾与外国文学

茅盾在商务出版社工作期间，曾大量翻译和介绍外国文学作品给中国读者。这一时期的工作经历使得茅盾接触了阅读了大量的外国文学作品，在茅盾具体的创作中也处处可以寻得这些外国文学的痕迹。国内的茅盾研究对于茅盾和外国文学的比较研究中有着很多优秀的研究成果，这些研究或对茅盾小说创作和文艺思想中的外国因素进行分析，或将茅盾与国外的作品进行比较，又或是对茅盾对外国文学、文艺思想进行的论述展开研究。

（三）茅盾生平

了解茅盾的人生经历，对于了解茅盾思想的形成、小说创作都大有裨益。因为国内的茅盾研究中常有对茅盾生平展开研究的成果出现，这些成果提供了许多茅盾研究的新材料。

（四）对具体人物形象展开研究

不同于英语世界中的茅盾研究中对茅盾作品中某一类人物的研究，国内的研究多是对茅盾小说中具体的某一人物形象进行分析，但不是对这一人物的性格特征进行研究，而是对某一典型人物所象征的人物类别进行探讨。如 20 世纪 80 年代对吴荪甫形象的讨论就集中在他作为民族资本家是有具有两面性这点上展开。

概言之，中外的茅盾研究，在研究方法、研究角度、研究结论上互有值得借鉴之处。尽管近年来国内与国外茅盾研究界的交流已有加强，但大部分的国内研究者及普遍读者对于英语世界中的茅盾研究情况并不十分清楚，同时国内的茅盾研究成果也很少译介到国外。事实上，加深中外茅盾研究的相互交流，对于研究范式的创新及研究视野的拓宽大有裨益。国内外的茅盾研究者应积极参与到国际茅盾研究的交流工作中，以期快速、准确、及时地把握到茅盾研究的最新研究动态，借鉴研究成果，相互交流研究心得和成果，开阔研究视野，丰富研究内容，以期拓宽茅盾研究的广度与深度。

结　语

19世纪末西方列强的坚船利炮，震痛了国人的灵魂，知识分子在民族危亡的危急关头对自身文化进行的反思中，重新开启了中外文化传播交流的大门，加大程度学习西方的思想、文化、科学、技术等一切值得学习的知识，"西学东渐"的思潮渐渐席卷神州大地。茅盾就是降生自这样的环境下。茅盾的父亲沈勇熙16岁就中了秀才，是思想进步的"维新派"，母亲陈爱珠同样也是一位受过教育的贤妻良母式女性。沈勇熙不满于私塾教材的陈旧，决定和妻子陈爱珠一起亲自教导茅盾的学习，茅盾从小就接受新式教育，思想较之同期人更为开放。1916年，茅盾自北京大学预科毕业之后就进入商务印书馆工作，从1920年开始翻译介绍各国的短篇小说和戏剧作品，接触了大量的西方思想、理论及著作，同时还着手对《小说月报》进行全面革新，这一时期的学习和工作经历对茅盾日后文艺观的形成和文学创作都大有影响。1927年，在南昌起义失败的压抑情绪下，茅盾创作了第一部小说《幻灭》，此后又接连创作了《动摇》《追求》《虹》《子夜》《路》《三人行》《野蔷薇》《林家铺子》等一批优秀的小说作品，茅盾及其作品正式进入学者的研究视野。对作为作家的茅盾的研究始于1928年2月，《清华周刊》第29卷第2期上刊登了白辉的评论文章《近来的几篇小说》，文章的第一节正是对茅盾写作的《幻灭》的评论。此后便陆续有对茅盾作品的研究文章发表，其间还有过几次关于茅盾的论争。1983年中国茅盾研究会成立，标识着茅盾研究已步入成熟阶段。

茅盾作品的优秀性不仅引起了国内学者和批判家的研究兴趣，国外学者也对其作品投注以兴趣的目光。自1932年起，茅盾的小说就被陆续翻译成外文介绍至国外，随后对茅盾及其作品的研究成果开始不断出现。

1936年埃德加·斯诺在《活的中国》一书的编者序言中对茅盾作了简要评述，称茅盾为"中国最知名的长篇小说家""中国当代最杰出的小说家"，算是最早的对茅盾进行研究评述的英语世界中的学者了。但英语世界中的茅盾研究的兴起得是在20世纪50年代以后，斯洛伐克学者高利克、美国学者陈幼石、文森特、陈苏珊先后发表关于茅盾小说、思想发展、文艺批评观点、茅盾笔名等方面的研究文章，尤其是20世纪80年代后，茅盾及其作品已成为英语世界高校研究中国现当代文学的热门选题，出现了一批高质量的以茅盾及其作品为研究对象的博士论文。进入21世纪以来，英语世界中的茅盾研究仍未消减，相关研究成果持续发表。

就西方学术界对茅盾的整体研究而言，经历了从20世纪50—70年代的注重茅盾生平、批评思想、思想发展以及作品主题的研究阶段，到80年代对茅盾作品中的写作风格以及作品中社会主义、现实主义、现代主义、自然主义等因素的探讨，到90年代对茅盾作品中的女性形象的分析，直至新时期的将茅盾作品纳入某一研究视角的接受批评研究的研究阶段。在西方文学理论的背景下，对茅盾其人其作品的研究正围绕不同主题从各个视角展开。英语世界的学者对茅盾及其作品的研究，与国内的茅盾研究相比，有如下特点。

第一，对茅盾文本的细致解读。西方学者对茅盾的研究大多立足茅盾作品本身，借助西方的文学批评理论对茅盾作品（多为小说）进行阐释分析，且研究过程中往往结合西方人的审美心态对茅盾作品进行解读。英语世界的茅盾研究尤其关注文本，基于对小说文本本身的深度解读，结合以西方文学理论的阐发，西方学者往往能独辟蹊径从新的角度对茅盾的作品进行深入思考和分析解读，这也是中国本土学者在习以为常的接受过程中不以为意的疏忽之处。西方学者在国内学者习焉不察之处往往能提出新颖的观点，如博宁豪森在《茅盾早期小说中的中心矛盾》一文中，立足茅盾早期小说文本的研究，通过对作品中资产阶级青年生活和心理的分析，指出理解茅盾早期小说和人物的关键在于探知作品中献身革命和追求个人完善之间的冲突，他所提出的"茅盾小说中的中心矛盾"这一命题对后人进行茅盾研究具有极大的启示性。另有美国学者陈幼石对茅盾在《几句旧话》和《牯岭之秋》中所提及的几名女子的分析，从茅盾本人的经历与小说中情节的契合之处入手，分析得出这几名女子正是共产国际在革命中的作用的象征，再进一步对《牯岭之秋》中政治隐喻进行分析。

由此可见西方学者对茅盾作品的解读之细致之入微，西方学者对茅盾文本的细读式的研究方法对国内学者研究茅盾无疑具有借鉴作用。

第二，对茅盾作品的影响研究。在20世纪80年代英语世界对茅盾及其作品的研究成果中，出现了大批量的梳理茅盾作品中的外来因素和中国传统文化因素的文章，西方学者对茅盾创作中所表现出的风格、主题、写作特点等因素进行追根溯源的探讨。比如捷克汉学家普实克在其论文集《抒情与史诗》中对茅盾的分析就是此类研究的优秀成果，普实克在总结了茅盾作品的时事性、客观性、形象性三大特点之后，将茅盾小说与中国传统文学、外国文学进行细致比较，分析茅盾对其的继承和革新。又如普实克的学生、斯洛伐克汉学家高利克的对茅盾的研究，高利克在《中西文学关系的里程碑（1898—1979）》一书就以茅盾作品为研究文本，分析在茅盾创作过程中对左拉、托尔斯泰、维特主义和北欧神话等因素的扬弃，最后得出茅盾对西方文学家、文学理论、文学作品的接受并不取决于其价值，而是根据自己及创作的需要对其吸收和变形的结论。再如学者吴茂生通过对茅盾早期作品中人物的分析研究，探讨俄国文学及俄国作家如安德烈耶夫、托尔斯泰、路卜洵等人对茅盾创作的影响。西方学者与茅盾作品的渊源探讨，与国内学者茅盾研究的视角极为不同，了解西方学者的研究，对我们更好地理解茅盾及其作品是有助益的。

第三，经由不同的研究视角所得出的不同结论。受文化背景、知识结构、文学理论等因素的影响，西方学者在研究茅盾时往往采用与国内茅盾研究者不同的研究视角，所以每有新见。比如国内学者多认为茅盾作品中的新女性形象是作为妇女解放运动倡导者的茅盾所描绘出的革命理想形象，茅盾小说中对女性论述的偏好恰是茅盾以通过细致描述妇女的艰难处境和面临的挑战来声援女性运动。但多数西方学者并不赞同此观点。夏志清认为茅盾作品中的女性叙述只是披着女性外皮的男性话语，通过茅盾对女性在面临国家动荡时"被动"反应的描写，可以得出茅盾在面临政治革命这一情境时自动认可男性中心视角这一结论。王德威指出，茅盾在创作中使用的性别反串的手法，并非以女性主义的角度为女性发声，可能只是在国民党的高压审查之下的机敏权变之计，事实上茅盾对女性运动抱有模糊暧昧的态度，甚至是厌恶的态度。卢敏华指出，在茅盾的叙述话语中，女性解放后的出路在于消除其女性特质革命，这种所谓的与男性性别一致的平等是有缺陷的，是以男性的标准和价值观作为女性所要符合的规范，而掩盖在爱国主义下的解放女性的革命出路，恰是民族主义对女性的压制。这些与国内学者迥异的结论正是基于不同的研究视角而得出的，同样对我们从多个角度理解茅盾作品大有帮助。

第四，运用西方文学批评理论和批评方法进行研究。西方汉学家在研究中更多地运用西方文学批评论对茅盾作品进行研究和阐释，如王德威在《写实小说的虚构：茅盾小说中的历史观和政治学》对茅盾作品中都市、乡村、市镇三个空间的研究、吴德安在《中国小说形式的演变》中对茅盾的结构理论和实践的研究都是如此。近年来已有中国学者运用西方文学批评理论和批评方法对茅盾及其作品进行研究，但西方汉学家的研究成果对于国内的茅盾研究仍有借鉴作用。

第五，通过极为细致严谨的考证得出研究结论。以高利克的《茅盾先生笔名考》为例，高利克在大量阅读整理茅盾作品、刊登过茅盾文章的杂志期刊、茅盾所工作过的杂志社的资料后，对茅盾所可能使用过的笔名进行仔细的考证分析，最后整理出三类（已经确认的、新发现的、尚存在疑问的）茅盾可能使用过的笔名共计73个，疑为茅盾所做的文章共计162篇，并将笔稿寄予茅盾先生进行核对。高利克对茅盾笔名的考证研究，对于整理研究茅盾先生生平及其作品大有裨益，有助于学者更全面地研究茅盾的文艺思想。

当然，英语世界中的茅盾研究也存在不足之处。比如英语世界对茅盾的研究因为研究资料、研究兴趣的限制表现出研究范围狭窄的特点。英语世界中的茅盾研究多集中于对茅盾小说中的主题思想、艺术风格和人物形象方面，另有小部分的茅盾文艺思想研究，但对于茅盾生平、茅盾的散文、戏剧、童话、神话理论、国学研究等方面英语世界的学者们并未投注以研究目光。

在对英语世界中的茅盾研究的借鉴中，笔者今后在学术研究中会更加注意以下几个方面。

第一，笔者会更加注意中国传统文艺理论、文学批评方法的梳理和使用，避免生搬硬套的使用西方文学理论、文学批评方法来解读中国文学。五四新文化运动以后，中国学术界渐由"西学东渐"向"全盘西化"转化。在五四中成长起来的一批文学家身上往往被烙印上"新文学的先驱""西方思想的传播者"这样的标记，他们身上由传统文学滋养的部分却因为他们新文学的倡导被人所遗忘，但事实上他们同样深受传统文化的影响，尽管可能他们自己并不愿意承认。许多西方学者在研究茅盾的时候仍不忘细心地分析茅盾身上的传统文学的特质，如捷克学者普实克、美国学者吴德安都有对茅盾创作中的传统因素的梳理。虽然在茅盾的文学批评和创作生涯中他一直致力于外国文学、思潮、文艺理论的译介、宣传、评论工作，但茅盾本人的成长离不开传统文化的滋养，这种更深层次的文化背景，对于茅盾的文学创作和文学批评的影响不容忽视。再进一步来说，现今中国学术界有一种奉西方文学理论、文学批评方法为圭臬的倾向，这种倾向不但表现在研究中将西方文学理论、文学批评方法生搬硬套到对中国文学的研究中，还表现在以西方学术标准对中国自己的学术理论、文学批评方法进行片面武断的评价，殊不知两种学术话语形成于迥然相异的异质文化环境中，各有特点，以一种学术话语对另一种学术话语进行评判，这一行为本身就失之偏颇。中国传统文论、文学批评方法自有其优秀和成熟之处，生长于中国的文学传统、文化背景、学术环境的中国文学，自有其迥异于西方文学的文学特质，用西方文学理论和批判方法对中国文学进行研究阐述，虽然在一定程度上能每有新见、独辟蹊径地提出新的观点和深刻见解，但长此以往并不利于中国文学和文学批评的发展，长期用西方文艺理论研究中国文学、用西方文论指引中国文学的发展，只会让中国文学和中国的学术研究失去自己的特色，成为无源之水、无水之鱼、无根之木，这也正是中国学术界失语症的源头。

第二，对英语世界的茅盾研究采取批判的借鉴态度。事实上，在学术研究中，研究者很难简单就基于某种研究方法而得的研究结论做出正确与否的判断，同时对于这一结论是否直至研究对象的实质同样很难做出判断，因此不能盲目偏信西方学者所得出的研究结论。以夏志清、普实克及博宁豪森对茅盾小说《创作》的研究为例，夏志清指出在娴娴的社会主义立场与其丈夫有了分歧之后，离开是唯一的选择；普实克就《创造》的结局提出与夏志清不同的观点，他认为娴娴离开时的留言模棱两可。并不能只因为她思想和行动独立、对政治产生兴趣就简单认定其社会主义立场，而小说的叙述平稳、心理描写细致、丈夫的理论观点和实践差异之间的讽刺性对照正是茅盾的艺术表现力所在。博宁豪森认为夏志清和普实克的观点并无差异，因为他们的关注点并不正确，博宁豪森批评夏志清和普实克基于对茅盾其他小说的数人就简单对《创造》下了结论，事实上《创造》的重点并非娴娴是否是社会主义者，亦非娴娴是否加入了革命势力，这部小说的心理和女性主义因素才应该是研究的重点。英语世界的茅盾研究一方面能为笔者今后的茅盾研究提供借鉴与参考，同时笔者同样可以对英语世界的茅盾文学提出批评并提出自己的观点。

第三，加大与英语世界茅盾研究的交流力度。笔者在研究中发现，国内与英语世界的茅盾研究虽有联系，但彼此的交流并不十分热切，国内对英语世界的研究成果关注得不够，除20世纪80年代李岫主编的《茅盾研究在国外》一书，便只有少量发表在《茅盾研究》专辑的国外研究论文，不利于国内学者获取最新的英语世界中茅盾相关研究信息。此外，国内学者的茅盾研究成果也鲜有在国际上发表的，国内外学者的茅盾研究似是两条不相交或偶有相交的路径。笔者建议，在今后的研究中我们应尽量加大与英语世界中茅盾研究的交流力度，在质疑、反驳、借鉴中携手进行茅盾研究，在相互交流（询问、质疑、批判、证明）的过程中共同构建茅盾研究的一般话语。

第四，将更多的茅盾作品译介到英语世界去。笔者在资料收集过程中发现，茅盾作品的译介工作并不十分完备，翻译成英语的茅盾作品大多为茅盾的短篇小说及少量散文名篇，茅盾的长篇小说中仅有《虹》和《子夜》被翻译成英文介绍到英语世界，茅盾的戏剧《清明前后》、文艺论著如《夜读偶记》等都未见译介。茅盾作品的译介曾在20世纪50—80年代进入过高潮，其作品被陆续翻译成日本、蒙古、越南、泰国、印度、巴基斯坦、法国等20多个国家的文字出版，但在此之后的译介活动就归于消寂了。较之其他作者的文学作品出现多个译本的兴盛情况，茅盾作品的译介工作便算不得兴盛了。这其中可能有英语世界研究者的兴趣的影响，但新时期对于茅盾作品的译介确实应该更进一步了。

总之，英语世界的茅盾研究同样是茅盾研究的有机组成部分，是促进茅盾研究繁荣的助力和推动力，笔者希望自己对英文世界中茅盾研究的整理和研究，能让国内学者在了解国外茅盾研究动态的同时有所借鉴和启发，为国内的茅盾研究贡献自己的一份力量。

附录一

英语世界中茅盾研究者对茅盾作品的题名英译

	中文名	英译名
小说	《报施》	Heaven Has Eyes
	《残冬》	Winter Ruin
	《船上》	On the boat
	《创造》	Creation
	《春蚕》	Spring Silkworms
	《大鼻子的故事》	Big Nose
	《大泽乡》	Great Marsh District
	《当铺前》	In Front of the Pawnshop
	《第一个半天的工作》	First Morning at the Office
	《第一阶段的故事》	Story of the First Stage of the War
	《动摇》	Vacillation
	《多角关系》	Polygonal Relations
	《儿子开会去了》	Second Generation
	《腐蚀》	Putrefaction；Corrosion
	《牯岭之秋》	Autumn in Kuling
	《虹》	Rainbow
	《幻灭》	Disillusionment
	《列那和吉地》	Liena and Jidi
	《林家铺子》	The Shop of the Lin Family
	《路》	Road

续表

	中文名	英译名
小说	《茅盾短篇小说集》	The Collected Short Stories of Mao Tun
	《泥泞》	Mud
	农村三部曲	Village Trilogy；Rural trilogy of short stories
	《秋收》	Autumn Harvest
	《三人行》	Three Men；Of Three Friends
	《诗与散文》	Poetry and Prose
	《蚀》	Eclipse；Corrosion
	《霜叶红似二月花》	Maple Leaves as Red as February Flower；Maple Leaves as Red as Flowers of the Second Month
	《水藻行》	A Ballad of Algae
	《昙》	Haze；Dense Cloud
	《委屈》	Frustration；Grievances
	《喜剧》	Comedy
	《小巫》	Epitome；The Vixen
	《烟云》	The Smock and Cloud
	《野蔷薇》	The Wild Roses
	《一个女性》	A Woman
	《一个真正的中国人》	A True Chinese Patriot
	《右第二章》	Wartime
	《赵先生想不通》	The Bewilderment of Mr. Chao
	《追求》	Searching；Pursuit
	《子夜》	Midnight；The Twilight：A Romance of China in 1930
	《自杀》	Suicide
散文	《白杨礼赞》	In Praise of the White Poplar
	《大地山河》	Mountains and Rivers of Our Great Land
	《风景谈》	On Landscapes
	《海南杂忆》	Recollections of Hainan
	《虹》	The Rainbow
	《话匣子》	Chatterbox
	《黄昏》	Evening
	《老乡绅》	An Old Country Gentleman

续表

	中文名	英译名
散文	《雷雨前》	Before the Storm
	《邻》（速写）："Neighbors"	
	《卖豆腐的哨子》	The Beancurd Pedlar's Whistle
	《茅盾近作》	The Recent Works of Mao Dun
	《茅盾论创作》	Mao Dun's Comment on Creativity
	《秦岭之夜》	Night on Mount Qinling
	《清明前后》	Before and after the Spring Festival
	《沙滩上的脚迹》	Footprints on the Sand
	《苏联见闻录》	What I Saw and Heard in Soviet Russia
	《速写与随笔》	Sketches and Notes
	《我的小传》	My Brief Biography
	《雾》	Mist
	《香市》	The Incense Fair
	《印象感想回忆》	Impressions, Reflections, and Reminiscences
	《作家论》	On Writers
文论文章	《1960年短篇小说漫谈》	On Short Stories Produced During 1960
	《〈小说月报〉改革宣言》	Declaration for Reorganisation
	《从创作和才能的关系说起》	On the Relation between Creation Writing and Talent
	《从牯岭到东京》	From Kuling to Tokyo
	《大转变时期何时来呢？》	When Will the Great Period of Transition Arrive?
	《读〈倪焕之〉》	After Reading Ni Huan-chih
	《读最近的短篇小说》	After Reading Most Recent Short Stories
	《短篇小说的丰收和创作上的几个问题》	A Rich Crop of Short Stories and Problems Concerning Creative Writing
	《牯岭之秋》	Autumn in Kuling
	《关于〈子夜〉》	About Midnight
	《回顾》	Reminiscence
	《回忆录》	Memories
	《几句旧话》	Remarks on the Past
	《联系实际，学习鲁迅》	Keep Close Contact with Reality, and Learn from Lu Hsun
	《社会背景与创造》	Social Background and Creativity
	《什么是文学》	What is Literature?

续表

	中文名	英译名
文论文章	《文学与人生》	Literature and Life
	《文学与政治社会》	Literature and Politics
	《文艺创作问题》	Problems of Creation in Literature and Art
	《文艺的成就和文艺大家的贡献》	Achievements in Literature and Art and the Contributions of Writers and Artists
	《五月三十日的下午》	The Afternoon of May Thirtieth
	《新的现实和新的任务》	New Reality and New Responsibility
	《新文学的使命》	The Mission of New Literature
	《新文学研究者的责任与努力》	The Responsibility and Endeavour of Students of New Literature
	《学生杂志》	Students' Miscellany
	《严霜下的梦》	Winter Dreams
	《夜读偶记》	Random Notes of Readings at Night; Rambling Notes on Literature
	《一九一八年之学生》	Students in 1918
	《杂感》	Cha-kan
	《在反动派压迫下斗争和发展的革命文艺》	The Revolutionary Literature and Arts Developed in the Struggle under the Oppression of the Reactionaries
	《自然主义与中国现代小说》	Naturalism and Contemporary Chinese Fiction
	《自然主义与中国现代小说》	Naturalism and Modern Chinese Novels

附录二

所涉海外学者译名一览表

外文名	中译名
A. C. Barnes	巴恩斯
Alexander Townsend Des Forges	亚历山大·唐德森·德斯·福尔热
Bonnie S. McDougall	杜博妮
C. T. Hsia	夏志清
Charles A. Laughlin	查尔斯·劳克林
Charles H Wagamon	查尔斯·瓦格蒙
Chingkiu Stephen Chan	陈清侨
Chou Tse-Tsung	周纵策
David Der-wei Wang	王德威
David Hull	戴维·赫尔
De-an Wu Swihart	吴德安
Deniel Fried	丹尼尔·弗里德
Edgar Snow	埃德加·斯诺
Eileen Frances Vickery	艾琳·弗朗西斯·维克里
Fan Jun	樊俊
George Kenned	乔治·肯尼迪
Gianna Canh-Ty Quach	吉安娜·郭琼茹
Gladys Yang	戴乃迭
Harold Isaacs	哈罗德·伊萨克
Helen Foster	海伦·福斯特
Helmut Martin	海尔姆特·马丁

续表

外文名	中译名
Hilary Chung	希拉里·钟
Hsu Meng-hsiung	许孟雄
Jaroslav Průšek	普实克
Jeffrey M Loree	杰弗里·洛里
Jin Feng	冯进
John David Berninghausen	约翰·博宁豪森
Joseph S. M. Lau	刘绍铭
Kirk A. Denton	柯克·丹顿
Lawrence J. Trudeau	劳伦斯·特鲁多
Leo Ou-fan Lee	李欧梵
Li-chun Lin	林丽君
Liping Lu	卢丽萍
Liu Jianmei	刘剑梅
Lo Man-wa	卢敏华
Madelezine Zelin	曾小萍
Maiheng Shen Dietrich	沈迈衡
Mao Chen	陈茂
Margaret Y. S. Lim	玛格丽特·林
Marian Galik	马利安·高利克
Marston Anderson	安敏成
Mau-sang Ng	吴茂生
Merle Goldman	默尔·戈德曼
Niu Jin	牛晋
Roy Bing Chan	罗伊·宾·陈
Rujie Wang	王如杰
Sarah E. Stevens	萨拉·斯蒂文斯
Shuei-may Chang	张学美
Sidney Shapiro	沙博理
Simon Johnstone	西蒙·约翰斯通
Susan Wilf Chen	陈苏珊
Sylvia Chan	陈佩华
Theodore Huters	胡志德

续表

外文名	中译名
Thomas Moran	托马斯·莫兰
Ting Tsung	曾亭
Tsi-an Hsia	夏济安
Vincent Y. C. Shih	文森特
W. J. F. Jenner	詹乃尔
Wang Chi-chen	王际真
Yiman Wang	王一曼
Yingjin Zhang	张英进
Yi-tsi Mei Feuerwerker	梅忆慈
Yu-Shih Chen	陈幼石

参考文献

一 中文参考文献

(一) 作品类

方璧（茅盾）：《希腊文学 ABC》，ABC 丛书社、世界书局 1930 年版。
茅盾：《茅盾全集》（1—40 卷），人民文学出版社 1984—2001 年版。
茅盾：《春蚕》，开明书店 1933 年版。
茅盾：《第一阶段的故事》，亚洲图书社 1945 年版。
茅盾：《读书杂记》，作家出版社 1963 年版。
茅盾：《多角关系》，文学出版社 1936 年版。
茅盾：《虹》，开明书店 1930 年版。
茅盾：《劫后拾遗》，学艺出版社 1942 年版。
茅盾：《林家铺子》，印工出版社 1944 年版。
茅盾：《六个欧洲文学家》，世界书局 1929 年版。
茅盾：《茅盾近作》，四川人民出版社 1980 年版。
茅盾：《茅盾论创作》，上海文艺出版社 1980 年版。
茅盾：《茅盾评论文集》（2 册），人民文学出版社 1978 年版。
茅盾：《茅盾散文集》，天马书店 1933 年版。
茅盾：《清明前后》，重庆：开明书店 1945 年版。
茅盾：《三人行》，开明书店 1931 年版。
茅盾：《上海》，新生命书局 1935 年版。
茅盾：《蚀》，开明书店 1930 年版。
茅盾：《手的故事》，开明书店 1945 年版。

茅盾：《霜叶红似二月花》，华华书店1943年版。

茅盾：《文艺论文集》，群益出版社1942年版。

茅盾：《我走过的道路》（3册），三联书店（香港）有限公司1981—1989年版。

茅盾：《夜读偶记》，百花文艺出版社1958年版。

茅盾：《子夜》，开明书店1933年版。

玄珠（茅盾）：《小说研究ABC》，ABC丛书社、世界书局1928年版。

（二）国外研究茅盾专著的中译本

[捷克]普实克：《抒情与史诗——现代中国文学论集》，伍晓明、张文定译，上海三联书店2010年版。

[捷克]亚罗斯拉夫·普实克：《普实克中国现代文学论文集》，李燕乔等译，湖南文艺出版社1987年版。

[美]安敏成：《现实主义的限制：革命时代的中国小说》，姜涛译，江苏人民出版社2011年版。

[美]刘剑梅：《革命与情爱：二十世纪中国小说史中的女性身体和主题重述》，郭冰茹译，上海三联书店出版社2009年版。

[美]王德威：《写实主义小说的虚构：茅盾、老舍、沈从文》，复旦大学出版社2011年版。

[美]夏志清：《中国现代小说史》，刘绍铭等译，复旦大学出版社2005年版。

[美]张英进：《中国现代文学和电影中的城市：空间、时间与性别构形》，秦立彦译，江苏人民出版社2007年版。

[日]松井博光：《黎明的文学——中国现实主义作家·茅盾》，高鹏译，浙江人民出版社1982年版。

[斯洛伐克]马利安·高利克：《茅盾与中国现代文学批评》，杨玉英译，花木兰文化出版社2014年版。

[斯洛伐克]马利安·高利克：《中国现代文学批评发生史》，陈圣生、华利荣、张林杰、丁信善译，社会科学文献出版社1997年版。

[斯洛伐克]马利安·高利克：《中西文学关系的里程碑（1898—1979）》，伍晓明、张文定等译，北京大学出版社1990年版。

二　英文参考文献

（一）茅盾作品英译篇目和版本

Also in Harold Isaacs, ed., *Straw Sandals: Chinese Short Stories, 1918—1933*, Cambridge: MIT Press, 1974, pp.274-301.

Also in Harold Isaacs, ed., *Straw Sandals: Chinese Short Stories, 1918—1933*, Cambridge: MIT Press, 1974, pp.302-336.

Also in *Mademoiselle* (March, 1945), 134-35, pp.222-227.

Also trans. by Theodore Huters, In Helen Siu, ed., *Furrows: Peasants, Intellectuals and the State*, Stanford: SUP, 1990, pp.33-39.

Mao Dun, *Midnight*, trans. by Hsu Meng-hsiung, Beijing: Foreign Languages Press, 1979.

Mao Dun, *Rainbow*, trans. by Madeleine Zelin, Berkeley: University of California Press, 1992.

Mao Dun, *Spring Silkworms and Other Stories*, trans. by Sidney Shapiro, Beijing: Foreign Languages Press, 1956.

Mao Dun, *The Vixen*, trans. by Gladys Yang, Sidney Shapiro, Simon Johnstone, Beijing: Panda Books, 1987.

Mao Dun, *Waverings* (excerpts), trans. by David Hull, *Renditions* 75 (Spring 2011): 97-127; and *Renditions* 79 (Spring 2013): pp.71-86.

Mao Dun, "A Ballad of Algae", trans. by Simon Johnstone, *The Vixen*, Beijing: Panda Books, 1987, pp.144-164.

Mao Dun, "An Old Country Gentleman", trans. by Gladys Yang, *The Vixen*, Beijing: Panda Books, 1987, pp.217-219.

Mao Dun, "Autumn Harvest", trans. by Sidney Shapiro, *Spring Silkworms and Other Stories*, Beijing: Foreign Languages Press, 1956, pp.39-73.

Mao Dun, "Before the Storm", trans. by Gladys Yang, *The Vixen*, Beijing: Panda Books, 1987, pp.223-225.

Mao Dun, "Big Nose", trans. by Sidney Shapiro, *Spring Silkworms and Other Stories*, Beijing: Foreign Languages Press, 1956, 1pp.89-210.

Mao Dun, "Comedy", *Straw Sandals: Chinese Short Stories, 1918—1933*, Cambridge: MIT Press, 1974, pp.242-253.

Mao Dun, "Creation", trans. by Gladys Yang, *The Vixen*, Beijing: Panda Books, 1987, pp.5-35.

Mao Dun, "Epitome", trans. by Sidney Shapiro, *Spring Silkworms and Other Stories*, Beijing: Foreign Languages Press, 1956, pp.96-112.

Mao Dun, "Evening", trans. by Gladys Yang, *The Vixen*, Beijing: Panda Books, 1987, pp.226-227.

Mao Dun, "First Morning at the Office", trans. by Sidney Shapiro, *Spring Silkworms and Other Stories*, Beijing: Foreign Languages Press, 1956, pp. 258-266.

Mao Dun, "Footprints on the Sand", trans. by Gladys Yang, *The Vixen*, Beijing: Panda Books, 1987, pp.228-230.

Mao Dun, "From Kuling to Tokyo", *Revolutionary Literature in China: An Anthology*, White Plains, NY: M.E.Sharpe, 1976.

Mao Dun, "Frustration", trans. by Sidney Shapiro, *Spring Silkworms and Other Stories*, Beijing: Foreign Languages Press, 1956, pp.242-257.

Mao Dun, "Great Marsh District", trans. by Sidney Shapiro, *Spring Silkworms and Other Stories*, Beijing: Foreign Languages Press, 1956, pp. 267-276.

Mao Dun, "Heaven Has Eyes", trans. by Wang Chi-chen, *Stories of China at War*, NY: Columbia UP, 1947, pp.27-38.

Mao Dun, "How Do We Make the Women's Movement Truly Powerful?" (1920), *Chinese Studies of History* 31, 2 (Winter 1997/98): pp.84-87.

Mao Dun, "In Praise of the White Poplar", trans. by Gladys Yang, *The Vixen*, Beijing: Panda Books, 1987, pp.238-240.

Mao Dun, "Liena and Jidi", trans. by Simon Johnstone, *The Vixen*, Beijing: Panda Books, 1987, pp.173-192.

Mao Dun, "Literature and Art for the Masses and the Use of Traditional Forms", trans. by Yu-shih Chen, *Modern Chinese Literary Thought*, Stanford: Stanford UP, 1996, pp.433-435.

Mao Dun, "Literature and Life", trans. by John Berninghausen, *Modern Chinese Literary Thought*, Stanford: Stanford UP, 1996, pp.190-195.

Mao Dun, "Literature in the Kuomintang Controlled Areas", *The People's*

New Literature: *Four Reports at the First All-China Conference of Writers and Artists*, Beijing: Cultural Press, 1950, pp.57-133.

Mao Dun, "Mis", trans. by Gladys Yang, *The Vixen*, Beijing: Panda Books, 1987, pp.213-214.

Mao Dun, "Mountains and Rivers of Our Great Land", trans. by Gladys Yang, *The Vixen*, Beijing: Panda Books, 1987, pp.241-243.

Mao Dun, "Mud", trans.by Edgar Snow and Hsiao Ch-ien, *Living China*. London: George G.Harrap and Co., 1936, pp.142-51.

Mao Dun, "Night on Mount Qinling", trans.by Gladys Yang, *The Vixen*, Beijing: Panda Books, 1987, pp.244-247.

Mao Dun, "Notes on Chinese Left-Wing Periodicals", *Straw Sandals*: *Chinese Short Stories, 1918—1933*, Cambridge: MIT Press, 1974, pp.438-444.

Mao Dun, "On Landscapes", trans.by Gladys Yang, *The Vixen*, Beijing: Panda Books, 1987, pp.231-237.

Mao Dun, "On Reading *Ni Huanzhi*", trans. by Yu-shih Chen, *Modern Chinese Literary Thought*, Stanford: Stanford UP, 1996, pp.289-306.

Mao Dun, "On the Boat", trans. by W. J. F. Jenner, *Modern Chinese Stories*, London: Oxford UP, 1970, pp.75-84.

Mao Dun, "On the Specious Concept of Writing the Truth", *Literature of the Hundred Flowers, Volume I*: *Criticism and Polemics*, NY: Columbia UP, 1981, pp.170-175.

Mao Dun, "Recollections of Hainan", trans.by Gladys Yang, *The Vixen*, Beijing: Panda Books, 1987, pp.248-254.

Mao Dun, "Second Generation", trans. by Sidney Shapiro, *Spring Silkworms and Other Stories*, Beijing: Foreign Languages Press, 1956, pp.211-217.

Mao Dun, "Shanghai's Silk Industry: World Economic Crisis, Workers, and Civil War", trans.by Theodore Huters, *Modern Chinese Writers*: *Self-portrayals*, Armonk, NY: M.E.Sharpe, 1992, pp.285-288.

Mao Dun, "Spring Silkworms", trans. by Sidney Shapiro, *Spring Silkworms and Other Stories*, Beijing: Foreign Languages Press, 1956, pp.

9-38.

Mao Dun, "The Beancurd Pedlar's Whistle", trans.by Gladys Yang, *The Vixen*, Beijing: Panda Books, 1987, pp.211-212.

Mao Dun, "The Bewilderment of Mr. Chao", trans. by Sidney Shapiro, *Spring Silkworms and Other Stories*, Beijing: Foreign Languages Press, 1956, pp.218-227.

Mao Dun, "The Incense Fair", trans.by Gladys Yang, *The Vixen*, Beijing: Panda Books, 1987, pp.220-222.

Mao Dun, "The Rainbow", trans.by Gladys Yang, *The Vixen*, Beijing: Panda Books, 1987, pp.215-216.

Mao Dun, "The Shop of the Lin Family", trans. by Sidney Shapiro, *Spring Silkworms and Other Stories*.Beijing: Foreign Languages Press, 1956, pp.113-163.

Mao Dun, "The Vixen", trans.by Sidney Shapiro, *The Vixen*, Beijing: Panda Books, 1987, pp.36-54.

Mao Dun, "Wartime", trans. by Sidney Shapiro, *Spring Silkworms and Other Stories*, Beijing: Foreign Languages Press, 1956, pp.164-188.

Mao Dun, "Winter Ruin", trans. by Sidney Shapiro, *Spring Silkworms and Other Stories*, Beijing: Foreign Languages Press, 1956, pp.74-95.

Mao Dun, " 'A True Chinese Patriot' ", trans. by Sidney Shapiro, *Spring Silkworms and Other Stories*, Beijing: Foreign Languages Press, 1956, pp.228-241.

Reprinted as "War and Peace Come to the Village", *A Treasury of Modern Asian Stories*, NY: New American Library, 1961, pp.206-213.

Rpt.in In *The Vixen*.Beijing: Panda Books, 1987, pp.55-111.

Rpt.in *The Vixen*, Beijing: Panda Books, 1987, pp.193-210.

Rpt.Mao Dun, *The Vixen*, Beijing: Panda Books, 1987, pp.112-143.

Rpt.*The Vixen*, Beijing: Panda Books, 1987, pp.165-172.

(二) 研究论著和文集

Chih-tsing Hsia, *A History of Modern Chinese Fiction*, Yale University Press, 1961.

Chih-tsing Hsia, *C.T.Hsia On Chinese Literature*, New York: Columbia University Press, 2004.

Daiyun Yue, *Intellectual in Chinese Fiction*, Berkeley, California: University of California Press, 1988.

David Der-Wei Wang, *Fictional Realism in Twentieth-century China: Mao Dun, Lao She, Shen Congwen*, New York: Columbia University Press, 1992.

Jaroslav Průšek, *Studien zur modernen Chinesischen Literatur (Studies in Modern Chinese Literature)*, Berlin: Akademie-Verlag, 1964.

Jaroslav Průšek, *Three Sketches of Chinese Literature*, Prague: Oriental Institute in Academia, 1969.

Jianmei Liu, *Revolution Plus Love: Literary History, Women's Bodies, and Thematic Repetition in Twentieth-Century Chinese Fiction*, Hawaii: University of Hawaii Press, 2003.

Jin Feng, *The New Woman in Early Twentieth-Century Chinese Fiction*, West Lafayette, Indiana: Purdue University Press, 2004.

Marian Galik, *Mao Tun and Modern Chinese Literary Criticism*, Wiesbaden: F.Steiner, 1969.

Marian Galik, *Milestones in Sino-Western Literary Confrontation (1898—1979)*, Wiesbaden: Otto Harrassowitz, 1986.

Marian Galik, *The Genesis of Modern Chinese Literary Criticism (1917-1930)* London: Curzon Press, 1980.

Marston Anderson, *Limits of Realism: Chinese Ficiton in the Revolutionary Period*, California: University of California Press, 1990.

Mau-sang Ng, *The Russian Hero in Modern Chinese Fiction*, Hong Kong: The Chinese University Press & New York: State University of New York Press, 1988.

Merle Goldman, ed., *Modern Chinese Literature in the May Fourth Era*, Massachusetts: Harvard University Press, 1977.

Tse-tsung Chou, *The May Fourthn Movement: Intellectual Revolution in Modern China*, Cambridge, Massachusetts: Harvard University Press, 1960.

Tsi-an Hsia, *Gate of Darkness: Studies on the Leftist Literary Movement*, Seattle: University of Washington, 1968.

Yingjin Zhang, *The City in Modern Chinese Literature and Film: Configurations of Space, Time, and Gender, California: Stanford University Press, 1996.

Yü-shih Chen, *Realism and Allegory in the Early Fiction of Mao Dun*, Bloomington: Indiana University Press, 1986.

(三) 博士论文

Alexander Townsend Des Forges, *Street Talk and Alley Stories: Tangled Narratives of Shanghai from 'Lives of Shanghai Flower' (1892) to 'Midnight' (1933)*, Ph.D.Thesis, Princeton University, 1998.

Chingkiu Stephen Chan, *The Problematics of Modern Chinese Realism: Mao Dun and His Contemporaries (1919—1937)*, Ph.D.Thesis, University of California, 1986.

David Der-Wei Wang, *Verisimilitude in Realist Narrative: Mao Tun's and Lao She's Early Novels*, Ph.D.thesis, University of Wisconsin-Madison, 1982.

David Hull, *Narrative in Mao Dun's Epclipse Trilogy: A Conflicted Mao Dun*, Ph.D.Thesis, University of California, 2012.

De-an Swihart Wu, *The Evolution of Chinese Novel Form*, Ph.D.Thesis, Princeton University, 1990.

Eileen Frances Vickery, *Disease and the Dilemmas of Identitiy: Representations of Women in Modern Chinese Literature*, Ph.D.Thesis, The University of Oregon, 2004.

Gianna Canhy-Ty Quach, *The Myth of the Chinese in the Literature of the Late Nineteenth and Twentieth Centuries*, Ph.D.Thesis, Columbia University, 1993.

Hilary Chung, *The portrayal of women in Mao Dun's early fiction 1927—1932*, Ph.D.Thesis, University of Durham, 1991.

Jin Feng, *From "Girl Student" to "Women Revolutionary": The Representation of the Deracinated Women in Chinese Fiction of the May Fourth Era*, Ph.D.Thesis, The University of Michigan, 2000.

John David Berninghausen, *Mao Dun's Early Fiction, 1927—1931: The Standpoint and Style of His Realism*, Ph.D.Thesis, Standford University, 1980.

Li-chun Lin, *The Discursive formation of the "New" Chinese Women, 1860-1930*, Ph.D.Thesis, University of California at Berkeley, 1998.

Maiheng Dietrich Shen, *Mao Dun and Realism: The Development of a Literary Critic*, Ph.D.Thesis, The University of Minnesota, 1995.

Man-wa LO, *Body Politics and Female Subjectivity in Modern English and Chinese Fiction*, Ph.D.Thesis, The Chinese University of Hong Kong, 2000.

Mao Chen, *Hermeneutic and the Implied May Fourth Reader: A Study of Hu Shih, Lu Xun, Mao Dun*, Ph.D.Thesis, State University of New York, 1992.

Marston Edwin Anderson, *Narrative and Critique: The Construction of Social Reality in Modern Chinese Literature*, Ph.D.Thesis, University of California, 1985.

Roy Bing Chan, *The Edge of Knowing: Dreams and Realism in Modern Chinese Literature*, Ph.D.Thesis, University of California, 2009.

Rujie Wang, *The transparency of Chinese realism: A study of text by Lu Xun, Ba Jin, Mao Dun, Lao She*, Ph.D.Thesis, Rutgers The State University of New Jersey, 1993.

Shuei-may Chang, *Casting off the shackles of family: Ibsen's Nora Character in Modern China Literature, 1918—1942*, Ph.D.Thesis, University of Illinois at Urbana-Champaign, 1994.

Susan Wilf Chen, *Mao Tun, the background to his early fiction*, Ph.D.Thesis, Harvard University, 1981.

Yingjin Zhang, *Configurations of the City in Modern Chinese Literature and Film*, Ph.D.Thesis, Standford University, 1992.

（四）硕士论文

Charles H Wagamon, *A study of Mao Dun's use of women characters to illustrate sociopolitical viewpoints*, M.A.Thesis, University of Washington, 1989.

Jeffrey M Loree, *Mao Dun's 'Midnight': naturalism and the allegory of capital*, M.A.Thesis, University of California, 1992.

Liping Lu, *Mapping Shanghai's society of spectacle: from Wu Yonggang's Goddess to Mao Dun's Midnight*, M.A.Thesis, University of Georgia, 2001.

Margaret Y.S.Lim, *Politics and the early writings of Mao Dun (to 1937)*, M.A.Thesis, University of Queensland, 1997.

（五）学术论文

Bonnie S. McDougall, "Disappearing Women and Disappearing Men in May Fourth Narrative: A Post-Feminist Survey of Short Stories by Mao Dun, Bing Xin, Ling Shuhua and Shen Congwen", *Fictional Authors, Imaginary Audiences: Modern Chinese Literature in the Twentieth Century*, HK: Chinese University Press, 2003, pp.133-170.

Bonnie S. McDougall, "Dominance and Disappearance in May Fourth: A Post-Feminist Review of Fiction by Mao Dun and Ling Shuhua", *Autumn Floods: Essays in Honour of Marian Galik*, Bern: Peter Lang, 1997, pp. 283-306.

Bonnie S. McDougall, "The Search for Synthesis: T'ien Han and Mao Tun in 1920", *Search for Identity: Modern Literature and the Creative Arts in Asia*, Sydney: Angus and Robertson, 1974, pp.225-254.

Charles Laughlin, "Mao Dun", *Dictionary of Literary Biography——Chinese Fiction Writers, 1900—1949*, NY: Thomson Gale, 2007, pp. 164-177.

Chingkiu Stephen Chan, "Eros as Revolution: The Libidinal Dimension of Despair in Mao Dun's Rainbow", *Journal of Oriental Studies*, Vol.24, No.1, 1986, pp.37-53.

David Der-wei Wang, "Mao Tun and Naturalism: Acase of 'Misreading' in Modern Chinese Literary Criticism", *Monumenta Serica*, Vol.37, 1986—1987, pp.169-195.

David Der-wei Wang, *Fictional Realism in 20th-Century China: Mao Dun, Lao She, Shen Congwen*, New York: Columbia University Press, 1992.

F. Gruner, "Der Roman Tzu-yeh von Mao Tun--ein bedeutendes realistisches Werk der neuen chinesischen Literatur", *Asian and African Studies* (Bratislava) 11 (1975): pp.57-72.

Gloria Shen, "A Theoretical Approach to Naturalism and the Modern Chinese Novel: Mao Tun as Critic and Novelist", *Tamkang Review*, Vol.25, No.2 (Winter 1994): pp.37-66.

Hilary Chung, "Mao Dun, the Modern Novel, and the Representation of Women", *Columbia Companion to Modern East Asian Literatures*, NY: Columbia UP, 2003, pp.405-410.

Hilary Chung, "Questing the Goddess: MaoDun and the New Woman", *Autumn Floods: Essays in Honour of Marian Galik*, Bern: Peter Lang, 1997.

Jaroslav Průšek, "Basic Problems of the History of Modern Chinese Literature and C.T.Hisa, *A History of Modern Chinese Fiction*", *T'oung Pao* 49, livr. 4-5 (1962), pp.357-404.

Jaroslav Průšek, "In the Margin of M. Galiks Study of Mao Tun as a Literary Critic and Theoretic Writer", *Mao Tun and Modern Chinese Literary Criticism*, Wiesbaden: F.Steiner, 1969, pp. XI-XV.

Jaroslav Průšek, "Introduction", *Studien zur modern Chinesischen Literatur (Studies in modern Chinese literature)*, Berlin: Akademie-Verlag, 1964.

Jaroslav Průšek, "Reality and Art in Chinese Literature", *Archiv Orientální* 32, No.4, 1964, pp.605-618.

Jaroslav Průšek, "Subjectivism and Individualism in Modern Chinese Literature", *Archiv Orientální* 25, No.2 (1957), pp.261-286.

Jian Xu, "Retrieving the Working Body in Modern Chinese Fiction: The Question of the Ethical in Representation", *Modern Chinese Literature and Culture* 16, 1 (Spring 2004): pp.115-152.

John Berninghausen, "The Central Contradiction in Mao Dun's Earliest Fiction", *Modern Chinese Literature in the May Fourth Era*, Cambridge: Harvard University Press, 1977, pp.233-259.

Joseph S.M.Lau, "Naturalism in Modern Chinese Fiction", *Literature East and West* 12 (1968): pp.149-158.

Jun Fan, "Mao Dun, Master Craftsmen of Modern Chinese Literature", trans.by Niu Jin, *The Vixen.Beijing: Panda Books*, 1987, pp.255-266.

Kristin Stapleton, "Hu Lanqi: Rebellious Woman, Revolutionary Soldier, Discarded Heroine, and Triumphant Survivor", *The Human Tradition in Modern China*, Lanham, MD: Rowman and Littlefield, 2008, pp.157-176.

Lorenz Bichler, "Conjectures on Mao Dun's Silence as a Novelist after 1949", *Autumn Floods: Essays in Honour of Marian Galik*, Bern: Peter Lang, 1997, pp.195-206.

M. A. Abbas, and Tak-wai Wong, "Mao Tun's 'Spring Silkworm': Rhetoric and Ideology", *The Chinese Text: Studies in Comparative Literature*,

HK: The Chinese University of Hong Kong, 1986, pp.191-207.

Marian Galik, "Autobiography in Flux: On Two Problematic Spots in Mao Dun's Self-Portraits", *China in Seinen Biographischen Dimension: Gedenkscrift fur Helmut Martin*, Weisbaden: Harrossowitz Verlag, 2001, pp.105-112.

Marian Galik, "From Chung-tzu to Lenin: Mao Tun's Intellectual Development", *Asian and African Studies*, 3 (1967): pp.98-110.

Marian Galik, "Mao Tun's Midnight: Creative Confrontation with Zola, Tolstoy, Wertherism and Nordic Mythology", *Milestones in Sino-Western Literary Confrontation (1898—1979)*, Weisbaden: Otto Harrassowitz, 1986, pp. 73-100.

Marian Galik, "Mao Tun's Struggle for a Realistic and Marxist Theory of Literature", *The Genesis of Modern Chinese Literary Criticism, 1917—1930*, London: Curzon Press, 1980, pp.191-213.

Marian Galik, "Studies in Modern Chinese Literary Criticism: I.Mao Tun, 1919—1920", *Asian and Afican Studies*, 3 (1967): pp.113-140.

Marian Galik, "Studies in Modern Chinese Literary Criticism: II.Mao Tun on Men of Letters, Character and Functions of Literature (1921—1922) ", *Asian and African Studies*, 4 (1968): pp.30-43.

Marian Galik, "The Names and Pseudonyms Used by Mao Tun", *Archiv Orientalni*, 31 (1968): pp.80-108.

Oldrich Kral, "Researches into Mao Dun's Aesthetics", *Acta Universitatis Carolinae-Philologica*, 2 (1965): pp.75-90.

Richard H. Yang, "Midnight: Mao Tun's Political Novel", *China's Literary Image.Jamaica*, NY: St.John's University, 1975.

Susan Wolf Chen, "The Personal Element in Mao Tun's Early Fiction", *Harvard Journal of Asiatic Studies*, 43 (1983): pp.187-213.

Susan Wolf Chen, "Mao Tun the Translator", *Harvard Journal of Asiatic Studies*, 48 (1988): pp.71-94.

Sylvia Li-chun Lin, "Unwelcome Heroines: Mao Dun and Yu Dafu's Creations of a New Chinese Woman", *Journal of Modern Literature in Chinese* 1, 2 (Jan.1998): pp.71-94.

Tak-wai Wong and M. A. Abbas, "Mao Tun's 'Spring Silkworms': Rhetoric and Ideology", *The Chinese Text: Studies in Comparative Literature*,

HK: CUP, 1986, pp.191-207.

Theodore Huters, "Mao Dun's Fushi: The Politics of the Self", *Modern Chinese Literature* 5, 2 (1989): pp.242-268.

Vincent Y.C.Shih, "Enthusiast and Escapist: Writers of the Older Generation", *China Quarterly*, No.13, Jan.-Mar.1963, pp.92-112.

Vincent Y. C. Shih, "Mao Tun: The Critic (Part I)", *China Quarterly*, 19 (1964): pp.84-98.

Vincent Y. C. Shih, "Mao Tun: The Critic (Part II)", *China Quarterly*, 20 (1964): pp.128-162.

Wilt Idema, "Mao Dun and Speenhoff, or how a fallen woman from Rotterdam started a new life in Shanghai", *Words from the West: Western Texts in Chinese Literary Context: essays to honor Erid Zurcher on his sixty-fifth birthday*, Leiden: CNWS Publications, 1993, pp.35-47.

Yi-tsi Mei Feuerwerker, "The Dialectics of Struggle: Ideology and Realism in Mao Dun's 'Algae' ", *Reading the Modern Chinese Short Story*, Armonk, NY: M.E.Sharpe, 1990, pp.51-73.

Yiu-nam Leung, "High Finance in Emile Zola and MaoTun", *Crosscurrents in the literatures of Asia and the West: Essays in Honor of A.Owen Aldridge*, Newark: University of Delaware Press; London; Cranbury, NJ: Associated University Presses, 1997, pp.145-162.

Yu-shih Chen, "Mao Dun [Mao Tun] and the Use of Political Allegory in Fiction: A Case Study of His 'Autumn in Kuling' ", *Modern Chinese Literature in the May Fourth Era*, Cambridge: Harvard University Press, 1977, pp.261-280.

Yu-shih Chen, "Mao Tun and The Wild Roses: A Study of the Psychology of RevolutionaryCommitment", *China Quarterly* 78 (1979): pp.291-323.

Yu-shih Chen, "False Harmony: Mao Dun on Women and Family", *Modern Chinese Literature*, 7, 1 (1993): pp.131-152.

Yu-shih Chen, "Image of the Fallen Woman and the Making of the Chinese Proletarian Consciousness: Mao Dun's Shuizao xing (1936) ", *Interliterary and Intraliterary Aspects of the May Fourth Movement 1919 in China*, Bratislava: Veda, 1990, pp.155-166.

后　　记

　　光阴似箭，日月如梭，一转眼我的学生生涯就已告一段落，多年的学习最终凝为一部博士论文，经过反复修改，终于得以出版。

　　感谢恩师曹顺庆先生，领我入门，给予我无私的关怀和指导，帮助我不断成长，使我从"做梦者"变成了"追梦人"。拜入曹门，是我一生最宝贵的财富。曹老师在学习和生活上都尽心地指导我，按照我的学习情况和特长给予指导和建议，帮助我确定了研究方向。在本书的写作过程中，曹老师一直耐心地就本文的结构框架、研究方法、学术观点和研究情况对我进行指导，以敏锐的洞察力和深刻的见解助我廓清研究上的迷雾，在我困惑苦恼抓狂沮丧的时候鼓励我，让我最终得以完成本书。感谢在我还懵懂的时候遇见了曹老师，在学术之路和人生之路上，曹老师的为人和治学永远是我前行的方向。

　　感谢我的副导罗婷教授，罗老师以她自由严谨的学术精神和积极乐观的生活态度深深影响着我，感谢她对我学习和生活的关心和帮助；感谢我的研究生老师林树明教授，在他的严格要求和耐心指导下我完成了我硕士阶段的学业，为博士阶段的学习打下了良好的基础；感谢阎嘉教授、徐新建教授、李凯教授、李天道教授、支宇教授、郭英剑教授、乔国强教授、杨洪承教授、胡强教授、耿幼壮教授等诸多专家拨冗审读本书并提出宝贵意见，对于他们的建议和帮助，在此深表谢意。

　　感谢我的父母。对于我的任何梦想，他们一直全力支持，即使当我遭遇挫折，他们也总是对我充满着极大的信心和由衷的欣赏，因为有他们的爱和支持，我才能成长为今天的我。

感谢同门众位师兄师姐师弟师妹，感谢他们的陪伴和帮助，每当我想起他们，总是深感温馨幸福。

最后感谢这个美好的世界！

周娇燕